Ethics in Media Communications
Cases and Controversies
(5th edition)

未名社科·学术面对面

媒介传播伦理
案例与争论
（第五版）

〔美〕路易斯·阿尔文·戴（Louis Alvin Day） 著

张 龙 主译

著作权合同登记号　图字:01-2008-4404
图书在版编目(CIP)数据

媒介传播伦理:案例与争论:第五版/(美)路易斯·阿尔文·戴著;张龙译. -- 北京:北京大学出版社, 2025.2. -- (未名社科). -- ISBN 978-7-301-35783-5

Ⅰ. G206.2-05

中国国家版本馆 CIP 数据核字第2024N86H60号

Ethics in Media Communications: Cases and Controversies, 5th edition
Louis Alvin Day

Copyright © 2006 by Thomson Wadsworth, a part of Cengage Learning.

Original edition published by Cengage Learning. All Rights reserved. 本书原版由圣智学习出版公司出版。版权所有,盗印必究。

Peking University Press is authorized by Cengage Learning to publish and distribute exclusively this simplified Chinese edition. This edition is authorized for sale in the People's Republic of China only (excluding Hong Kong, Macao SAR and Taiwan). Unauthorized export of this edition is a violation of the Copyright Act. No part of this publication may be reproduced or distributed by any means, or stored in a database or retrieval system, without the prior written permission of the publisher.

本书中文简体字翻译版由圣智学习出版公司授权北京大学出版社独家出版发行。此版本仅限在中华人民共和国境内(不包括中国香港、澳门特别行政区及中国台湾)销售。未经授权的本书出口将被视为违反版权法的行为。未经出版者预先书面许可,不得以任何方式复制或发行本书的任何部分。

978-7-301-35783-5

Cengage Learning Asia Pte. Ltd.
30A Kallang Place #12-06 Singapore 339213

本书封面贴有 Cengage Learning 防伪标签,无标签者不得销售。

书　　名	媒介传播伦理:案例与争论(第五版)
	MEIJIE CHUANBO LUNLI: ANLI YU ZHENGLUN(DI-WU BAN)
著作责任者	〔美〕路易斯·阿尔文·戴　著　张　龙　主译
责任编辑	董郑芳
标准书号	ISBN 978-7-301-35783-5
出版发行	北京大学出版社
地　　址	北京市海淀区成府路205号　100871
网　　址	http://www.pup.cn
新浪微博	@北京大学出版社　@未名社科-北大图书
微信公众号	北京大学出版社　北大出版社社科图书
电子邮箱	编辑部 ss@pup.cn　总编室 zpup@pup.cn
电　　话	邮购部 010-62752015　发行部 010-62750672　编辑部 010-62753121
印 刷 者	北京鑫海金澳胶印有限公司
经 销 者	新华书店
	787毫米×1092毫米　16开本　19.5印张　468千字
	2025年2月第1版　2025年2月第1次印刷
定　　价	99.00元

未经许可,不得以任何方式复制或抄袭本书之部分或全部内容。
版权所有,侵权必究
举报电话:010-62752024　电子邮箱:fd@pup.cn
图书如有印装质量问题,请与出版部联系,电话:010-62756370

前　言

伦理相关的研究对你来说可能有点新鲜和陌生。尽管我们中的大多数人都遵从儿时就学到的价值观，但是我们很少会去思考这些道德价值观的重要性，以及它们是如何指引我们过上更加高洁的生活的。比如，我们都对诸如禁止撒谎、偷盗和欺骗这些老生常谈的原则表示赞同，但是我们并不能总遵守它们。因为没有一个完整的道德框架能指导我们做出判断，所以我们的伦理行为常常很"情境化"。简而言之，我们缺少道德推理的能力。

民意调查反映出，媒体从业者的伦理行为一般很谨慎，因为这些行为的后果可能会损害他们的公信力。大众传播教育者试图把伦理课程重新带回必修课课堂，或者把伦理教学渗透到总体的课程中，从而回应公众的质疑。这些举措的主要目的是在教职工和学生中间重塑道德话语。本书将通过展现道德推理的过程，带你进入这种道德话语。当然，阅读这本书并不会让你变成一个伦理上成熟的人，但是它提供了一幅增强伦理意识的蓝图。没有其他任何领域比新闻等大众传媒更需要道德推理。民意调查显示，人们对大众媒介的信心在不断下降。毫无疑问，造成这种情况的原因是，公众认为媒介之船正在没有道德指引的情况下航行。

新闻编辑室或广告机构的环境并不适合作为理性思考道德推理的开端，所以课堂必须成为我们的起点。本书中的案例代表了媒体从业者面临的一些道德困境，而你可能会在第一份工作或者将来的职业生涯中遇到这些情况。如果是这样的话，那么你需要做出伦理判断。这些假设情境中提供的解决问题及批判性思考实践，会让你成为一个更加自信的决策者。在你面对这些案例中的困境之前，你必须要熟悉道德哲学领域。因此，本书分成两个部分。

第一部分是基础与原则。这一部分主要解释社会环境中的道德发展和道德准则的形成。第一部分的第三章也关注了道德哲学、媒介实践和批判性思维中的重要概念，从而创造了一个道德推理模型。这个模型是分析第二部分假设案例的指南。

第二部分是具体的媒介传播案例。这一部分主要展现了媒体从业者遇到的一些主要问题。这一部分所蕴含的主题是，这些问题影响大众传播的方方面面。比如，关于到底说真相还是谎话的道德原则不仅适用于记者、广告商，也适用于公关主管（以及全社会）。同样，利益冲突也不仅是困扰记者的问题。

基层员工和管理人员都会遇到这些假设案例中的伦理困境。在很多案例中，你会被要求假设自己就是管理层的决策者。有些人可能会怀疑这种模拟练习的价值，因为，作为未来的媒体从业者，至少从一开始，你更有可能是一个普通员工。但是，角色扮演有助于你设身处地地从他人角度思考问题。这样做的话，即使你并不同意他们的看法,你也至少理解为什么管理者会这样思考伦理问题。这种能力在职场中非常重要。同时,要谨记这些内容并不仅是为了探讨伦理问题,更是要让你了解整个道德推理的过程。如果达到了这个目的,而你的判断又是基于正确的道德原则,那么你是不是伦理问题的决策者就不那么重要了。

在这本书中,笔者对媒介伦理现状进行了评论,并预测了媒介伦理教学的趋势。新闻学和大众传播中的伦理研究有着悠久且光辉的传统。《媒介传播伦理:案例与争论(第五版)》这本书可以使你成为这个传统的一分子。

在你开始阅读正文之前,笔者有一个最后的提醒:一些伦理学家和未来主义者已经正确指出了无序的互联网给我们带来的伦理挑战,而这本书也会谈及这些问题。如今有一种趋势,即每次有新技术诞生时,这种技术所造成的伦理问题就会被认为是独一无二的。但这是一种错误的认知。例如,数字合成一张新闻照片的行为,本质上是欺骗。而欺骗在新闻领域中是一个老生常谈的问题。类似地,对互联网中侵犯隐私和知识产权以及散播错误信息的担忧,毫无疑问在不断增加。但是技术并没有改变这些基本的伦理问题。例如,不管是在网络上,还是通过更传统的技术手段,侵犯知识产权都是不对的。因此,本书中所讨论的价值观是没有时间限制的,也不会随着新技术的诞生而改变。

目　录

第一部分　基础与原则

第一章　伦理与道德发展 /3
概述：对伦理的研究 /3
伦理教育的价值 /8
伦理德行的三个首要法则 /12
伦理观与态度的形成 /16
伦理困境：价值观之争 /21
本章总结 /23

第二章　伦理与社会 /25
伦理系统建立的必要性 /25
伦理系统形成的条件 /31
社会契约与道德义务 /33
法律与伦理的关系 /37
机构自治与社会责任 /39
信息时代的挑战 /47
肩负社会责任的媒体 /50
本章总结 /56

第三章　伦理与道德推理 /58
道德推理与伦理决策 /58
道德推理的语境 /59
道德理论的哲学基础 /60
伦理视角与传统 /61
道德推理的伦理思想 /66
对道德推理的批判 /70
道德推理模型 /72
一个案例研究 /75
本章总结 /80

第二部分 媒介传播案例

第四章 媒介传播中的真实与诚实 /83
- 一个有限真实的世界 /83
- 真实作为基本的价值观 /86
- 真实的重要性 /88
- 媒体从业者与真假二分法 /90
- 知识产权欺诈 /110
- 讲真话和道德推理的方式 /113
- 真相与欺骗:假设案例研究 /114

第五章 媒介与隐私:一种微妙的平衡 /121
- 伦理与隐私:对意义的追寻 /121
- 隐私的价值 /123
- 隐私道德规范的必要性 /127
- 隐私与新闻记者:一些特殊问题领域 /131
- 探寻新闻准则 /146
- 广告与隐私 /148
- 隐私:假设案例研究 /149

第六章 保密与公众利益 /157
- 保密原则 /157
- 保密的理由 /161
- 寻求揭露:行动者的道德立场 /162
- 新闻学的保密性:某些特殊考量 /164
- "记者—信源"关系的变化 /168
- 保密原则:假设案例研究 /169

第七章 利益冲突 /174
- 利益冲突:真实与想象 /174
- 识别冲突:最麻烦的地带 /176
- 利益冲突的处理方法 /190
- 利益冲突:假设案例研究 /191

第八章 经济压力与社会责任 /197
- 经济利益 VS 道德职责 /197
- 媒体所有权的集中 /199

大众媒体联手市场营销…………………………………………………… /202
　　广告的作用………………………………………………………………… /207
　　植入式广告………………………………………………………………… /211
　　经济压力：假设案例研究………………………………………………… /213

第九章　媒介与反社会行为 …………………………………………………… /217
　　媒介对行为的影响………………………………………………………… /217
　　媒介经验与道德责任……………………………………………………… /218
　　媒介与文明………………………………………………………………… /229

第十章　不雅内容：自由与责任 ……………………………………………… /231
　　对不雅内容的社会监督…………………………………………………… /231
　　色情、淫秽和道德责任…………………………………………………… /232
　　品位问题：令人震惊和不安的视觉效果………………………………… /237
　　道德限制的案例…………………………………………………………… /241
　　反对道德限制的案例……………………………………………………… /243
　　寻找标准…………………………………………………………………… /244

第十一章　媒介内容与青少年：特殊的伦理问题 …………………………… /246
　　青少年和文化家长作风…………………………………………………… /246
　　对于青少年观众的影响…………………………………………………… /248
　　青少年观众：假设案例研究……………………………………………… /256

第十二章　媒体从业人员与社会正义 ………………………………………… /260
　　社会正义作为显性的道德价值…………………………………………… /260
　　程序正义原则……………………………………………………………… /261
　　媒体从业者与社会正义：两种观点……………………………………… /261
　　媒介与社会公平：假设案例研究………………………………………… /276

第十三章　媒介传播中的刻板印象 …………………………………………… /285
　　刻板印象与价值观的形成………………………………………………… /285
　　刻板印象在媒介内容中的角色…………………………………………… /288
　　直面媒介刻板印象的策略………………………………………………… /300
　　刻板印象与媒介：假设案例研究………………………………………… /301

译者后记 ………………………………………………………………………… /305

第一部分

基础与原则

本书的第一部分将为伦理和道德推理的研究打下基础。为了完成这个宏大的目标,该部分分为三个章节。

第一章的标题为"伦理与道德发展"。首先,这一章将把伦理作为一个值得探究的主题进行概述;其次,从智力发展和专业实践两个角度论证了伦理教育的价值;最后,第一章还讨论了伦理价值观的形成方式以及不同道德价值观之间如何经常发生碰撞,并因此产生伦理不确定的危机。第一章隐含的理论是对个人伦理发展的认知,这种发展应该贯穿人的一生,并在某种程度上作为实现道德理性进程的先行途径。

第二章主要关注伦理与社会之间的关系。社会首先产生了对伦理系统的需求,接下来对这些强有力的社会伦理系统标准进行了考察。从某种程度上看,由于我们的伦理行为主要基于社会规则与范式,道德责任及其与行为的关系就会受到考验。第二章还对人类经常会感到困惑的法律(我们可以做和被禁止做的事情)与伦理(我们应该做的事情)的关系进行了探究。该章阐明了社会责任的概念,并对道德行为标准如何影响媒介机构对公众利益的态度的情况做出了总结。此外,第二章还考虑到了在 21 世纪初出现的新技术与信息高速公路对媒介伦理的影响。

第三章剖析了伦理与道德推理之间的联系。它表明,在西方文明建设过程中,道德观念的哲学基础和做出伦理性决定的途径对道德哲学有着最深远的影响。此后,这些理论与批判性思考理论相结合,产生了道德推理的"模型",即 SAD 模型。这个模型将在第四章至第十三章的假设案例中被用于分析伦理困境的现状。

第一章 伦理与道德发展

概述：对伦理的研究

2003年5月11日,《纽约时报》(New York Times)的头版刊登了一篇名为《〈纽约时报〉辞职记者留下累累骗行》的文章,忏悔其新闻违规的行为,读者对此深感震惊。在这篇史无前例的13900字的文章中,《纽约时报》痛苦而详细地揭露了27岁的美国新闻记者杰森·布莱尔(Jason Blair)如何承认他在自己编写的至少一半数量的新闻中进行了"新闻欺诈"。文章哀叹道:"这些流传甚广的凭空捏造和剽窃的作品是对读者信任的严重践踏,更是我报152年历史的最低谷。"①

第四章有对杰森·布莱尔事件更为细致的介绍与分析。毫无疑问的是,正如《纽约时报》自己意识到的那样,杰森·布莱尔事件是该报悠久而辉煌的历史中最为灰暗的时刻。然而,这一事件引人注目的高曝光率,也遮蔽了媒体从业者日常面对的那些不是那么耸人听闻的伦理挑战。这一事件,尽管堪称这个国家报纸历史上的"滑铁卢",但并不能代表真正的伦理困境,因为困境包含道德挣扎和对努力做正确的事的反思。伦理困境与良心紧密相关,它必须时常回应两个甚至更多虽有争议,却又在道德上站得住脚的行为。但是,杰森·布莱尔的行为在任何负责任的新闻标准下都没有辩护余地。

在美国,我们身边充斥着伦理困境,它们就像渗透进我们生活的纤维,无时无刻不在挑战我们的伦理敏感。比如,可以思考以下几个问题:你是否应该接受同学通过在网上非法下载音乐制成的CD?接受的话是不是意味着你在助长这种行为?你有没有义务去举报你看到的犯罪事件?"安乐死"是不是亵渎了生命的圣洁?伦理应该允许一名电视记者用隐形摄像机来记录违法行为或丑闻吗?好莱坞是否有道义责任避免对性和暴力场面的无端描述?我们可能会基于对一个事件的自我感觉来回答这些问题,但是我们能不能依据一些成熟的伦理法则来捍卫自己的观点呢?

这就是伦理研究的意义——学会依据可靠的伦理规范,公开捍卫我们的伦理选择。一堂伦理课不仅能为我们的个人生活,还能为我们职业生涯中艰难的道德选择提供工具。通过教授伦理原则和道德推理,教育机构可以履行它们最重要的历史重任之一——"思想道德建设"。②

---

① "Times Reporter Who Resigned Leaves Long Trail of Deception," *New York Times*, May 11, 2003, p. 1.
② Lindley J. Stiles, and Bruce D. Johnson (eds.), *Morality Examined: Guidelines for Teachers* (Princeton, NJ: Princeton Book Company, 1977), p. xi.

那么,到底什么是伦理呢? 它和道德有什么不同?

"道德"一词源自拉丁文"mos""moris",意思是"生活方式"或者"操行",经常与宗教信仰和个人行为联系在一起。而"伦理"则源自希腊语"ethos",意思是"习俗""惯例"或者"品行",它是当两种道德义务相冲突时应用既定原则的理性思辨。最严重的伦理困境存在于两种"正确"的道德义务发生冲突时,因此,伦理常常涉及没有唯一"正确"答案的旗鼓相当的权利之间的平衡。比如,一个学生的同学向他坦承作弊后,这个学生承诺要帮他保守秘密。但如果这时老师让这个学生说出同学的作弊实情,那么该学生就得考虑一下对同学守信(一种道德品质)和对事实忠诚(另一种道德品质)这两者到底孰轻孰重了。

尽管道德和伦理在史学意义上大有不同,近年来仍有很多人将两者混为一谈,使它们成为几乎难以区分的概念。事实上,伦理是哲学的一个分支,主要是人类生活的道德补充,它通常被称为道德哲学。道德和伦理在语义上的融合并非总是不受欢迎的,它也是本书主要使用的方法论。因此,"伦理"和"道德"两词经常会被交叉混合使用。这种策略在媒介伦理研究中尤为有效(就这点而言,在其他领域或许也是如此)。因为它反映出一种逐渐得到公认的观点,即专业化的伦理行为不能完全与社会一般道德标准相剥离。举例来说,一名公共关系从业者故意曲解事实就是违背一种根本性的法则,而这种法则既起源于多种宗教的道德体系,也存在于古代伦理标准中。

伦理反映了一个社会关于某种行为是对还是错、是善还是恶的认知。批评一个人太懒或者能力差并不是在指责他的道德缺失,从另一个方面看,撒谎、偷盗、剽窃等行为才算是违背了伦理规范。因此,伦理经常被描述为一系列法则或道德操守的准则。

伦理包含对社会或者某种文化所接受的道德价值观念的评判和应用。如果每个人都设定自己的行为标准,就是在提倡伦理上的无政府主义。一个人或许会因为符合自己道德准则的行为而收获巨大的满足感,但违背这个准则并不一定意味着会面临严重的伦理问题。

西方社会对于伦理的研究开始于2500年前,据苏格拉底的学生柏拉图说,苏格拉底徜徉在古希腊的研究当中,他对同胞们关于"正义"和"美德"等的抽象概念质疑并发起了挑战。苏格拉底的反诘法含有持续不断的关于道德操行本质的问与答,也被证明为一种"经久不衰的方法",不断触发人们在酒吧和教室等地方对于道德的火热探讨。因此,在涉及伦理的争辩中,最基本的一环就是冲突。因为即使在一定社会时期内或者文化观念下,正确的道德操行标准也是不同的。[①] 正如《羽毛笔》(*Quill*)的社论所阐释的,道德规范的多样性能启发思维,丰富自我:

> 伦理评价就是如此。不论谁做出评价,它们都不会是简单的。几乎可以肯定的是,我们中的一些人会认为它们很完美,而其他人认为它们是错误的、愚蠢的、不公平的,抑或很有可能成为智力或道德沦陷的证据。

[①] Lindley J. Stiles, and Bruce D. Johnson (eds.), *Morality Examined: Guidelines for Teachers* (Princeton, NJ: Princeton Book Company, 1977), p. xi.

以上这些都是好事,对伦理行为含义的界定帮助我们保持头脑清醒、精神积极。如果每个人都信服并尊重所有的共同伦理法则,生活可能会变得更有秩序,但也一定会更加无聊。①

对媒体从业者伦理行为的讨论总是枯燥的。大众传播领域的伦理研究是对苏格拉底传统理论的继承,因为记者、广告商、公关经理的活动正遭受前所未有的批判性质疑。这种质疑即使在他们的同侪中也从未有过。我们身处一种对生活中的道德层面持续焦躁不安的状态。非常坦诚地说,我们的良心告诉我们:在正确与错误的行为之间确实存在一条鸿沟。对伦理法则及其如何产生的理解也确实对我们的行为产生了很大的影响。然而,研究的目标并不是要去做出每个人都赞成的伦理选择,或者做出迎合社会期望的决定。最具挑战的伦理困境其实是当没有"正确"的答案时,我们该怎样权衡利弊。然而,这种对道德的反思至少应该会产生在道德上站得住脚的决定,尽管它们可能并不能得到所有人的认同。伦理教育提升了我们做出批判性判断的能力,也帮助我们从理性主义角度出发去捍卫那些决定。

举例来说,记者在侵入他人的私生活时,经常会用"公民知情权"为自己曝光他人令人尴尬的私生活这一行为正名。对于这类问题,反驳的难点在于其没有在一开始就回答公众有什么样的知情权、公众为什么有权获知这类信息等问题。

伦理学的三个分支

伦理学作为一个正式的研究领域,试图将这些问题纳入研究视野,并由此总结出三个不同的但在概念上有一定关联的分支:元伦理学、规范伦理学和应用伦理学。②元伦理学主要是对伦理的特点,或者说伦理本质的研究。同时,它还考察了诸如"善良""公正""正义""公平"等抽象术语的含义,并试图证明这些价值观是最好的道德观念。元伦理学不关注如何做出道德判断,相反,它试图将伦理价值观和那些只关乎品位和态度的事物加以区分。举例说来,伦理学家已经把忠于事实真相认证为一种好的道德品质,它是很多社会规范的基础,同时也是很多媒介准则和行为标准的基础。但在具体的伦理困境中,媒介从业者应用这种相当抽象的理念是有些困难的。元伦理学为伦理抉择提供更加宽泛的基础,但它并不具体指示如何从 A 点到 B 点。当观众或者读者认为某个报道不公正时,他们是出于伦理上的忧虑,还是仅仅基于品位?同样,一名媒体评论员对于一部电视剧的正面评价也未必基于对这个节目道德上的观察。正是由于元伦理学给这些相对晦涩的伦理学概念以明确、清晰的解释与定义,所有社会成员才能够在一个平等状态下做出道德判断。

规范伦理学则着眼于建立道德操行的总体理论、规范和原则。想要改变当今美国社会伦理萎靡以及传统价值观受创的状态,当务之急在于建立根本性社会道德行为法

---

① "Sports, Ethics and Ideas," *Quill*, January 1987, p. 2.
② 参见 Joan C. Callahan (ed.), *Ethical Issues in Professional Life* (New York: Oxford University Press, 1988), pp. 7-9; John C. Merrill, and S. Jack Odell, *Philosophy and Journalism* (White Plains, NY: Longman, 1983), p. 79.

则,即规范伦理学。这些理论、规范和原则是每一个文明社会的伦理标志,也是将道德秩序从混沌中剥离出来的指示标。它们为人们在现实世界中做出伦理决定提供基础。当代社会中一些禁止撒谎、欺骗和偷盗等行为的规定源于我们对规范伦理的关注。比如,媒介机构严格禁止记者使用欺骗的方式获得新闻报道,这一行为源于针对撒谎的一般社会规范。尽管如此,在截稿期限和行业竞争的压力下,记者有时还是会放弃这个原则,因为他们都想争夺独家报道,抑或他们真的认为公共利益会通过查明新闻报道的真相得以实现,即使这会以违背基本的伦理道德规范为代价。伦理规范的要求经受现实世界的严峻考验之后,我们才能说媒介从业者进入了应用伦理学的范畴。

应用伦理学实际上就是在道德哲学下探讨如何解决问题的一个分支。其主要目标就是用这些源于元伦理学的观点以及普遍法则和规范伦理学的规范来解决伦理问题和具体案例。假设一名为被指控谋杀的犯罪嫌疑人辩护的律师要求记者说出他所写报道中相关信息的提供者,因为这位律师认为这些信息可以帮助其当事人无罪释放,但记者已经答应为信息提供者的身份保密。一方面,原则上讲,或者说从社会规范角度看,我们应该言而有信,否则彼此间建立的信任将荡然无存。另一方面,正义要求我们给被告一个公平的审判。在该案例中,这两个相当抽象的规则一定会产生强烈冲突,而应用伦理学旨在引导我们通过面对现实环境中的问题来化解这些错综复杂的道德困境,或许我们很难得到正确或错误的答案,但我们总该能找出"合理的"答案。

太多人都受困于某种道德存在,一个可能的原因是,他们无法把个人信仰应用于生活中残酷的道德困境。[①] 应用伦理学是理论与实践的重要纽带,也是伦理抉择的试金石。专业性和职业化的伦理都属于这个范畴的研究内容,第二章将主要从应用伦理学的角度探讨一些相关事例。

伦理传播

倘若伦理研究不能促进人们的认知,那便是无用的。获得认知的最佳方式是检验以下传播过程中的伦理情形[②]:有着特定动机的道德主体传播者,在某种特定情形中针对某特定个体或群体,实施了某种行动(口头或非口头的),通常会产生一些影响。

无论是表达个人意志还是作为机构代表,道德主体就是需要做出伦理判断的那些人。当传播者遇到职业伦理困境并且要为自己的行为负全责时,他们就都成为道德主体。对道德主体这种角色的理解很重要,因为伦理标准往往会根据社会角色而变化。举例来说,大多数记者和编辑作为公众代表必须问心无愧,不能在政治活动中过于活跃,因为这会损害他们的独立性,而那些不能很好践行这条行业公理的记者也很容易在雇主心目中失宠。为华盛顿州塔科马市的《新闻论坛报》(*News Tribune*)工作的记者桑德拉·尼尔森(Sandra Nelson)就是这样一个例子。她曾在当地一家医院外呼吁

---

① 更多关于应用伦理学的讨论,参见 Baruch Brody, *Ethics and Its Applications* (New York: Harcourt Brace Jovanovich, 1983), p.4。
② 更多关于该模型的描述,参见 Richard L. Johannesen, *Ethics in Human Communication*, 3rd ed. (Prospect Heights, IL: Waveland, 1990), p.16。

保护堕胎权,也曾为了同性恋群体的民权奔走。无视上级警告的她继续在下班时间参与政治性活动,结果被从教育版记者降职为夜班编辑。① 然而,根据他们特定的工作职责以及不同的工作机构,记者在这方面的义务是不同的。一个典型的例子是,一名在政治上持保守观点的杂志编辑会在共和党的政治活动中非常积极。这种机构和读者之间的关系与普遍发行的报纸和其受众之间的关系是不同的。②

伦理决策一般是在特定的语境下做出的。这样的语境可能包括政治环境、社会状况、文化氛围等。尽管这种语境不一定会影响伦理判断的最终结果,但是它的作用依然不容忽视。事实上,语境因素常常会引发我们的内在冲突,这使我们在良心上的应然变成和现实中的实然之间的道德斗争。

我们必须要检验道德主体的动机,因为好的动机有时会被利用来为不道德行为辩护。比如,记者可能会使用如欺骗等一些手段去揭露政府的腐败行为。这一手段我们大多是愿意容忍的(甚至可能会叫好),并美其名曰为了公共利益。但事实上,动机不应该只是严格按照它的受欢迎程度和公众接受度来检验,也应该把行动产生的后果一同纳入衡量的标准。国家领导人绝不能因其选民的认可就出台种族灭绝政策,这永远都不可能是正当的。

行动是传播过程的行为组件。他人的行为会引起我们注意,且可能促使我们将其定义为道德的或者不道德的。这些行为可能是言语的,比如当记者对新闻来源撒谎;也可能是非言语的,比如当广告商省略一些决定消费选择的关键商品信息。

伦理情境也应该根据道德主体与受伦理判断最直接影响的个人或受众的关系来评估。举例来说,一份受到高素养读者青睐的杂志或许可以容忍一些激进语言,相反,一份地方社区报纸则会严格审查这样的引用。再比如,向儿童群体营销自己产品的广告商使用的销售策略可能不如针对成人受众的广告商那么激进。同样地,电影分级制度和电视网络节目报告无论有何缺点,都默认这些产业有责任提醒受众那些可能产生的不雅内容。

最后,对于道德主体和其他任何可能受到主体行为影响的人来说,伦理判断总会带来一些积极或消极的结果。这些结果可能从良心启发变为公众对道德主体行为的支持或反对。这些结果有时是即时且明确的,比如读者会抱怨某报纸的头版是一幅烧焦的身体的照片。但是这些结果也可能是微妙而长远的,且通常会成为个人或机构声誉的基础。

在理想世界里,道德主体可以事先预测行为可能带来的结果并相应地去行动。但通常,这些结果很难预测或者与道德主体的期待相去甚远。当媒介从业者的行为可能会产生一些不良后果,尤其是涉及无辜的第三方时,要格外小心。胡里奥·格拉纳多

---

① 作为回应,这名记者同时对其任职报社的领导提起诉讼,认为他触犯了《反海外腐败法》(FCPA)以及州和联邦宪法。最高法院最终判决该记者败诉。参见 25 Med. L. Rptr. 1513 (Wash. Sup. Ct. 1997), *cert. denied*, 118 S. Ct. 175 (1997)。

② 关于这个观点,详见 Jeffrey Olen, *Ethics in Journalism* (Upper Saddle River, NJ: Prentice-Hall, 1988), p. 25。

斯(Julio Granados)应该是第一个认同这种道德训诫的人。

胡里奥·格拉纳多斯在北卡罗来纳州首府罗利的埃尔曼多(El Mandado)超市工作,他是一名墨西哥移民。吉吉·安德斯(Gigi Anders)是罗利市的《新闻与观察家》(News and Observer)报纸的记者,她为格拉纳多斯写过专访,她觉得这是对在罗利勤奋工作的拉美裔移民的致敬。安德斯这篇两页长的文章最终刊登在周日版,文章动情地描述了格拉纳多斯在美国略显孤单的生活,以及他对仍在墨西哥的家人提供的经济支持。文章也提到了他非法入境的情况。夏洛特市移民局(INS)官员读过这一文章后,决定逮捕格拉纳多斯。①

安德斯声称,自己当时警告过格拉纳多斯,说如果移民局官员读了这篇文章,他可能会被驱逐出境。格拉纳多斯否认了这一说法,并对媒体说自己确实同意安德斯使用他的名字而不是刊登非法居留一事。且不说当事人,拉美裔群体都非常愤怒,并将格拉纳多斯被捕归咎于《新闻与观察家》,指责它是"不负责任的报刊","它毁了这个年轻人的生活"。在编辑部高管和员工们相当激烈的讨论后,执行主编安德斯·格兰哈尔(Anders Gyllenhaal)后来承认:他们没有周到地考虑像这样详细的文章会造成的潜在后果。② 专报州府要闻的编辑琳达·威廉姆斯(Linda Williams)则没那么友善。她说,"我们正在告诉大众我们是中立的,我们不能偏向任何一方","我认为我们错在报道了所有信息。实际上我们看起来像是移民局的帮凶"。③

伦理教育的价值

伦理是教出来的吗?这个问题回答起来既困难又充满争议,但我们必须直面它。对于这个问题,有两种思想流派。犬儒主义者认为伦理学根本不能成为一门学科,因为它仅仅提出问题却不提供明确的答案。怀疑论者则认为,伦理法则和规范的知识并不能保证培育出一个更有道德的人。相反,这种观点认为,当遇到真正的伦理困境时,人们会忽视伦理课上传授的所有智慧,而仅仅依据个人利益来行动。同时,坦白地讲,回顾过去五十年的历程,我们有一些可靠证据证明,品德教育课程和传统的宗教教育项目都没有对人们的操行产生明显影响。④ 怀疑论者还说,儿童的道德塑造过程在他们上学之前就已经完成了,因此这种品德教育课程的收效微乎其微。这个观点假定,道德成熟和心理成熟、生理成熟显然是不同的,这一过程在年幼时就结束了,这充其量只能算是一个可疑的命题。诚然,从伦理学角度看,我们确实处在一个前进的状态,而且年龄已经不再是培养道德品质或者学习道德智慧的障碍了。

有一个故事正好代表了犬儒主义者的观点:一名重点大学的大学生犯了剽窃罪。

---

① Sharyn Wizda, "Too Much Information?," *American Journalism Review*, June 1998, pp. 58-62.
② Ibid., pp. 60-61.
③ Ibid., p. 61.
④ Stiles, and Johnson, *Morality Examined*, pp. 11-12.

由于这是初犯,他被判决到哲学系接受伦理课程教育。尽管如此,三个月后他又因为在伦理学考试中作弊而被开除。

媒体从业者怀疑一切带有象牙塔式精英主义印记的东西,他们对伦理课程还有别的不满。他们认为,教室里的讨论和模拟不能体现出现实世界的疯狂节奏和压力。这样的观点有一定道理。但即使部队在进入实战之前也一定要进行演习,演习的价值并不会因为其和战场环境不同而减弱。一些媒体已经改变了它们对待伦理课程的看法,并选派一些雇员去参加提升伦理意识的研讨会。考虑到媒体需要经常对他人,比如对政客和商务主管的伦理行为发表评论,所以它们自己的道德行为必须无懈可击。

显然,伦理不能像打针一样注射到人体内,而且对道德修为的正面引导也不能保证让罪人转变成圣人。此外,我们也无法确保,历史和政治科学课上的内容可以培养更好的市民或者为民主事业服务。

持另外一派观点的则是对正规伦理教育抱有乐观态度的人,他们认为,伦理学如同数学、物理学、历史学,有自身的一套问题和不同的解决问题的方法。① 在这个观点体系下,道德知识的主体在伦理上是勤学好问的。因此,对伦理的学习是理解道德行为和提升人类精神境界的关键所在。自然,乐观主义者认为,这个问题值得在学术课程中好好研究一番。苏格拉底在评价柏拉图的《申辩篇》时非常直率地表达了这一观点:"未经审视的人生是不值得过的。"然而,即便是苏格拉底显然也曾经怀疑道德到底是不是可以被教会。② 大众整体上对各个行业,尤其是对媒体机构的道德标准一直持有批判的态度,这迫使我们接受对伦理教育的乐观看法。我们别无选择,只能系统地从理性的角度思考那些在国家新闻编辑部、广告公司、公关公司、好莱坞制作工作室中和网站运营商等主体中做出的伦理判断。可以负责任地说,即使各项民意调查在大众信心受挫程度的结果上有差别,但总体来说,媒体是在一种不友好的环境下运行的。

媒体从业者比以往任何时候受教育程度更高,受的专业训练也更多。但是很多人在大学时期就无法很好地应对现实生活中的道德危机。大学生在校期间先在教室中面对一些伦理问题其实是有好处的,因为问题可以被理性地讨论,而不是像走上工作岗位之后有最后期限的压力。良好的职业道德是宝贵的财富,并能在同事中建立起尊重。因此,至少一些规范的伦理教育还是有价值的。

媒介伦理课程的内容

我们希望从媒介伦理课程中学到什么呢?一名教师恐怕不能怀着这样的认知来讲授道德行为,即认为光靠学习(或记忆)伦理准则就能培养出更有道德的人。但是,伦理教育可以通过提供做出伦理判断、捍卫判断以及批评他人决定所带来的

---

① James Rachels, "Can Ethics Provide Answers?," in David M. Rosenthal, and Fadlou Shehaili (eds.), *Applied Ethics and Ethical Theory* (Salt Lake City: University of Utah Press, 1988), pp. 3-4.

② 根据的是柏拉图在其作品《美诺篇》中的观点,这个观点就是,苏格拉底所认为的美德是"上帝赐予品德优秀之人的一种本能"。参见 Stiles, and Johnson, *Morality Examined*, p. 10, 转引自 Benjamin Jowett, Jr., *The Dialogues of Plato*, vol. 1 (New York: Random House, 1920), p. 380.

后果的方法促进道德行为。① 这个环节被称为道德推理,本书第三章将主要关注这部分内容。

我们应保持适度的期望,但是一节媒介伦理课可以有一些实际的和可操作的目标。以下五个教育目标是从海斯丁中心(Hastings Center)发表的文章中总结出来的,它是医学、生物学和行为科学伦理领域的先锋。②

激发道德想象力。媒介伦理课程应该促进这样一种观念:道德选择是人类存在的重要组成部分,伦理决定可能会带来痛苦抑或幸福的结果。激发道德想象力可以营造出对他人的共情,它不是通过用抽象术语讨论伦理问题得来的。有时候我们的道德想象力需要温和的刺激,而在其他时候它则需要冲击疗法。

认清伦理问题。尽管我们大多数人都相信自己能够区分对与错,但我们也不总能确切了解某种情况的道德维度。或者说在其他时候,我们会被自己的偏见或者个人利益所引导,从而违背自己的道德准则。举例来说,1999年秋季,迈阿密的西班牙语报纸《新先驱报》(El Nuevo Herald)在迈阿密反对古巴领导人卡斯特罗(Castro)的热潮中不惜牺牲自己的新闻独立性,却完全没有意识到这一伦理问题。根据《哥伦比亚新闻评论》(Columbia Journalism Review)的报道,在一次为了强调古巴军官对越南战争中的美国俘虏实施暴行却依然在卡斯特罗政府中担任要职的新闻发布会上,暴行的幸存者、退伍的美国空军上校埃德·哈伯德(Ed Hubbard)建议美国与菲德尔·卡斯特罗(Fidel Castro)建立某种关系。场内气氛非常紧张,新闻发布会也草草结束。《新先驱报》则在其报道中忽略了哈伯德上校的"异端"之言。③

对可能出现的困境做出预判,是伦理教育和道德推理过程的重要目标。当然,一些伦理束缚可能会改变。专业行为的标准,就像"时间之沙",会随着媒体从业者根据变化的环境调整自己的道德界限而不断变化。举例来说,有一段时间,记者工作量大,待遇又低,他们把从新闻源一方收取礼物或者车马费当作惯例。现在,越来越多人反对这种行为,但在如何划分界限的问题上还没有达成一致。④

媒体专业人士就像酗酒的人,必须首先学会认识问题才能采取行动。道德推理方面的训练可以帮助我们认识到我们要做的那些决定可能产生的伦理后果。就像华盛顿与李大学(Washington and Lee University)的教授路易斯·霍奇斯(Louis Hodges)指出的,规范的伦理训练会带来长远的利益:

> 我坚信,教室里的细致且系统的伦理学习与训练是很有用的。它通过唤起人们对重要伦理议题和美好品德的重视,尤其是通过一些案例唤起人们对

---

① Reginald D. Archambault, "Criteria for Success in Moral Instruction," in Barry L. Chazan, and Jonas F. Soltis (eds.), *Moral Education* (New York: Teachers College Press, 1973), p. 165.

② Hastings Center, *The Teaching of Ethics in Higher Education* (Hastings-on-Hudson, NY: Hastings Center, 1980), pp. 48-52. 更多关于这些目标的讨论,参见 James A. Jaksa, and Michael S. Pritchard, *Communication Ethics: Methods of Analysis*, 2nd ed. (Belmont, CA: Wadsworth, 1994), pp. 12-18。

③ "Unliberated News," *Columbia Journalism Review*, January/February 2000, p. 19.

④ 更多关于这一议题的讨论,参见 Ron F. Smith, *Groping for Ethics in Journalism*, 5th ed. (Ames: Iowa State University Press, 2003), pp. 385-400。

于受众需求的重视而达成目的。这可以帮助挽救新闻行业的职业道德力。①

提高分析技能。批判性地思考伦理议题是决策的中心环节。这个目标包含检验一些基本的抽象概念,比如"正义""道德义务"和"尊重他人"等,来看它们将如何被持续一致地应用到现实生活的各种状况当中。对支撑某人道德决定的论证与辩护进行批判性检验也是很重要的一环。② 推理能力对解决数学和行为科学方面的问题非常重要;对道德哲学来说同样重要。案例研究和课堂模拟是提高分析技能的有效手段,因为学生可以在假设或者真实的伦理情境中扮演道德主体。

激发道德责任感和个人责任意识。"责任止于此",美国前总统哈里·杜鲁门(Harry Truman)在他的办公桌上写下这样的话。话语虽简单,但意义深远。借用这句话,杜鲁门是在告诉愿意听的人,他会毫无保留地为所有行政部门的行为承担责任。同时,他也印证了一个简单的道德真理:责任是不能转嫁给别人去承担的。作为道德主体的我们都应该为自己的行为负责,不应该把自己的伦理失范归咎于他人。媒体从业者经常以牺牲责任为代价去强调自由。伦理课程可以纠正这种失衡。

承受争议。在道德主体可以做出明智的道德判断之前,他们必须要考虑和尊重其他观点。一个理性决定是基于稳固的道德基础、充分的思考和对可能出现的多种选择的周全考虑做出的。正如詹姆斯·加斯卡(James Jaska)和迈克尔·布莱特查德(Michael Pritchard)在对传播伦理的一次具有启发性的讨论中总结的一样:"容忍选择中的差异和避免自动给相反的决定打上'不道德'的标签都是必要的。同时,找出差异中具体的不同点能够去除虚假的区别和借口,从而帮助我们化解争议。"③我们生活在一个开放且多元化的社会,智慧和理性要求我们在做出个人判断之前,应该顾及其他人的道德观念。④

提升伦理素养

假设你已经读完了整本书的内容,理解了所有关于伦理法则的概念,也饱受各个案例中伦理困境的折磨。假设你完成了所有的课堂作业和考试,并且在"媒介伦理"这一课程中凭借勤奋和努力获得了"A"。你可能会因为在学业上的成绩而小小满足了自己的虚荣心,可是这就能够说明现在的你比当初选课时的你品德更加高尚了吗?

当然不是!这本书或对任何一个伦理方面的规范的教导都只是一个起点。经过一系列假设的伦理困境的正式洗礼和挣扎,你可以逐渐培养起自己的伦理意识,并去了解道德推理的过程,第三章将会详细介绍这个过程。但是就像只看录像带不能让你身体健康,只读橄榄球基本原理的书不能让你球技大涨,单纯地读媒介伦理方面的书也不能让你成为一个品德更高尚的人。运动员表现出色是因为经过了多年的不间断

---

① Louis W. Hodges, "The Journalist and Professionalism," *Journal of Mass Media Ethics* 1, no. 2 (Spring/Summer 1986): 35.
② 参见 Jaksa, and Pritchard, *Communication Ethics*, pp. 15-16。
③ Ibid., p. 9.
④ Hastings Center, *Teaching of Ethics*, p. 52.

练习。性格的培养和道德品质的形成也是这样的。成为一个更有道德的人的唯一方法就是去践行。全球伦理机构(Institute for Global Ethics)的创始人、记者汝斯沃兹·科德勒(Rushworth Kidder)将这称为"伦理素养"。①

品德不是通过对伦理议题无休止的哲学讨论或通过至死不休地分析某种困境而形成的。伦理素养源于直面日常生活中艰难的伦理困境并积极地参与问题的解决。为了成为伦理健全的人,根据科德勒明智的建议,你需要"在精神上参与这些情境""将感情和智慧转化为行动"。②

科德勒的观点值得我们细细思考。尽管智慧对于做出合理的道德判断非常重要(且本书的重点在于道德推理),但要真正成为一个伦理健全的人,这是不够的。道德决策还需要同情——用科德勒的话来说是"感同身受"。没有这种同情,伦理决策很可能只是逻辑上的无效训练。但是伦理素养需要一种全面的性格培养方法,这要求我们全身心投入智力与情感。当然,我们的理性和我们的情感经常是相左的。举例来说,一名编辑在考虑是否要发布那些惊悚的美国战争死难者照片时,总会在新闻记录的价值、对遇难者家属的同情以及对读者接受能力的考虑中纠结。

伦理素养的训练并不是在你获得第一份工作时才开始的。尽管职业确实会给工作人员施加某些特别的责任,然而经常被忽视的一点是,职业责任是不能完全和社会的基本价值观割裂开的。伦理决策过程不会因为情境或者环境的改变而不同。换句话来说,没有一套只针对媒体从业者而不针对其他人的伦理体系。道德品性的培养——培养明晰善与恶,并能做出符合伦理规范的决策的能力——势必成为终身性的承诺,也必须要立刻融入我们的智力、直觉和情感诉求。伦理不会因情况的改变而时有时无。本书介绍的法则和案例只能算是一种催化剂,希望能引起大家的注意。伦理的真正内涵还需要通过不断学习和实践来体会。这样我们才能具有伦理素养。

伦理德行的三个首要法则

对于培养伦理素养来说,道德知识是不可缺少的,但道德知识并不包括记住一套伦理法则。正如之前的内容所述,它指的是拥有辨别好坏行为的能力,以及将这些知识应用于现实伦理困境的道德意愿。没有什么能比做了一件正确的事情更让我们开心,即使它和大众情绪相左。伦理素养永远不能打造一个完美的人,人总是很难达到完美。因此,我们必须建立一套对伦理德行更加适当的评价体系。任何关于道德高尚的个人的伦理特质的讨论,都要我们付出相当长一段时间的智力投入,但其中最基本且最重要的应该是如下三个因素:信誉、正直、修养。

---

① Rushworth M. Kidder, *How Good People Make Tough Choices* (New York: Morrow, 1995), pp. 57-76.
② Ibid., p. 59.

信誉

我们最先讨论信誉,是因为倘若没有信誉,其他的品德就变得毫无意义。信誉指的是令人信任、值得相信。从伦理的角度看,信誉是我们同他人交往及加入道德共同体的起点。信誉是非常脆弱的,尤其是在当今这个竞争激烈、物质化和高宽容度的社会环境中,保持信誉是很难的。即便如此,我们对信誉的信念还必须要保持下去,因为失去信任对个人或企业都是有害的。

有这样一个案例:两名记者在承认自己向《国家询问报》(*National Enquirer*)以20000美元的价格出售了伊丽莎白·斯玛特(Elizabeth Smart)绑架案的传闻后,向其所任职的《盐湖城论坛报》(*Salt Lake City Tribune*)请辞。执掌《盐湖城论坛报》12年的主编也选择辞职,并针对这一失信事件在美国职业新闻记者协会(The Society of Professional Journalists,SPJ)的官方杂志《羽毛笔》上做出如下评论:"对于这两名记者损害自身、同事和报纸声誉的行为,我感到非常悲哀和气愤。我被他们背叛了,可能因为我太相信自己的直觉了吧。"①

在另外一个违背伦理的案例中,得克萨斯州圣安东尼奥市的两家电视台中断了一档常规电视节目,以报道当地一所小学正在发生的枪击和学生受伤事件。但后来证实学校并没有发生枪击事件;电视台对于警方和紧急服务启动的反应太过仓促,其实只是在离学校很远的地方启动了一项涉及学校某位管理员的枪击案调查。尽管进行了一些事实核查工作,但这些电视台还是继续报道不实消息,"持续地用突发新闻直播来炒作这个事件,吓坏了众多家长和市民"②。而在另外一个有伦理争议的事件中,波士顿电视台和WCVB电视台网站于2001年初开始为一些知名政客的竞选开展宣传活动时,可能已经失去了一些公众的信任。根据《广播与有线电视》(*Broadcasting & Cable*)杂志所述,一些候选人对这些电视台在当地的节目运作提出表扬,引发了一些伦理上的担忧。这一事件中的伦理问题在于,电视台是否有能力不受那些支持该台的知名新闻人士的影响。③

最晚从20世纪60年代开始,"信誉鸿沟"一词已与政府官员、企业和文化机构缺乏自信的声明画上了等号。但民意调查也反映出,媒体机构同样不能在信誉鸿沟中幸免于难。幸运的是,像之前记录下的案例已经罕见,但只要有一个广为人知的伦理上的不检点行为,就足以使已持怀疑态度的大众丧失对媒体最后的尊重。

正直

正直对于道德成熟同样非常重要。真正的伦理素养需要正直。史蒂芬·卡特(Stephen Carter)在最近出版的书中对正直做了如下阐释:第一,辨别对与错;第二,按

---

① Bonnie Bressers, "Rebuilding Trust: Newsrooms React as Ethical Breaches Erode Confidence," *Quill*, July 2003, p. 8.
② Bob Steele, "Dull Tools and Bad Decisions," *Quill*, April 2000, p. 22.
③ "Credibility Crisis?," *Broadcasting & Cable*, January 15, 2001, p. 103.

照自己辨别的结果去做,甚至不惜付出个人代价;第三,公开地表明,自己是按照个人对错误与正确的理解来做的。① 此外,愿意为自己的行为承担相应后果也必须算到"正直"的内涵中去。换句话来说,正直的人一定要积极做出正确行动的决定,必须乐于根据理智和批判性思维的结果采取行动,之后也必须能够承担相应的后果。这些观点是道德推理过程的中心内容,将在第三章中进行讨论。

那些正直的人不仅要去发现什么是好的,他们还会花费很多时间试图改善道德生态。举例来说,经过一番深思熟虑,反对安乐死的人真诚地认为,任何形式的安乐死都是不道德的,应该强烈反对将安乐死合法化这一立法企图。类似的,一位美国广告业高管若是担心电视广告中不公平的性别刻板印象会持续不断地带来问题,他就应该致力于在行业内消除此类刻板印象。也就是说,正直的道德主体要践行他所宣扬的,并尝试做出改变。

诚然,心怀善意的人也会极力反对一些正确的行动方针,并保持正直。比如,新闻主管或许会极力捍卫组织反对记者参与政治活动的政策,即使这些记者并没有参与相关的事件报道,因为这种党派性会影响新闻的独立和正直。另外,记者认为,政治活动并不会涉及利益冲突,除非某个记者过分积极地在为自己想报道的事件做宣传。双方都确信自己观点的伦理优势(也就是说,它们都基于健全的道德原则),认为只要他们批判性地思考自己的处境,双方都能保持正直并愿意公开捍卫自己的立场。

修养

对于未受过道德教育的人们来说,"修养"或许很难出现在关于伦理的一系列讨论当中。这个词总是让人想到维多利亚时代的规矩和礼节,而它们早已被当下这个愈发宽松的社会所摒弃。虽然礼貌确实非常重要,但在这里,修养有着更为广泛的内涵。修养应该被描述为道德的"第一法则",因为它包含了一种自我牺牲的态度和对他人的尊重。这些观点反映在世界上主要的宗教当中。

对修养的含义的讨论最早可以追溯到古希腊时期,它的当代形式可以追溯到16世纪,当时的学者德西德里乌斯·伊拉斯谟(Desiderus Erasmus)就这个问题写了第一部重要著作。在伊拉斯谟看来,修养就是使我们能够以社会的形式共同生活的事物。② 它包含一套通常基于惯例的规则,为同他人交流提供了工具。③ 当我们检视各式各样的传媒公司时,不难发现,有必要对一些可以提升媒体公信力和信誉的行为规范达成共识。如果我们认真检视整个行业规则,重中之重还是要对读者、听众和观众心存尊重。

如此说来,尊重和自我牺牲就是被我们称为"修养"的道德激励力量。道德包括考虑到他人的利益;一个完全自私的人,是不能做出伦理判断的。④ 但这并不是说,我

---

① Stephen L. Carter, *Integrity* (New York: Basic Books, 1996), p. 7.
② Ibid., pp. 14-15.
③ Ibid., p. xii.
④ 有关这一观点的讨论,参见 Norman E. Bowie, *Making Ethical Decisions* (New York: McGraw-Hill, 1985), pp. 11-16。

们永远不能关注自己的利益,例如要求加薪显然是出于个人利益的考量。即便是要全力以赴成为一个更加有道德的个体,也会一定程度上涉及个人利益。但是只有在做出决定时把其他人考虑进去才能达到这个目标。

当然,不是每个人都同意这个观点。一些人认为,个人利益始终应该是决定采取何种行为的首要决定因素。这一观点的支持者被称为利己主义者。利己主义者认为,我们不应完全忽视自己的行为对他人的影响,毕竟当好事发生在别人身上时,我们也会受益。举例来说,当某个企业因其对大众的公共服务而获益时,雇员也因此更容易获得高报酬。尽管利己主义者往往长期受到私利的驱使,他们也偶尔不得不利用利他主义来达成自己的目标。

媒体从业者常常被大众认为是利己主义者,这个观点也导致了信任危机。① 公众对于媒体的态度愈加消极,确信记者将不遗余力地,甚至采取不道德的手段来报道一个事件。广告商和公关经理则更关心如何操纵公共舆论和消费者意愿,而非服务于公共利益。举例来说,当提到新闻事业时,诸如"收视率之战""电视丑闻""小报新闻"等都已成为大众熟悉的词。在市场竞争中,对耸人听闻的、猎奇的事件以及丑闻的揭露越来越多地取代了媒介议程中的重要信息。这样的趋势体现在许多媒体报道中,比如"辛普森杀妻案"、美国总统克林顿与白宫实习生的性丑闻事件,此外媒体围攻报道了在佛罗里达州海岸被救的 6 岁古巴小孩埃埃利安·冈萨雷斯(Elian Gonzalez)。后来该事件引起了国际关注,其父亲和亲戚之间关于他的抚养权之争也随之甚嚣尘上。批评家经常指责媒体为追求更大的收益而不遗余力地迎合低级需求的行为。

当人们批评记者的报道缺少对当事人的尊重时,其实就是在说他们缺少修养。记者有时候必须更加强势地面对新闻人物,但一旦跨过了可被接受的职业行为和不文明行为之间无形的界限,就可能会引起公众的强烈反应。NBC 艾美奖获得者吉姆·格雷(Jim Gray)和前棒球选手彼得·罗斯(Peter Rose)在 1999 年世界大赛第二场的相遇正好可以说明这一点。罗斯是 20 世纪最伟大的棒球队的一员,但不同于其他大多数获奖者,他不是"棒球名人堂"中的一员,罗斯因在担任辛辛那提红人队(Cincinnati Reds)的经理时赌球而永远被"棒球名人堂"拒之门外。在接下来的现场采访中,格雷非但没有祝贺罗斯收获的巨大荣誉,反倒对他一再拒绝承认的"赌球"事件刨根问底。格雷声称罗斯"赌球"一事证据确凿,要求罗斯表示悔意并承认错误,但罗斯再次强烈拒绝。②

全美电视观众对这一事件的反应迅速而审慎。大部分人认为,罗斯已经为他的行为付出了代价,因此应该给他一次获得公众好评的机会。NBC 被要求在接下来的节目中换掉格雷,但格雷坚称自己的提问在"合理质疑"的红线内,毕竟是罗斯把自己置于如此境地的。③ 尽管如此,当格雷的问题被越来越多地提起时,这些在过于娱乐化

---

① Ted J. Smith Ⅲ, "Journalism and the Socrates Syndrome," *Quill*, April 1988, p. 15.
② Ben Scott, "Playing Hardball: The Pete Rose-Jim Gray Controversy," in Lee Wilkins, and Philip Patterson, *Media Ethics: Issues & Cases*, 4th ed. (Boston: McGraw-Hill, 2002), p. 275.
③ Ibid., pp. 275-276.

的论坛上肆无忌惮地发表的言论，无疑会助长大众的这样一种认知，即新闻业是无礼、缺乏尊重和修养的。我们在第九章还会在另一个语境下讨论修养的重要性。

伦理观与态度的形成

之前我们讲到了自我牺牲的重要性，也就是要考虑到他人的利益。那么，什么因素在影响道德的发展呢？问题的答案在于理解伦理观与态度的形成。

定义观念和态度

我们首先要搞清楚，什么是我们所谓的"观念"和"态度"，即那些伦理行为的基石。尽管观念和态度有很多种，但本书主要探讨的是与伦理判断相关的那部分。观念指的是那些"令人尊敬的、有价值的、被重视的、好的"事物。[①] 例如，对于社会绝大部分组成来说，人类生活中的自治、正义和尊严都是重要的价值观，而客观和公平也经常被引述为新闻业实践的根本价值观。同样，信任、正直和诚实对于任何有伦理的公共关系从业者来说都是应被珍视的观念。

观念是态度的基石，即可以产生"对人、物或事件在情感上、智力上和行为上的反应"[②]。例如，对于反对安乐死的人来说，他们的态度可能是基于如"生命是神圣的"这样的基本道德价值观念。相反，那些认为安乐死是"带着尊严死去的权利"的人则是基于个人自主和生活质量等基本价值观。如此一来，我们就很容易明白为什么从伦理方面的争议和讨论中总是会衍生出众多情感方面的词语。

古希腊时期，人们已经认识到了态度的重要性。从那时起，很多作家认为态度有三个组成要素：情感、认知、行为。[③] 态度的情感性要素是我们对于某种情况的感性认识，包含我们对于人或事积极的或消极的感受，开心或不开心，甚至还包括内心的不确定性。举例来说，一些电视名人或许会用他们的领导力、魅力或者幽默的语言引出一些积极的情感回应，而另一些人往往会因为自己的不敏感或者难以掩饰的自我意识而引发一些消极的情绪。确实，人类特性的一个方面就是，同一个人常常能够使不同的观众做出多种多样的回应。这种情感上的不一致很好地体现在备受争议的脱口秀主持人拉什·林堡（Rush Limbaugh）身上。他既受到广播和电视观众的喜爱，又常常被斥骂。情感性要素对于道德主体做出伦理决策来说非常重要，因为它为决策提供了情感维度。的确，如果一名记者不能对"9·11"事件遇难者家属表示出足够的同情又要对他们进行包含敏感内容的采访，那么他也太冷酷无情了。

认知性要素是态度在智力层面的体现。它包括道德主体对某人、某物或某事的观

[①] Peter A. Angeles, *Dictionary of Philosophy* (New York: Barnes & Noble, 1981), p. 310.
[②] Albert A. Harrison, *Individuals and Groups: Understanding Social Behavior* (Pacific Grove, CA: Brooks/Cole, 1976), p. 192.
[③] Ibid., pp. 192-195.

点、知识和思考。举例来说,有人认为说唱组合"2 Live Crew"威胁了文化的文明和理智,但同时另一个人或许认为这个说唱组合仅仅是以无伤大雅的方式来反映对无拘无束的生活的向往。

态度的行为性要素与个人的回应倾向相关。当我们提及伦理操行或伦理行为时,我们指的其实是这样一种道德行为,它能反映出道德主体对某一情境的态度要素,这种要素既包括情感(感性)的,也包括认知(理性)的。任何一个要素都有可能在某一时间产生主导作用,但是真正的道德推理过程要把感受和信念都考虑进去。

有个例子可以佐证这样的观点,即报纸编辑很难决定是否要在报道中写明性侵受害人的名字。很多报纸都有相关的政策来禁止这样的做法,而其他的报纸也只会在某些情况下把名字刊登出来。从态度的感性方面看,这种情况会引起对受害人极强的同情和怜悯;而从理性角度或者说从认知性要素方面看,也许会得出这样的结论:受害人的名字对报道而言并不重要,刊登出来也不能得到什么好处。除此之外,反对将性侵受害人名字刊登出来的政策或许会在某种程度上鼓励其他受害人向当局讲述自己的经历。

另外,虽然一些编辑对当事人抱有一定的同情,甚至对公开其姓名心有不安,但他们还是认为,除非一些极特殊的原因,否则作为新闻内容,受害当事人的名字是可以被报道的。他们认为,媒体不应该试图压制新闻,不然它们的信誉将会受到损害。讨论中忽视的其实是,在没有自动假设新闻压制是不是标准做法的前提下,受众可能会支持不公开受害人姓名。正如我们之前看到的,在做伦理决策的过程中,受众是非常重要的考虑要素。在任何事件中,理性和感性认知都有助于道德推理。

那么,关于道德的态度就可以被视作综合了情感、认知、行为等观念的整体。[①] 但是,我们所拥有的态度和观念等都是从哪里来的呢?什么力量塑造了我们的道德发展呢?这些问题的答案非常重要,因为个人化的道德行为是形成体制和职业行为标准的重要基础。**机构不会做出不合伦理的事,但人会**。[②]

观念和态度的来源

直接影响我们观念和态度形成的因素有如下四个:家庭、同伴、行为榜样和社会组织。这四个因素对我们道德行为产生影响的程度取决于个体所处的环境。

毫无疑问,家长是孩子第一位也是最重要的行为榜样,是塑造良知和对错观的主要影响力。有些观念和态度是通过引导和训练而学习到的,其他的则需要通过模仿家长的行为才能学会。举例来说,家长若总是在指责别人的缺点或者错误,孩子心中就会被植入这样的错误观点,即我们都不用为自己的行为负责任。同样地,如果一位母亲给老师写了"强尼昨天病了"的请假条,而实际上强尼并没有生病的话,孩子就会觉

---

① Albert A. Harrison, *Individuals and Groups: Understanding Social Behavior* (Pacific Grove, CA: Brooks/Cole, 1976), p. 193.
② 这一观念受到了托马斯·内格尔(Thomas Nagel)的挑战,参见 Callahan, "Ruthlessness in Public Life," *Ethical Issues*, pp. 76-83。

得撒谎是被允许的。讽刺的是,这样的家长永远不会把欺骗当成积极的价值观灌输给孩子,但是其行为传递了某种信息,即欺骗在某些特定情况下是可以被社会接受的。

对良知的一种衡量方法是抵抗诱惑的能力。[1] 这个目标只有在儿童道德发展的早期通过一系列的奖励和惩罚才能达成[2],但是孩子自己会逐渐内化这些教训。在这个阶段,孩子普遍接受了父母提出的某些观点,但还不能真正进行道德推理。在之后的阶段,逻辑推理开始出现,孩子不断发展的道德蓝本会成为他们将来化解道德困境的参照,同时也成了能让其防御价值观体系冲击的防范机制。[3]

同伴是另外一个影响道德形成的重要因素,特别是对于青少年。当我们进入成年时期和工作环境时,影响最为显著的同伴群体出现在我们的社区、学校、教会和俱乐部中。同伴可以施加巨大的,有时是不可抗拒的压力。在此,个人的道德观可能要接受最为严峻的挑战,由于同伴群体成员所要求的社会角色,个体自身可能会做出道德上的妥协。当然,诸如宗教活动中的同伴组织可以强化个体的价值观体系。

行为榜样指的是那些我们崇拜、尊敬并希望效仿的人。他们既可以教人正直,也会传播劣行(比如大手大脚的生活方式会对易受影响的年轻人产生一定的吸引力)。但他们会深刻影响他人的行为,引发他人的模仿。儿童和青年人在心理上会与他们的行为榜样更加契合,同时追随他们的观点、态度和行为。

行为榜样有时是诸如老师或者牧师之类的普通人,他们会对那些同他们接触的人产生微妙的影响。更多情况下,行为榜样是那些可以为几百万追随者树立正面或负面榜样的人。易受影响的年轻人经常会从这些知名人士身上获得伦理暗示。比如,啤酒广告常常会由著名的运动员出演,暗示喝酒其实是一种"社会美德",是对男子气概的考验。同样地,年轻人群体中个人修养的不足以及常常使用的侮辱性话语或许要归咎于娱乐圈或者体育圈偶像所做的不良示范。

行为榜样和同伴会对个体的人生产生同家庭关系一样大的影响。选择榜样的重要性对于年轻人不言而喻。伦理学家迈克尔·约瑟夫森(Michael Josephson)在同电视评论员比尔·莫耶斯(Bill Moyers)的一次谈话中说到了选择具有积极道德价值观的人作为榜样的重要性:

> 我们当然会得到父母的教诲,这是一件非常重要的事情。但所做的一切都是让我们对伦理有初步的了解。现在很多人拒绝获得了解并反抗它;有些人则接受并遵从它。我们也会受到同伴群体的影响。伦理的学习其实来自方方面面,可能来自某位教练,抑或某位老师,再或者某个激发自己达到最高水平的人。无论是政客抑或运动员,对于这类领导者和行为榜样来说,只要

---

[1] Edwin P. Hollander, *Principles and Methods of Social Psychology*, 4th ed. (New York: Oxford University Press, 1981), p. 258.

[2] A. Bandura, *A Social Learning Theory* (Upper Saddle River, NJ: Prentice-Hall, 1977); J. P. Flanders, "A Review of Research on Imitative Behavior," *Psychology Bulletin*, 69 (1968), pp. 316-337.

[3] 心理学家劳伦斯·科尔伯格(Lawrence Kohlberg)对弗洛伊德提出的理论表示怀疑,他认为儿童的道德发展会发生在六个阶段。

他们不是伪善的人,做出正面的道德声明都是非常重要的。①

行为榜样对他们的追随者一定负有道德上的责任吗?那些做出了坏榜样的人几乎都受到了私利的驱使,这样的话就不值得效仿。但是那些真正的道德领袖能够把他人的道德发展推向积极的方向,因此为了那些可能以他们为榜样的人,他们就有义务和责任给自己设定更高的行为标准。

假设一名深受学生尊敬的校报顾问,在某种程度上算是一个行为榜样,却鼓励他的年轻学生用尽各种方式寻找新闻故事。这种建议常常会给这些新闻业新手灌输这样的观点:记者所要遵循的新闻伦理和其他人的不同。同样地,如果一名公共关系讲师强调,对公司的忠诚度是高于社会责任的,那她就是在向学生传递一种对于公共关系从业者伦理操守期望的扭曲性观点。

家庭、同伴和行为榜样都会对我们的伦理意识产生巨大且显著的影响。但是,社会组织的影响在个人伦理观念形成的过程中也不应该被忽视。社会组织是不是会改变我们的伦理标准?它们是不是很难反映伦理要求?这是复杂的问题。但这足以说明,社会组织反映了当下主流的社会规范,与此同时也有助于改变我们对行为标准的态度。

我曾说过,**机构不会做出不合伦理的事情,但人会**。然而,社会结构内的决策常常是由很多人共同做出的,以至于难以确定个人的责任。举例来说,电视剧需要一定的创作才能,每位创作成员所写的内容都与剧本整体的道德水准息息相关。这种责任意识最早开始于好莱坞,后来进入纽约的各家网络公司。机构内部的创造性劳动的划分经常会引导我们参考 CBS、HBO、FOX 等公司的"伦理标准"。虽然如此,个人还是会基于公司政策或实践做出自己的道德判断。

社会组织对它们的成员影响深远,同时为他们的行为设定了伦理基调。在组织内,总会有某种道德文化,不仅反映在制定的政策中,也体现在最高管理者树立的榜样中,而这常常能够激励其成员遵循伦理原则办事。记者的社会化和职业观念的发展不会在专业学生毕业时就结束。媒体从业者的道德教育很早就开始了,但永远不会停止。

组织还对社会成员的伦理观和态度产生深远的影响,因为它们在任何文化活动中都扮演着相当重要的角色。因此,我们常常认为,一些组织(有时包括媒体机构)充分尊重它们所服务的公众的需求和感受,是有社会责任感的体现。

所有这些参与并起到影响作用的因素,即家庭、同伴、行为榜样、社会组织,将个人引向了社会或子群体的风俗和规范的层面,这个过程被称为社会化。② 举例来说,当某教育机构因为学生考试作弊而惩罚他们时,就是在强调诚实的价值,这是我们文化道德准则的第一原则。同样,广告专业和公共关系专业的学生在完成了大学的大众传媒课程后,也迅速地进入了其职业的社会化阶段。社会化是需要终身参与的活动,它

---

① Bill Moyers, *A World of Ideas* (New York: Doubleday, 1989), p. 16.
② Hollander, *Principles and Methods of Social Psychology*, p. 174.

承担着社会控制代理人的角色,从而使道德观念呈现出某种同质化。

上述种种影响都促进了个人道德的形成,社会心理学家还没有完全理解这个形成机制。然而,我们确实知道对待某一情况的态度并不总会决定我们的道德判断,这也就表明,同伴压力和组织影响常常优先于我们认为更加重要的价值观。

举例来说,一名直言拥护"限枪"政策的立法者或许会投票反对禁枪,来换取其同事在另外一个议题上的让步。一名在为打"毒品战"而积极奔走、寻求更多联邦资源的杂志编辑,可能会在广告经理接受全国头号毒品——酒精饮料的广告时睁一只眼闭一只眼。信念和行为不一致的原因有很多①,但这至少反映出了伦理观的冲突。

个人价值观和职业伦理

职业本质上要求从业者的个人价值观或伦理观念服从于职业标准。比如说,如果犯罪嫌疑人的辩护律师知道自己的当事人是有罪的,而没有这些罪犯的社会将会更加安定,他们在为其辩护时一定会感到不舒服。作为普通人,记者应该是怀着对隐私价值的极大崇敬进入这个行业的,但是他们的职业责任经常要求他们不得不残忍地闯入他人的生活,结果常常伤害无辜的第三方。托马斯·比文斯(Thomas Bivens)在其最近出版的关于媒介伦理的书中,非常简洁地指出了任何媒体从业者都会遇到的困境:"若是让我们的个人原则占主导地位,那我们的职业原则就必须做出妥协。这样一来,问题就变成了我们到底最想成为哪种角色?一个普通公民,还是一名媒体专业人员?尽管这两种角色并不互斥,但已经有了一种共识,那就是一个人如果乐于接受职业责任,就得牺牲一部分个人价值作为代价。"②

个人价值观和职业伦理并不一定相互排斥。但"当两者发生冲突时",正如比文斯所说的,"顺从职业法则或许是正确的选择"③。但是,这一现象不应该解释为由于坚定不移地遵守职业伦理而忽视个人价值观。事实上,个人价值观与职业伦理有共同之处,这使得两者间存在的冲突更容易消解。举例来说,人与人之间的互动需要一系列的行动,这可能会伤害他人的生理或心理。这也就要求我们,尤其是在还会影响第三方的情况下,将伤害降至最低。这个原则应该成为我们个人价值观以及职业行为中的主要原则。当我们认定媒体人需要承担某些责任时,就得去接受职业伦理的一些要求,这也表明,我们要在相互抵触的矛盾间寻求平衡。但就个人关系而言,正义与仁慈、真理与同情等这类相互抵触的价值观,不也正在剧烈地融入我们的道德情感吗?

职业标准一般基于经验以及(理想的)行业实践来制定,但它常常反映的是社群的价值观。当从信誉、信赖、尊重他人等价值观的角度来看时,职业伦理和个人价值观之间的关系就更加明显。举例来说,调查性报道中的"欺骗"只有在一些更具说服力的道德要求中使用,才能证明其合理性,也才能使得处于某种伦理立场的记者在个人

---

① 在社会心理学方面关于此观点的更多讨论,参见 Harrison, *Individuals and Groups*, pp. 195-218。

② Thomas H. Bivens, *Mixed Media: Moral Distinctions in Advertising, Public Relations, and Journalism* (Mahwah, NJ: Lawrence Erlbaum, 2004), p. 11.

③ Ibid.

和职业感受上都觉得舒服。不可避免的是,一个人的职业生涯和个人生活之间的矛盾,有时会变得杂乱无章。因此,归根结底,"无论是个人的,还是职业的原则,对任何原则的最终考察都必须关注基于这些原则的行动效果——这不仅适用于行为主体(道德主体),也适用于所有参与或者受影响的人"[1]。

伦理困境:价值观之争

有一个名叫海因茨(Heintz)的男人,他的妻子罹患癌症晚期。为了买可能可以治疗妻子癌症的药,他不断努力攒钱,但一直没攒够。药商为这个药开价2000美元,但海因茨只有1000美元,而且药商还拒绝赊账。这样的话,海因茨是否应该偷药救妻呢?[2] 这一假设的伦理难题被心理学家劳伦斯·科尔伯格(Lawrence Kohlberg)和他的同事用来描述正义内涵下冲撞的价值观。一方面,海因茨深爱着自己的妻子,同样出于对生命的尊重,他觉得自己应该去把药偷出来;另一方面,这么做就意味着违背了"禁止偷盗他人财物"这一基本道德准则。

"海因茨困境"其实就在我们的周围,它构成了诸如流产、限枪、死刑、性教育、色情等感性争论的本质。确实,并非所有的道德判断都处于像海因茨遇到的那种生死攸关的情况,但是艰难的伦理抉择确实包含价值观的冲突。这些冲突可能出现在多个层面上,有时涉及一般社会价值观的内在冲突。举例来说,在军事敌对时期,五角大楼的国家公共事务委员可能需要在两种取向之间选择:是向媒体透露战场伤亡的实情,还是力求公众对美国政府的支持。

有时候,一般性社会价值观(比如将对他人的伤害最小化)同职业价值观之间是有冲突的。举个例子,试想南卡罗来纳州哥伦比亚市发生骚乱,当地一家电视台满足警察的请求,压下了这一消息,而当地报纸却没有这么做。在哥伦比亚市,一位警察在追捕偷车贼的过程中受伤,这并不是他作为一名卧底毒品调查员的日常工作内容。警方要求媒体不要公布这位警察的姓名,以免他、他的孩子或者他怀孕的妻子受到牵连。但这家报纸并没有信守诺言。众多读者非常气愤,并退订了该报。[3] 在给订户的说明信中,总编吉尔·锡伦(Gil Thelen)做了这样的解释:"我们权衡了大众对该事件合法的知情权和对警官及其家人安全的担忧。没有权威人士可以提供任何有关安全威胁的具体信息。"[4]

另一个涉及价值观冲突的例子是关于著名品牌"耐克"(Nike)的。"耐克"正在芝加哥南部犹太社区开展营销活动,广告牌上的主人公是著名的非裔美国运动员,其脚

---

[1] Thomas H. Bivens, *Mixed Media: Moral Distinctions in Advertising, Public Relations, and Journalism* (Mahwah, NJ: Lawrence Erlbaum, 2004), p. 11.
[2] 参见 Jaksa, and Pritchard, *Communication Ethics*, p. 99。
[3] Richard P. Cunningham, "Public Cries Foul on Both Coasts When Papers Lift Secrecy," *Quill*, April 1995, p. 12.
[4] 引述自 Richard P. Cunningham。

上穿的正是"耐克"运动鞋。因为非裔美籍年轻人是这次活动的目标受众,所以"耐克"谨慎地选择了形象"毫无瑕疵"的运动员作为角色榜样。但这之后,市中心多名年轻黑人遭到袭击或谋杀,原因是他们的同伴希望能向广告牌中的"名人榜样"看齐。媒体批评"耐克"不应该挑选黑人运动员作为代言人,这类广告激起了芝加哥南部的年轻人对经济能力范围外的商品的欲望。"耐克"公司的一位代表认为,这是一次良好的市场营销活动,它用可信的名人吸引了年轻的黑人群体。因此,似乎建立在高尚原则基础上的广告和营销手段,其实却无意中与城市中心的社会价值观以及严峻的现实背道而驰。[1]

当两种不一致的价值观都不能让人满意时,我们或许要看看有没有其他的选择。假设,教务长要求大众传播课的教授重新考虑一名将要毕业的学生的媒介伦理课程不及格的评分。一方面,对教务长的忠心可能会促使这位教授接受教务长的要求;但另一方面,诚实要求这位教授不能那么做,特别是在他确信成绩没有错误的情况下。然后,这时他或许还得考虑第三个价值观——公平。也就是说,只是重新评议一个学生的成绩而不是全班的,这对其他同学是否公平?

伦理判断涉及在相当混乱、复杂的情况下遇到相互抵触的原则。[2] 一个发生在美国明尼阿波利斯市的例子是,当地警察要求媒体协助调查一起声称受到性侵的15岁男孩失踪案。当时,最主要的嫌疑人是其30岁的邻居。两周前,他曾因在打猎途中试图对男孩进行性侵而受到指控。这名30岁的男子随后被释放,但法院要求他不准再接触这个男孩。明尼阿波利斯的《星论坛报》(Star Tribune)报道了受害人的名字,还对性侵进行了描述,此外报道中还写明,中年男子曾致电男孩家长,承认性侵之事,并谈到自己想自杀。该报道称,男孩家长在看到该男子拿枪对准他的脑袋时报了警。[3]

男孩的父亲曾对报纸的监查专员卢·盖尔芬德(Lou Gelfand)控诉,信息被公布"使他们很难回家",也给孩子带来很严重的心理创伤。很多读者认为,报纸对性侵事件的细节描写非常过分。"我认为讲明两者之间的关系是很关键的",该报道的记者马克·不伦瑞克(Mark Brunswick)解释道,"单纯说男孩被性侵了而没有具体的解释会导致读者胡乱猜想"。[4]

一天之后,报纸刊登了一份同性恋组织的报告,这加剧了大众对这一事件的伦理讨论。受到性侵的这个男孩曾对自己的性取向感到困惑,并且没有其他获得帮助的渠道,因此他向这家组织寻求咨询和帮助。一时间,电话如潮水般涌来,读者对这个15岁年轻人的"被出柜"感到愤怒。他们纷纷指责报方,认为《星论坛报》对于发布这些

---

[1] 关于此案例更全面的论述,参见 Gail Baker, "The Gym Shoe Phenomenon: Social Values vs. Marketability," in Philip Patterson, and Lee Wilkins, *Media Ethics: Issues and Cases*, 4th ed. (Boston: McGraw-Hill, 2002), pp. 116-118。

[2] 关于此观点的更多讨论,参见 Tom L. Beauchamp, *Philosophical Ethics: An Introduction to Moral Philosophy* (New York: McGraw-Hill, 1982), pp. 43-45。

[3] Richard P. Cunningham, "Reporting Sexual Assault Crimes Can Be a Touchy Subject," *Quill*, March 1994, p. 10.

[4] Ibid.

私密信息有不可推卸的责任;一些人开始担心,很多年轻人会因为害怕自己的信息被曝光而在产生性取向疑惑时不敢寻求咨询和帮助。①

编辑蒂姆·麦圭尔(Tim McGuire)在为报道开脱时表示,报道男孩曾为性取向而纠结这样较为私密的信息,是为了给读者提供这个案件更加完整的信息和内容。此外,尽管事件本身比较敏感和微妙,编辑依然维护自己的报道,认为这可能对其他处于困惑中的青少年产生更大的好处。"如果我们不报道这件事,就意味着我们已经接受了这样一个前提,即青少年如果对自己的性取向感到困惑,是要隐瞒的,是可耻的。那样的话,我的心里会很不舒服。"首篇报道发出三天后,男孩和中年男子的尸体在离男子家五英里的地方被发现,显然,男子在谋杀男孩之后自杀。②

这个事例印证了相互矛盾的价值观之间的冲突:公众的知情权与个人隐私之间的矛盾。同样,它还印证了一家媒体机构及其读者怎样从不同的伦理角度去看待同一个事件,并且双方都可以从理性的角度辩解。

伦理事件与法律案件一样,解决海因茨困境的关键在于,通过搜集尽可能多的证据来弄清楚整个过程,并且提出尽可能多的理性论据来维护自己最终的决定。这并不是低估化解道德选择之间冲突的难度,即便已经做出某个决定,这个决定是否恰当或明智的不确定性依旧挥之不去。道德推理的目标并不是要就我们这个时代的伦理问题达成一致。道德推理是一个工具,旨在帮助作为道德主体的我们走出个人和职业生涯中遇到的伦理困境。

本章总结

伦理学是研究道德行为相关问题的哲学分支。无论是个人的,抑或职业上的,对于伦理的研究都可以为我们的道德选择困境提供工具。研究目标并非希望做出每个人都同意的伦理选择,而是提高我们在理性基础上捍卫批判性判断的能力。

伦理,作为正式的研究领域,主要包括三个子范畴:元伦理学试图给抽象的道德哲学语言以一定的定义;规范伦理学通过制定道德行为的一般规则和原则,来为决策提供基础;应用伦理学则致力于用理论规范去解决现实生活中的伦理问题。

伦理情境通常是复杂的。做出决定的道德主体怀着特定的动机,在某个特定情境下对个人或群体实施(语言性或非语言性的)某个行为,并产生正面或负面的影响。在对道德情境的结果做出判断前,每一个因素都必须被考虑。

关于伦理学是否可以作为一个学术科目的问题有两种观点。犬儒学派学者蔑视对伦理的研究,因为他们认为,这个学科只是单纯提出众多问题,却没有具体解答。他们还认为,这种伦理培养课程对那些进入大学之前就基本上有了稳定价值观的学生来说收效甚微。媒体从业者在这些课程中看不到什么价值,因为课程不能展现现实世界

---

① Richard P. Cunningham, "Reporting Sexual Assault Crimes Can Be a Touchy Subject," *Quill*, March 1994, pp. 10-11.

② Ibid.

高速发展的状态和巨大的现实压力。

支持的一方则认为,尽管道德操行不是能教会的,但是这样的课程可以通过道德推理方面的教学促进良性行为。然而,做出合理的伦理决定的能力需要通过练习和对某些道德原则长久的遵守才能获得,这可以被称为伦理素养。

尽管媒介伦理课程不能反映激烈的市场竞争的现实,但可以为未来的实践者提供一定的道德智力基础。对于媒介伦理课程来说,至少应该有五个现实且可实施的教育目标:(1)促进伦理想象力;(2)认清伦理问题;(3)提高分析技能;(4)激发具有道德责任感的个人责任意识;(5)承受争议。这样一来,道德教育就像那些帮助学生找到第一份工作的技术课程一样重要。

道德发展开始于年少时期,并且是个持续一生的过程。只有通过对行为的反思和练习,我们才能真正具有伦理素养。获得伦理素养的基石是信誉,即建立信任的道德美德;正直,对我们个人的道德发展至关重要;修养,是用来和他人互动的重要工具。

对于伦理的研究还必须包含对如何获得道德的理解。我们的伦理观为我们做出伦理决定提供基础。这些观念反映了我们对道德事件的态度。我们的态度涵盖情感、认知和行为三个部分。因此,真正的道德推理都要考虑到感觉和观念。

价值观的获得和态度的形成是个复杂的过程,并且很难用科学来论证。但是对大多数人来说,影响我们道德发展的重要推力是家庭、同伴、行为榜样和社会组织。最开始父母用纪律来要求我们,但随着我们逐渐拥有自我管理的能力,同伴、行为榜样和社会组织的力量在形成伦理观的过程中开始发挥愈发重要和显著的作用。

正因为有如此多的因素在影响我们伦理观的形成,所以不同观念之间的碰撞难以避免,比如个人价值观和职业伦理经常产生矛盾。但归根结底,最终考察都必须关注基于这些原则的行动效果——这不仅是为了道德主体的行动,也是为了所有参与或可能受影响的人们。学习伦理和道德推理不一定能帮我们解决这样的问题,但它能提供工具,帮助我们更容易地做出艰难的伦理选择。

第二章 伦理与社会

伦理系统建立的必要性

雄狮食品超市(Food Lion)是全美发展最快的食品杂货经销商。美国广播公司(ABC)的《黄金时间现场》(*Prime Time Live*)播出了一则报道,关于记者通过隐性调查披露雄狮食品超市向不明真相的消费者出售腐烂变质的食物之后,该节目组随即面临对其失当伦理行为的控告以及上百万美元的官司。为揭露雄狮食品超市的行为,《黄金时间现场》的制片人用虚假信息获得集团内部职位,然后用隐藏在头发和文胸中的摄像机等设备调查取证。该报道对这家公司的打击是致命的,随后两年间84家连锁店倒闭,上千名雇员失业。① 雄狮食品超市并没有对报道事实提出疑问,反倒是陪审团鲜明地反映出公众对这种新闻调查方式的不满。陪审团认为,美国广播公司的这则报道涉嫌欺诈和非法入侵,判定其支付雄狮食品超市550万美元,作为惩罚性赔偿——这一数额远少于之前法院的一审判决和受理上诉法院的二审判决。②

尽管类似的隐性调查报道技巧被广泛应用,尤其是在电视新闻杂志节目当中,但传播伦理的不稳定性却在新闻界纷繁复杂的观点中得以体现。有人表示担忧,认为雄狮食品超市这一案例会极大地影响未来记者进行采访调查的热情③,还有人质疑,结果能否证明过程的合理性。《华盛顿邮报》(*Washington Post*)专栏作家科尔曼·麦卡锡(Colman McCarthy)就曾谴责这种通过欺骗获取新闻的做法,认为它们是"懒散的新闻,而非有进取心的报道"。④《华尔街日报》(*Wall Street Journal*)编辑部的记者多萝西·拉比诺维茨(Dorothy Rabinowitz)也对一些调查性报道记者的蛮横态度提出类似的批评:"很多记者仍然认为自己所从事的职业无比高尚,因此可以享有一种公民无权享有的权利。"⑤

社会与道德防线

正如雄狮食品超市事件所表现出来的,当我们评判道德主体时,社会并不总是

---

① Dorothy Rabinowitz, "ABC's Food Lion Mission," *Wall Street Journal*, February 11, 1997, p. A-22.
② 针对上诉,第四巡回法院拒绝了美国广播公司的一些要求,但是对侵权指控维持原判。参见 *Food Lion Inc. v. Capital Cities/ABC, Inc.*, 27 Med. L. Rptr. 2409 (4th Cir. 1999)。
③ 例如:Kyle Niederpruem, "Food Lion Case May Punish Future Journalists," *Quill*, May 1997, p. 47; Russ W. Baker, "Truth, Lies, and Videotape," *Columbia Journalism Review*, July/August 1993, pp. 25-28。
④ Philip Seib, and Kathy Fitzpatrick, *Journalism Ethics* (Fort Worth, TX: Harcourt Brace, 1997), p. 93, 引自 Colman McCarthy, "Getting the Truth Untruthfully," *Washington Post*, December 22, 1992, p. D21。
⑤ Rabinowitz, "ABC's Food Lion Mission."

"温柔的监工"。社会对个人和组织行为进行审查的标准被纳入道德操行的准则和伦理系统。这样一来,拉比诺维茨富有洞察力的发现就给媒介伦理专业的学生提出了一个深刻的问题:专业新闻从业者是否需要与普通市民遵守同样的道德标准?如果答案是肯定的,那么我们就有充分的理由来探讨下面的问题:为什么社会确实需要某种伦理系统?至少有五方面的原因值得我们注意。

维护社会稳定的需要。第一,伦理系统的建立对社会交往是很有必要的。伦理是先进文明建立的基础,是为社会道德预期提供稳定性的基石。如果我们想和他人达成某种共识,这种共识是这个复杂而又相互依赖的社会的必需品,我们就必须互相信任才能遵守这些共识,即便这可能并不符合我们的个人利益。[①] 举例来说,专业运动员在合同到期前要求重新进行续约谈判的做法或许会招致高层的轻视和不信任,也会令球迷觉得,该球员不能以大局为重,太过看重个人利益。虽然大众已经习惯听到那些夸大其词的广告,但他们更想得到的还是准确真实的信息。当广告商不能满足大众的这种期望时,消费者的信心将会受到打击。同样,读者和观众也希望记者能够如实报道新闻,即使这种正式的约定并不存在。当记者不能达到受众的这一期望时,媒体的公信力也会受到极大损害。一言以蔽之,少数伦理失范的行为可能会损害整个行业的道德地位。

提升道德层次的需要。第二,伦理系统扮演着一个道德守护者的角色,以表明某些社会习俗的相对重要性。它主要通过两个方式来扮演这一角色:其一是使大众注意到那些被称为道德的规范,其二是令大众了解这些伦理规范的层次以及它们在道德等级中的相对位置。

每一种文化都有很多习俗,但大多都没涉及伦理观念。[②] 比如,在西方社会,使用餐具吃饭是约定俗成的传统,但不用餐具也并非不道德的表现。体育比赛前奏国歌时全体起立算是惯例,但不起立的也不能说他们不道德。我们总是倾向把我们不赞成的行为称为不道德的,尽管那些行为大多数只是礼仪上的不妥。伦理系统确立了社会普遍不满的习俗和做法,并将其定义为不道德。

然而,即使那些有"资格"被称为道德规范的价值观和原则,也并非都平等。本书将会经常使用某些观点或概念作为最基本的社会价值观,比如恪守真实性和禁止抄袭(剽窃)原则。这种区别也说明,有些价值观和原则比其他的更重要。非法入侵尽管也没有得到社会认同,但还是不像欺诈那么恶劣。这或许解释了,为什么借助侵犯他人隐私来获取新闻的做法虽然得不到各界的支持,但还是要比彻头彻尾的欺诈遭到的社会谴责少。

改善道德生态的需要。第三,伦理系统还扮演着社会良知的角色,促使社会成员从公共事件和个人关注两个维度检验伦理,从而提升道德生态质量。但这么做的目标并非建造一个理想社会(这是不可能的),其目的应该是构建一个体面的社会。我们

[①] Jeffrey Olen, *Ethics in Journalism* (Upper Saddle River, NJ: Prentice-Hall, 1988), p. 3.
[②] John Hartland-Swann, "The Moral and the Non-Moral," in Tom L. Beauchamp, *Philosophical Ethics: An Introduction to Moral Philosophy* (New York: McGraw-Hill, 1982), pp. 7-10.

需要规避的,是那些声称绝无差池的言论。因为,伦理不是一门科学,试验和错误是不可避免的。在一个不是那么完美的社会中,必须有一些妥协和平衡,因为不是每个诉求都值得同等关注。[①] 系统性伦理学为伦理实验提供了平台,而实验的进程被这样的告诫所限制:最终的结果应当是道德的进步,而非道德的倒退。社会需要不断寻求道德进步,这涉及对现行规范的反复评定,而不是在这一过程中去除诸如正义、尊重他人等公民共同体最宝贵的道德规则——路漫漫其修远兮。举例来说,对于干细胞研究的争论已经广泛而公开地触及多方的道德想象力,伦理学家、科学家、宗教组织、公众都试图在该领域的科学研究方面进行一些必要的伦理调整。建立伦理准则被公认为一个令人迷乱的过程,其中制定和建立什么样的具体标准,还需要多番沟通;而是否需要某种伦理标准,则已无须多言。

化解矛盾冲突的需要。第四,系统性的伦理标准对于化解由个人利益的不同而引发的矛盾来说,是很重要的社会建制。[②] 比如,某学生抄袭其他同学的考试试卷是出自个人利益的需要,但是对于被抄袭的学生而言,最重要的权益则是防止有人抄袭自己的答卷。这时候,社会原则中反对剽窃的声音就会凸显出来,并在这种情况下成为评估道德操守的内在支撑原则。

阐明价值取向的需要。第五,面对社会中新的道德困境,系统性的伦理标准可用于阐释其中固有的价值观和原则上的差异。当今社会文明所面对的一些事件,最出色的哲学家可能也难以想象。人们对克隆技术的争论就是个很好的例子。克隆技术确实是重大的科技突破,但也带来了意想不到的伦理后果。伦理学家对于这一事件的争论早已打响,他们希望能够阐明这些相互矛盾的道德价值观,并在类似的科学实验成为常态之前,留出足够的时间再进行质疑和反思。

伦理系统的出现激发了互相矛盾的道德原则之间的讨论,推动了不同意见的公开表达。这样一来,伦理系统能够明确社会对于伦理困境的态度,也常常促使一些争议有了结论(当然该结论也可能并非良策)。一个例子可以印证此观点:几年前,加利福尼亚州的一家报纸对一次公投事件的报道引发了读者的不满,由于 SOS(Save Our State)组织支持了中止为非法移民提供政府服务的提议,该组织很多成员都受到了激进反对者的种族主义指控和威胁。由于威胁不断,SOS 一直没有公开组织所处的位置。但是,《橘郡纪事报》(*Orange County Register*)在得知 SOS 组织的地址之后,将其作为报道该组织的引言。[③] 愤怒的读者担心有人试图炸毁该组织所在的大厦,称该报极其不负责任。他们认为,公布该组织地址可能造成的潜在伤害(包括可能因此造成的伤亡),要大于其作为新闻的价值。《橘郡纪事报》的编辑则对选择这样的报道引言做了解释:因为 SOS 倾向于保密,"做出这样的编写安排是为了让读者能迅速关注到

---

① 这个观点在爱德华·蒂夫南(Edward Tivnan)的作品中有更为细致的探讨,参见 Edward Tivnan, *The Moral Imagination: Confronting the Ethical Issues of the Day* (New York: Simon & Schuster, 1995), pp. 263-265。

② Olen, *Ethics in Journalism*, p. 3.

③ Richard P. Cunningham, "Public Cries Foul on Both Coasts When Papers Lift Secrecy," *Quill*, April 1995, p. 12.

这个组织最大的争议——它的秘密性"。但该报的监督员却对这个说法不以为然："在明知该组织出于安全原因不愿公布地址的情况下,仍用其所在地作为报道的开篇,《橘郡纪事报》的做法真让人感到遗憾。这种咄咄逼人的'揪住不放式'的报道确实也是令新闻业在公众心中地位不断下降的原因。"①尽管报纸和愤怒的读者并没有达成观点上的一致,但这位新闻监督员的做法无形中扮演了一个论坛的角色,他阐明了相互冲突的价值观念,也令大众对伦理问题的思考更为理性。②

在另外一个案例中,佛罗里达州杰克逊维尔市的《时代联合报》(*Time-Union*)刊出了一篇一页的文章,文中包含首席巡回法官约翰·E.尚托拉(John E. Santora)的种族主义言论。众多读者非常愤怒,他们并非针对约翰·尚托拉的言论,而是对这家报纸引用这些言论的欠考虑非常不满。很多人打电话投诉《时代联合报》不应刊登那些法官本人称为"无心之言"的内容,他们还认为,该报煽动了种族主义不容异己的火焰。《时代联合报》回应道:"这位法官接受过两次采访,他清楚地知道自己的过激评论被录了下来。"③

显然,这家报纸在公众那里获得了一些理解,即他们只是在完成工作。这则报道也引发了关于新闻报道价值和媒体的社会活动者角色等方面的有益探讨。比如,该报的监督员迈克·克拉克(Mike Clark)批评《时代联合报》没能遏止杰克逊维尔市的种族歧视问题:"我们有责任表现出我们对社会事件的参与,而不能只是去报道新闻。"克拉克还认为,应该有更多的空间用于解决这个问题。④ 但是纳什维尔市《田纳西人报》(*Tennessean*)的前发行人约翰·席根塔勒(John Seigenthaler)在接受《羽毛笔》采访时,对克拉克所谓的揭露社区里的种族主义是报纸的责任的说法表示了质疑,认为"我不确定媒体人要管那么多"⑤。

伦理系统内的媒体功能

如果系统性的伦理可以为社会中的个人成员和组织提供某种道德上的凝聚力,那么社会就格外需要媒体从业者。为什么这么说呢?在民主社会,大众传媒是最具影响力的社会组成要素之一,就像十字路口的一边是公民,一边是政治、经济以及社会机构。另外,媒体从业者对文化价值观的传承有着举足轻重的作用。他们会为重要的价值观提供某种议程设置,也会为包括伦理行为在内的操行标准提供有代表性的线索内容。通过媒体从业者在美国社会中主要承担的三个功能,即对信息的传播和解读、传递和生产劝服性信息以及对大众娱乐的营销,这样的过程得以进行。每一项功能都承载着一系列的伦理期望,而这些期望也不尽相同。举个例子来说,"真实及准确"这一标准,对于广告和新闻来说是否有差别呢?娱乐性与新闻性究竟哪个更需要在虚构类

---

① Richard P. Cunningham, "Public Cries Foul on Both Coasts When Papers Lift Secrecy," *Quill*, April 1995, p. 12.
② Ibid.
③ Richard P. Cunningham, "Judge's Racist Comments Rip Scab Off City, Readers," *Quill*, June 1992, p. 10.
④ Ibid.
⑤ Ibid., p. 11.

纪录片(docudrama)的制作过程中被凸显出来？在什么情况下,公共关系的从业者会对媒体及公众隐瞒信息,同时又保持自己、客户或者公司的良好信用呢？

媒体是民主国家获取信息的主要来源,这是媒体从业者的第一种功能。准确和可靠的信息是民主进程的命脉。记者或许是信息流动过程中最显眼的角色,他们有途径获取每天的信息,并力求为市民提供准确的信息来帮助他们做出明智的政治选择。但在资本主义社会,媒体机构还必须尊重市场的需求以此来满足公众对人类生活中更具爆炸性和耸人听闻的消息的需求。这种情况其实在小报新闻时期就有所体现,它们狂热追求暴力、色情的内容,还对社会名人的私生活窥探不止。很遗憾,所谓的主流媒体也往往成为市场驱动力量的俘虏,它们花费大量时间生产出来的新闻对民主进程鲜有价值。

在资本主义社会,媒体从业者中并非只有记者才能履行提供信息这一重要职能。广告商的经济性信息、公共关系从业者打造公司形象的行为,都是在向消费者和其他顾客提供与之相关和有所助益的信息。在民主社会,经济信息的作用在最高法院得到认可,确立了广告的宪法地位。大法官布莱克门(Blackmun)写道:"在商业信息自由流动的过程中,满足消费者挑剔口味的需求十分强烈,但或许还比不上对激烈的政治辩论新闻的需求。"①针对广告业促进了资本主义体系的进步这一观点,他继续说道:

> 尽管广告有时缺少意义或存在过分宣传问题,但它还是在传播信息,基本包括:谁在生产和出售什么商品,出于什么原因,价格又是多少。只要我们还是处于自由企业经济占主导地位的情况下,资源分配在很大程度上还是取决于无数个体的经济选择。这些决定是否明智和有意义,关键要看大众的利益是否得到了实现。为了这个目的,免费的商业信息流通不可或缺。②

且不论信息来源,社会有权对媒体机构的伦理行为抱有某种程度的期许,而当这种期许得不到相应的满足时,媒体机构与公众之间就会产生信任危机。不管信息的来源是记者还是一家广告公司,至少受众需要的是那些未经精巧谎言包装过的信息。但是在达不到受众对伦理规范的最低预期时,伦理实践就变得更为复杂多变,这主要取决于媒体从业者扮演了何种角色。比如,我们期待记者能够使自己的报道囊括所有相关的新闻事实,除非他们有非常充分的理由省略一些重要的信息。我们还期待记者解释有价值的新闻事件时能够保证中立,也就是说,不会在价值观上有所倾斜。但社会并不希望广告商、公共关系从业者、娱乐生产和执行人员在进行专业性活动时遵循"对称"(symmetry)的原则。他们是产品、观点和形象的大众营销人员,他们的客户和受众也非常清楚,来自这些信源的信息既受到公众利益的驱使,也受到个人利益的驱动。

媒体从业者的第二个主要功能是传递有说服力的信息。事实上,所谓"说服"带有古希腊的血统,是一笔宝贵的遗产。像是古希腊时代修辞性劝说的应用一样,当代

---

① *Virginia Pharmacy Board v. Virginia Consumer Council*, 1 Med. L. Rptr. 1930, 1935 (1976).
② Ibid., p.1936.

社会的劝服技巧被认为是一种艺术形式,特别是当它们被熟练地用来改变公众意见、态度,甚至是购买习惯时。但是,不同于古希腊人的是,现在的从业人员经常会用更加精妙,有时甚至是更加隐蔽的手段来左右受众和大众的观念。其中,最明显的案例可能就是电视广告了。电视广告中经常出现视觉暗示,以此非常灵活而巧妙地宣传性感、永葆青春和与社会保持一致的价值(有时也可能被称为肤浅的价值),称其对公众的内心安宁和自尊感必不可少。

社论及新闻评论、广告和公共关系是类似内容的最主要来源,尽管娱乐行业总是把说服性信息隐藏在表面精致的内容当中。美国社会已经将广告业和公共关系接受为合法工具,毕竟在资本主义社会当中,广告业是大众传媒的主要经济支柱,但它们在伦理上的争议越来越大。广告业和公共关系的支持者从古典自由主义市场中寻求理论帮助,强调了不同声音之间的竞争和拥有独立身份与理性思维的消费者至高无上的权力。这种理论最极端的形式就是"买者自负"的说法,这实际上是免除了供应商的后顾之忧,他们不需要对自己的行为可能带来的任何道德后果负责任。批评者回应道,广告商和公共关系从业者其实是传播过程中最有权势的人,他们利用了被动的消费者,及其在辨别和区分被操纵的传播中的能力不足和不情愿。[①] 因此,必须有外界的机构来代表和保护广大受众,而这个机构的选择面相当广泛,从政府部门的相关单位,比如说联邦贸易委员会(Federal Trade Commission),到各家消费者权益保护单位等。由于行业内人士和他们的对立方持有不同的见解和观点,因此伦理矛盾是不可避免的。在自由的社会中,各方的和解实际上是很难达成的。或许我们最期待的就是建立可接受行为的最低标准(比如说禁止故意传播错误或虚假信息)。同时,我们还应该将道德责任分配给传播流程中各个环节的参与者,从说服性信息的传播者,一直到传播结束前最后的"守门人",再到信息的接收者。

媒体从业者的第三个功能就是对大众娱乐进行生产和传播,这样的功能也引发了一定的伦理挑战,或许因为,对于娱乐业在社会中到底应该扮演怎样的角色还没达成一致的意见。与用来监督政治体制并且为民主进程做出贡献的新闻业不同,娱乐业缺乏明确的角色定位。这样一来,媒体到底是否有责任来提升公众品位、提高其行为的道德层次?抑或,即使冒着助长不良行为或态度的风险,也要"给受众他们想要的一切"?解决这一伦理问题,可谓迫在眉睫。

在一个民主国家,媒体从业者先生产他们认为能够满足不同受众需求的内容,之后,挑剔的大众再在市场中表达他们对此赞成与否。[②] 当下,多元化的社会中有多种多样的艺术品位,但恐怕只有无可救药的乐观主义者才会认为经济问题和商业目的并不重要。总的来说,大众娱乐的生产有一个很大的优势,就是以很小的成本将广泛的

---

① 关于此争论的更全面的探讨,参见 Clifford G. Christians, Mark Fackler, Kim B. Rotzoll, and Kathy Brittain McKee, *Media Ethics: Cases and Moral Reasoning*, 6th ed. (New York: Addison Wesley Longman, 2001), pp. 127-132。

② 关于高雅文化和大众文化关系的更多讨论,参见 Lee Thayer (ed.), *Ethics, Morality and the Media* (New York: Hastings House, 1980), pp. 19-22。

内容集合到一起，供处于不同社会、政治、经济地位的消费者享用。而从另一个方面看，批评者抱怨说，大众化生产有一个不可避免的后果，就是迎合了一部分人的低级趣味。他们认为，商业化不应该是流行娱乐及信息生产的唯一驱动力，类似内容的生产者都肩负丰富人类社会文化价值观的责任。因此，若想达到两方面的和谐，就必须解决两个问题：是不是为受众生产的所有内容都必须得有哪怕一丁点的社会价值？提出一些能够满足公众需求的策略，而不仅仅是使人类生活琐碎化，然后逃避生活，这样的做法是不是更可行、更符合道德要求？

不管承担哪种社会功能，媒体从业者的角色都非常重要，因为他们能够触碰到我们每个人的生活。观众，尤其是那些年轻且易受影响的受众，常常会受到媒体从业者潜移默化的影响，特别是在伦理方面。这就要求媒体从业者为社会树立一个良好的榜样，同时致力于提升整个社会的伦理期望水平。当他们不能承担这些责任时，每一个伦理失范问题都会使社会对媒体的信心大打折扣。

伦理系统形成的条件

如果以社会规范作为道德标准，那么一个可运行的伦理系统需要什么样的标准呢？这个问题的答案或许还存在争议，但是下面我们提到的五个条件可以说对于建立任何一个系统都有重要的基础性作用。这些条件同时反映了社会的一般性原则和行业组织的行为规范准则。[①]

共同的价值观

一个伦理系统必须首先建立在共同的价值观上。尽管社会中的个人和团体会将这些标准以不同方式应用于具体情况，但至少他们还是要认同这样一种伦理规范。比如说，虽然一些社会成员会在某些特定情况下撒谎，但并没有毁坏真实这一社会基本价值观。换句话说，出于某些重要的原因，一些偏离规范的行为也可能情有可原，但这种例外情况是不会轻易改变规范本身的存在价值的。

这种对共享或共同价值的承诺常常反映在这些规范的编纂过程中。比如说《摩西十诫》(Ten Commandments)就体现了犹太教和基督教思想遗产中的部分道德行为规范。很多媒体机构也将伦理行为制度化，这些准则至少可以给新闻界的新手以一定的启发，让他们了解可接受行为与不可接受行为之间的分界线。

智慧

伦理标准的设立应该基于理性和经验。我们应该在具有自主权的个人的权利与

---

① 某种程度上，这些标准和条件的推出是基于古希腊和现代哲学家的作品，并受到约翰·穆勒推荐的伦理学者的作品观点的影响。

兴趣和他们对社会的责任之间找到一个平衡点。简而言之,伦理规范要有理可循。举例来说,指望记者为了可能出现的利益纷争而让自己完全从社会事务中抽离出来,就不太合理。事实上,人们通常认为,参与社区工作会加深记者对自己所报道新闻的理解。

智慧对那些在广告中"夸大其词"的广告商来说同样不可或缺,前提是,那些广告不能是虚假的。夸张是销售的绝好帮手,而那些为了提升吸引力和社会认可度而夸大其词的广告并没有为市场带来很大的影响。基于智慧的准则倡导伦理行为,同时也避免了过度和不合理的道德礼仪。这一条件应用于任何伦理系统时都需要一定的灵活性,以避免出现极端的情况,比如一边是毫不妥协的原则,另一边是道德失控的状态。在新闻业中,找到耸人听闻和寡淡无味之间的平衡最为合适。

诚然,经验智慧表明,基于道德准则得出的方法是最适于解决相关问题的。解决伦理困境有时需要来一剂猛药。一次平权行动,在某些情况下可能会被认为太过极端,却往往能够纠正以往的歧视问题。一所大学突然发现校园里抄袭情况严重,校方在恼怒的情况下将会对学生的学术失当行为采取非常严苛的惩罚措施。

适度原则也常常用于解决广告行业对出售酒精的危害负有责任这样的议题。一些保守派提出,应该完全禁止此类广告的出现,特别是在广播和电视里。而自由主义者则坚持,任何合法产品或服务都可以通过大众传媒提升自己的知名度。要想强化消费者有关酗酒危害的意识,一个比较合适的做法是,在禁止此类广告和接受它们的两个极端情况中间找到平衡点,也就是在所有酒类广告中明确说明酗酒的危害。①

正义

正义关乎我们同他人之间的关系,对化解伦理争议也十分重要。这一观点的核心是公平,也就是说所有的个体都以他们应得的同等标准被对待。换句话说就是,不能有双重标准,除非有非常充分又合理的理由。

这个原则对媒体有着重要的影响。媒体从业者或许会采用这一原则,来决定在使用欺骗手段、建立和保持私密关系以及侵犯他人隐私时,应坚持何种指导原则。举例来说,正义要求记者在报道他人(不论是公众人物还是普通人)的尴尬行为时,必须是因为事情本身值得报道,而不能单纯为了满足一些受众近乎病态的好奇心。好莱坞也可以从正义的观念中受益,用它来消除对种族和刻板印象的戏剧呈现。平心而论,在这方面我们已经取得了实质性进展。

自由

伦理学体系必须以自由选择为基础。一个不允许这种自由的社会可以说是道德沦丧。道德主体必须有几个可行的备选,并且能够在不受强制的情况下行使其理性权利。根据《圣经》的记载,最早的道德选择是由亚当和夏娃在偷食"禁果"时做出的,随

---

① 在涉及有害产品的案例中,这种解决方式并不罕见,比如在香烟包装和烟草广告中要求显示警示标志。

后他们被驱逐出了伊甸园。诚然,大多数伦理判断是不会产生这么悲惨的结果的。但是,没有自由就不能进行道德推理。因为,从第三章可知,道德推理涉及从几个选项中选择,并且根据理性原则去捍卫某人的决定。简而言之,自由为强化人们的伦理意识提供了机会,这是每个伦理系统都应该追求的目标。

责任感

作为独立的个人,我们都要对自己正确的道德行为和道德失当行为负责任。伦理系统的合理性取决于它的参与者是否有一个可遵循的责任标准。责任的范围很宽泛,从非正规的处罚(比如某个道德主体在法庭上因表达观点而引起麻烦),到相对正规的处罚性措施(比如违反道德标准的律师要被取消工作资质,再比如因违反公司政策,记者可能会受到批评甚至被开除)。一个伦理系统如若没有包含责任感,一味鼓励无须承担责任的绝对自由,最终会导致鼓励良好行为的道德权威的缺失。

社会契约与道德义务

当个人从其道德发展的原始阶段进入社会时,他们要承担一定的责任。换句话说,在一个重视道德品质的文明社会中,成为社会一员是需要花费一定成本的。伦理系统并不是一个任人挑选美味佳肴的大杂烩。社会给其成员施以一定的责任。这些责任就是道德义务。对他人负责的思想对于道德推理来说非常重要,因为这是在向道德超越个人利益这一胜利致敬。

道德义务的两个层次

虽然道德义务有很多种类,但是简单来说,它主要分为两类:一般性的和特殊性的。一般性的道德义务是指那些对全体社会成员具有约束性的道德义务。其中一些是主要(或者根本)的,因为它们优先于其他原则,也只有在万不得已的情况下才无须履行这些义务。比如,禁止偷窃、禁止作弊、禁止撒谎和禁止言而无信等原则都是最基本的道德义务。[1] 当然,其他一般性的道德义务也会约束我们所有人,即便它们在整个价值体系中没有处在非常显要的位置上,也并非最根本性的义务。这些第二层级的义务,比如禁止赌博和禁止侵犯他人隐私等,相比于根本性的义务来说,要求相对较低,一般也更可能在利益冲突时被打破或者处于一种从属的地位。两个典型案例就是慈善性质的"宾果"游戏(转盘抽奖类游戏)和具有合法性的州立彩票。

当然,哲学家恐怕无法同意我们对一般性道德义务的范围设定。比如,有人认为我们有义务去帮助那些正在经受苦难的人,去做一名好心的撒玛利亚人(出自《圣经》

---

[1] Olen, *Ethics in Journalism*, pp. 2-3. 一位作者将这些视作初步的职责,参见 Beauchamp, *Philosophical Ethics*, pp. 188-190。

第十章,喻指乐善好施的人)。其他人也会质疑说:"我是我兄弟的守护者吗?"即质疑类似的行动是不是真正意义上的道德义务。但是,我们还是可以从哲学家和非哲学家那里获得某种共识,即有两种义务处在整个义务系统的基础性位置:一是以敬意和尊严对待他人,二是不去故意伤害他人。① 你会发现,不去故意伤害他人这个义务是基于故意伤害,而不是可预见性伤害考虑的。举例来说,记者知道报道一些丑闻会伤害他人,但他们实际的目的并不是伤害他人,而是告知公众关乎公众利益的问题。尽管他们的报道毫无根据,但是很少会有记者以造成人身伤害为动机来做报道。

特殊的道德义务一般是由在某个特定组织、专业或行业中的身份决定的。比如,罗马天主教会的教徒就应该对不得使用人工节育措施负有道德上的责任和义务。医生有义务保护患者的隐私。律师也有责任为他们的客户进行最有力的辩护,即使他们知道当事人是有罪的。但这些道德义务并不能约束其他人。

媒体从业者经常被赋予的一项责任就是要避免某些利益上的纷争,这其实是由他们在社会中的特殊角色决定的。全国报业出版人协会(The National Newspapers Publishers Association, NNPA)本应代表约200家非裔美国人所拥有的报纸和美国1100多万读者的利益,但是却在1996年堂而皇之地无视自己的义务。协会中的一些领导和成员接受了尼日利亚军事独裁者方面的邀请,前去尼日利亚报道且没花一分钱。这次邀请由尼日利亚方面策划,主要是想发起一场媒体运动,来应对政治迫害、践踏人权和新闻审查等备受国内媒体批判的问题。根据《国家》(The Nation)杂志的记载,NNPA的一系列报道对这次运动有着推波助澜的作用,那些有利可图的广告以及评论也被尼日利亚的一些政客见缝插针地展示到了报道中。②

像其他行业中特殊的道德义务一样,对于媒体从业者来说,这些义务常常来源于更加一般化的社会责任。新闻业恪守真实性及公平性原则就是一个例子。但是有时,一般性的和特殊性的道德义务哪个更应该占主导地位这一话题会产生极大分歧。记者和执法机构两者被形容成"爱恨纠结的恋爱关系"是最合适不过的了,这种关系经常会使新闻的独立性与其对公众负责的义务之间产生冲突。

2001年1月,在亚利桑那州的菲尼克斯,一位年轻的记者发现自己因为一篇报道而被推上了道德伦理的风口浪尖。他在《凤凰城新时报》(Phoenix New Times)这一另类报纸中发表了一篇采访报道,谈到受访对象声称自己前不久参与了发生在菲尼克斯城郊的一起严重的纵火事件,他们烧毁了正在建设中的大厦。受访者描述了他们将攻击目标定为豪宅的来龙去脉。这篇报道立刻引发了关于媒体责任的激烈讨论,一些批评者谴责该报没有在采访的第一时间通知警方。③ 该报编辑杰米·沃斯(Jemery Voas)则回应称,记者安排此次采访"主要是因为我们都认为这个家伙或许能说出些有价值的东西来",还认为这个报道"或许也能让大家了解一下纵火者的心理"。④ 沃

---

① Norman E. Bowie, *Making Ethical Decisions* (New York: McGraw-Hill, 1985), p.100.
② "Darts & Laurels," *Columbia Journalism Review*, September/October 1996, p.23.
③ "Paper Sparks Debate by Interviewing 'Arsonist'," *Quill*, April 2001, p.41.
④ Fred Brown, "Crossing the Police Line," *Quill*, March 2001, p.30.

斯甚至还觉得,他们的文章或许可以帮助警方尽快抓到纵火案的责任人。《丹佛邮报》(Denver Post)的经济内容总管和政治编辑弗莱德·布朗(Fred Brown)在得知当地新闻界内两种不同的观点后表示:"对于记者来说,在受访者同意接受采访后去向警方告发,从而帮助他们设局抓人是完全不能接受的。尽管有些当地记者认为这样的做法可能有助于迅速抓住嫌疑人,但他们错了。背叛新闻源是记者最差劲的做法。"①

在道德义务中的抉择

我们上述提到的义务,其实都是在协调我们同他人、社会的关系。我们在道德上的考量确实会影响其他人,不管他们是独立的个体,还是公众这个无形的群体。我们的伦理判断必须考虑到我们所效忠的所有方面,当然也包括我们自己。

哈佛大学神学院的拉尔夫·波特(Ralph Potter)在构建自己的道德推理模型时,曾将这些义务称为"忠诚"。② 举例来说,律师要对自己的客户、同事、司法系统和社会负责,同时也要为自己的伦理行为负责。教师要对他的学生、家长、学校同事和领导以及教育事业"忠诚"。有时这些责任会彼此冲突,其关系也会在道德推理的过程中更加剑拔弩张。克利福德·克瑞斯汀(Clifford Christians)与其合著者在《媒介伦理学:案例与道德理性》(Media Ethics: Cases and Moral Reasoning)一书中给出了这样的结论:

> 一提到伦理,不同个人或团体之间的权利冲突就常常甚嚣尘上。政策和行动不可避免会倾向某一方而影响另外一方的利益。我们通常遇到的最两难的窘境,一般来源于我们应该对个人还是公众负责这一问题的思考:是对我的公司,还是我的客户?③

道德主体的责任包括,在做出一个伦理决定之前,需要给各方责任以足够的关注和考虑。我们作为媒体从业者,必须鉴定出那些最容易受到我们决定影响的方面,我们有时称之为"利益攸关方"。为了更好地阐述,我们将"利益攸关方"具化为六个我们必须检视的方面:

(1) 个人良知;
(2) 道德判断的客体;
(3) 经济支持者;
(4) 任职机构;
(5) 专业同事;
(6) 社会。④

第一,我们应该遵循我们常说的一句俗语——"摸着你的良心说话"。只要我们用心聆听,自己的良心会告诉我们什么是对、什么是错。换句话说,我们要对自己所做

---

① Fred Brown, "Crossing the Police Line," *Quill*, March 2001, p. 30.
② Ralph Potter, "The Logic of Moral Argument," in Paul Deats (ed.), *Toward a Discipline of Social Ethics* (Boston: Boston University Press, 1972), pp. 93-114.
③ Christians, Fackler, Rotzoll, and McKee, *Media Ethics*, pp. 21-22.
④ 其中一些方面来源于 Christians, Fackler, Rotzoll, and McKee, *Media Ethics*, pp. 22-23。

出的决定感到心安，并能够用道德原则来捍卫它。能够正视镜子中的自己，不因道德失范而闪躲，其实也是道德的表现。

第二，道德判断的客体是最可能直接受到我们伦理决策的影响或者伤害的。举例来说，少数族裔常常成为道德判断的客体，电影中对他们的描写常常基于刻板印象。某些特殊的观众也应该被囊括在考虑范围内，比如白天是小孩子最常看电视的时间，这个时间播放一些充斥露骨画面的节目显然是不合适的。还有，政府工作人员有违道德规范的私生活这一吸引媒体的消息若被报道出来，虽然会使他的政治对手高兴，但仍然是一种伤害行为。或许，把新闻中这些令人生厌的话题报道出来，还要我们承担责任，是一件奇怪的事。但事实上，我们有责任在报道时充分考虑所有人的利益，即使我们的报道对象是我们认为理应受到惩罚和社会谴责的人。

第三，媒体从业者要对他们的经济支持者保持忠诚，因为他们为媒体人买单，让媒体进入市场、参与竞争成为可能。这些人包括广告商、客户、个人订阅者和其他的受益人。当然，对经济支持者忠心耿耿可能会同其他利益主体相冲突。举例来说，新闻业中总是存在利润诱惑与按照大众权益行事方面的种种压力，所以我们必须在行业中努力寻求两者间的平衡。当然，这并不是说，媒体迫于广告商和持股人的反对和压力，就应该违背为社会提供客观报道这一契约。很多新闻机构其实有这样的信条，即广告商不应该对社论或者新闻内容有所干预。这样看来，媒体对于经济支持者的忠诚还应慎重，在很多情况下，应当把对社会负责放在第一位。

第四，在多数情况下，媒体人都应该为所在的单位效忠，因为各企业通常很看重员工的忠诚度。记者常常对自己所在的新闻机构充满自豪感，也会把组织的信誉看成自己的信誉。但是，盲目的忠诚常常会适得其反。举例来说，一名公关经理建议管理层阻挠媒体对某次环境灾害事件影响的报道，这将使得公司和大众的权益都受到损害。我们应该注意到的是，对一个组织的忠诚或许也应该考虑到持股方，因为他们想努力改善公司的财务状况，同时也要努力确保自己的投资不受侵害。当然，媒体高管更关注对投资者的责任，而非对底层雇员应尽的义务。

第五，媒体人对身边同事的责任心通常是坚定有力的。当我们在做某个道德判断的时候，经常会有两个相关的问题出现：我的行为将会对我的同事产生何种影响？我的行为是否符合同事的期望？假设，一名电视新闻制片人决定在节目中播出关于"撒旦仪式"的死亡画面。公众对于这种不明智行为的抗议可能并不会对电视记者造成什么影响。但是从另一个方面看，记者还是会经常遵从同事的期望，并从他们那里得到某种道德支持，以使自身的行为正当化。对于新闻消息源的保护其实是一个很好的例证，很多记者宁愿进监狱，也不会冒着被同事排斥的风险去背叛这种保密关系。

第六，对于媒体从业者来说，对社会的责任或者忠诚反映的其实是一种社会责任感。道德评判必须将公众利益作为考虑因素，这一点不言而喻。因为，我们个人的道德感——我们的道德良知——是建立在社会规范之上的，通常情况下，我们对自己和对社会的责任是一致的，但这也并不绝对。例如，记者将一份盗窃得来的关于揭露美国在外交领域心口不一的政府机密文件公之于众。在这个情形中，记者的良知恐怕要凌驾于社会对盗窃的反感之上。但是,如果他们报道这样的信息仅仅是为了个人利益,比如提升个人知名度、阅读量等的话,他们的做法就是不道德的。

实际上,对社会责任的考量远比看上去要复杂得多。在现实世界当中,社会不是完全统一的,而是涵盖很多不同的群体,选择常常要考虑不同的方面,比如新闻来源、公众人物、少数族群、老人、儿童、残疾人等等。对各方利益的平衡其实才是身处多元文明和混乱世界中的媒体从业者面临的真正挑战。

法律与伦理的关系

律师和法官告诉我们,法律是民主文明的基石。这一说法是错误的。道德上对法律的尊重才能为文化奠定基础。摩托车司机不会闯红灯,不仅仅是因为身边有执法人员。他们之所以遵守交通法规,是因为他们尊重法律,或许也是对侦查和惩罚心怀畏惧。在这个复杂的社会,有时遵循某种对个人自由有所限制的法则往往是很有必要的,对于良好的秩序而言尤为重要。因此,在法律与伦理之间,就会出现我们应该称之为"关系"或"联系"的一种事物。但怎样界定这个关系的范围呢?媒体从业者为什么要关注其中的差别呢?

我们可以先从较为浅显的情况说起:不是所有道德问题都可以或应该被法律化。法律允许人们做出很多对朋友或敌人的不道德行为。比如,不遵守诺言、说话不礼貌,还有某些形式的欺骗,等等。生活中,伤害他人情感是常有的事,但很多都不在法律可以控制的范围内。比如,一名高中生或许会在最后关头决定不去参加毕业舞会,他的舞伴在苦等,却又不能因为自己哭得梨花带雨而向法院申诉。即使在这个好讼的社会,打开干预个人关系的阀门依然是不可取的。

然而,法律义务一般是基于道德之上的。刑法和民法规定了一些我们应履行的重要的道德义务,比如禁止杀害、偷盗、强奸、恶意诽谤他人等。大多数法规都会惩罚那些对他人造成直接伤害的行为,但也有一些基于道德制定的法规,并没有关注其他人是否受到侵害。对成年人之间自愿发生的性行为和卖淫行为作出规定的法律就属于这一范畴。这些法律的道德合理性并没有在社会中得到广泛认同和接受,这样一来,也就无法确定人们是否遵守。[①] 法律系统和道德责任系统两者之间一个比较根本的区别就是,违法行为会受到一定的惩罚,而违反道德的行为则不会。

但如果法律本身是基于对道德的尊重,在哪些情况下,我们的违法行为不会受法律制裁?我们的伦理系统可以豁免我们的某些道德义务吗?

非暴力不合作的行为是指,人们有意识地忽略那些他们认为不够公正的法律。这样的做法已经获得更多的认同与接受,特别是从20世纪60年代起,马丁·路德·金(Dr. Martin Luther King, Jr.)发起了非暴力民权示威游行。大多数伦理主义者认为,

---

① Olen, *Ethics in Journalism*, p. 33.

非暴力不合作的合法性需要建立在以下三点之上:(1) 道德主体认定某条法律有失正义;(2) 非暴力性;(3) 抗议者承担相应后果的心理准备。① 此外,一些人认为,只有在探讨过不公正法律的补救途径后,非暴力不合作的行为才是正当的。举例来说,某环境保护组织已经用尽所有的合法途径来阻止在社区内处理核废料,但它们或许也要通过非暴力不合作的手段来引起公众的关注。在这些情况下,即使法律问题得到解决,道德方面的问题依然存在。

倘若还没有完全使用法律救济措施,那么道德主体就有理由违反法律吗?答案或许是肯定的,但他们的行动似乎难以站稳脚跟。在紧急情况下或涉及更高道德原则时,违反公正原则的法律也可能成为一种符合道德的选择。举例来说,我们不会觉得丈夫为送临产的妻子去医院而开车闯红灯这一行为是不道德的。在一个更加严肃的层面上说,媒体从业者有时可能会因为履行一个更重要的道德义务,而不得不违反一部公正的法律。比如说,记者或许会无视政府禁令前往某个国家,目的是报道当地的人权问题,他们也不得不面对可能产生的法律后果,但他们的行为是受到道德力量驱动的。

此处的核心观点是:记者作为公众的代表,在社会中发挥着独特的作用,他们可能认为,为大众服务的道德性责任要比服从法律相关规定更加重要。这样的观点其实有一定价值。然而,法律背后有某种道德力量的驱动——假如它是一部正义的法律,那么它就很容易被更具推动性的道德责任所凌驾。

有一个涉及有线电视新闻网(Cable News Network,CNN)和前巴拿马独裁者曼努埃尔·诺列加(Manuel Noriega)的诉讼案例可以印证这样的困境。诺列加将军在美国对巴拿马实行大规模军事部署之后被拘捕,且被送到迈阿密候审。在他被关押期间,有人秘密获得了诺列加及其代理律师在牢房内的对话录音②,并将录音带交给了CNN。随后,CNN宣布自己拥有这份录音材料,但美国地方法院法官威廉姆·荷威勒(William Hoeveler)在第十一次巡回法庭上接受了诺列加将军关于禁止发布对话内容的请求。③ 尽管CNN没有对外报道两个人的对话内容,但还是以摘录的形式将部分内容公之于众。法官认为,这样的做法违反了律师—当事人保密特权(attorney-client privilege),同时也很有可能对诺列加的辩护产生非常不利的影响,因此,最终认为CNN蔑视法庭。之后,法官对新闻媒体的竞争现状和尊重司法判决的一般性义务进行了详尽的分析,在发表观点时引证了在道德上尊重法律的必要性:"混乱与有序之间这条细小但却鲜明的界限,就是诉讼人和公众对法律及法院所发布的指令的尊重。对法庭的蔑视或者对更多其他公众的蔑视都是不合法且不被允许的。"④

一些叫苦不迭的记者认为,他们有权利忽视法规或者一些他们认为违反宪法的法院指令,这样的观点是错误的。法规和法院指令只有在被上级机关推翻后才失效。在

---

① Olen, *Ethics in Journalism*, p.34.
② 18 Med. L. Rptr. 1348 (S.D. Fla. 1990).
③ 18 Med. L. Rptr. 1352 (11th Cir. 1990).
④ *United States v. Cable News Network*, 23 Med. L. Rptr. 1033, 1045-1046 (S.D. Fla. 1994).

CNN的案例中,上诉法院维持了原审判决,因为若放出牢房中的对话就违反了法律所承认的保密关系,同时也会对诺列加判决的公正性产生影响。对于记者来说,大多数法律问题还要考虑其伦理层面的情况,这样的思维是媒体从业者经常会忽略的。

法律与伦理之间不可逃避的关系,经常凸显在记者认为一些法规条令(比如侵权法)妨碍了他们服务大众利益的时候。对这一观点的例证,是2000年在波多黎各加西亚发生的抗议美国海军在营地训练与进行投弹演习的事件,10名报道了抗议活动的记者被逮捕。在联邦听证会上,记者认为逮捕侵犯了他们的宪法权利,因为他们之所以进入禁区,正是为了报道抗议活动。然而,法院却驳斥了他们的观点,认为对于未向公众公开的这些地方,记者也没有特权进入,《美国宪法第一修正案》(后文称第一修正案)也没有赋予记者违法的特权。

因此,我们不难发现,大多数法律事件也需要考量道德层面的问题,我们不能认为,解决了法律问题伦理问题也会被随之攻克。举例来说,最高法院认为,只有对于那些来源于公共记录或已被有关政府机构公开的强奸案,其受害者的姓名才可以由记者公开报道。[①]但即使是作为案底来用,这些情形也不能解决到底是否应该公布受害者姓名这样一个伦理问题。很多人认为,如果公布姓名,对受害者的伤害远远大于这种信息所带来的有限的公共利益。

第一修正案规定,除了个别特例,几乎所有内容都可以出版。但是第一修正案却未对媒体责任作出规定,而是由记者自己去决定哪些内容是有新闻价值的。但宪法自由并不仅仅是为了做伦理决断。当不负责任的媒体被认为是社会寄生虫时,这些法律权利也会被消耗殆尽。

笔者还是要将法律与伦理的关系总结为在开头部分的观点,即法律的道德力量给我们的法律系统提供了合法性。各方有共同的责任和义务来遵守法律。因而,媒体从业者几乎不会触犯法律,除非他们站在某些更为重要的道德准则立场上,并且已经准备好承担因违抗法律而产生的后果。

机构自治与社会责任

"机构不会做出不合伦理的事,但人会。"[②]本书第一章中这样一句表述似乎在暗示我们,任何关于公司道德或伦理的讨论在这里都是不合时宜的。但事实上,即便伦理判断是由公司内的个人做出的,公众还是会把道德或不道德的标签贴在公司身上。一些媒体名人因为自己的言行吸引了众多关注,但公司的决策者(道德主体)在社会

---

① 例如:*Cox Broadcasting Corp. v. Cohn*, 420 U. S. 469 (1975); The Florida Star v. B. J. F., 109 S. Ct. 2603 (1989)。

② 并不是所有的伦理学家都同意这个观点。一些人认为,企业道德是独立于个人成员的伦理行为而存在的。参见 Peter A. French, "Corporate Moral Agency," in Joan C. Callahan (ed.), *Ethical Issues in Professional Life* (New York: Oxford University Press, 1988), pp. 265-269。

上常常是无形的。即便如此,公众还是期待他们能承担起道德义务,使公司文化建立在社会责任的基础之上,即对公共福利的承诺大于对短期个人利益的追逐。①

一个关于企业社会责任的案例至今仍能在行业中引起共鸣。强生(Johnson & Johnson)是一家非处方药物生产商,曾面临一场公关危机。当时,数名顾客因服用了含有氰化物成分的"泰诺"牌药物而死亡。问题一出,该公司采取了迅速且果断的措施,很快将药品召回,并在确定安全后重新包装上市。② 与此形成对比的是埃克森美孚(Exxon)石油公司失败的公关应对,当其被控诉在阿拉斯加海域的油轮泄漏导致环境状况恶化时,反应太过迟缓。尽管公司最终赔偿了清洁费用,但形象受到巨大影响。

自由主义观点

"企业社会责任"的概念也绝非毫无争议。"买者自负"理论向来占主导地位,直到20世纪早期,通过诸如拉尔夫·纳德(Ralph Nader)等消费者权益保护活动家的努力,该理论才逐渐式微,他们所持的就是"商业是各种事宜的综合"(Business is the business of business)的自由主义观点。③ 根据这一观点,如果一个公司能够为社会提供就业机会和稳固的财政基础,那它就是一个有社会责任感的企业。在自由主义理论的框架内,在激烈的市场竞争中,个人与公司对自身利益的追求实际上都是在为公共福利做出贡献。④ 仅有的道德联系在于企业管理与持股人的关系;社会只有在防止欺诈情况出现时才可干预企业管理。换句话说,"公众利益"的概念恐怕只是企业自治的副产品。

自由主义哲学观点建立在"自主"与"自决"的概念上,是不受政府和社会限制的。自由主义理论的特点是没有强加责任的自由,也是在自由主义的大环境下,美国新闻业在19世纪走向了成熟。由此,新体制推动着新闻自由的发展,但同时也在一定程度上抑制了强大的伦理系统的发展。多年前,威廉姆·彼得·汉密尔顿(William Peter Hamilton)发表在《华尔街日报》上的评论展现了这样的看法,"报纸其实是不需要对大众负任何责任的私企,大众也没有给其特权。因此,报纸也不受公共利益的影响。它更强调的是财产所有人,也就是冒着风险出售产品的人"⑤。自由主义论者也会抗拒政府对广告的监管,认为在自由市场经济中,拥有自主权的消费者可以培养自己对广告噱头的谨慎态度和质疑精神。

尽管如此,自由的新闻界还是认同一些基本的价值观,其中很多在当代行业规范中依然占据着重要地位。报纸逐渐开始尊重客观事实,对严肃新闻的青睐超过了评论

---

① 关于这两个案例的深入讨论与比较,参见 Philip Seib, and Kathy Fitzpatrick, *Public Relations Ethics* (Fort Worth, TX: Harcourt Brace, 1995), pp. 101-111。
② 更多关于该案例的内容,参见 James A. Laska, and Michael S. Pritchard, *Communication Ethics: Methods of Analysis*, 2nd ed. (Belmont, CA: Wadsworth, 1994), p. 48。
③ 关于企业社会责任的讨论,参见 Conrad C. Fink, *Media Ethics* (Needham Heights, MA: Allyn & Bacon, 1995), pp. 111-160。
④ Milton Friedman, "Social Responsibility and Compensatory Justice," in Callahan, *Ethical Issues*, pp. 349-350.
⑤ Fred S. Siebert, Theodore Peterson, and Wilbur Schramm, *Four Theories of the Press* (Urbana: University of Illinois Press, 1956), p. 73.

文章,诸如"客观""公正""平衡"等概念都成了记者伦理词典当中的重要内容。其中最重要的可能就是客观性原则了,在20世纪新闻工作者开始广泛使用这个原则,它意味着媒体从业者对社会的承诺,即"公正无私和不带任何偏见及误解地如实反映世界的真实面貌"①。

客观性是大多数新闻工作者的信仰,但有人认为,绝对的客观并不存在。如此一来,形成了一个哲学上更易被接受的观点,这不会让新闻从业者觉得如果没有进行完全客观的报道就是在犯罪。基于对客观性更加实际的解读,记者在报道新闻时都在努力把自己的倾向和观点抽离出来,力求依据那些可靠且负责任的新闻来源寻找报道中的平衡。在传统观念中,新闻写作的伦理主要关注新闻事实以及展现事实时的不偏不倚。②

即便如此,自由主义观点反对接受强加的责任,尽管其中存在一些毫无道德意识的媒体人把谎言和半真半假的内容传播给大众的风险。根据自由主义观点,我们更应该把对道德失范的补救这一重任交给市场和每个媒体从业者的良知。

社会责任论

"社会责任"这一概念已经逐渐成为自由主义理论的对比概念。尽管仍然强调自由,但它认为,在组织行为中责任和自由是紧密相连的。社会责任理论倡导将职业道德规范作为提升社会责任感的自律手段。有些人对弗里德曼的传统观点提出了质疑,认为经商并不是权利,而是社会赋予的特权。③ 因为,对利润的追求并没有自动地为公共利益做出贡献,社会要求企业为纠正社会弊病做出贡献。平权运动项目和为穷人提供更多其负担得起的法律服务就是两个很好的例子。

毫无疑问,企业在现代社会中的责任包括重视管理层和普通雇员的伦理行为。出于法律和公共关系方面的原因,有的公司甚至为全体员工制定了伦理规范。但正式的成文法规不一定能确保伦理行为的实践,正如21世纪初期困扰美国企业的丑闻浪潮所证明的那样。

媒体社会责任。"社会责任"的概念最早何时进入媒体从业者的价值观念,尚无定论。但确实有五个历史趋势驱动了媒体社会责任的产生。第一,工业革命史无前例地改变了美国的社会蓝图,促使资本和商业所有权集中在少数人手中。自由企业制度的重组趋势一直没有减弱,报纸也没能幸免。④ 因此,随着媒体被少数人控制,一些批评者开始质疑,自由主义者认为的思想自由竞争是否仍然符合现实的期待。

第二,尽管报纸行业垄断趋势加强,但诸如杂志、广播等新的媒体形式仍然如潮水般涌入媒体市场。它们的到来给报纸带来巨大的压力,也增加了受众的需求。在这种

---

① Mitchell Stephens, *A History of News: From the Drum to the Satellite* (New York: Viking Penguin, 1988), p. 264.
② Ibid., pp. 263-268.
③ Melvin Anshen, "Changing the Social Contract: A Role for Business," in Callahan, *Ethical Issues*, pp. 351-354.
④ "Big Media, Big Money," *Newsweek*, April 1, 1985, pp. 52-59.

情况下,经济上的迫切需求开始与媒体的新闻使命共生共存,社会责任论也开始同商业的成功交织。

第三,19世纪中叶,新闻业开始受到大量具有雄厚教育背景的人士的关注,他们事实上是行业伦理道德标准的制定者,并努力达到这些标准。① 另外,一些出版商意识到,拥有自由的同时也伴随着相应的责任。包括传奇的约瑟夫·普利策(Joseph Pulitzer)在内的很多人,都把社会责任感视为将新闻事业从经济化市场的大潮中营救出来的关键:"没有什么能比高尚的理想、做正确事情的谨慎态度、对所遇问题的准确了解和真诚的道德责任感,更能把新闻事业从对商业利益的屈从、追求自私的目的,并与公共利益对抗的境地中拯救出来的了。"②

这些对媒体责任的早期认识体现在近年来建立的多所新闻学院中。有的学院是由媒体出资,目的是增强新闻从业者的专业精神。佛罗里达圣彼得堡的波因特媒体研究学院(Poynter Institute)就给多家新闻机构开设研讨会,内容涵盖从新闻写作到职业伦理等多个方面,这其实就是一个对记者和新闻教师进行继续教育的主要例子。

第四,20世纪初专业新闻学院开始出现,普利策对此表示支持,因为它们为新闻专业性的形成做出了贡献。这些新闻院校在教授业务技能之余,还在社会责任方面对学生予以教导。此后,在新闻学科接受了专门教育的一批骨干力量涌入了市场。专业精神的提升使媒体从业者心中的这份社会责任感更加澎湃,新闻自由应与责任相伴的观点也逐渐深入人心。1923年,美国报纸编辑协会(American Society of Newspaper Editors, ASNE)在第一次会议中采用"新闻界信条"(Canons of Journalism,又译作"报业信条"或"新闻规约")作为新闻职业规范。尽管一些州立媒体协会已经采用了某些标准,"新闻界信条"仍是所有记者组织倡导的第一个新闻伦理准则。③ 同时,它并没有将第一次制定的标准认作需要强制实施的准则。

在"新闻界信条"出台后的一年,《丹佛邮报》的发行人F. G. 班费斯(F. G. Bonfils)就被控告受贿100万美元。他曾企图阻止手下的记者报道"茶壶山(Teapot Dome)丑闻案"的相关信息,其中涉及对怀俄明州茶壶山油田的政府储备石油被倒卖给私营石油公司的指控。美国报纸编辑协会的一些成员认为,班费斯的行为触犯了已经出台的组织条例,涉及新闻的真实性、公平性、准确性和公正性等多个方面,他们要求处罚班费斯。对于法规强制性的讨论持续了五年时间,但是在1929年,面对对班费斯的控告,报纸主编选择自愿服从,而不再要求对班费斯进行纪律处分。④

"新闻界信条"出台后不久,1928年,电子媒介领域第一个成文的书面原则正式出台。当时尚无经验的美国广播电视协会(National Association of Broadcasters, NAB)首次应用了这份针对节目制作、广告和新闻的相关行业标准。也正是由于早些时候为

---

① Fred S. Siebert, Theodore Peterson, and Wilbur Schramm, *Four Theories of the Press* (Urbana: University of Illinois Press, 1956), p. 83.
② Ibid. ,引述自 Joseph Pulitzer, "The College of Journalism," *North American Review*, 178, May 1904, p. 658。
③ Ron F. Smith, *Groping for Ethics in Journalism*, 5th ed. (Ames: Iowa State University Press, 2003), pp. 22-23.
④ Clifford Christians, "Enforcing Media Codes," *Journal of Mass Media Ethics*, 1, no. 1 (Fall/Winter 1985-1986): 14.

专业概念编写所做出的努力,诸如美国广播新闻编辑协会(Radio-Television News Directors Association)、美国广告协会(American Advertising Association)、美国公共关系协会(Public Relations Society of America)和美国职业新闻记者协会等组织,纷纷采用了相似的伦理道德标准。

社会责任其实是政府放任态度的产物,使得大企业的行为过度自由化。然而,在20世纪,特别是20世纪30年代,政府对市场行为的干预得到了公众支持,原因是公众厌倦了经济和社会的混乱无序,同时市场环境损害了消费者权益。作为媒体主要的经济支持者,1938年,广告开始受到政府的严格审查,原因在于,国会给美国联邦贸易委员会以新的权力,让其可以去监管欺骗大众和进行不正当竞争的广告行为。这在当时引发了一些人的担忧,他们认为政府接下来可能会加强对媒体的控制,并且会让这些新闻机构履行更多的社会责任——其中很多都滥用了第一修正案授予的自由宪法权利。而1927年,在政府改革中出现的新兴广播媒体事实上并没有打消大众的这种担忧。

第五,媒体社会责任论这一观点在第二次世界大战后因为哈钦斯(新闻自由)委员会(Hutchins Commission on Freedom of the Press)的工作而受到肯定。1942年,芝加哥大学校长罗伯特·W. 哈钦斯(Robert W. Hutchins)被委托研究新闻自由的前景这一课题。研究经费最初是由时代公司(Time. Inc.)的亨利·卢斯(Henry Luce)提供,后来则是由大英百科全书公司提供。哈钦斯组建了一个13人的小组,其中包括几位杰出的教育工作者,来共同完成这项令人振奋的工作任务。1947年,他们发布了一份名为《一个自由而负责的新闻界》(*A Free and Responsible Press*)的报告,理由充分且全面地分析了为什么社会需要一个负责的新闻界。

虽然报告中并未提出"社会责任"这种说法,但这次研究还是制定了媒体在现代社会中应该承担的五项责任。[①] 其中一些责任主要针对新闻业而提出,另一些则与广告业和娱乐业相关。

根据报告内容,第一项责任是"对当日事件做出真实、全面、有智慧的报道,且所用语境应有助于读者理解事件的含义"。媒体不仅要做到报道准确,还要在事实和观点两者之间明确界限。但是,事实本身是不够的,新闻媒体也必须通过讲故事的方式来报道事实真相,同时为读者分析相冲突的新闻源的可信度。解释性报道则必须超越单纯的事实,要提供相关事实背景。

一个案例是,一名地方记者报道了一次新闻发布会,会上,该市市长指责一名市议员歪曲了某些杀虫剂影响本地鸟类的事实,还指控他从本地一家农药生产商那里拿回扣。当这名市议员被问到如何回应市长的指控时,他不愿多说,只是认为市长的这些言论是"完完全全的扯淡",完全是受到"政治驱使"的。记者的报道涵盖了市长和市议员双方的言论,指控和反驳都有。[②] 报社主编认为,这篇报道算得上公平、中立,但

[①] Siebert, Peterson, and Schramm, *Four Theories of the Press*, pp. 87-92.
[②] Theodore L. Glasser, "When Is Objective Reporting Irresponsible Reporting?," in Philip Patterson, and Lee Wilkins (eds.), *Media Ethics: Issues and Cases*, 4th ed. (Boston: McGraw-Hill, 2002), pp. 39-40.

是市议员不太高兴。在写给报社主编的信中,市议员否认在杀虫剂的影响或拿回扣的事情上撒了谎,"这则新闻可能是公平、平衡且准确的",他写道,"但是在真实性上欠妥当"。① 依据市议员的看法,记者应该在独立调查这些指控之后再写报道。

报告中的第二项责任是,媒体必须扮演好"一个供交流评论和批评的平台"的角色。在日益由媒体巨头主导的系统中,这是一个基本功能。媒体被要求提供一个观点交锋的平台,同时也不放弃它原本捍卫观点的权利。

第三项责任是,媒体要能够成为一种"供社会各群体互相传递意见与态度的工具"。换句话说就是,不同种族、阶层、文化背景的团体都应该被不带刻板印象或有色眼镜地认真、平等地对待。社会责任要求媒体在建构媒体形象的过程中发挥积极作用,不论是在信息性或是娱乐性方面都是如此。尽管新闻业在这方面已经有所进步,但刻板印象仍是媒体的一个共性问题。

第四项责任是,媒体应该成为一种"呈现与阐明社会目标与价值观"的工具。它们应该能够传递文化精髓,以此来保持优良的传统价值观和传统美德。

新闻学教授泰德·史密斯(Ted Smith)曾经非常激烈地控诉媒体没有担负起这份重任。他观察到,在蹂躏了全国大部分机构后,媒体在20世纪80年代开始了一段时期的自我审查。多家新闻机构的报道也都承认了公众对媒体的信心减弱这一事实,但过了最初的对媒体公信力和伦理的轰动讨论期后,那种紧迫感又消失了。渐渐地我们发现,自我审查似乎对报道实践没有明显的影响。尽管史密斯教授把媒体自信的复兴归因于它们"没有真正的信任危机",但他又推翻了这种说法,并试图证明20世纪70年代以来媒体的公信力在不断削弱。这一进程体现了公众对大众传媒的普遍态度,因为大众传媒对所有传统文化价值观都持有某种怀疑态度,并不断地给公众带来负面报道。

当把媒体的怀疑论与苏格拉底的批判性对话进行对比时,史密斯提出了如下的警告:

> 有些记者可能满足于自己延续了苏格拉底思想的杰出传统,如果他们能够铭记苏格拉底的人生命运的话,他们可以做得更好:苏格拉底因颠覆宗教和误导城中青少年而被审判、定罪和处决。②

他谴责精英记者精心编排出来的对"隐含在美国的政策、领导和机构中所有的文化认同的无情批判"③。像苏格拉底一样,记者往往是从文化以外的角度进行报道,而不是从文化的一部分出发。这样的立场就导致本应有记者参与的社会对媒体信心的崩塌。尽管史密斯对记者可能遭受如苏格拉底般同样命运的预言尚未得到证实,但最近的民意调查中媒体公信力的持续下降令人担忧。

哈钦斯委员会提出的第五项责任是,媒体应该提供"充分接触当日信息"的服务。

---

① 引自 Glasser。
② Ted J. Smith Ⅲ, "Journalism and the Socrates Syndrome," *Quill*, April 1988, p. 20.
③ Ibid.

这一观点反映了媒体对大众知情权的支持,尽管这项所谓的权利还没能在最高法院对宪法的解释中得到体现。从哲学的立场看,知情权的前提是,媒体能够成为公众的代表,即同行政权、立法权和司法权同样重要的"第四权力",同时担负起向公众告知政府行为的重任。在联邦和州政府层面上,对公共记录和公开会议进行法律讨论的次数越来越多,范围越来越广,这其实是知晓政府信息权利的体现。但是在最近几年,媒体总是用这个权利去为自己的新闻行为辩驳,而很多行为都已经越过政府行为的范畴而侵入了公民的个人生活。这种侵犯经常被大众质疑,他们认为媒体太过疯狂,不惜为了猎奇而牺牲公民的个人权利。

政治压力与社会责任。政治家经常被指责为"特殊利益的俘虏",但传媒企业也同样容易受到媒体监督团体或者其他公民组织施加的压力。一些团体批判媒体的报道商业味过浓以及缺乏民族文化知识;其他人因媒体热衷于性和暴力而谴责其在道德上的麻木;一些人还有更明显的政治意图,试图通过舆论压力,甚至政府监管来要挟媒体,以使媒体更为保守或推进政治议程,这取决于施压团体所持的具体立场。改变甚至放弃这些可能引发反感的内容来应对压力的决定,是一个商业决策,还是也有伦理层面的原因呢?

这个问题因哥伦比亚广播公司(CBS)在 2003 年秋天停止播放《里根家族》(*The Reagans*)这一颇受争议的决定而起,这部迷你电视剧原本计划在 CBS 收视低迷时播出。由于一些片段的内容和对白提前流出,包括前总统儿子在内的很多保守派人士纷纷跳出来,控诉电视台恶意扭曲里根总统的遗言。保守的媒体研究中心创始人勃兰特·布泽尔(Brent Bozell)把该剧描述成"对最受爱戴的美国总统的左翼抹黑"。CBS 公司的高管对一些人物形象的准确性充满疑虑。该剧的制作者尼尔·加布勒(Neal Gabler)则认为,这样的举动带来的不良影响更大。他痛陈,CBS 的决定无益于民主,并感叹说,"CBS 这一举动的伤害是巨大的,远大于我们在制作这部片子时所带来的伤害。我们收到的解释是,现在一小部分人对电视网络有监督权"。CBS 否认是因为政治压力才这么做的,表示做出停止播放的决定仅仅是因为终审影片时大家的反应,绝不是传言中说的脚本内容泄露。① 随后,CBS 将该剧卖给了 Showtime 电视台,这家电视台受众较少,得到的广告赞助也不多。

当然,媒体从业者服务于广泛的社会利益,不可能对公众的关注和批判无动于衷。当威胁表现在经济方面时,他们最容易受影响,如广告商联合抵制的情况。但是,这提出了一个令人不安的问题:如果私人利益可以对媒体内容行使如此强大的否决权,我们为什么要担心对政府的审查?在一个民主的、以市场为驱动的社会,公民组织和更狭隘的压力集团当然有权利对媒体经营者表达赞同或反对意见。但如果这些活动已经严重削弱了内容的多样性,甚至损害了媒体的独立性,那么就会牵扯到伦理问题。而媒体从业者不能,也不应该忽视这些批评。最终,他们必须扪心自问,他们对社会的

---

① 美联社快讯,David Bauder, "CBS Cancels Reagan Miniseries, Gives It to Showtime," *The Advocate* (Baton Rouge), November 5, 2003, p. 12A。

责任在多大程度上超越了个别群体的利益,而这些个别群体也许并不能代表大众的利益。

由内而外提升社会责任感。除了通过社会公共利益团体有组织性的努力来提升媒体的社会责任感,媒体内部也有人扮演着社会"内部"评论家,发出个人化的声音。比如,美国公共电视网(Public Broadcasting Service)电影评论家迈克尔·梅德韦德(Michael Medved)、《华盛顿邮报》的荣誉记者霍华德·库尔茨(Howard Kurtz)[①]和《芝加哥论坛报》(Chicago Tribune)的拉里·渥特斯(Larry Wolters)是其中最有名且最有影响力的记者。就像彼得·奥林克(Peter Orlik)教授在评价电子媒介的角色时对这些权威人士的描述:

> 他们常常比其他社会成员更能够提出改革意见。因为消费者几乎没有机会和时间去更深入地了解广播电视的运作模式,所以就需要这些评论家为听众和观众提供这方面的知识。[②]

尽管我们难以评估个人或社会利益团体的评论带来的实际影响,但他们扮演着更具压力性的角色,以提醒媒体主管要对社会承担道德责任,尤其在社会为他们提供了生计的情况下。另外,尽管个人对于媒体决策者和把关者的影响力有限,但他们至少能够让后者觉得自己在信息和娱乐市场中有支持者。即使听众和观众不总是同意评论家的观点,但至少,他们在防止媒体机构"妄自尊大"这一点上有共同的利益。

威胁与责任。从之前的讨论中我们可以比较清楚地了解到,社会责任已经成了美国很多公司勾画蓝图时的重要部分。在民主社会中,媒体能否在保持自主地位的同时承担起社会责任呢?一些传统主义者认为,诸如"责任""职责""义务"等概念,与一个充满活力的媒体机构所需的独立性与自由性相矛盾。他们坚信,社会责任其实是"最低共同利益"的委婉说法,只会带来枯燥且毫无争议的内容。依据这一观点,媒体将变成公众意见的"俘虏",也将放弃自己作为社会和政治"牛虻"的角色。

这个观点相当有争议。在之前的章节我们提到过,媒体一直因为像"牛虻"一样不断抨击社会文化价值观而被明确批判。即使失去了一定的公众信任,它们依然还是作为独立的机构在运行。尽管如此,美国经济体制内部的根本性变化还是迫使人们把扩大企业责任范围一事提上了公众议程。随着公司规模愈发壮大且实力显著强大,消费者更加深刻地感受到这些公司对他们日常生活的巨大影响。社会非常关心通用汽车能否造出安全节能的轿车,同时也非常关注它对经济体系的财政贡献大小。

更深入地说,在开辟历史的 21 世纪,媒体见证了经济结构的深刻变化。损益表底线已经变成了成功与否的最终晴雨表,诸如并购、收购和杠杆收购等说法也已经被写入企业词典。正如《新闻周刊》(Newsweek)在几年前表达过的一样:"对于习惯把自己

[①] 霍华德·库尔茨(Howard Kurtz)著有一本深刻透析报纸行业的书,参见 *Media Circus: The Trouble with America's Newspapers* (New York: Times Books), 1993。

[②] Peter B. Orlik, *Electronic Media Criticism* (Boston: Focal Press, 1994), p. 19.

认作社会第四权力的美国新闻媒体来说,成为华尔街的宠儿会让它们自己大吃一惊。"①

媒体是最显著的社会机构,每天都在影响千千万万个家庭的日常生活。与此同时,一些不良的影响也会侵入媒体领域,那么消费者自然会对这一在舆论形成中起关键作用的机构寄予更大的期望。换句话说,社会中存在这样一种期盼或者说一种道德责任,促使媒体要依据公共利益办事。这样一来,从道德义务的角度来看,"社会责任"的概念也就具有了伦理意义。

信息时代的挑战

融合:新媒体与传统媒体

尽管对于新技术和信息高速公路的深入探讨超过了本书设定的论述范围,但之后的章节还是会对围绕新技术应用中的伦理问题所进行的思考加以介绍。在这一点上,可以说,新媒体和先进技术的融合已经给我们生活于其中的世界带来了革命性的变化。社会词典中充满了诸如"互联网""网络空间""数字化""电子邮件""信息高速公路"等一系列流行词。这场令人震惊的文化改革有着既杰出又可怕的影响力,给政策制定者、社会学家和哲学家等都带来了挑战。

"融合"是技术论术语中的最新话题。它的含义涉及多个层面,但毋庸置疑的是,它正在给我们的沟通方式带来革命性的变化。举例来说,移动电话现在可以用作网络终端,电脑有了电视的功能,无线技术很快就会成为手机服务的传输系统,在当地的卫星有线公司中网络连接也通畅无阻。这样的变化越来越多。

这一高科技革命正在以迅猛之势发展,但我们不必对技术革命感到惊慌,不必担心未经监管的万维网会导致文化混沌或者完全重组我们的媒体行业。网络空间这一现象的未来感与传统感并存。比如说,网络新闻与传统媒体的新闻报道有所不同,但又兼具两者的特点:

> 网络新闻有报纸的深度,或者说有了超文本链接和电子文档的它比报纸更有深度;它有巧舌如簧的杂志的态度和焦点;它有脱口秀广播节目的即时性和互动性,尤其是增加了聊天室、论坛和电子邮件的互动;它还有电视的视觉冲击力。这个看似杂乱无章的媒体综合体实则已经引发了信息爆炸。②

由诸如报纸和广播等传统传播模式向机器对机器的信息传播的过渡,已经催生了专门收集和传播信息的产业。这使得信息消费者的数量爆炸性增长,这一点在网络服

---

① "Big Media, Big Money," p. 52.
② Jack Lule, "The Power and Pitfalls of Journalism in the Hypertext Era," *Chronicle of Higher Education*, August 7, 1998, p. B7.

务的激增中得到了证实,其中一些服务由新闻媒体提供,消费者可以在海量的菜单和数据库中选择有用的信息。这也转而促进了链接(潜在道德主体)数量在数据创建与分发的传播链条中的增长。

网络空间的伦理:新瓶装旧酒

首先,我们应该削弱来自某些伦理学家和未来学家对于网络空间和其他新媒体可能要面对的伦理挑战。毫无疑问,新技术一定会带来一些奇异的、不符合伦理要求的行为,但事件本身其实是个老生常谈的话题。其中最引人关注的问题就是,个人信息很容易被搜集,并通过网络得到传播。但是,其中隐含的"价值"仍是隐私。不采用传统的译制技术而利用互联网去剽窃原版音乐或者电影的做法,并不能改变侵害知识产权是伦理失范行为的事实。利用数字技术去调整一张新闻图片同样也关乎诚信与真实的问题。对现实的一个恰当比喻就是"新瓶装旧酒",尽管网络空间中未经监管的部分确实使打击道德败坏的行为难上加难。

因此,21世纪,媒体从业者所面临的由技术革命带来的伦理担忧是非常重要的,在接下来的章节中会阐释这一部分内容。事实上,我们见到的都是冰山一角,因为媒体从业人员和信息收集及分发者面对的是信息时代错综复杂的道德难题。举例来说,我们之前提到的关于隐私的话题,常常给媒体从业者带来伦理挑战。但是在交互媒体时代,对隐私的保护变得更加迫切,也承担了更新即时信息的责任。双向交流的媒体,如电子邮件、电脑数据库链接和家庭购物网站都有助于收集个人信息。现在,隐私被当作有着一定经济价值的资产,常常会被推向市场、卖给大众营销人员。另外,电脑生成的信息或许能给新闻故事提供有价值的线索或者提示,特别是当报道内容与公众人物或者其他具有报道价值的人物相关时。比如,在1994年冬奥会期间,几名记者偷看了美国著名滑冰运动员坦雅·哈丁(Tonya Harding)的电子邮件,他们因为这种不道德的行为而受到指控。当时,哈丁因为涉嫌在比赛中干扰其对手南希·克里根(Nancy Kerrigan)而接受相关调查。记者通过照片获取了她的电子邮箱密码,并登录其邮箱。记者声称,自己并没有阅读她邮箱中的信息,他们只是想知道是否能进入她的邮箱。[①]如果事实就是如此的话,人们不禁要问,记者如此不正当地私自侵入哈丁的电子邮箱,到底是在为哪种公共利益服务呢?

个人访问电子公告栏和网络的行为在法律和道德层面都引发了人们的担忧,并已经造成了一些问题。例如,在缺乏监管的网络空间中传播色情信息、网络谩骂以及越发不可控的侵犯知识产权的行为。不同于传统媒体的传播模式,全球互联网是一个集合了数以万计的交互电脑网页的宽松信息组织系统,覆盖了100多个国家,服务超过2500万的个人用户。网络空间之所以不同于传统媒体发布系统,是因为它并没有"中控系统"或者说"所有权"。消费者可以直接进入信息的发布渠道,因此他们不仅是消费信息的主力军,同时也是发布信息的主要对象。

---

① Catherine Mejia, "E-mail Access v. Privacy," *Quill*, April 1994, p. 4.

但这可能好坏参半。一方面,现有的新闻传播体系其实是一种直接民主,我们可以通过培育和传播文化的方式,成为推动民主进程的直接参与者;另一方面,伦理学家必须考虑这样一个问题:这样的信息民主是否会成为建立良性社会的阻碍?在传统意义上,新闻机构在民主体制信息流通的过程中一直扮演着主要的把关人角色。在这一系统中,公众通常可以对信息的可靠性和质量有信心,因为在这个缜密的系统中,专业记者和编辑对信息进行了严格的把关。但是对于信息传播者和接收者来说,由于登录互联网和进入其他计算机数据库并没有什么限制,信息的整体质量可能会有下降的风险,相伴随的还有民主话语质量的下降。由此引发的担忧已经从单纯的信息不准确上升到网络很有可能被极端组织利用,比如恐怖分子有可能利用互联网宣传,并试图煽动公众情绪。一位评论员曾在《美国新闻学评论》(*American Journalism Review*)中提到过一个棘手的问题:"既然我们都可以成为自己的编辑,并仅选择去关注与我们相关的事件,那谁将参与公共辩论呢?"①

一些最令人烦恼的伦理困境可能要归咎于电子计算机和数字技术的结合。数字化是图片、声音和文本被电子化转化并储存为数字符号的进程,随后它可以作为原始产品或原始产品的变体被解码或重构。并且,因为这种"重建性"的生产是对原作的完美复制,对原始内容的转换不可能被察觉。《圣路易斯邮报》(*St. Louis Post-Dispatch*)在几年前决定去除"普利策奖"得主的画面上的"健怡"可乐标识,这样简单的改变,现今在广泛使用新技术的新闻编辑室中,简单地按几个键便可实现。举例来说,一种名为"减影技术"的新技术可以用来无缝编辑图片。"以图为证"的陈腐思想已经在某种意义上成为谬误,但数字技术对狂热的或者不遵守伦理规则的媒体从业者来说可能是个诱惑。我们都不能低估计算机革命所能带来的伦理问题。还要考虑到《美国新闻学评论》最近刊登的事件:某涉入美国军方的国外势力伪造了美国士兵受到虐待或射击的虚假影片,来削弱美军的士气。② 这或许是个极端的例子,但是绝不应随意忽视。在本书的第四章中,我们还将深入论述数字化和内容篡改等方面的媒介伦理困境。

可以说,网络空间民主化的影响激发了所有互联网用户对网络伦理问题的兴趣。"媒介伦理"这个话题已经不再是那些通过搜集、编辑和向大众输出信息谋生之人的专属。美联社编辑部伦理委员会(Ethics Committee of the Associated Press Managing Editors)主席蒂姆·阿特塞夫(Tim Atseff)曾经说过:"过去那些只在新闻编辑室和例会中谈论的事情现在都是日常谈资了,常常出现在互联网和相关讨论小组以及论坛当中。一些事情发生了,紧接着有人就会或好或坏地,对这些新发生的情况的伦理性产生某些意见和看法。"③

---

① Ed Fouhy, "Which Way Will It Go?," *American Journalism Review*, May 2000, p. 18. 还有一个担忧在于,记者本身有可能成为网络上与信息数据库中不准确信息的牺牲品。然而,一项研究表明,使用电脑资源内容的故事报道和那些基于轶事证据或权威信息来源的故事相比,具有同等的公信力。参见 Justin Mayo, and Glenn Leshner, "Assessing the Credibility of Computer-Assisted Reporting," *Newspaper Research Journal*, Fall 2000, pp. 68-82。
② Ibid.
③ 引自"Ethics and the Rush of Cyberspace," *APME News*, July/August 1995, p. 14。

伦理学家刚刚开始用一种系统化的方式,去检视我们这个新兴的技术化社会中的伦理问题。媒体从业者和大众传播链条中的其他人都有很多失范行为,其中的危险在于,技术本身很容易变成媒体从业者和其他人不良行为增多的替罪羊。这种危险会加剧伦理失范行为的发生,也很容易给他们的不良行为找到推脱的借口。我们或许会被新媒体的前景所震撼,但我们不能被技术的"魅力"吓倒。对新技术盲目的忠诚很有可能会导致被技术奴役情况的出现。如果"高科技"革命真的将导致道德问题的高发,那是不道德的道德主体的问题,而非伦理工具的过错。这样说的话,牢记那些传统的伦理价值观和原则是非常重要的,比如说尊重他人、公平、正义、诚实等等。它们可以超越那些信息时代的新发明,并且任何从伦理角度去治理新技术的策略都要将个人放在道德的中心位置。

不幸的是,随着技术和信息传播的发展速度加快,安静地思考似乎成了我们无法享有的奢侈品。在如此的压力之下,将所有的责任都推给律师和政策制定者或许是非常诱人的提议。诚然,制定一些法规政策不可避免且非常必要。但对于一个自由民主的社会来说,只有在把所有的伦理问题都抛给有判断能力的市民,而不仅仅是修订法律的政府部门时,这个社会才运行得最好。

肩负社会责任的媒体

同个人一样,组织也必须学着对社会负责。但并非组织机构一旦这样做,就一定会牺牲掉自主权。组织自治和个人自治一样,包含了自由选择,但是不考虑他人利益的决定是有代价的。诚然,实现这一目标常常需要组织改变它们的态度。

媒体可以通过两个步骤获得对社会负责的形象。第一步是建立起积极的企业形象,并且不断创造获得公众尊重与认可的机会。这可以通过相对积极的对外沟通来宣传,同时还要考虑由媒体经理和员工做出的伦理决策的社会影响。尽管这一步在某种程度上是依据个人利益——承担社会责任对事业是有利的——这一观点做出的行为,但这能催生一系列的企业价值观,从而建立起一种更加利他的责任观念。

第二步是走进社区。这一步的完成需要鼓励员工积极参与到社会事务中去,并且为社区服务计划提供一定的经济支持。它同样还可能涉及对解决社会问题的更高层次的承诺,尽管从经济的角度看,这样做可能并不值得。举例来说,主要的报纸发行商可能会更加看重低收入家庭和少数族裔社区。有线网络系统则会在较穷的社区扩大自己的渗透范围,从而为社会底层提供多样性的节目。公司或它们的基金会一般会在城内捐赠图书馆,来为那些暂时无法接收社会信息的人提供免费且便捷的互联网接入系统。诚然,这些举措可能会迫使传播业重构其管理哲学。这些平等主义范畴的观点或许对于很多公司的决策人员来说非常难以接受,特别是当他们必须去面对股东、广告商和客户的严肃质询时。

除了以上一些机构参与社区的情况之外,其他一些比较明显的标志还提醒媒体,自由和责任在共同的道德基础上是可以共存的。媒体也要明白,自律是非常重要的,因为管理失败就意味着对市场信心更大的打击,同时可能会促使大众要求政府介入。这种将社会责任视为道德义务的意识反映在三个自律机制中:行为准则、媒体监督员(又称"读者代表")、新闻评议会。

行为准则

尽管大多数的媒体从业者都认为,他们所从事的领域中的伦理规范很重要,但对于正式的行为准则依然存在争议。支持相关准则的人认为,只有书面的准则规范才是避免把道德决策权归于个人裁决的唯一方式,并且如果伦理价值观重要到能够得到公众的支持,它们就应该被明确确立。另外,这些准则可以书面形式告知广大雇员他们应当做什么。[1]

反对制定行为准则的人则把它们视为一种自我审查的方式,他们认为,这对一个本应自由且强大的传播事业来说,是对其独立性和自治权的放弃。除此之外,反对的声音还认为,这些准则往往是笼统且模糊的,这样一来它们就不能对不同情况下不同的伦理问题给出相应的对策和解决办法。[2] 在新闻哲学的领域,诸如约翰·美林(John Merrill)和S. 杰克·奥戴尔(S. Jack Odell)等传媒界大亨曾经发表过观点,认为这些准则不会成为确保媒体公信力的有效工具:

> 然而,这些准则和信条的问题在于,它们甚至在它们应该产生作用的方面——让思想和行动达成一致,都不够充分;原因在于,这些伦理准则和信条所使用的修辞表达总是非常模糊、模棱两可、相互矛盾抑或粗率的,致使少数真正去阅读它们的记者感到不知所措、困惑、偏激、气愤甚至是害怕。所有的记者都应该有技巧地、直截了当和有效地使用语言工具,当然在很多情况下记者做到了。但一旦谈及准则和信条,他们似乎总是会倒退到一种"官腔"或者社会学术语的状态当中,导致思维迟钝,也阻碍了任何从写作中摘取翔实的意义及内涵的尝试。[3]

还有一个合乎情理的担忧是,在官司中,正式的行为准则会被用来对付媒体,以证明雇员因过于粗心而违反了他们的伦理行为标准。最终,反对者认为,行为准则只不过是对理想情况的描述,其最终的结果也就是在市场竞争中被大家遗忘。

尽管如此,行为准则的制定还是被视作一次认真的尝试,至少一定程度上展现了媒体所需要的基本价值观和原则。它们的存在有双重意义:一是为某一行业的成员制定基于共同基础的行业规范;二是服务于一种公共关系职能,使大众了解媒体组织对

---

[1] Christians, "Enforcing Media Codes."
[2] 关于反对制定行业伦理准则的观点,参见 Jay Black, and Ralph D. Barney, "The Case against Mass Media Codes of Ethics," *Journal of Mass Media Ethics* 1, no. 1 (Fall/Winter 1985-1986): 27-36。
[3] John C. Merrill, and S. Jack Odell, *Philosophy and Journalism* (White Plains, NY: Longman, 1983), p. 137.

于伦理是认真的。① 这些准则可以大致分为两类:专业守则和组织准则。

专业守则。几乎所有代表着广泛意见的主要专业媒体机构都制定了一定的专业守则。以美国职业新闻记者协会为例,该协会就制定了包括真实、准确、利益冲突、公平等在内的一系列专业守则。

一直以来都有的一个争论是,职业新闻记者协会制定的相关专业守则到底是否应该在整个新闻业内强制实施,以此来确保守则得到遵守这一理想状况? 然而,即便是职业新闻记者协会自身都反对这种观点,部分原因是他们担心,这种把新闻变成某种职业的尝试很可能会促使立法机构限制它们,这样一来就会形成与第一修正案的对抗。1985年,职业新闻记者协会的董事投票反对对每个员工强制实施这样的专业守则,他们认为,这样的做法违反了第一修正案所赋予的自由。同时,另一种担忧是,那些反对专业守则的职业新闻记者协会成员会因为做出违反守则的处罚性行为而面临法律诉讼。②

美国报纸编辑协会、美联社编辑部(Associated Press Managing Editors)和美国广播电视新闻编辑协会也都制定了相关专业守则。由美国广告联合会(American Advertising Federation)和国际商业改善局协会(Association of Better Business Bureaus International)联合制定的美国商业广告原则(Advertising Code of American Business)阐明了对广告的"真实性""良好品位""公共雅观""贬低竞争对手产品""价格竞争""展示用户评价"等概念的观点和意见。同样地,美国公共关系协会(Public Relations Society of America, PRSA)也制定了一套专业守则来引导其成员穿过企业责任的"道德丛林"。好莱坞也以美国电影体系的评级标准调动了集体良知。

毫无疑问,行为准则是其他行业道德风貌的显著特征。律师、医生、护士和心理咨询师等职业都受到强制性伦理规范的限制和约束。而缺乏强制性的行业守则是媒体与其他行业的最大不同。尽管美国公共关系协会在某些情况下可以开除违反其规定的会员③,但在法律层面上,它却没有权力禁止被开除的成员继续从事公共关系活动。事实上,缺乏强制性伦理守则的问题已经被当作媒体缺乏专业性的佐证。

组织准则。除了一些专业守则,很多媒体机构还针对员工的行为制定了一系列政策和规定。这些准则一般都比较全面,对很多问题都有规定和要求,比如从他人处接受礼物和酬谢,利益冲突,使用冒犯性或无礼的材料,公布性侵案受害者的名字,编排新闻事件,使用欺骗性的新闻采集技巧和查证新闻来源,等等。对于广告内容,它们一般都会有相似的政策,特别是在关乎其雅观性与品位的时候。在本书第二部分的众多假设案例当中,很多事件都涵盖了相关准则的内容。

尽管这些准则常常可以反映组织对相关行为标准的遵从,但它们还是会因为没能给种种伦理困境提供帮助而受到批评,尤其是媒体从业者总在面对截稿时间的巨大压

---

① Jay Black, "Minimum Standards vs. Ideal Expectations," *Quill*, November/December 1995, p. 26.
② Smith, *Groping for Ethics*, p. 23.
③ 这一条例修订于2000年,美国公共关系协会的董事会"保有一项权利,即禁止或可取消任何曾经或正在受到政府机构制裁、触犯本条例相关法律的个人的会员资格"。

力。但这些准则对新员工了解组织的伦理价值观有所助益,也常常被看作中立的标准,使双方都能在针对伦理问题的争论中有所依据。[1] 另外,不同于专业守则声明的自发性原则,行业准则一般都是强制性的,往往对伦理态度粗率的员工有警示作用,甚至能将他们开除。[2]

不幸的是,在激烈的竞争和截稿时间的巨大压力下,一些组织会忽视自我标准。这一点在《NBC日界线》(*Dateline NBC*)的主持人简·波利(Jane Pauley)对篮球明星迈克尔·乔丹(Michael Jordan)的父亲詹姆斯·乔丹(James Jordan)谋杀案的报道中较为明显。简·波利在报道中引用了该谋杀案两位嫌疑人的犯罪记录,还介绍了曾经接触过犯罪记录的记者布莱恩·罗斯(Brain Ross)曾在"少年罪犯"的框架下探讨过美国的司法体制。这种做法实际上违反了NBC的要求,即要谨慎地在报道中引用犯罪记录。[3]

诚然,组织政策并不能自动生效,它需要管理层以勤奋和诚意来监督员工遵守准则。每个违反规定的做法一旦被媒体主管人员忽视,就会很容易破坏这些已发布的伦理规范的完整性。

监督体制

媒体进行自我批评的最常见例子,恐怕就是监督体制的出现。一些媒体机构聘用监督员来调查那些有问题的新闻行为,并且给出一定的解决办法。支持监督体制的一方认为,这样的方式可以最有效地"汇集"读者的投诉和不满,减少恶意诋毁的可能性,从而帮助媒体同读者构建稳定的关系;它们还充当着联系大众、提升员工伦理意识的重要角色。反对一方则坚持认为,设置监督员会花费大量金钱,是非常奢侈的,还不如把这些钱花在编辑和记者身上。监督体制往往只是一种用来粉饰和维护公关的策略,在受众和最应该了解受众心声的编辑、记者之间制造了官僚隔层。[4]

监督体制最早可追溯至瑞典的议会督导制度,其中,带有某些头衔的政府官员代表大众处理行政事务,监督员就构成了其他的国家自我管理机构。有时候,他们会对怒气冲冲的市民投诉或者新闻报道内容进行回应;在其他很多时候,他们都是自主活动。

一个争论实例出自曾处于舆论旋涡中心的《费城询问报》(*Philadelphia Inquirer*)。该报曾刊登一张照片,关于一个非裔美国人在宾夕法尼亚大学举行的一场篮球赛中被警察枪杀。这张照片刊登在最为显眼的第一版,引起了众多非裔美国人的强烈愤怒和投诉,他们认为,若被枪击的是一个白人,那么报纸绝对不会如此。其他人认为,这家报纸极其冷漠并追求轰动效应。《费城询问报》则从根本上为自己辩护,认为这张照

---

[1] 关于媒体原则的正面和负面的更全面讨论,参见 Richard L. Johannesen, "What Should We Teach about Formal Codes of Communication Ethics?" *Journal of Mass Media Ethics* 3 (1988): 59-64。
[2] Jay Black, "Taking the Pulse of the Nation's News Media," *Quill*, November 1992, p. 32.
[3] Emerson Stone, "Going, Going, Gone…?," *Communicator*, December 1993, p. 16.
[4] Christopher Meyers, "Creating an Effective Newspaper Ombudsman Position," *Journal of Mass Media Ethics* 15, no. 4 (2000): 248.

片传达的是令人震惊且重要的新闻事件。但是,即便这家报纸自信地认为自己并无伦理问题,编辑对读者的抱怨也并没有无动于衷。尤其是,该报的两名监督员及时面向读者公开回应由这张"可怕的"照片引发的争论,成为大众怒气的发泄口。①

在美国,1967 年,美国肯塔基州的《路易斯维尔时报》(*Louisville Times*)和路易斯维尔的《信使日报》(*Courier-Journal*)最早设置了监督员。但是,使用监督员的日报数量却从来不多。在超过 1400 家日报中,仅有少数报纸聘用了监督员[2003 年仅有 40 家报纸是新闻监督员组织(Organization of News Ombudsmen)的会员]。虽然数量不大,但是监督员却在美国最大型的几家都市报中担任着非常重要的职务,包括《华盛顿邮报》、《明尼阿波利斯明星论坛报》(*Minneapolis Star-Tribune*)、《芝加哥论坛报》和《波士顿环球报》(*Boston Globe*)等。② 在一些报纸机构中,监督员的责任被进一步扩大,很多人开始担负起增强报纸与读者的联系、提升新闻报道质量的责任,其工作主动性更强,不再是大众意见专栏中"事后诸葛亮"的角色。③

监督员并不会把自己的建议建立于修正过的准则上;相比于坚持那些一般性,有时甚至是模糊的政策,他们更倾向提升机构的社会良知水平。有所作为的监督员必须要同时被管理层和大众两方认可为社会的代表,并应该有了解报纸空间或者电台直播时间的途径,来同组织工作人员就做出的一些决策进行讨论。监督员应该有较深的资历,或是在业界有较高的地位。④

即使监督员被认作社会大众的代表,他们也应该在处理投诉意见时保持公正、平衡。无论是对待读者,抑或对待报纸的编辑和记者,他们都要保持公平的态度。有一个问题是,社会大众常常认为,监督员总是对读者的批评给予肤浅的回应。这样一来,为促进读者意见的代表发挥积极作用的新闻监督员组织便应运而生。监督员可以为建设性意见提供发声的渠道,同时给匿名的"把关人"以合理对话的平台。监督员可以成为一种有效的工具,来帮助公司管理层向多疑的大众说明自己对社会责任这一观念的重视。但不幸的是,机构雇员常常怨恨监督员,还蔑称他们为内部"告密者",就如同一些警署单位会非常鄙视部分内政部门。

当我们将监督员视为一种监督体制的未来的时候,总会出现正反两个方面的情况。坏消息是,一些报纸显然认为过多的自我批评是对公司自尊的巨大损害,于是由于监督员对其雇主伦理失范行为的直白批评,它们解雇或重新聘用了监督员。⑤ 好的消息是,过去一直受到政府监管的电子媒介开始获得广泛的自由。它们有相当充分的自主权,也在不断革新自己,进行自我批评和提升公信力,形式包括观众反馈节目、直

---

① Josh Getlin, "Monitoring Yourself," *Columbia Journalism Review*, March/April 2000, p. 51.
② 新闻监督员组织网站,参见 http://www.newsombudsmen.org/,2003 年 11 月 13 日访问。
③ Neil Nemeth, *News Ombudsmen in North America* (Westport, CT: Praeger, 2003), p. 142.
④ William L. Rivers, and Cleve Mathews, *Ethics for the Media* (Upper Saddle River, NJ: Prentice-Hall, 1988), p. 231.
⑤ 例如:Terry Dalton, "Another One Bites the Dust," *Quill*, November/December 1994, pp. 39-40; Richard P. Cunningham, "Third Canadian Paper Eliminates Ombudsman Post," *Quill*, September 1993, pp. 16-17; Richard P. Cunningham, "L. A. Riot Coverage Criticism Costs Ombudsman His Job," *Quill*, July/August 1992, pp. 12-13。

播评论节目甚至是监督员报告。①

新闻评议会

新闻评议会被认为是最具民主性的管理工具，它是另一种监督形式，旨在促进媒体及其广大受众相互之间的对话。这些评议会一般是由群体和媒体当中的权威组成，它们的主要作用是调查那些对媒体的投诉与指控，然后向大众公布调查的结果。但是，尽管这样的方式在欧洲很常见，在当时的美国，新闻评议会却是一种在伦理上不受欢迎的事物。

在20世纪50年代和60年代，地方性的委员会在美国大地上如雨后春笋般涌现出来，大大小小，数量众多。其中，规模最大的是明尼苏达新闻委员会，它管辖整个明尼苏达州，也曾是唯一可知的能够去调查伦理失当行为的组织力量。这样一场"草根"运动为全国性审查小组的出现提供了可能，全国新闻评议会（National News Council）于1973年顺势而生，它最初是由著名的20世纪基金会（Twentieth Century Fund）和马克尔基金会（Markle Foundation）联合赞助。照正常逻辑来说，新闻机构应该是评议会的经济支持者，但评议会却受到了来自报社和广播记者等方面可预见的蔑视，甚至是怨恨。一些人认为，新闻自由正深陷危机，而这在事后被证实是个相当戏剧化的过度反应。

1984年，新闻评议会因不受重视而倒闭，成为媒体对抗和玩忽职守的牺牲品。CBS新闻前总监兼评议会首位总监理查德·S. 萨伦特（Richard S. Salant）曾提到，真实的情况是美国新闻界内核敌视外部机构，即美国新闻界眼高手低，以及坚信每个新闻机构都有能力解决自己的问题。②《纽约每日新闻》（New York Daily News）刊登过的一篇社论可以说非常具有代表性："我们并不关心基金会如何表达自己的善良目的。新闻评议会是新闻管控的一个非常不光明正大的尝试，是为了扮演非官方的新闻审查员的角色。"③《纽约时报》的出版人亚瑟·奥兹·苏兹贝格（Arthur Ochs Sulzberger）称，这个观点是"简单地规定另一种形式"④。但也不是所有的媒体人都消极看待这个情况。比如《华盛顿邮报》的出版人凯瑟琳·格雷厄姆（Katherine Graham）就曾说："如果处理妥当，它并不会有什么伤害，或许还能带来些好影响。"⑤

反对评议会的人或许会觉得，有一点点社会责任是好的，但任何事情一旦过度都将带来致命的打击。考虑到媒体现在所处的这样一个充满敌意的环境，它们或许已经在争取被视作"社会责任机构"的斗争中失去了一个宝贵的盟友。但是，随着新闻媒体的社会公信力持续下滑，一些新闻界的中坚力量已经开始公开提出要复兴新闻评议会。⑥ 其中以《60分钟》（60 Minutes）的高级记者迈克·华莱士（Mike Wallace）为代表

---

① Sue O'Brien, "Electronic Ombudsmen," *Communicator*, March 1995, pp. 15-18.
② "News Council Closes, Gives Files to Minnesota," *Quill*, May 1984, p. 44.
③ Rivers, and Mathews, *Ethics for the Media*, p. 219.
④ "Judges for Journalism," *Newsweek*, December 11,1972, p. 82.
⑤ Ibid.
⑥ Mike Wallace, "The Press under Fire," *Quill*, November/December 1995, pp. 21-23.

的从业者,曾在职业新闻记者协会的杂志《羽毛笔》上发表这样的言论,"社会大众对我们及我们职业的崇敬已经大不如从前",他还极力呼吁行业同人重新考虑建立新闻评议会。"我的建议是,一些合适且有资格的人坐下来,一同讨论是否要让某条特定的报道受到大众的评判,来看它是不是编造的或不真实的。"正如华莱士所说:"如果报道确实有问题,那我们就应该把问题公之于众。"①

本章总结

伦理系统是每个文明社会的基石。它的重要性表现在:(1) 为社会中的个人建立信任与合作;(2) 在解释某些对社会相对重要的道德价值观时,扮演着"道德守护人"的角色;(3) 在满足基于个人利益的不同要求时,扮演仲裁人的角色;(4) 改善社会的道德生态;(5) 为社会阐明新的道德困境内核中存在的冲突的价值观和原则。

以下五个条件是任何一个伦理系统形成的基础。(1) 共同的价值观,即在做出伦理决策之前,社会必须在道德操行的标准上达成共识。(2) 知识,即这些标准必须依据理性和经验而来。(3) 伦理系统应该追求正义,即除非有高于一切的道德辩护理由,否则不能有双重标准。(4) 伦理系统还要遵从自由意志的选择。道德主体必须在不受压迫的情况下自由做出伦理决断。只有通过这种方式,个人的伦理意识才能获得提升。(5) 必须有一些正式或非正式的问责手段。一个不能担负责任的伦理系统是在主张无责任的自由,这样一来,就容易缺少道德权威力量来促进道德行为的产生。

社会要求个人承担道德责任,并将其作为个人融入社会的条件。这些责任包括两种:一般性的道德义务是对全体社会成员都有约束力的;特殊的道德义务一般是由成员在某个特定组织、专业或行业中的身份决定的。当两种道德义务产生冲突时,一个真正的道德困境也就出现了,就像记者拒绝向法院透露机密信息源的姓名那样。

为了承担起这些道德重任,我们必须把方方面面的因素都考虑进来,包括可能会被我们的伦理决策影响的自己。对于媒体从业者来说,这包括个人良知、道德判断的客体、经济支持者、任职机构、专业同事和社会。

法律与伦理之间显然存在联系,因为我们的许多重罪律例都是基于文明的道德认知,比如那些涉及谋杀和偷盗的事情。但并不是所有的道德事件都会被写入法律。由于民主社会对法律的服从主要依赖对立法机构的尊重,因此触犯法律的行为只能被更高层级的道德法则所判定。即使违法者也必须对自己的所作所为负责任。

个人是社会中主要的道德主体,并在组织中做出伦理决策。尽管如此,大众还是常常把道德或不道德的行为同组织本身联系起来,特别是在公司管理者对于质疑的大众是无形的时候。因此,当我们提到公司形象时,其实是在说它们的社会责任感如何。

一些政治经济保守主义者认为,"公众利益"的概念恐怕只是企业自治的副产品。根据这一观点,社会责任主要包括为股东或其他投资者服务。其他人已经开始接受这

---

① Mike Wallace, "The Press under Fire," *Quill*, November/December 1995, p. 23.

一观点，并认为经商并不是权利，而是社会赋予的特权。

在华尔街低迷的情况下，现在的媒体是一场巨大的商业"盛宴"，公众便要求问责，就像对其他美国公司一样。这种社会责任的压力体现为自我管理机制和外部批评两方面。这开始于20世纪初，到现在依然没有衰退。

人类进入信息时代也预示着新一轮的伦理反省，这可能会对传统的"社会责任"概念发起挑战。由于大众媒体与先进技术不断融合，因此诸如侵犯隐私、盗窃知识产权、数字化诈骗等不道德行为都引起伦理学家的担忧。

我们没有理由认为机构自治和社会责任不能在媒体中共存，但是这一目标的实现需要重构企业的态度。这种态度的重构首先需要使公司决策层相信，社会责任对他们的事业有帮助，以及在这个过程中可能需要放弃少量的自治权。其次，媒体机构应该积极参与到自己所属的社群当中去。其他令人倍感希望的迹象昭示着，媒体已经意识到自由和责任并不是互相排斥的。这种对社会责任的承认反映在两个自我管理的体制当中：行为准则（包括专业守则和组织准则）和监督员体制。作为最民主的自我管控机构，新闻评议会在国家的伦理宝库中已经不复存在。

可以预见的是，所有这些措施都会在一些人那里受到些许抵抗，他们把社会责任视为审查的委婉说法。但它们都以自己的方式唤醒了媒体应为这个给自身提供经济支持的社会履行义务的意识。

第三章 伦理与道德推理

道德推理与伦理决策

关于宗教和政治的讨论总是能够引起各方的兴趣与关注,但伦理也应有一席之地。社会中的每个人都会对不符合伦理或不道德的行为产生自己的看法及评价,这些关于道德的讨论也总是能引发热议。当人们在教室或者专业的媒体研讨会上提及伦理事件时,讨论总会退回到呼吁媒体权利或者同情受害者的层面。其实,这样的判断并不合情合理。换句话来说,它们缺乏道德基础。

道德推理是做出伦理决策的一个系统方法(systematic approach)。同其他智力活动类似,道德推理也需要逻辑思考与说服。正如我们在第一章及第二章所阐述的伦理判断涉及他人的权利和利益一样,伦理决策必须在对整体情况进行合理分析的基础上谨慎做出,还必须站得住脚。一个没有接受过道德推理教育的人可能会认为,道德行为问题就像个人品味,不过是看法问题。设想,我们要通过理性论据劝服某个人,让他在色彩缤纷的运动服和传统的蓝色商务套装之间选择前者。这种做法恐怕徒劳无功,因为我们无法对单纯的喜好或观点进行理性论证。但是,我们可以理性、令人信服地讨论道德判断。[①]

不过,道德推理包含的内容不仅仅是为我们的观念、意见和做法提供依据。毕竟,并非所有的依据都是充分的。道德推理是个有序的过程,是面对他人批评、捍卫自己伦理决策的一种智力手段。这并不意味着,理性的人不能反对某种伦理困境的正确化解方法。对于什么是最善良的行为,两个完全不同的道德主体也有可能通过合理的判断,形成两种完全相反但同样令人信服的结论。道德推理的魅力在于过程,而非结果。

对伦理法则的了解是非常重要的,但在人类交往活动中,利用这些规则并捍卫这些行为法则才是道德推理的核心。换句话说,如果能以合理的理由辩护,那么道德辩护的尝试就是成功的。

但是,如果道德推理是一个如此需要深思熟虑的过程——毕竟思考和分析都很耗费时间,承受截稿日期巨大压力的媒体从业者(抑或那些受类似压力影响的其他行业经理及雇员)又该如何实践呢?这就是在相对宁静的教室中,向有抱负的媒体人教授道德推理技巧的主要目的。教室里的伦理意识培养和训练有助于学生更自信地面对现实世界中的道德困境。另外,道德推理法则的知识提供了一个框架。在这个框架

---

① 关于道德与其他人类活动形式之间区别的讨论,参见 Joan C. Callaha(ed.), *Ethical Issues in Professional Life* (New York: Oxford University Press, 1988), pp. 10-14。

内,道德主体一旦做出道德判断,就可进行审查,从而在未来的工作中表现得更好。决策过程中会产生一定的一致性,从而取代伦理课堂讨论中常见的个案。但是还有一点需要注意:无论整个体制建设得多么合理或完备,永远没有一种道德推理方法可以确保最终决策在任何情况下都是成功的。

尽管现在有些伦理困境相当棘手,但道德主体只要具备以下三方面的知识和技能,就能进行道德推理:(1)道德推理的语境;(2)道德理论的哲学基础;(3)批判性思维。这三点都非常重要,且在道德推理过程中扮演着不可或缺的角色。本章将展开进一步的论述。

道德推理的语境

伦理决策并不是凭空做出的。道德主体必须了解伦理困境产生的背景。在道德推理的力量最大化之前,他们必须首先了解事件本身、事实环境以及事件固有的价值观、原则和道德责任。换句话说,语境包含了所有可能对个人应对伦理困境产生影响的因素。

举例来说,白宫的新闻秘书故意向记者散布不实信息,目的是保障微妙的外交政策谈判的安全,他们不仅要非常明确地了解可以为自己的欺骗行径正名的事实,也要牢记社会对谎言的反感,并准备好在更高的道德基础上为自己辩护。除了一般的社会规范之外,他们还要了解这种情况下政府官员伦理操行的标准,以及决定他们行为的特殊道德义务。但这些要求和期望总是会随着时间改变,这一点在华盛顿近期发生的对于利益冲突的道德愤慨事件中反映得淋漓尽致。

伦理困境的语境一般涉及我们自身行为或个人职业行为的道德决策。比如,对朋友撒谎和以欺骗方式搜集新闻故事二者考量的问题是不一样的。即便一名伦理纯粹主义者也许也会被迫承认,撒谎在某些极端情况下是应该被允许的,比如在防止对他人造成伤害的时候。但是对于媒体从业者而言,他们对偏离社会规范的辩护和其他行业的从业者是不一样的。

语境因素总要受到文化影响,无论是通过与朋友的密切联系,还是通过"新闻编辑室文化"。公司价值体系和行为规范在道德判断中是不能忽视的。比如,在向新闻源许诺保密之前,记者要以公司关于该事的政策以及专业同事的意见和建议为指导。同样,决策者一定要考虑到媒体机构常见的竞争和经济压力。所有这些考虑对于某个特定的伦理困境来说都是特别的存在,它们构成了某一伦理事件的语境。

如此一来,在道德主体对媒体伦理进行理性探讨之前,他们必须先对所处的环境有所了解,也就是媒体进行活动的社会和文化语境。在决策过程中,他们必须至少对媒体有一些了解。不然,他们很难评估媒体从业者为了维护自己的道德判断所提出的论点有多大力度及合理性。

道德理论的哲学基础

从古至今,很多哲学家以及他们所代表的伦理传统都对西方文明的道德演变产生了深远的影响。在接下来的章节中,我们将简要介绍一些最重要的理论。尽管它们可能在实质上有所不同,但都在一定程度上对我们所指的个人"道德感"(moral sense)产生了影响。

古希腊哲学

大多数人都同意,伦理研究开端于辉煌的古希腊文明。从苏格拉底开始,古希腊人认为存在绝对的道德和道德知识,并被有好奇心的市民通过不断的智力活动发现。或者更加通俗地说,道德品质并不是从我们出生起就刻在我们基因当中的。个人需要原始冲动、情绪精力、批判思维和强大决心才能获得。在没有道德标尺的社会中生活,古希腊人会感到不舒服。即使没有希腊血统,那些认同这一观点的人,也可以称为哲学意义上的希腊人。

苏格拉底(Socrates,约公元前470—前399)认为,品德可以被识别和实践。他对同时代人们关于道德行为的观点非常不满意,于是想找到能够得到合理支撑的规则。他认为,不管是谁,只要经过仔细思考,都会对这些规则有所了解。① 尽管他没有形成自己的哲学体系,但他的"苏格拉底式对话"对我们现在所说的道德推理做出了巨大的贡献。诚然,他很有可能对现代媒体环境感到不安,因为在这种环境中,谩骂像对话一样普遍,理性常常成为放纵的牺牲品。

苏格拉底的门徒柏拉图(Plato,约公元前428—前347)在《理想国》(The Republic)中说道,正义要通过智慧、节制与勇气的和谐统一而获得。将远古时代的这样一个哲学发现翻译成现实情况,我们或许得承认,道德行为要依据对世界的经验和了解,以温和的行为作为做出正确伦理判断的方式,以及勇于面对这些判断的勇气。柏拉图认为,在社会发展的任何阶段,"善"(good)都是独立于主流行为标准的一种价值观。一个人以某种更高层级的道德品质去藐视传统智慧也可以被允许,即便那可能意味着社会对他的排斥。因此我们可能会发现,那些媒体从业者(和其他道德主体)用来证明自身违背社会规范行为之合理性的理由由来已久。

亚里士多德(Aristotle,公元前384—前322)曾受教于柏拉图多年,他处理事情时更加务实。他认为,道德品质可以后天习得,但是在这个过程中必须要做出艰难的选择。根据他的说法,美德修炼主要在于方式的选择。因此,结果不一定能够印证方法的正确性。

---

① Anders Wedberg, *A History of Philosophy*, vol. 1: *Antiquity and the Middle Ages* (Oxford: Clarendon, 1982), p. 139.

亚里士多德的道德哲学常常被称为美德伦理(virtue ethics)，它的基础内核是"中庸之道"。他认为，美德处在过度和缺乏，或者说是过多作为和毫无作为，这两种极端情况的中间位置。举例来说，勇气处于懦弱和蛮勇的中间位置；骄傲则处于虚荣和谦逊的中间位置。① 在现代新闻学当中，诸如"平衡""公平"等概念其实就是一种中庸之道。同样地，禁止在广播和电视中播放烟草广告与在香烟包装上贴警告标语，是处于绝对禁止吸烟与毫无反应、承受产品不良影响两个极端之间的中间做法。

但是，亚里士多德承认，并不是所有的行为都能以"中庸"的角度来评断，"比如那些意味着邪恶的词语——怨恨、无耻、嫉妒和诸如通奸、欺骗、谋杀等行为"。② 换句话说，这些行为永远都是错误的，没有什么可以辩驳的。因此，亚里士多德的理论对于解决生活中很多伦理困境都是有用的，但对那些明显的错误行为是不适用的。

亚里士多德的美德伦理强调品行，其目标是发展有道德的个体，而不是发展某种特定情形下或某种特指规则下的道德操行。亚里士多德还认为，美德可以通过习惯获得，或许这就是古代版的"熟能生巧"的表达。通过反复实施道德行为，"善"的概念就被植入了个人的价值观系统。这样一来，道德美德就变成了思考和行动的方式。或许亚里士多德自己没有感觉到，但他确实为道德推理做出了巨大的贡献。因为，道德推理的实践如果形成习惯，就可以调整一个人的伦理思维方式。这也是本书的目标之一。

伦理视角与传统

除了亚里士多德对"品行"的关注，在古代和当代哲学家的影响与引导下，其他伦理观点和传统也得到了发展。其中一些是为做出伦理决策而充分制定的指导方针，另一些则只是简单地增加了想法和观点：关于如何成为一个符合伦理的人和如何制定伦理标准。本书的容量不允许我将所有伦理传统一一列举或是完整阐释下文所述的概念，但是我们下文讨论的都是最具有影响力的伦理理论和视角。

关心原则

关心原则是犹太教、基督教和伊斯兰教等世界上主要宗教的创建基础。对于这一理想状态，每种宗教都有自己独特的表达方式，但是最为大家熟悉的说法是"黄金法则"，即"己所不欲，勿施于人"(Do unto others as you would have them do to you)。很多哲学家把这个伦理原则称为"可逆性"(reversibility)。这里有一个角色颠倒的经典案例。在这个案例中，我们需要设身处地地思考：如果我们是指令的接受者而不是发出

---

① 更多关于美德行为的案例，参见 W. T. Jones, *The Classical Mind* (New York: Harcourt, Brace, 1969), p. 268。

② "Moral Virtue," in Tom L. Beauchamp, *Philosophical Ethics: An Introduction to Moral Philosophy* (New York: McGraw-Hill, 1982), p. 161. 此文摘自 Aristotle's *Nichomachean Ethics*, Book 2, Chapters 1, 2, 4, 6, 7, 9。

者,我们想被怎样对待?①

把爱他人放在首位是这种伦理行为的指导原则。比如说,犹太教和基督教传统中最主要的核心教义就是"像爱你自己一样去爱你身边的人"。犹太教和基督教伦理被认为是"爱上帝、爱人类"的典型代表。根据这一观念,所有的道德决策都应该基于对他人尊严的尊重。人的尊严本身就是目的,而不只是达到目的的手段。每个人,无论富裕或贫穷、黑人或白人、名人或普通人,无论社会地位如何,都应该受到同样的尊重。

尽管犹太教和基督教的伦理教义显得有些理想化,但它也确实为道德行为提供了实际的建议:不论我们用何种方式去做出伦理判断,我们都要尊重那些会受到我们决策影响的人。换句话说,"尊重他人"这一哲学应该体现在我们所有的伦理决策中。这个建议也确实跟记者有关系,因为他们检视他人的生活,并将他人置于公众审视之下。

康德与道德责任

18世纪,德国哲学家伊曼努尔·康德(Immanuel Kant)开创了现代伦理思想。康德的理论以"责任"和他称之为"绝对命令"的概念为基础。在《道德形而上学原理》(*Foundations of the Metaphysics of Morals*)一书中,康德写道:"我绝不会以我不该采用的方式做事,我的准则应该是普适的。"②换句话说,道德主体应该思考一下他们的行为背后的法则,并决定是否应该普遍应用这个法则。如果答案是肯定的,那么这条法则就变成公共道德体系中的一条,是全体社会成员都应该遵守的。

康德认为,应当用一套法则衡量人们的道德行为,只关乎原则,而不关乎可能产生的后果。他提出,每个人尽管都有权利自由活动,如第二章所述,这是伦理体系的基本要求,但依然有责任按照道德法则去做事。由于康德的理论强调"责任",他的观点常常被认为是责任基础上的哲学。换句话说,一个人有责任说出真相,即使这么做会伤害他人。

康德还认为,我们要尊重他人的自主权,永远不能把他们当作实现个人目的的手段。但是,我们该如何在尊重他人尊严的同时,又冒着伤害他人的风险来遵守说实话的原则呢?康德了解到,遵守普遍的行为规范可能会给他人带来伤害。但即使这样,对他的著作的合理理解应该是:他认为,我们不能仅仅把他人当作实现某种目的的途径,我们应该给予他们人人有权享有的尊重和道德尊严。③

康德坚信,我们做事的动机要建立在对责任的接受之上,而不仅是执行正确的行动。行为的目的和行为本身一样重要。在康德看来,一个公共关系专家向媒体传达真

---

① Rushworth M. Kidder, *How Good People Make Tough Choices* (New York: William Morrow, 1995), p. 25.
② Immanuel Kant, "The Good Will and the Categorical Imperative," in Beauchamp, *Philosophical Ethics*, p. 120. 此文摘自 Kant's *Foundations of the Metaphysics of Morals*, trans. Lewis White Beck (Indianapolis, IN: Bobbs-Merrill, 1959), pp. 9-10, 16-19, 24-25, 28。
③ Beauchamp, *Philosophical Ethics*, pp. 123-124.

实但有害的信息来妨碍自己的竞争对手这一做法,并非基于合理的动机。同样,广告商只是为了逃避联邦贸易委员会的检查而拒绝播放虚假商业信息的做法,也不能说是出于责任感。

有些人想知道,康德那种绝对主义的伦理观如何应用在当今复杂的社会中。对康德的观点,更开明的理解是,他仍然是崇尚普遍道德原则的人,除非有令人信服的理由违反规范,否则诸如讲真话、公平和诚实都应该被遵守。另外,当代一些支持"责任"的哲学家已经将后果作为伦理决策的重要考虑因素,只要这些后果不是道德行为的主要决定因素。[1]

功利主义的"呼唤"

美国当代社会还流行另外一种实现"道德"理想的观点,那就是功利主义的观点。19世纪,英国哲学家杰里米·边沁(Jeremy Bentham)和约翰·斯图尔特·穆勒(John Stuart Mill)因为将功利主义引入现代西方主流伦理观点而赢得了声望。穆勒的功利主义哲学观常常被称为"为最多数人创造最大的幸福"。后来的功利主义者认为"幸福"并不是唯一的考量价值,其他标准也应该被考虑在内。[2]

然而,所有对功利主义的解读都有一个共同点:它们都考虑了伦理判断的结果。与其关注康德所说的行为背后的动机,不如关注为最多人探索的最好结果。

一个相当不寻常的案例发生于美国阿拉斯加州首府朱诺(Juneau, Alaska)市。两名记者翻遍了法院的垃圾桶,在其中发现了法院工作人员当时尚未结案的记录复印件。他们提供相关信息给四家报社,三家拒绝刊登此消息,因为它们担心这会破坏陪审团秘密程序的庄严性。但有一家报纸的主编则没有考虑这么多,选择发表报道。该主编认为,他的工作就是了解发生了什么,并将其报道给读者。[3] 也就是说,他因为认为该信息对公众有用就违反了陪审团的保密原则。

同样地,有些使用欺骗手段来揭露社会问题的记者往往会诉诸功利主义原则。其理由是从长远来看,他们的行为正在为他们所服务的大众做好事。换句话说,为社会带来的积极结果可以为搜集信息过程中不正当的手段正名。

伦理作为社会契约

尽管"社会契约"这一概念最早可以追溯到古希腊时期,但它为世人所熟知最主要的原因是启蒙运动和当时思想界巨擘的著作,包括托马斯·霍布斯(Thomas Hobbes)、约翰·洛克(John Locke)和让-雅克·卢梭(Jean-Jacques Rousseau)等。社会契约论最早发源于政治学理论,但同样对伦理问题进行了思考。社会契约论有一个非常简单的前提:道德的目标是让我们能够共同生活。无拘束的个人主义事实上是与共

---

[1] Callahan, *Ethical Issues*, p. 20.
[2] Clifford G. Christians, Kim B. Rotzoll, Mark Fackler, and Kathy Brittain McKee, *Media Ethics: Cases and Moral Reasoning*, 6th ed. (New York: Longman, 2001), p. 16.
[3] Conrad C. Fink, *Media Ethics: In the Newsroom and Beyond* (New York: McGraw-Hill, 1988), pp. 53-54.

同生活背道而驰的。这样一来,社会成员必须对一套有利于和平共处的规则达成一致,或者更加理想化地说,要对文化和谐有益。只要我们的行为不伤害他人,同时没有引发严重的社会问题,我们就有充分的自由去做我们想做的事。但是一个棘手的问题是,如何在个人自由与社会期望两者之间寻求平衡。关于安乐死的讨论就是个很典型的例子。①

一些伦理理论是受外部力量的启发而建立的,比如上帝、自然或先天认可某些价值(如真理或诚实)的善与普遍性的理论。但社会契约论不同,其观点沿袭于传统。只要社会认同它的价值或实用性,那么这套伦理规范就该受到重视(如假设全社会都认为人们应该撒谎而不是讲真话)。这样一来,很多伦理学家就提出,"社会契约"在伦理角度上是有缺陷的,因为它不能预设或者形成永恒的伦理原则。

然而,社会契约的感染力在于其公平性。因为至少在理论上,道德社会每一个成员的声音都能在这个契约的形成过程中得到体现(如果并不总是有影响力的话)。在这种契约关系之下,所有的社会个人都应该在权利和机会上受到平等对待。哲学家约翰·罗尔斯(John Rawls)在他的著作《正义论》(*A Theory of Justice*)中论述过当代平等主义观点。罗尔斯建议,应该让利己的个人签订一份社会契约,以减少对最弱势一方的伤害。他们应该进入他所谓的"原初状态"(original position),而这种原初状态处在假设的"无知之幕"(veil of ignorance)之后。他们暂时被剥夺了性别、年龄、人种和社会阶层等关于自身的知识,而这些知识可能会影响对他们有利的判断。② 一般来说,公共领域的特征是理性、公平和正义,而私人领域则是情感、个性和关怀。少数意见应该和多数意见获得一样的地位。"无知之幕"后,与道德困境的结果有一定利害关系的人提出自己的公平原则,来评估基本的社会和政治制度。当"无知之幕"被掀开,他们会被要求想象生活在每一种社会政治立场中是什么样子。③ 这样做的目标在于,保护社会关系中的弱势一方,同时把伤害降至最低。这样的做法会迫使那些自私的道德主体不偏不倚地思考,从而不带任何文化偏见地看待他人的观点。这样的话,伦理决策就可独立于社会、政治、经济和其他方面而存在。

一个很典型的例子是,电视经理(强势一方)出于对心理脆弱的小朋友观众的保护,决定向儿童(弱势一方)播放那些没有商业广告的节目。在这种情况下,道德主体其实是在完成一个高尚的目标,同时也是在经济上证明自己,他们会用广告收益来资助那些专门为儿童播放的电视节目。

尽管"无知之幕"可能是一个浪漫化的表达,但它还是促进了以公平为基础的伦理系统的发展,让每个人都享受到权利,而不是特权至上。这是一种平等主义的观点,

---

① Robert C. Solomon, and Clancy W. Martin, *Morality and the Good Life: An Introduction to Ethics through Classical Studies*, 4th ed. (Boston: McGraw-Hill, 2004), pp. 20-21.

② John Rawls, *A Theory of Justice*, rev. ed. (Cambridge, MA: The Belknap Press of Harvard University Press, 1999), pp. 118-123.

③ 更多关于罗尔斯理论的讨论,参见 James A. Jaska, and Michael S. Pritchard, *Communication Ethics: Methods of Analysis*, 2nd ed. (Belmont, CA: Wadsworth, 1994), pp. 111-112; Norman E. Bowie, *Making Ethical Decisions* (New York: McGraw-Hill, 1985), pp. 268-269.

如同国王和流氓都要受道德判断的限制一样,正义不应该被随意地推断出来。换句话说,我们不能用双重标准去看待伦理问题,除非有重要且在道德上无可厚非的理由让我们妥协。这样的原则尤其与记者相关,因为记者对不同背景下个人的新闻报道有决策权,无论他是名人还是普通人。

女权主义观点

从历史上看,女权主义观点是一个相对新的研究领域。在研究的最初常常出现的道德行为图景都基于我们作为男性或女性的生理倾向。或者就像一位研究过这一话题的伦理学家所提出的:有没有完全关于男性的伦理?或者现在是否存在男性特质的理解伦理的方式呢?真的可以根据性别采取不同的伦理形式吗?[①] 但是,一些研究了这些问题的女权主义伦理学家就表示[②],女性主义伦理主要还是对传统道德及伦理理论的批判。[③] 这种研究试图"重新修订、解构和思考那些贬低女性道德行为的传统西方伦理观"[④]。

女权主义者抱怨传统伦理观点是有缺陷的,因为它们只着眼于公共领域,即市场中的政治和社会互动,而没有探讨我们人际交往的私人领域。在女权主义观点这里,这主要是因为,由男性创造的传统伦理观点遗漏了对几个重要问题的讨论。例如以下几组相对立的概念:"理性"对"感性","不偏不倚"对"有所倾向","完全"对"有偏向"。总体上看,公共领域是由理性、公平和正义塑造,而个人领域则是由情感、个性和喜恶塑造。女权主义伦理学家认为,传统理论只关注了这几组概念中的第一个概念,但事实上两方对于道德行为的全面提升都是非常重要的。[⑤]

女权主义的批判观点为伦理学研究做出了巨大贡献,因为它让我们意识到了道德发展的复杂性以及公共社会与私人生活之间的深刻联系。基于这种观点,女权主义伦理观扩大了我们的伦理视野,同时给媒体从业者提供了一些有价值的观点。比如说,记者的道德环境通常以理性和公正为代表,但有时情感依恋也会产生一定的影响。事实上,本书的读者应该认识到,尽管我们在本书第四到十三章讲到了通过专注道德推理解决伦理问题,但是现实世界中的情感和直觉才是激发我们伦理行为道德感的源泉。

相对主义的兴起

为了部分回应康德的绝对主义观点,一些哲学家提出了相对主义。这些思想家拒绝把道德选择置于不变的价值观念上。

伯特兰·罗素(Bertrand Russell,1872—1970)和约翰·杜威(John Dewey,1859—

---

① Peter Singer (ed.), *A Companion to Ethics* (Malden, MA: Blackwell, 1991), p. xvi.
② 例如 Jean Grimshaw, "The Idea of a Female Ethic," in Peter Singer (ed.), *A Companion to Ethics* (Malden, MA: Blackwell, 1991), pp. 491-499。
③ Solomon, and Martin, *Morality and the Good Life*, p. 23.
④ "Feminist Ethics," *Stanford Encyclopedia of Ethics*, http://plato.stanford.edu/entries/feminism-ethics.
⑤ Solomon, and Martin, *Morality and the Good Life*, pp. 23-25.

1952)是这一哲学观点最有名的两位支持者,这种观点也常常被称为"进步主义"(progressirism)思潮。杜威尤其因为劝说美国公立学校不要以既定的道德观念教育学生的做法而闻名于世(或是"受到责备",取决于你的看法)。诚然,有人认为,进步主义思潮运动损害了青少年的思想稳定性。但这个运动还是解释了,为什么直到最近公立学校里的伦理学教育还是受到不少质疑。

相对主义论者认为,即使在相似的情境下,对一个人来说的正确或好并不意味着另外一个人同样受用。换句话说,道德主体可以依据自己的观点判断对与错,但却不能评判他人的伦理决定是否正确。① 相对主义论者抱有这样的态度:"我将决定什么对我来说是正确的,你可以决定你自己的。"

相对主义如果发展到极致,将会导致道德上的无政府状态,个人可以声称根本没有道德标准。但是,一些人相信特定的道德原则,例如说真话,他们可能会持有不那么极端的观点。但是,这些人也愿意在特定情况下偏离道德原则。因此,"情境伦理"(situation ethics)的概念也进入了我们的道德词典。② 情境主义者根据具体情况决定是否应该偏离规则,这是最糟糕的临界决定,很难被视为伦理礼仪的规范。伯特·布拉德利(Bert Bradley)教授对情境伦理给出了负面的评价。他认为:"情境伦理恐怕不能印证不同的情况。如何用情境伦理来说明源自自私和含糊的决定或行为的合理性,理解这一点并不难,不论是有意识地,还是无意识地。"③

美国新闻哲学的代表学者约翰·梅里尔(John Merrill)同意布拉德利的观点。在《自由的律令》(*The Imperative of Freedom*)一书中,他将情境伦理称为"非伦理"(nonethics):

> 当伦理问题被淡化为对主观主义、情境、语境的讨论时,在伦理的角度它已经失去了所有意义。如果每个情况都是不同的,每种情形都需要不同的标准,如果根本没有伦理中的绝对情况,那么我们应该打碎整个道德哲学的主体,从而满足于每个人都能用自己的想法和方式去生活,那些想法也是随着不同情况而变化的。④

道德推理的伦理思想

从之前的讨论当中可以知道,我们可以通过不同的方式来评价伦理行为。但是在

---

① Deni Elliott, "All Is Not Relative: Essential Shared Values and the Press," *Journal of Mass Media Ethics* 3, no. 1 (1988): 28; William Frankena, *Ethics* (Upper Saddle River, NJ: Prentice-Hall, 1973), p. 109.
② Joseph Fletcher, *Situation Ethics: The New Morality* (Philadelphia: Westminster, 1966). 更多关于情境伦理的观点,参见 Richard L. Johannesen, *Ethics in Human Communication*, 3rd ed. (Prospect Heights, IL: Waveland, 1990), pp. 79-88。
③ 引自 Johannesen, *Ethics in Human Communication*, p. 79。参见 Bert E. Bradley, *Fundamentals of Speech Communication: The Credibility of Ideas*, 3rd ed. (Dubuque, IA: Brown, 1981), pp. 27-29。
④ John C. Merrill, *The Imperative of Freedom: A Philosophy of Journalistic Autonomy*, 2nd ed. (New York: Freedom House, 1990), p. 169.

本书中，我所应用的思想主要基于以下三者的伦理思想：亚里士多德、穆勒和康德。由此，本章后面介绍的道德推理模型使用了三种指导方针：义务论、结果论①和德性论（亚里士多德的"中庸之道"）。

义务论

义务论者（"义务"一词来源于希腊语当中的"deon"或"duty"）常常被指为"非结果主义论者"，因为他们强调依据规则行事或者按照一定的普遍道德责任办事，而不去考虑这种行动可能带来的结果是好是坏。康德是最有名的义务论者。正如前边章节提到的，他最主要的主张是"绝对命令"观点，这一观点源于应该被普遍遵守并尊重人的尊严的道德原则。

依据义务论的观点，我们应该禁止实施与这些要求相悖的行为，即使它们可能带来一些好的结果（毕竟，邪恶的种子也可能开出娇艳的花）。相比于关注结果，义务论者强调道德主体对普遍适用原则的遵守以及主体的动机。从这个角度看的话，恐怕罗宾汉就是一个恶人，而非一个英雄，因为他对待财富重新分配的方法过于随意。虽然道德主体的动机很重要，但义务论者不赞成使用犯规手段来达到积极目的。根据康德的观点，人们应该被尊重，但尊重应该是他们的目标，而不是手段。简单来说，"结果不能证明过程"。

由于义务论者强调规则和对责任的承担，因此义务论有时会被认为是"绝对主义的"，承认没有例外。当以义务论的方法做伦理决策时，举例来说，记者用欺骗的方法搜集新闻故事的做法是不对的，好莱坞电影人大量使用性爱和暴力画面来提高收视率和吸引观众的做法也是不对的。难怪许多媒体从业者认为，绝对主义的方法是不切实际的，甚至是对第一修正案所赋予的权利的威胁。

即使这样，义务论仍然有它的优点。第一，几乎没有例外情况的具体规则减轻了道德主体预测行为后果的压力。他们有义务按照原则办事，不管结果如何。第二，义务论有很大的可预测性，那些能够一贯坚持以这些观点做事的人可能被视为真诚的人。

另外，义务论可以针对特殊情况制定规则，以减少伦理决策中的模糊性。② 举例来说，记者拒绝向法庭透露新闻源的名字，即使这种信息关乎被告的清白。这时候可能会创造出一个特别的规则，即以正义理由披露事实。这些规则之后会被运用到所有类似的情况中，不管每种情况的结果会是怎样。问题是，这些规则常常和其他根本性原则相冲突，比如保守他人秘密。

这个情况展示了义务论的一个缺点。如果两个同等合理的规则互相冲突，义务论者将很难破解道德上的僵局。第一章中所描述的"海因茨困境"，即海因茨到底是否

---

① John C. Merrill, *The Imperative of Freedom: A Philosophy of Journalistic Autonomy*, 2nd ed. (New York: Freedom House, 1990), pp. 167-170; Baruch Brody, *Ethics and Its Applications* (New York: Harcourt, Brace, 1983), pp. 9-35.
② Brody, *Ethics and Its Applications*, p. 31.

应该为他的绝症妻子偷窃昂贵的救命药,说的其实就是这样一个规则间的冲突。义务论者没有为这个问题给出很好的解决办法。

即使没有原则上的冲突,有时在一些特定的异常情况下,实施普遍性原则也是非常困难的。举例来说,电视记者到底应不应该同意警察的请求,通过故意播放虚假信息挽救被劫持人质的性命?我们大多数人都会同意救人要紧,但如果严格按照义务论的观点,可能会得出相反的结论。

还有一点需要讨论,即道德责任与履行这些义务的后果是分不开的。比如,讲真话之所以是个根本性的原则,是因为这样做可以为社会带来好处。即便是对以结果为指向的道德推断充满批判的康德有时也会承认,普遍的道德义务与履行这些道德责任的积极后果相关。①

尽管如此,从这个论述中我们还是可以发现,康德式的伦理决策方法过于强硬,很难适用于我们现在所处的复杂世界,也很难为道德推理提供坚实的理论基础。但是,当代对义务道德的解释反映出一种更加自由的态度:我们都有责任去遵守某些原则,除非有令人信服的理由不这么做。道德主体有责任证明,某一例外在极端或者罕见的情境下是合理的。

结果论

结果论或后果论,在现代社会非常流行。结果论者坚信,伦理上的正确决定能产生最好的结果。不同于义务论者,结果论者并不会对某个特定的实践或者政策的正确性产生怀疑,而是关注它们是否会产生积极的后果。

当然,结果论的主题也有所不同。一个极端的情况就是利己主义者(egoists),他们认为,道德主体应该使自己获得最大化利益。换句话说,"以自己为首要考虑目标"②。但正如第一章所论述的,利己主义从根本上说是考虑自己的利益的,所以它不应该成为做出正确道德行为的可靠途径。

另一个极端的情况是功利主义者,他们的思想主要体现在穆勒等哲学家的著作中。正如之前提到的,功利主义者认为,我们应该努力为最大多数人提供最好的结果(创造最好的情况)。功利主义的观点之所以受到欢迎,是因为它为我们的伦理决策提供了清晰的蓝图。当遇到伦理困境时,道德主体应该分析对受决策影响的人(包括自己)可能产生的好处和伤害。接着再来选择,到底怎么做才能对最大多数人产生最大的好处。

通过呼吁公共利益来为媒体从业者的某些不受欢迎的决定辩护,是功利主义者在工作中的一个常见表现。因此,对社会有好处的结果常常被用来为不道德的手段辩护。那些接受新闻源的非法谈话记录的记者常常以"公民知情权"为由,来维护他们

---

① 尽管康德常常谴责结果主义道德推理,尽管他不同意,但大多数学者似乎仍认同,在其结果没有被一般化的情况下,该行为可能会被普遍化。这样的话,结果就无法与行动本身区分开来。举例来说,讲真话是一种基本的社会责任,其原因在于它对社会整体有积极的影响。参见 Beauchamp, *Philosophical Ethics*, p. 139.

② 参见 Jaksa and Pritchard, *Communication Ethics*.

所认为的好结果,即使他们所采用的方式是相当有问题的。

另一方面,结果论特别是利己主义——这个通常被忽视的理论——关注如何减少伤害。结果论者认为,艰难的伦理选择有时会伤害他人。如果新闻报道传播的内容让某些个体感到非常尴尬的话,那么它很有可能造成伤害。总体上说,这类报道对公众产生的影响力可能会大于对故事主体的伤害,但是记者有责任使这种可能的伤害仅限于报道本身。再多做的话,可能就是为了迎合社会的病态好奇心了。比如,一个主要讲述渎职的案件报道不应该把医生私生活的内容讲出来,除非这些信息与玩忽职守和专业能力有直接关系。

在结果论视角下,解决伦理问题的方式确实有其独到之处。相比于义务论,它更加灵活,且在解决困难问题时有更大的空间。结果论还为伦理选择提供了一种路径明确的方式,即列举替代措施、评价可能的结果,接着从对他人的影响角度上分析不同的观点。

但是,一些人并不认同结果论。他们认为,结果论者太过依赖确定的结果以及道德主体的预测能力。举例来说,我们如何得知政府扣留的那些与国家安全相关的重要信息是符合人民利益的呢?

其他反对结果论的声音认为,它并没有考虑到对个人或小团体的特殊义务,这些义务可能与整个社会的道德义务相冲突。那些有意为最大多数人创造最多好处的媒体从业人员常常忽视特殊受众的需要,而这种忽视导致了"艺术多数主义"(artistic majoritarinism),在媒体市场中少数人的需求常常被忽视。

尽管有一些反对的声音,但结果主义伦理在道德推理的过程中仍是非常有用的工具。因为,它确实会促使我们去衡量自身行为对他人的影响。它还为我们摆脱规则冲突的混乱提供了合理的手段,从而揭示了道德决策的过程。

德性论:亚里士多德的"中庸之道"

尽管义务论和结果论在很多方面都不同,但它们仍有一个共同点,即都关注用来评价道德行为的标准和原则。它们集中于讨论我们应该做什么,而不是我们应该成为怎样的人。另外,古希腊哲学家更关注品格培养,而不是我们所谓的道德行为。柏拉图和亚里士多德认为,道德的核心是善行。他们认为,出于责任感的行动不一定能反映出高尚的品格。那些强调品格的理论常常被认作德性论。

但是,如果德性论主要针对道德品格的塑造——充其量是一个长期的命题,会给道德推理带来什么影响呢?道德推理是在具体情况下做出伦理判断的系统化方式。美德伦理如何帮助我们面对书中所提到的伦理困境呢?

很多哲学领域的作者都反对这样的观点:美德伦理具有独立性和重要性——它在道德推理过程中非常有用。[①] 但是从美德伦理的角度,我们可以获得一个非常有用的

---

① 更多关于这一观点的讨论,参见 Beauchamp, *Philosophical Ethics*, pp. 163-166。

理论,也就是我们之前提到的亚里士多德的"中庸之道"。很多事情都有两方面的极端情形,但都不能产生令人满意的结果,而"中庸之道"的思想实际上提供了一些可行的解决方案。

但必须指出的是,亚里士多德的"中庸之道"并不是软弱的妥协,也不是政治界的"中间路线"。它不一定是两个极端的中间值,因为道德主体有时需要偏向其中的一方来纠正不公平的行为。这样一来,雇主或许可以给一些工人涨工资,来弥补过去不合理的工资制度的影响。正如克利福德·克里斯琴斯(Clifford Christians)和他的同伴在《媒介伦理》一书中提到的:"中庸之道不仅需要分配正确的数量,还需要发生在正确的时间,针对正确的对象,以正确的方式和理由发挥作用。与极端的距离取决于道德主体的本质,这是由他们面前的道德案例的轻重决定的。"①

美国联邦通信委员会对广播电视领域不良现象的纠正是对亚里士多德观点的绝好例证,即如何在道德困境中选择解决方式。尽管联邦法律禁止在广播和电视中传播不良内容②,联邦通信委员会还是决定,只在儿童可能会受影响的白天严禁相关内容的播放,而最高法院在1978年通过了这一规定。③ 这一播放时段近些年有所调整,但一直被称为"安全港"(Safe Harbor)时段。

其中一种极端情况是,对不良内容完全坐视不理,任凭节目进入家庭生活,不加分辨地对儿童和成年人24小时不间断播放污言秽语。另一种极端情况是,对相关节目完全禁播,这可能会同时导致对具有文学性、艺术性价值的言论以及缺乏明显社会价值的言论的审查。在这个崇尚自由的社会,"安全港"时段实际上是在两个极端之间寻找平衡的尝试。一方面是电波带来的道德无政府状态的极端,另一方面则是政府监管过多所带来的道德谨慎的极端。尽管这些补救措施都是法律层面的,但很明显,"中庸之道"在人类众多不可预测的问题当中都有着广泛的应用。这似乎表明,亚里士多德通过两千多年的历史在不停地和我们对话,因此也在影响着我们的命运,以及我们对道德品质的认识。

对道德推理的批判

对于合理健全的道德推理来说,了解伦理情境的背景以及道德理论的哲学基础是非常必要的,但是还不够。我们还需要对伦理困境进行批判性思考。批判性思维是开启道德推理的引擎,它能帮助我们不再局限于下意识的反应,而转向更为理性的决策方式。再也没有比让学生在教室里对伦理事件表达自己那尚未经过批判性思维加工的观点更让人沮丧的事情了。并不是说这样的讨论应该达成基于正确行动的共

---

① Christians, Rotzoll, Fackler, and McKee, *Media Ethics*, p. 13.
② 18 U.S.C.A. § 1464.
③ *FCC v. Pacifica Foundation*, 438 U.S. 726 (1978).

识。实际上它是在强调,我们应该用更多的时间来分析和评价做出某种伦理判断的原因。

批判性思考并不是什么只有哲学家或者高级知识分子才能拥有的神秘力量。我们可能没有成为运动健将、音乐家或者伟大文学家的天赋,但是我们都有批判性思考的能力。[1] 而且,批判性思考是种可以学习的能力。下面的章节将要介绍的道德推理模型就是来帮助我们学习这种技能的。

正如之前我们介绍的理论一样,批判性思考在西方历史上也有着悠久且光荣的历史,可以一直追溯到苏格拉底、柏拉图和亚里士多德时代。和他的老师柏拉图一样,亚里士多德认为,区分正误的道德原则可以通过理性的力量推导出来。对这些古希腊哲学家来说,怀疑论出现得恰到好处,因为它引发了我们对于道德德性内涵孜孜不倦的质疑。因此,从某种程度上看,批判性思维包括学习何时去质疑和提出什么问题。如果一些官员能够批判性地思考他们行为的恰当性,或许就能够避免近期发生在华盛顿的一些政治丑闻(臭名昭著的丑闻通常会被加上"门"的后缀,例如美国总统尼克松的"水门事件")。

首先,批判性思考要有能够思考的问题。换句话说,必须要有我们能够评定的主体的相关信息。对于要进行道德推理的媒体从业者来说,这方面的信息包括对围绕特定事件的事实和背景的了解,对行业法则和守则的相关理解,当然还有在进行伦理决策时可能会涉及的道德思想理论,等等。举例来说,对于对媒介伦理抱有批判态度的学生(其中也包括你,因为你正想解决本书中提到的相关伦理难题)来说,他们不能批判性地研究用欺骗方式搜集新闻的行为,除非他们了解媒体在社会中承担的角色,以及行业本身所建立的用来制裁和批判相关行为的伦理原则。提出记者应该和其他人遵守一样的标准也许很方便,但这种观点没有回答"为什么"这一问题,也没有为任何不同于一般性规则的做法提供任何合理的解释。

其次,批判性思考者必须能够发现问题(在本书中指发现伦理问题),然后收集、分析、综合所有的相关信息。他们必须能发现与问题相关的所有已阐述或还未表明的可能情况。

最后,批判性思考要求,所提出的备选方案能得到评估以及能做出选择。批判性思考者必须考虑备选方案可能带来的结果与影响,至少每一项都要有一些正确性。从一些方面看,这可能是批判性思考最令人望而生畏的部分,因为我们被要求做出的选择可能会受到他人非常严厉的批评。但是成功的销售人员已经意识到,如果不能成交,即使有最好的销售技巧也没用。批判性思考也是同样的道理。我们可以一直分析、研究某一事件直到生命尽头,但在某些时刻,我们必须做出选择。希望这是一个基于对最合理情况的分析做出的合乎逻辑的决定。

---

[1] 更多关于批判性思考的讨论,参见 Robert E. Young (ed.), *New Directions for Teaching and Learning: Fostering Critical Thinking* (San Francisco: Jossey Bass, 1980)。

总之,道德推理的批判性思考主要包含三个步骤:(1) 有知识且对伦理困境的情况有所了解;(2) 对知识进行批判性地总结和考虑伦理备选方案;(3) 基于可用备选方案做出决定。

下面将要介绍的道德推理模型反映了之前论述的批判性思考的观点,也应该被运用到第二部分当中。因此,这种伦理决策模型与案例研究方法相结合,是一种以象牙塔式方法转向媒介伦理教学、开发批判性思考能力的工具。对于那些最犹豫不决的人来说,这也会帮助唤醒他们的理性力量。

道德推理模型

之前的章节我们提到过,道德推理是一个系统化的过程。它要考虑很多因素,但总结下来可以分成以下三类:(1) 情境定义(the situation definition);(2) 情境分析(the analysis of the situation),包括应用道德理论;(3) 选择(the decision),也就是最终的伦理决策。为了方便,我将它们总结为 SAD 模型。① 当然还有其他模型,但是 SAD 模型应该最适合道德推理初学者。

另外,对于媒体从业人员创造谈资,这一模型也是非常有用的工具。比如,一些新闻机构会定期举行会议或就道德问题进行讨论。SAD 模型可以用来处理假设的或者实际存在的伦理事件,当然这也离不开每个记者和编辑的不懈努力。在与专业同事交流、从管理人员或监督员那里获取意见时,都可以尝试使用 SAD 模型。

下面对于这个模型的解释是以书面案例研究为基础的,但同样适用于口头讨论。在我们熟悉了道德推理的过程之后,书面案例至少可以帮助我们把思维调整至逻辑思考的状态,以提升智力能力。在以下对 SAD 模型的讨论中,我们利用一个典型案例来展示道德推理。

情境定义

情境定义主要用来确定伦理事件,列举和总结对决策过程非常重要的相关事实、原则和价值。第一步先描述整体事实,确定伦理困境中所隐含的冲突的价值观及原则。有时,这些矛盾的价值观和原则是很明显的,但有时又需要一些思考才能发现。情况不同,它们也会有所变化,但是诸如真实性、隐私权、利益争端、公众知情权、公平、正义、忠诚、媒体公信力、对他人造成伤害、保密性和经济问题等代表了本书假设案例中隐含的价值观和原则。

第一,学习媒介伦理的学生应该了解,在当下以截稿时间为导向的环境中,经济因

---

① 这一模型部分是基于以下人士提出的观点,Ralph B. Potter, "The Logic of Moral Argument," in Paul Deats (ed.), *Toward a Discipline of Social Ethics* (Boston: Boston University Press, 1972), pp. 93-114。

素和竞争在决策过程中起了哪些作用。这些"价值观"是媒体公司的核心,也是大多数伦理判断的考虑因素。在现实生活中,这些因素常常会起主导作用。但是,道德推理的经验,即使在更纯粹的课堂讨论当中,也可以创造出对道德判断应该考虑的其他价值观的理解。在任何事件中,事实和矛盾的价值观及原则都应该在"情境定义"环节得以描述,从而被很容易地运用到我们书面案例分析的部分。

第二,对于涉及的伦理问题和事件,必须要有清晰的论述。它提供了分析部分的逻辑导入,而且论述只有在了解了一些事实之后才能完成。这些问题一定要是具体的,不能泛泛而谈。举例来说,记者是否应该进入退伍军人医院去调查卫生条件不合格的传闻?这可能会被写成:"对于记者来说,为了成为雇员进入退伍医院来调查卫生条件不合格的传闻而隐瞒自己的身份(或撒谎),到底是否符合伦理呢?"当我们处理个别事件时,这种描述应该能够适用于更加广泛的问题。比如,"记者是否能使用欺骗性的新闻搜集技术?"由于它涉及具体情况,因此给辩论提供了更加坚实的基础。当然,在讨论更广泛事件的伦理重要性时,更普遍的问题就变得可以接受。比如,"社会是否应该通过法律来限制带有性暗示的内容的传播呢?"

对于伦理事件的描述或许并不难。但是,如果你不能完全了解困境,鲜明的道德视野就会被疑惑和不确定所替代,整个判断过程也会变得残缺。对于我们来说,在情境定义阶段花费大量时间去总结所有可能的情况是很有必要的。这时,"头脑风暴"所花费的时间将会减少在情境分析阶段出现错误的可能性。

情境分析

分析才是 SAD 模型下进行伦理决策过程的核心部分。在这个环节,你要用所有可能的信息以及你的想象力,来审视情境,并评估备选方案。

我们这里所说的内容确实没有什么具体的限制,但是任何对媒体伦理困境所做的分析应该至少包括以下四个方面的考虑。第一,应该对各种相互冲突的价值观和原则的相对权重进行正反两方面的讨论。这个过程是想象力的沃土。只要你的观点合情合理,就不应该害怕进行智力实验。

第二,要对情境本身的外部因素进行一番检视,因为外部因素很有可能影响道德推理的方向。换一种方式说,外部因素是在手头的特定案件出现之前就存在的,且很可能在这个案件之后继续存在。外部因素由公司政策、法律限制和当地社群的人口组成,这些因素可能会影响社会成员对媒体从业者决定的反应。举例来说,那些违反公司政策(也可能是法规)、以电子方式窃听不知情的公职人员的记者,可能会削弱他们对道德美德的主张,除非有强有力的理由相对抗。再比如,对于一名所在社区主要由保守派天主教成员组成的电视台经理人来说,人口方面的考虑或许会使其率先占有受争议的网络短片。因为短片深入调查了一些天主教神职人员的不当性行为,他这么做是因为害怕引发抗议。

作为一个外部因素,探讨惯例有时对我们的伦理判断也很有价值:"在相似的情况下,过去我们是怎么做的?"举例来说,如果一家报纸经常用一整版报道轻微的不雅行为,甚至包括公众人物的不雅行为,那么它必须证明这种偏离道德原则的做法的合理性。否则,它就很有可能被怀疑别有用心。

第三,我们还需要考虑可能被我们的伦理决策影响的个人及群体。在第二章中,我们探讨了对他方的道德责任与义务,包括个人道德心、道德推理的目标、经济支持者、组织、专业同事和社会等多个方面。这些方面都应该被考虑或者评估,包括它们对所涉伦理问题的相对重要性和影响。当然,在一些情况下,有的内容甚至都没有什么作用。比如,经济支持者(广告商、股东、订阅用户)常常关心的是与自己有关的事件,组织的财务存续能力,或在其他情况下涉及他们既有利益的问题。

在第一章中,我们提到了情感对伦理行为的影响。我们说了这么多理性在道德决策中的作用,是不是说明我们的感性丝毫不起作用?完全不是。事实上,感性因素常常会影响我们对他人的职责和忠诚度的评估。即使是在记者被迫侵犯他人隐私的情况下,一名记者对事故中受害人的同情心是一种感性的回应,但同时也是理性的。感性因素应该被纳入决策过程,这是因为,为他人利益着想(不是利己)而做出的行为是理性和感性双重作用的产物。

第四,我们之前提到的伦理思想也应该用来化解道德困境。我们应该从义务论(后果论)、结果论和亚里士多德的"中庸之道"等角度去看待事件。在那些可能没有什么特定方式起作用的情况下,比如没有所谓的中间立场存在时,你也应该在分析阶段注意到这点。对其中的任何一个理论,你都应该用自己认为最令人满意的伦理决策进行评估。

伦理决策

最后,你必须做出选择并且捍卫它。这方面的讨论应该包括之前提到的一个或多个道德理论。需要铭记的一点是,义务论者和结果论者也有可能做出同样的选择,但他们是出于不同的理由。比如,如果你在隐性报道中采用了义务论的思想,你会直截了当地反对用欺骗的方式搜集新闻。如果你采用了结果论的观点,你会去衡量这样做的好处与坏处,但还是可能得出用欺骗的方式搜集新闻弊大于利的结论。在这个情形下,你关注的是结果,而不是普遍原则告诉你的观点,即"撒谎总是错误的"。在你对某些情况做出伦理决策的过程中,你或许也想指出,某些特别的做法是在本书中提到的任何伦理思想中都不合理的。

尽管你的辩护可能是之前提到的观点的赘述,但它还是会强化你的观点,且让你能用更大的道德确定性为它们辩护。总之,道德推理的 SAD 模型如图 3.1 所示:

第三章　伦理与道德推理　　75

```
┌─────────────────────┐
│      情境定义        │
│     描述事实         │
│  阐明原则和价值观     │
│  陈述伦理事件或问题   │
│  论述伦理事件或问题   │
└──────────┬──────────┘
           ↓
┌─────────────────────┐
│      情境分析        │
│ 权衡相矛盾的原则和价值观│
│   考虑外部因素       │
│  检视对多方面的责任   │
│   讨论可行的伦理理论  │
└──────────┬──────────┘
           ↓
┌─────────────────────┐
│        决策          │
│   实施道德主体的决定  │
│   以道德理论捍卫决定  │
└─────────────────────┘
```

图 3.1　道德推理的过程

一个案例研究

下面展示的是一个基于现实情况的案例,①它主要讨论了两家报纸的编辑打破了记者对于新闻源做出的保密承诺的情景。对这一事件的讨论并不是要穷尽所有可能的解决方式;我们希望读者能够有自己的思考。举例来说,一个可以考虑的方面是,记者最初是否应该做出承诺? 但是,由于我们的讨论主要着眼于作为道德主体的编辑的行为,任何关于是否应该做出承诺的讨论都不包括在内。在这个情况下,我们承担了中立观察者(批评者)的角色,但是在第二部分的假设案例中,你会被要求承担道德主体的角色。

情境定义

在明尼苏达州州长选举的六天前,为共和党候选人惠洛克·惠特尼(Wheelock Whitney)工作的广告代理公司员工丹·科恩(Dan Cohen)联系了包括《明尼阿波利斯

---

①　更多案例,参见 Cohen v. Cowles Media, 18 Med. L. Rptr. 2273, 2274 (1991)。关于本案例的更多伦理视角,参见 "Confidentiality and Promise Keeping," *Journal of Mass Media Ethics* 6, no. 4 (1991): 245-256; Theodore L. Glasser, "When Is a Promise Not a Promise?" in Philip Patterson, and Lee Wilkins, *Media Ethics: Issues and Cases*, 2nd ed. (Dubuque, IA: WCB Brown & Benchmark, 1994), pp. 104-106; Jay Black, Bob Steele, and Ralph Barney, *Doing Ethics in Journalism: A Handbook with Case Studies* (Greencastle, IN: Society of Professional Journalists, 1993), pp. 190-191。

明星论坛报》和《圣保罗先锋报》(*St. Paul Pioneer Press*)在内的四家新闻媒体,向它们提供了即将到来的选举中反对派候选人的相关材料。一部分共和党的支持者鼓励科恩公布信息,报社答应科恩不会透露他新闻源的身份。作为交换条件,科恩向记者曝光,明尼苏达州民主党候选人副州长马琳·约翰森(Marlene Johnson)曾在12年前因偷盗而被判罪,但后来罪名被撤销。

在不断讨论和辩论之后,两家报纸的编辑人员都决定将科恩的名字作为约翰森事件的一部分报道出来。《明尼阿波利斯明星论坛报》在它的记者联系了科恩、询问是否可以报道他的名字且遭到拒绝之后,仍然做出了爆出科恩名字的决定。在这一事件中,两家报纸都将科恩作为法庭记录的来源,还报道了他和惠特尼的竞选相关联的情况,同时包括惠特尼团队的工作人员否认自己和这件事有关的情况。在报道发表的那天,科恩被炒鱿鱼了。记者和编辑说,他们之所以做出这样的决定是因为:(1)科恩的做法无非一个肮脏的政治伎俩,因此怀疑他的动机;(2)对于事件的可信度来说,科恩的名字是非常重要的;(3)记者不应该在没有上级授权的情况下就答应保密。①

科恩以破坏契约为由将两家报纸告上法庭,并且赢得了陪审团裁决,获得了赔偿。美国最高法院最终以5:4的投票结果认定,保密承诺是有法律强制性的。尽管科恩胜诉,但是围绕报纸破坏承诺、爆出名字的做法的伦理讨论却依然存在。

在这一事件中,两家报纸的编辑承担着道德主体的角色,因为他们是打破保密承诺的人。(这里还涉及一个伦理问题,即记者是否应该首先许下承诺,但这并不是该事件的主要方面,因为该案件主要关注编辑的行为。)事件中并不难发现相冲突的价值观和原则:一方面,新闻源有权利期待新闻媒体履行保密承诺。与这种期待紧密相关的是记者自治权的价值,也就是新闻机构有责任维护旗下记者做出的承诺。同时,其中也囊括忠诚的价值观,因为一家报纸如果拒绝兑现记者的承诺,很容易影响工作士气,导致新闻编辑室内部的不和。可以说,公众"需要知道"任何关于候选人是否适合该岗位的信息,有时候使用匿名信息就是为了获得这样的信息。另一方面,匿名材料的使用会破坏媒体的公信力。如此一来,"知情权"也可以被用来证明报道出科恩的名字是合理的,因为读者会考虑爆出新闻源的动机。

另外,编辑认为科恩的动机是有新闻价值的;他们认为,这种做法为民主党候选人潜在的负面信息提供了"新闻平衡"(或对称性)。

本案例中也体现了伤害原则。从最低限度上看,受到伤害的可能是科恩、科恩的老板和记者本人及其所在媒体的公信力。换个角度看,如果媒体没有打破承诺,约翰森可能在选举中失败,尽管现在尚不清楚这种似是而非的罪名给她的竞选可能带来什么影响。

总结来看,这一事件中的伦理问题如下:(1)编辑违反记者做出的保密承诺是否合乎道德?(2)记者在未经管理部门批准的情况下做出的承诺是否对新闻机构有道

---

① 经过上诉,明尼苏达州最高法院改变了针对诉讼案件的基础法律条文,由违反合同调整为承诺后不得反悔原则,这种改变更加适用于该案件中的现实情况。

德约束力？

情境分析

评估价值观及原则。或许有人会认为记者永远不应该先许下承诺，但现实情况是，他们已经这样做了，并且现在编辑（道德主体）必须决定是否兑现这个承诺。因为永远不能对破坏承诺的事情掉以轻心，任何打破承诺的行为都要以其他能压倒一切的原则为基础。编辑是否可以单纯地通过拒绝兑现其他同事的诺言而推卸自己的责任呢？可能不行，因为一般的新闻源并不能把记者和其供职的媒体机构分开。比如，如果他们和《纽约时报》的记者达成一致意见，他们便认定报纸会遵守这一协议。即使报纸的政策要求在承诺之前要取得编辑的同意，记者违反了该政策，而这也就成了报纸的管理问题，而和新闻来源没什么关系了。

因此，如果要证明编辑在这种情况下违背承诺的行为是合理的，那么他们的决定就必须基于一些非常有说服力的原则。如果信息来自和公共利益密切相关的新闻来源，是否就能保证遵守承诺？在这个案例中，公众"需要知道"约翰森12年前被判偷盗罪，后又被撤销罪名的观点是值得怀疑的。事实上，编辑本可以拒绝发表这篇新闻，也可以避免做出违背保密承诺这样充满伦理争议的决定。但如果他们这样做了，也很容易被指责为抑制信息公开。

但是，编辑显然感受到了该事件的新闻报道价值。因为，科恩的动机是在大选前破坏民主党的选票。科恩显然是这次竞选中的关键人物，并且（编辑认为）科恩的"卑鄙手段"是有报道价值的，这反过来也能证明报道约翰森过往信息的合理性。由于科恩的策略和出于对约翰森的公平性的考虑，编辑决定将科恩的名字也报道出来。换句话说，这样的做法适用于媒体平衡报道有价值的新闻事实这一基本原则。尽管报纸可能会因为没有支持自己的记者而牺牲一部分公信力，甚至降低员工的忠诚度，但是编辑还是认为，如果没有爆出科恩的名字，那么报道就缺少了可信度。另外，编辑或许能向读者解释保密承诺，以及解释他们为什么没有履行诺言。

不管编辑的决定是什么，事件对涉及的各方难免会产生伤害。如果科恩的名字出现在报道中，他很有可能被解雇。另外，记者和报纸的信誉也会受到损害。因为爆料，约翰森也受到了不必要的伤害，尽管我们并不知道过去的事情是否会影响选民对她的支持，尤其在她的这个罪名已经被撤销的情况下。但是编辑还是会争辩，认为报道出科恩的名字且让公众自己去评断科恩的动机，对于约翰森来说未必不是个好事，这样也就免除了故事可能给她带来的潜在伤害。

外部因素。这个事件的一个重要外部因素应该是没有非常明确的新闻源保密政策。（这被当作一个外部因素是因为，事件发生之前这种情况显然存在，除非报纸针对此事件有了专门的书面政策，否则这种情况在事件结束之后也会继续存在。）记者显然并不觉得他们需要征得管理层的同意，且这一因素可以被当作支持记者自治权的证据。还有人会把社会对肮脏的政治把戏的态度当作支持将科恩的名字报道出来的外部因素。

应负的道德责任。在第二章中我们提到,媒体从业者在做出伦理决策之前必须考虑六个方面的利益,以向它们承担道德责任。这六个方面包括个人良知、道德决策的目标、经济支持者、所在组织、专业同事以及社会。在这种情况下,编辑首先应该按良知去做道义上正确的事。不幸的是,在一些情况下,专业职责和工作压力难以让我们在其他情况下也做出符合伦理的行为。在这个事件中,编辑的良知本应清楚地告诉他们破坏承诺的后果。但他们或许也很理性地思考过,认为科恩之所以这样做是因为怀有不单纯的动机。但是话说回来,如果是这样的话,他们本可以选择将信息隐而不报。然而在这一点上,竞争压力可能成为一个影响因素。如果他们没有报道出来,那么其他的媒体组织或许会报道,这样,《明尼阿波利斯明星论坛报》和《圣保罗先锋报》将成为业界的笑柄。

在这个事件中,道德主体(编辑)同样对那些最有可能受到他们伦理决定影响的人负有道德责任。在 SAD 模型下,这些人指的是伦理决策的目标对象。在本事件中,科恩、约翰森和记者是主要的客体目标。记者答应了科恩要匿名报道,并且也履行了承诺。不管科恩当时做出决定的动机是什么,编辑都对新闻源负有责任,应该信守承诺并减轻伤害至最小。从另一方面来看,编辑对民主党候选人约翰森,即科恩提供的信息中的主要对象,也同样应该负有道德责任。尽管这一信息有可能伤害约翰森,但编辑显然出于公平考虑也把科恩的名字写在了新闻报道中。这样的方式使读者可以根据信息源的可疑动机进行自我判断,即判断这样的信息对选举来说到底有怎样的影响。用这种方式的话,约翰森受到的伤害或许是最小的。记者同样也是这个事件中的客体目标,因为编辑没能支持记者,这使得他们的职业信誉受到了打击,也一定会影响他们同各自管理层的关系。有人可能会认为,在政策没有要求保密承诺需要管理层批准的情况下,编辑有责任和义务去支持自己的记者。

媒体从业者还要对他们的经济支持者保持忠诚。对于报纸来说,其主要的经济支持者是广告商,尽管一部分收益也来自订阅用户。广告商依赖媒体售卖自己的产品。报纸只可以售卖自己的信誉,信誉降低将会导致阅读量和读者支持率的下降。不管编辑的决定如何,商人不可能撤回他们的广告业务,除非他们是某个候选人坚定的支持者。但随着时间的流逝,报纸的信誉可能会大打折扣,甚至破坏底线。

编辑还对他们所处的组织负有道德责任。不论他们的决定是什么,他们都要考虑决定对他们各自的报纸的影响。因为,保密承诺已经成为调查性报道的主要形式和支柱,任何破坏它的行为都会对所在报纸产生不利影响,除非这个决定有非常充分或者更重要的原则依据。

在大多数涉及专业人士的伦理困境中,总有一个让人不得安宁的问题,即道德主体有没有按照行业标准要求办事?他们必须对同事都非常忠诚。在这个事件中,编辑很明显地超出了可接受的行为范围,尽管违背对新闻源的保密承诺并非前所未闻。每个伦理中的小失误都有可能对专业信誉造成损害。当然,编辑也需要有这样的灵活性,即在有充分理由的情况下做出与伦理原则相反的决策。在这个情况下,大多数编辑会怎么做呢?问题的关键在于,破坏保密承诺的理由是否能够让大多数记者信服。

要知道,这类记者一直都把匿名新闻源作为新闻采集流程中非常重要的因素。

最后,编辑还要对社会负责。一些记者显然认为社会赋予了他们独特的角色,于是他们也有更多的道德豁免权。但是,其实所有的媒体从业者和我们其他人一样,都受相同的基本原则限制,并且任何错误行为(对于任何社会成员)都应有可辩证的理由。在这个事件中,记者许下了承诺,没有充分理由就破坏承诺是不遵守社会规范的行为。从另一方面看,编辑可以批评记者并没有权利做出那样的承诺,而他们的责任关系到新闻公平与平衡,因此有必要将科恩的名字报道出来。

道德理论。做出道德推理的人并没有后知之明。康德学派(义务论者)通常会依据一个可以被广泛使用的原则来评判这个情况。从某种程度上看,社会中最基本的构成依赖信任他人的承诺。这样一来,"永远不要违背诺言"就成为应该被广泛使用的一句箴言,它包含了记者对新闻源许下的保密承诺。在这个事件中,编辑不可以单纯地通过拒绝兑现记者的诺言而推卸自己的责任。现实情况是,科恩认为他同记者信任地交谈,也以为记者是获得了雇主的全权授意的。义务论者会反复争论,认为编辑有道德责任去兑现承诺,并且觉得应该把这个事件当成一种催化剂,刺激公司制定相关政策,如要求记者在与新闻源达成某种道德契约(抑或法律契约)之前获得管理层的许可。

这个事件也可以从结果论的角度做分析,也就是讨论那些受决策影响的个人或团体可能面临什么好处和坏处。如果新闻源的名字出现在故事中,那么丹·科恩会受到最大的伤害。他很有可能因此丢了工作。从另一个方面看,他的动机是可疑的。他在离选举如此近的时期爆料这些利益攸关的信息,充其量是卑鄙的政治手段。因此,或许被炒鱿鱼也是他自食其果。

民主党候选人马琳·约翰森也会受到连带伤害,尽管选民或许不会因为12年前的一起已经被撤销罪名的事件受多大影响。科恩的名字有没有出现在报道中或许也不会改变之后的结果。

编辑没能支持记者,这可能会对编辑室的工作士气产生不良影响,也会降低雇员对报纸的忠诚度。或许记者一开始并没有在许下承诺的时候考虑太多,但是鉴于这个信息带有的新闻价值是有问题的,或许新闻报道应该就此被毙掉。有人会认为违背承诺是一个严重的问题,不能仅仅为了报道平衡就将其说成是合理的,因为这个故事本身在整个选举计划中的合法性是值得怀疑的。

难道打破保密承诺就不会产生一些真正的好处,超过我们这里所描述的"损害"吗?有人认为,报道中含有科恩的名字或许可以帮助公众了解正在参加共和党竞选的这些人的真正品格。但是我们至今还不清楚,这个性格缺陷是仅限于科恩,还是也反映了他老板的伦理德性。因此,破坏承诺所带来的很多问题远远超过这类事件可能带来的好处。

伦理决策

通过之前的分析我们发现,我们应该强烈反对编辑违背承诺的行为。违背承诺是一个严重的事件,因为公信力已经成为当今媒体圈最重要的基石。编辑没能按照记者的承诺办事,即使那些诺言有问题,也还是会损害记者和报纸的信誉。恪守承诺是基本的社会价值观。这个案例造成了大量的伤害,却并没有产生什么具有可比性的好处。另外,在这个伦理难题中,对各方应负道德责任的评断总的来说还是倒向了恪守承诺。承诺和信用的神圣与尊严似乎已经渗入了这里所涉及的六个方面;而在这个案例中,这些原则远比编辑对新闻平衡的担心重要得多。如此说来,编辑违背记者承诺的决定,无论是在义务论或是在结果论的范畴内都不能得到支持。

本章总结

道德推理是做出伦理决策的系统化路径,主要依靠逻辑讨论和说服。道德推理应该基于可靠的伦理学理论,而且应该能通过对情况的合理分析来证明。道德推理需要以下三个方面的知识和技能:(1)道德语境;(2)道德理论的哲学基础;(3)批判性思考。

第一,道德主体必须了解伦理困境产生的背景。这包括对事件的理解,基本情况,事件中含有的价值观和原则,以及媒体所在的社会和文化环境。

第二,道德理论必须用来解决这个问题。古希腊哲学家苏格拉底、柏拉图和亚里士多德的作品以及约翰·斯图尔特·穆勒和伊曼奴尔·康德的思想都为本章所论述的道德理论提供了哲学思想基础。这些理论可以分为三类:(1)结果论,基于道德主体的行为后果;(2)义务论,认为道德责任和社会成员的动机比他们的行为带来的结果更加重要;(3)德性论,主要关注特定情况下的品格而非道德行为。对于本书中所介绍的道德推理的目标,亚里士多德的"中庸之道"是在两个极端的特定情况之间找到了一种解决方法,这被认为是德性论的一个实例。

第三,批判性思考对于道德推理来说非常重要。合理使用批判思维包括对主体的了解、练习分析和理性思考的能力,以及做出决策。

尽管完成道德推理的路径有很多,但本书主要展示和应用的是SAD模型,它包含了情境定义、情境分析和做出决策等三个步骤。情境定义是对基本事实进行描述,阐明案例中含有的原则和价值观,并清楚地说明正在审查的伦理事件和问题。情境分析部分则是道德推理进程的中心内容,通过利用SAD模型,道德主体要权衡相矛盾的原则和价值观,考虑外部因素对事件事实本身的影响,检视需要对多方负有的道德责任,并且论述多个伦理理论的应用情况。最后一步则是做出道德决策,即道德主体需要做出判断并且捍卫它。

第 二 部 分

媒介传播案例

  第二部分的内容展现了如今媒体从业人员所面临的一些重要伦理问题。每个章节的开头是一些背景及对相应问题的概述,之后会有适当的案例来具体阐释观点。因为这本书的目的是帮助读者在面对任何道德困境时都能成为有批判精神的思考者,所以笔者并没有对所有与问题相关的可能出现的伦理困境都进行讨论。

  一些章节还包括一些挑战读者道德想象的假设案例,大家可以运用第三章中的道德推理模型来化解这些道德困境。在案例之后,会有一些如何解决问题的建议,但是笔者更希望读者能够自己努力找出解决办法,并用第三章中提到的伦理方法来捍卫自己的决定。

第四章　媒介传播中的真实与诚实

一个有限真实的世界

　　谎言、欺诈和不诚实是当代社会普遍存在的现象。这样一来，一些伦理学家把真实当作根本原则来捍卫的行为显得他们像道德"卫士"。最近引发轰动的报纸头条就是一个例子：让人在献血活动中撒谎的电子邮件（E-mail urges lying for blood drive）。据媒体报道，2004年4月，密苏里州大学女生联谊会（Gamma Phi Beta）的会员们收到一封邮件，要求她们在一场竞争性质的大学献血活动中对自己的健康状况撒谎，以成为合格的捐献者。在发给会员的邮件中，分会献血活动协调小组组长威胁，将严惩拒绝献血的会员。这些会员被指示要隐瞒自己最近的文身、身体穿刺或感冒等任何会影响献血资格的事情。[1] 这已经远不是一个无害的联谊会恶作剧，这种程度的不诚信行为已经对血源的安全性造成了威胁。

　　尽管对事实漫不经心的状态并不少见，但如果我们不再把真实当作基本文化规范，而是将其抛弃，那我们就是在把自己置于极大的危险之中。真实孕育着信任——信任是民主社会中宝贵又必需的东西，同时也是社交行为和文明社会的推动力。但不幸的是，媒体本身有时只能存在于一个有限真实的世界，也必须在放弃部分真实和诚信的情况下承担起一些责任。想想曾被广泛报道的史蒂芬·格拉斯（Stephen Glass）的例子。格拉斯25岁时已经是华盛顿新闻界冉冉升起的新星，同时也是《新共和》（New Republic）的副主编。他曾以其丰富多彩的细节描写，报道了崇拜乔治·布什（George Bush）的小众教派，也曾写过拉斯维加斯赌场中关于下一次执行任务的航天飞机是否会爆炸的赌注，这些精彩的故事为其培养了大批读者，也为其在新闻事业和创造力上挣得了名誉。不幸的是，他的故事都不是基于真正的生活，而是来自自己丰富的想象力。经过长达一个月的调查，《新共和》的编辑确认，格拉斯为杂志社写的41篇文章中有27篇内容为纯粹虚构[2]，这"严重破坏了记者尝试与其读者建立的本就脆弱的信任关系"[3]。

　　格拉斯在新闻界失宠之后不久，杰森·布莱尔的悲剧就发生了，第一章的开篇已经简单提到过这件事。这位27岁的《纽约时报》天才被指控，其超过一半的报道存在

---

[1] "E-mail Urges Lying for Blood Drive," *The Advocate* (Baton Rouge, LA), April 13, 2004, p. 2A.
[2] David Goldman, "Storyteller: Stephen Glass Makes Fact from Fiction," *Biography Magazine*, October 1999, p. 22.
[3] Seth Mnookin, "Total Fiction," *Newsweek*, May 19, 2003, p. 70.

虚构或抄袭行为,这也导致道德丑闻迅速升级,引发了美国新闻业的信任危机。①

不幸的是,近期新闻业信誉受损也许是媒体专业和社会中的真实与诚信原则遭到更大打击的预兆。例如,被拍成同名电影的畅销小说《风起云涌》(*Primary Colors*)在1996年早期出版时,曾在记者界引发一阵推测。这本书旁敲侧击地描绘了克林顿竞选团队和国家媒体集团,但却是匿名出版,这种文学意义上的遮掩与其描述的政治阴谋相差无几。在经过了几个月来自哥伦比亚广播公司和《华盛顿邮报》《纽约时报》等同行的否认之后,《新闻周刊》专栏作家乔·克莱恩(Joe Klein)承认自己是该书的作者,但却不会向之前被欺骗的朋友和同事道歉。这一整串事件在《新闻周刊》编辑梅娜德·帕克(Maynard Parker)承认自己对乔·克莱恩在这个项目中所扮演的角色知情后进一步发酵,因为她在《新闻周刊》猜测该书作者时,同样拒绝告知这一消息。②

1996年在费城举办棒球全明星比赛的同时,小报《费城周报》(*Philadelphia Weekly*)发表了一篇4000字的封面文章,内容关涉费城全明星棒球手吉米·福克斯(Jimmie Foxx)和女明星朱迪·霍利迪(Judy Holliday)之间新近曝光的情书。作者汤姆·麦格拉斯(Tom Mcgrath)细致地描述了这段恋情,它始于1945年4月,结束于9月下旬,当时这位电影明星甩了福克斯。报道发出后不久,周报承认这篇文章只是一场骗局,在语义上进行的简单小动作就将这篇媒体欺骗报道的严重性降级为一个恶搞的笑话。虽然编辑蒂姆·惠特克(Tim Whitaker)保证专栏以后不会再发生这样的事情,却并未就已经发生的事情致歉。③

记者和媒介评论家都不齿于这种亵渎真相的行为。例如,在关于吉米·福克斯的欺骗事件之后,《费城周报》的一个专栏作家写道:"这件糟心事儿最让人震惊的就是,惠特克没有做出任何道歉。他说他没有做错任何事情,那就意味着他还可以自由地伪造另一篇虚假文章。"④类似的还有,哥伦比亚广播公司周末新闻栏目邀请乔·克莱恩作为新闻咨询和评论家,严厉谴责了这个专栏作家在同行之间的欺骗行为。⑤《哥伦比亚新闻评论》(*Columbia Journalism Review*)的编辑苏珊娜·布劳恩·莱文(Suzanne Braun Levine)评论,这种行为不可原谅:"记者喜欢将自己所处的群体当作一个兄弟会。即使所有人都不诚实,记者也会诚实地对待其他任何人。他们对于批评和欺骗尤其敏感。那么,有什么比被自己的同伴欺骗让人感觉更糟的呢?"⑥

媒体内外的这些反应令人耳目一新,这样的情况并不少见,也证明这样的欺诈手法并不一定是媒体行业的标准。从乐观的角度看,道德监管可能正好阻止了病态的道

---

① Joellen Perry, "Sign of the Times," *U.S. News & World Report*, May 26, 2003, p. 46.
② Doreen Carvajal, "Columnist's Mea Culpa: I'm Anonymous," *New York Times*, July 18, 1996, p. A11; "Not Very Neatly, 'Anonymous' Comes Clean," *U.S. News & World Report*, July 19, 1996. 当《华盛顿邮报》发表了克莱恩和早期原稿的比较笔迹分析结果时,骗局便被揭开了。
③ "Darts & Laurels," *Columbia Journalism Review*, January/February 1997, p. 22.
④ Ibid.
⑤ Carvajal, "Columnist's Mea Culpa."
⑥ Ibid.

德坍塌。然而另外一种更为悲观的评价则认为,这种事件证明了人们在道德上坚持真相愈发随意的态度,真相尚未与世俗的繁杂割裂开。多年前,美国十大企业之一的公关人员在一个相当惊人的评估里发现了这一态度:"'撒谎'这个词还存在任何意义吗?从某种意义上来说,人人都在撒谎。但从另外一个方面来看,没人在撒谎,因为没人知道事实的真相——只要说出来好听就行。"① 现实可能就存在于这种乐观和悲观的想法之间。

一些非虚构类文学作品的作者企图将这种欺骗和编造的写作手法描述为追求"更高层面真实"的手段。这意味着,在如此观点下,一些故事的具体细节的真实性变得无关紧要。相反,这些虚构现实只是作者对于政治现实的观点的反映。1999年,《我,里戈韦塔·门楚》(*I, Rigobeta Menchú*) 引起的争议就是这种伦理相对主义的例证。这本迷人的历史小说展现了1979—1983年间被政治暴力所吞没的危地马拉。此书由诺贝尔和平奖获得者里戈韦塔·门楚(Rigobeta Menchú)所著,声称是根据作者个人经历写成,描述了玛雅印第安族农民在危地马拉受到的地主压迫,以及作者的家庭与地主间斗争的情况。然而,门楚笔下的部分故事在人类学家大卫·斯托尔(David Stoll)出版的一本书里土崩瓦解。该书在详尽调查和访谈的基础上证明,门楚所描述的并非其个人经历,而且她还在书中更改了事实与故事经过。②

不幸的是,《我,里戈韦塔·门楚》并不是唯一被指责虚构事实的获奖作品。本杰明·威尔科米尔斯基(Binjamin Wilkomirski)纪念大屠杀的《碎片》(*Fragments*)一书获得了美国国家犹太图书奖。然而,出人意料的是,作者的真实姓名为布鲁诺·德赛克(Bruno Doesseker),是一个从未见证过大屠杀的新教徒的儿子。③

越来越多的证据表明,作为社会的成员,我们应更多地从伦理相对主义的角度看待世界,即便我们中间那些不自觉宽容谎言的人也不愿公开承认,事实与谎言之间存在明显的分界线。与此同时,我们更加倾向不去评判那些撒谎的人。"这不是我的问题"成为一个常用的借口。比如,以南加利福尼亚大学课堂上进行"总统权力及其媒体关系"角色扮演的结果来看,这个话题涉及总统比尔·克林顿(Bill Clinton)和前白宫实习生莫妮卡·莱温斯基(Monica Lewinsky)之间的性丑闻。课堂指导老师、专栏作家理查德·里维斯(Richard Reeves)将课堂分为两个大组,一半扮演总统的顾问,另一半则扮演华盛顿的记者。每个学生都需为其上司撰写备忘录,来为处理莱温斯基事件提供意见。虽然两组存在差异,但双方都认为,他们写下来或散播的信息真实与否无关紧要。"克林顿的顾问"说道,不论他们的上司所述是否真实都没有关系。因为,"这不是我们的问题"!而"学生记者"则说,消息源是否说真话、其他媒体的报道是否准确都不重要,"这也不是我们的问题"!没有任何一个小组为传播不实信息承担责

---

① Marvin N. Olasky, "Ministers or Panderers: Issues Raised by the Public Relations Society Code of Standards," *Journal of Mass Media Ethics* 1 (Fall/Winter 1985-1986): 44.
② John Leo, "Academia's Lust for Lies and Disregard for Truth," *Seattle Times*, January 19, 1999, http://216.247.220.66/archives/academia/leo1—20-99.htm.
③ Charles Krauthammer, "The Case of the Suspect Bios," *Time*, October 4, 1999, p. 122.

任,即使后来证实,他们的消息是错误的,他们仍可以轻易地用所谓良心为借口来与这个事件保持距离。他们的课堂指导老师在随后的专栏中,将这堂课描述为如同"生活在一个有限真实的世界里"①。

真实作为基本的价值观

　　撒谎和欺骗可能是事出有因的吗?如果你向你的朋友提出这个问题,你可能会得到几个不同的答案。有些人可能会大声喊出:"永远不会!"有些人则会说:"这取决于实际情况。"有些人则会试图通过给"撒谎"下定义来回避这个问题。虽然这些答案都如此简单,但也代表了道德哲学家孜孜不倦的对答案的追寻。

　　最初,我们应该承认的是,撒谎和欺骗存在一定联系,但不一定完全一样。在这一章的语境下,欺骗意味着"在传达信息的同时故意误导对方,使其相信我们自身不相信的事"②。欺骗不但可以表现在语言上,也可以通过行为、姿势甚至是沉默来体现。因此,在一些情况下,故意对大众隐瞒信息就构成了欺骗行为。

　　撒谎其实是欺骗的一种手段,包含交流者明知有虚假或错误的消息却依旧散布的行为。媒体从业者一度被视为在故意传播虚假消息。其中,关于现代伦理的许多问题涉及在更广泛的欺骗行为中揭开真相。

　　坚守真相,可能是人类文明中最古老且最受敬畏的道德准则了。尽管我们常常会为自身利益而欺骗他人,但对于真相的坚守已成为一个道德和法律哲学上通用的正面观念。最早开始谴责撒谎行为的是司法系统,其中涉及对作伪证和虚假证人的惩罚。就像在古老的《汉谟拉比法典》(Code of Hammurabi)中坚称的,"如果一位市民在法庭上做了虚假证人,他将被处以死刑"③。同样的表达也出现在犹太教和基督教共享的第九诫(the Ninth Commandment's)格言中:"不可作假见证陷害人。"

　　进一步说,古代和现代哲学家一直在思考人类事务中真相的责任。当然,苏格拉底为其严苛问责的行为付出了生命的代价,也可能因此成了历史上第一个为自由言论而牺牲的殉道者。④ 在本书第三章中,康德认为,真相应该是一个在任何状况下都通用的普遍价值,不论真相之后的结果如何。约翰·弥尔顿(John Milton)在其1644年发表的《论出版自由》(Areopagitica)中,给思想自由提供了一个非常具有说服力的论证,他将真相和谎言描绘成思想世界中的一对竞争者。弥尔顿认为,真相永远会在一个公平的对抗中获得胜利。而在两百多年以后,约翰·斯图尔特·穆勒仍然在倡导这

---

① Richard Reeves, "Living in a World of Limited Truth," *The Advocate* (Baton Rouge, LA), February 6, 1998, p. 8B.
② Sissela Bok, *Lying: Moral Choice in Public and Private Life*, 2nd ed. (New York: Vintage Books, 1999), p. 13; Richard L. Johannesen, *Ethics in Human Communication*, 3rd ed. (Prospect Heights, IL: Waveland, 1990), p. 110.
③ 引自 Warren Shibles, *Lying: A Critical Analysis* (Whitewater, WI: Language Press, 1985), pp. 19-20。
④ 对于苏格拉底审判的学术分析,参见 I. F. Stone, *The Trial of Socrates* (Boston: Little, Brown, 1988)。

个主张,认为人民有不受政府审查的言论自由权。"如果这个观点是正确的,那么他们就失去了从错误中获知真相的机会;如果他们是错误的,尽管在这个问题上失败了,但却能够获得同样的结果。在错误的碰撞中,将会产生一个更为清晰且鲜活的事实真相。"①当然,弥尔顿和穆勒可能对科学意义上,而不是道德哲学方面的真相更感兴趣。

但是,如果真相如此神圣,为什么在涉及个人利益时诚信原则总是第一个被抛弃呢?答案在于,与真相一样,不诚实的倾向也是人类本性和社会常态的一部分。事实上,欺骗的艺术(即使没有那么崇高)和对于真实性的承诺同样历史悠久。在毒蛇引诱夏娃(Eve)吃下,从而使得亚当(Adam)也吃下了知善恶树(the Tree of Knowledge)上禁果的那一瞬间,欺骗便无可挽回地与原罪联系在了一起。这种撒谎的倾向也顺着亚当和夏娃的血脉流传下来。例如,当上帝询问该隐(Cain)他弟弟(被杀)的去向时,他回答道:"我不知道……我又不是看守他的。"而在之后的《旧约》(Old Testament)中,雅各布(Jacob)的孩子因嫉妒兄弟约瑟夫(Joseph),欺骗了雅各布,他们将约瑟夫卖作奴隶,却告诉父亲他被野兽吃掉了。②

正如我们前面看到的,古代哲学家可能对于理想的真相有着孜孜不倦的追求,但就算柏拉图也对真相是否总对人有益存有疑问。当被人问到一个人应不应该为了从谋杀者手下救人而撒谎时,柏拉图说:应该。而当真相并不可知时,我们甚至可以将假象当成真相来为我们所用。③ 当然,这个建议模糊了事实和虚假之间的明确界线,也引发了道德上的忧虑。例如,新闻故事使用复合人物和用虚构类纪录片(docudrama)——事实和虚构的戏剧化结合——作为展示历史事件的可靠电视形式。

流传的神话、民间传说和文学作品中都充满了为一己利益,把欺骗和谎言作为正当理由的戏剧性情节。作为虚构小说消费者的我们常常被我们最喜欢的人物的欺骗行为表现出来的狡诈与机灵所折服。事实上可以说,在文学作品对人的刻画中,欺诈比真相更为显著。

因此,那些容易受骗的人总有一群重要的证人前来相助。此外,不像他们的先辈一样,许多现代哲学家几乎忽视了人际交往中"真实"的重要性。我们似乎生活在一个充满相对性的时代里,当一个人遇到他人指责其错误行为时,反而用一句"义正词严"的"一切都是相对的"来反驳。问题不在于相对主义者一定是错误的;有时欺骗也是合理的。但如果要在个人和职业生活中做一个有道德的人,我们应该依据一些坚定的道德准则,从而保卫不在真理道路上偏移。说实话从来不需要任何道义上的理由,而撒谎和欺骗则需要。④

---

① John Stuart Mill, *On Liberty* (New York: Bobbs-Merrill, 1956), p. 21.
② *Genesis* 4:37, 转引自 Arnold M. Ludwig, *The Importance of Lying* (Springfield, IL: Thomas, 1965), p. 7。
③ William L. Rivers, and Cleve Mathews, *Ethics for the Media* (Upper Saddle River, NJ: Prentice-Hall, 1988), p. 15.
④ Clifford Christians, Mark Fackler, Kim B. Rotzoll, and Kathy Brittain McKee, *Media Ethics: Cases and Moral Reasoning*, 6th ed. (New York: Addison Wesley Longman, Inc., 2001), p. 85.

真实的重要性

　　一些伦理学家坚定不移地认为，真实是最基本的理念，并支持康德学派的观点，即撒谎是错误的。其他伦理学家稍微宽容一些，但也认为，任何谎言都需要更多的举证责任。例如，伦理学家西塞拉·博克（Sissela Bok）坚持她的真实性原则，就是不去谴责任何一个谎言，但是要求道德主体证明他的谎言是无可奈何的最终选择。另外，即使在这样的情况下，也必须考虑撒谎以外的其他选择，并在恰当的情况下使用。① 然而，因为数量众多的当代道德哲学论著都无法持续证明真相在我们的价值观系统中的重要性，所以这里所说的也只起到指导作用。但是从文明社会的角度来说，有以下几个理由支持将坚守真相作为基础价值观之一。

　　第一，人际交流缺乏真诚，将会影响个人的自主性。作为理性的生物，我们依靠真实准确的信息来对整个活动做出判断和决策，这些活动包括给政治党派的选举投票，购买哪一个产品，看哪种电视节目，甚至关系到选择朋友和职场同事。例如，2001年，两个索尼影业高管伪造电影评论的骗局产生了潜在后果。他们虚构了一个名叫大卫·曼宁（David Manning）的影评家，并用此身份为索尼发行的电影《透明人》（*Hollow Man*）、《垂直极限》（*Vertical Limit*）、《圣战骑士》（*A Knight's Tale*）和《人面兽心》（*The Animal*）等作品写下极好的评价。骗局被揭穿后，这两位高管被停薪停职30天②，但是这样的处理对那些认为文章是由独立影评人所写，并相信这些评论的人来说，并没有多少安慰。

　　因为我们在很多清醒的时间里都在消费大众媒体提供的视觉刺激和听觉刺激，所以作为自主的个体，我们有权利要求媒体从业者与社会大众一样，秉承相同的正直性。当不精确的信息、谣言和毫无依据的指证代替基于个人了解、证据和旁人佐证的真相时，明智的决策，进而个人的自主性就将遭到损害。

　　对真实的损害所带来的伤害，体现在1991年围绕确认高级法院法官克拉伦斯·托马斯（Clarence Thomas）提名的参议院辩论事件中。面对来自前法学院教授安尼塔·希尔（Anita Hill）的性骚扰控诉，托马斯坚决否认，并将其称为"高科技私刑"。或许真相不可知，但在听证会召开10年后，曾担任《美国观察》（*American Spectator*）作家的大卫·布洛克（David Brock）在书中承认：在听证会之后，托马斯的右翼支持者要求他去摧毁希尔的信誉，并重塑托马斯的名声。布洛克说，他发表了各个方面关于希尔的诋毁内容，这些内容甚至自相矛盾，只是为了让她看起来"有些古怪并且有点下

---

① Bok, *Lying*, pp. 30-31.
② "Studio Pair Return to Work after Critic Scam"（*Variety*, July 10, 2001）, http://news.findlaw.com/entertainment/s/20010710/filmphonydc.html。

流"①。与此同时,公众对于高级法院法官和他的指控者都心存疑惑。

"个人的自主性"这一概念部分基于自由的选择权。欺骗会破坏我们对自己选择的信心,从而使我们不愿去行使自己的自治权。② 例如,广告和公共关系从业者的欺骗行为会在公众环境中营造对从商群体不信任的氛围。因此,"社会责任感"一词也随着"自由"一词成为媒体从业者的关键词,后者同样也是不同种类的媒体专业的行为准则。

第二,坚守真实性的理由是,它展现了对人的尊重,把人当作目的,而不是被人操纵的工具。欺骗通常在将自身利益视作高于他人利益的情况下发生。当然也会有例外,比如在一些情况下,医生不愿告诉病人其罹患绝症的真相。但总的来说,在交流过程中的不真实会让虚假信息的接收者处于一种"竞争"的不利位置。而在媒体从业者所处的环境下,这个问题就会被放大,这是因为在这种媒体消费情况下,相比于亲临现场,观众很难发现假象,同时他们也无法立刻表达反对意见并期待其产生影响。

当然,"尊重他人"既能成为说真话的原因,也同样能为欺骗"正名",因为一些人不想让自己肆无忌惮的坦率打击别人的感情。从更高层次来说,记者有时会以公众利益为借口来为其欺骗行为开脱。一些调查类记者常用虚假陈述来展现官方腐败或者其他影响社会福利的不良行为。从伦理角度来说,这个行为在伤害小部分毫无防备的人的同时,保护了大众的利益。质疑这种行为的人们认为,记者在穷尽其他素材获取方式前,就过于倾向通过"卧底"来达到目的了。而从责任的角度来看,两个错误并不能变成一个正确的选择。就算是出于对大众利益的考虑,作为"日常新闻采集技巧"的欺骗手段也不应该被采纳。

对交流中的真实抱有信心,同样会在人与人或者人与社会职能机构之间建立起信任。欺骗将破坏信任,也将使建立在信任和信誉基础上的关系在未来难以获得成功。③ 一个作家甚至将撒谎的行为描述成"社会进程中的寄生虫"④。例如,一家化学制品公司的公关人员在关于有毒物质泄漏的发布会上不坦诚,这可能会带来短期利益,但不久将会使得公司的信誉(及其本身)遭受一系列打击。同样地,误导和欺骗性的广告宣传也会损害消费者的信任,因为对于消费者来说,发现商业宣传的真相比发现政治宣传的真相更为艰难,后者往往接受了媒体严格的审查。信任是建立在真实交流上的,而撒谎和欺骗则动摇了社会的根基。

第三,真相对民主进程至关重要。民主制度依赖充分知情的公民群体,即一个以学究似的态度和相应的知识来对待政治和经济市场的群体。在一个复杂的民主社会中,媒介是信息流通的主要管道,同时如果媒介不在一定程度上为其观众提供真实、准确、有效的信息,就是剥夺了受众做出理性决定的必要知识基础。近期新闻报道出现

---

① 引自 Margaret Carlson, "Pleading Guilty," *Time*, July 9, 2001, p.28。更多对希尔的指控,参见 David Brock, *The Real Anita Hill: The Untold Story* (New York: Free Press, 1993)。

② Johannesen, *Ethics in Human Communication*, p.110.

③ James A. Jaska, and Michael S. Pritchard, *Communication Ethics: Methods of Analysis*, 2nd ed. (Belmont, CA: Wadsworth, 1994), p.132.

④ Shibles, *Lying*, p.19.

碎片化发展趋势，八卦小报上的骇人消息与琐事报道取代了严谨的报道和分析，都显示了商业利益诱惑下真相的脆弱性。当然，媒介迎合大众口味没有任何错误。同时在一定程度上，公众为小道消息放弃了一些严肃的内容。这也表明，在民主价值观受损的现实中，公众也必须承担相应的道德责任。民主政治和经济体制最早在媒介上给予物质支持，但当媒介未提供真实有效的服务时，媒介就会面临文化上的失调，并剥夺整个系统的活力。

媒体从业者与真假二分法

从理论上来说，绝对的事实真相应是所有媒体从业者奋斗的理想目标。然而在实际生活中，这一原则的实现往往依赖实际情况和道德主体扮演的角色。虽然完全虚构的谎言不会有什么道理，但究竟揭露多少事实真相能够对大众有益却是基于公众期望的。比如，我们期望记者能公正报道事实（也就是说，对于重要事件，已知真相越多越好）。另外，即使消费者意识到广告和公关从业者的导向性，也不希望他们做出任何与自身利益及客户利益相悖的事情。这并不奇怪，因为毕竟事实上，广告和公关从业者与记者的职业有着根本的不同。所以，问题就变成广告和公关从业者，应该告知消费者多少事实真相，或在什么情况下可以隐瞒有可能重要的信息。

由于评估事实真相的过程涉及媒体行业的方方面面，因此来自阿拉巴马州立大学的教授弗兰克·迪弗（Frank Deaver）建议我们构建一类数轴，即一种道德"灰度"的计量形式，可以从一个极端到另一个极端。① 在这种情况下，绝对真相在一头，而另一头就是欺骗和公然撒谎。那些致力于提供事实的人（例如遵守道德规范的记者）就会靠近"真相"的一端。那些带有企图的欺骗，就算是有合理的解释，也会落在数轴的另外一端，道德感低下的记者同那些故意传播虚假信息的广告和公关从业者是这个位置的重要存在。而根据迪弗所说，在这两个极端之间还有两类行为：一类是试图使用选择过的信息来说服他人（不呈现事实全貌），例如广告商和公关专员；另一类则包括那些不是恶意欺骗的人对不真实信息的使用。小说（例如那些不需要考虑真实性的媒介娱乐）、比喻、寓言和善意的谎言就落入后一类。"新新闻主义"（New Journalism）这种在20世纪60年代流行的新闻写作形式就属于这一类，因为它常常使用比喻、寓言和虚构人物来达到"更真实"的效果。这常常被解释成对真实事件的虚构，相比于传统结构下的新闻制作，这样能够吸引更多、更广的受众群体。②

新闻中的真实

新闻真相的标准。从新闻的角度来说，专家关于怎样构成真实新闻的意见比比皆

---

① Frank Deaver, "On Defining Truth," *Journal of Mass Media Ethics* 5, no. 3 (1990): 168-177.
② Ibid., p.174.

是。最基本地，对新闻报道的真相的理解包括以下三种观念。①

第一个，也是最显著的一个要求，即故事的报道必须准确（accurate）。事实应该经过核实，也就是说，这些报道应该基于坚实的证据。如果其中对事实有任何疑惑或者纷争，也应该让观众知晓。这是最基本的要求，因为不准确、不充足或未经证实的信息会影响新闻媒体的可信度。在2004年秋季，CBS新闻在追踪报道总统乔治·W.布什（George W. Bush）和参议员约翰·克里（John Kerry）之间激烈的总统竞选时，未能遵守负责任的新闻报道这一义务，酿成了一场道德风波。在该话题已经引发争议后，CBS在其晚间新闻和《60分钟》栏目中，对布什总统在越南战争期间于国民警卫队服役的情况提出了新的疑问。尽管大量证据证明，CBS使用的这些文件均为伪造，但是CBS新闻和丹·拉瑟（Dan Rather）却表示对其真实性充满信心。然而，在成为公众舆论中心近两周之后，他们终于承认，并不确定这些文件的真实性。消息源对从哪里获得信息撒了谎，《60分钟》的制作人作为消息源和参议员约翰·克里之间的桥梁，让一些媒体专家对CBS新闻及其72岁高龄的高管拉瑟的未来产生了担忧。② CBS新闻和拉瑟发表了公开道歉③，但这对电视网本身新闻信誉的损害是无法估量的。

从准确性角度来说，应该保证引用内容的精准。以道德行为来讲，改变直接引用内容来避免造成说话者尴尬的行为是值得商榷的。在这一方面如有任何问题的话，应该使用间接引用和改述。无论如何，一些记者认为"改进"受访者的语法是出于公平考虑的正确行为。

如果引语是准确的，但其中包含记者认为可能不真实的主张，该怎么办呢？记者有义务去调查每一个陈述的真实性（例如，从政治竞选的狂热者中通常不可能得到准确的结论），抑或记者的义务只是准确引用吗？可以肯定的是，在一定程度上，不进行调查肯定会影响观众对于真相的了解，但对这个责任是否等同于道德上的要求仍然存有一些疑问。无论如何，如果记者没有亲眼看见事件的发生或者获取的信息并不是一般知识，他们就应该确保消息来源的可靠性。这是准确播报新闻的基本要求。

不幸的是，当记者未能进行独立的新闻调查，而是直接将同事的材料作为报道内容时，就会出现不准确的引用和新闻故事。对于信任媒体的社会大众来说，这样的新闻可能不会被批判，而是被当成新闻真相。其中一个广为传播的例子就是，有人直接引用民主党、总统候选人阿尔·戈尔声称自己"发明"了因特网的言论。然而，事实是，他在与CNN的沃尔夫·布利策（Wolf Blitzer）访谈时曾说，"在国会任职期间，我在创造因特网一事上比较积极"。正当戈尔因此言论被共和党与新闻媒体嘲笑时，几个互联网专家却确认，戈尔在国会推动互联网建设方面发挥了重要的作用④。

---

① 更多关于该观念的讨论，参见 Stephen Klaidman, and Tom L. Beauchamp, *The Virtuous Journalist* (New York: Oxford University Press, 1987), pp. 34-55。
② Dan Gilgoff, "A Fine Mess at CBS," *U. S. News & World Report*, October 4, 2004, p. 29.
③ 例如参见 Jim Rutenberg, and Kate Zernike, "CBS Apologizes for Report on Bush Guard Service," *New York Times*, September 21, 2004, Section A, p. 1。
④ Jane Hall, "Gore Media Coverage—Playing Hardball," *Columbia Journalism Review*, September/October 2000, p. 31.

伴随着互联网的出现和网络新闻难以抗拒的吸引力,无秩序的新闻报道问题显现出来,记者相互随意借鉴材料的可能性大大增加。就算原发布者能够及时更改不准确的消息,他们也将面对一系列衍生出来的情况。诚然,即使最具热情和积极性的伦理学家都会忽略这一问题,但挑战已在眼前。巴布·帕瑟(Barb Palser)在《美国新闻学评论》中写道:"如果诚信这一问题未引起人们的注意,我们要意识到,胡乱分享内容会使错误更加难以纠正。当越来越多的新闻网站互相借鉴内容及调查结果时,新闻问题将会越来越常态化。请试想一下自己吞下自酿苦果的场景。"①

一个在新闻准确度方面特别棘手的弱点是关于研究的报道。这一点极为重要,因为对公众消费的调查与研究的报道正在占据市场。许多记者在接受学术教育期间从未上过任何数据和实验设计分析方面的课程,他们对科学研究非常敬畏。正因为没有掌握评估这些分析或结论的科学方法,他们通常不加批判地接受它们。科学方法也的确不是可以进行突击学习的。然而,记者不需要成为科学家,也至少可以做到询问研究样本的来源,并在自己的新闻故事中提及这一事实。这可以在某种程度上显示研究的可信度。

出于对准确度的考虑,记者是不是应该在故事发表前进行消息源审查呢? 一段时间里,出版前审查是禁忌,而且直至现在仍然不受欢迎,因为许多记者认为这是对其新闻自由的威胁。然而,美国职业新闻记者协会伦理委员会联合主席弗莱德·布朗(Fred Brown)提到,在过去几十年内,"我们把新闻准确度置于新闻独立性之上,还认为为读者提供服务比保护我们所写的内容更重要"②。前首席调查记者及编辑史蒂夫·温伯格(Steve Weinberg)允许出版前例行审查,因为"通过邀请消息来源审查待发表的文章,其更愿意公开做出评论",同时"也没有影响作者对于文章的把控"③。如果消息提供者希望更改文章中的解释或语气的话,要提醒他们,他们的审查仅仅局限于对信息准确度的考察。支持出版前审查行为的人们也指出,新闻伦理的终极目标就是真相,这一目标会被不准确的信息所影响。根据这个观点,如果消息来源能够保证信息的准确性——通常是在涉及税务政策或者科学发现等复杂的新闻报道时,那么记者就应该在发布前毫不犹豫地去征询他们的意见。

虽然大多数记者将报道的准确性作为新闻伦理的第一准则,但新闻时效性方面的激烈竞争有时会影响新闻报道的准确度。在近期发生的事件中,最大的失误是四大广播网、CNN、美联社和众多国内领头的报刊媒体一致错误地宣布民主党人士阿尔·戈尔将成为2000年总统大选的获胜者。④ 批评者无法在这一乌龙事件的原因上达成一致。一些人指责服务方为网络和美联社提供了错误的出口民调和原始投票数据。一

---

① 参见 Barb Palser, "Virtual WiteOut," *American Journalism Review*, May 2001, p. 70。该作者经常在美国和加拿大一些电视台为网络新闻编辑进行技术和编辑技能培训。
② Fred Brown, "Balancing Accuracy with Independence," *Quill*, May 2004, p. 30.
③ Ibid.
④ "It's Gore! It's Bush! It's a Mess!," *Broadcasting & Cable*, November 13, 2000, pp. 6-7.

些人则责备佛罗里达州的竞选结果出了问题。① 然而,有一点是一致的:新闻媒介,特别是电视新闻网在信誉方面损失惨重。代表如众议院通信小组委员会主席比利·陶津(Billy Tauzin),甚至指责新闻网络"剥夺了美国人投票的权利",同时他也承诺会对新闻网络选举夜的乌龙事件进行听证调查。②

战地新闻报道特别容易被指责不准确,部分原因包括报道内容严重依赖军方消息来源、现代战争的复杂性以及考验新闻事件报道和叙述角度选取的快节奏交战。例如,在2003年春季的伊拉克战争期间,术语"随军"一词迅速成为公众常识,因为美国官方在前往巴格达与伊拉克部队推翻萨达姆(Saddam)政权时,允许记者随军并在前线报道。这也为记者在各自分队的战争情势中提供了近距离观察的机会。尽管如此,战争报道中从一开始就有很多不准确的新闻,它们常常是谣言和一些基于错误情报的信息。例如,《今日美国》(USA Today)中的一篇文章就将不准确归因于,"笼罩的战争迷雾使得这一地区的事实、虚构消息和战争夸大化混在一起"。这类报道提及萨达姆·侯赛因可能已在空袭中丧生,然而其真实命运无人知晓;化学工厂生产被禁的大规模杀伤性武器,最后被证明是错误的消息;数千什叶派人士在巴士拉起义对抗萨达姆,也是假的;那些在伊拉克南部仓库里发现的尸体最初被认为死于萨达姆的残酷统治,然而事实上却是死于20世纪80年代的两伊战争时期。③

在准确的基础上,对于新闻真实的第二个要求就是,真实的故事应该能够增进人们对事件的理解(promote understanding)。时间和空间的限制妨碍了任何情况下对于事件本身的详尽了解。媒体的目标应该是提供一个内容基本完整的报道。一个新闻故事应该尽量覆盖所有已知和必要的相关消息,从而使得读者或观众能够理解事实及其背景。这样,记者的行为就被置于完全公开和保密两个极端之间。④

实际上,所有的真相在任何情况下都有可能是不可知的,但当道德主体有意识地隐瞒全部或者部分公众关心的相关事实时,就会产生伦理问题。这种行为与新闻记者报道所有已知相关信息的职业本能相对立,但有时,曝光全部信息对个人或公众利益的威胁会使记者保留或搁置特定信息。绑架和恐怖袭击的焦点速报往往是印证上述观点最主要的两个例子。

还有一种情况是,新闻记者倾向报道事实,却被更强大的力量所控制,这些力量为了自己的目的,控制了向公众传递信心的力量。如前文提到的,战地新闻报道是一个极大的挑战,特别是在激烈的战事中,记者要尝试为非常复杂的故事提供视角和理解。受到过去越南战争时期大量负面报道的影响,在国防部五角大楼里,许多高级官员(都是有着越南战争经历的老兵)决心在"沙漠风暴行动"(Operation Desert Storm)中不再重蹈覆辙。该行动在1991年成功阻止了伊拉克对科威特的侵略行为。在这场时

---

① 例如参见 Meredith O'Brien, "How Did We Get It So Wrong?," *Quill*, January/Feburary 2001, pp. 14-18; Gary Hill, "Election Coverage: A Major Media Mistake," *Quill*, January/February 2001, p. 19。
② Paige Albiniak, "Coverage on the Carpet," *Broadcasting & Cable*, November 13, 2000, p. 12.
③ Steve Marshall, "Accuracy of Battlefield News Often Hazy," *USA Today*, April 8, 2003, p. 7A.
④ 对于这一观点的更多讨论,参见 Klaidman, and Beauchamp, *The Virtuous Journalist*, pp. 40-41。

间相对较短的行动中,军方严格限制媒体进入战区。对记者们而言,很多人都是第一次进行战争采访,却对于五角大楼提供的过滤后的信息趋之若鹜。这些现象被《新闻周刊》形容为"像喜欢视频游戏的小孩被媒体记者会上的高科技玩具所震撼"。"有时,新闻机构的人员似乎太想要讨好那些军队高官,反而忘了问问题。通讯员、报纸和电视台之间的相互竞争正中了五角大楼高官的下怀。"①一些比较有克制力的评论家责备他们缺乏批判性。另一些言辞更为激烈的评论家则指出,这些媒体与政府勾结在一起。②

12年后,当美国及其同盟国入侵伊拉克时,媒体被指责乱下毫无根据、反复无常的结论——这些结论没有起到增进公众对于军队行动了解的作用,也没有增强公众对于事件的参与感。媒体评论家指责记者导致社会情绪波动,从战前的乐观,到敌对势力出现后急速转为对陷入战争泥潭的担忧(重启了对越南战争的记忆)。根据这个结论,"这些情绪波动在唾手可得的胜利和军事行动失败的报道中被放大,也就导致观众对于军事行动产生混乱分裂的看法"③。"报纸和电视播报的大部分内容",在过度乐观的期待和过度悲观的失败主义之间反复跳跃。根据《休斯敦纪事报》(*Huston Chronicle*)社论:"这些都未能反映现实情况。"④

然而,有一些记者和编辑则反驳说,战地记者仅仅是简单记录战争进程,包括成功和失败的战役。在他们眼中,媒体公正地报道了五角大楼对于初期胜利的预期,但现役和退休军官表达了对战争策略的担忧,同时伊拉克南部也遭遇了当地武装组织的激烈抵抗,以上种种也都被媒体报道了出来。⑤ 不论在这一特定冲突中个人对于媒体表现的评价如何,专业记者都应该争取通过清晰的表达来加深公众的理解,由此避免带有评判色彩的解读。只有在观点基于合理事实及信息源头的前提下,才可以做出以上行为。

真实报道的第三个要求是公正与平衡(fair and balanced)。这两个互相关联的概念包括:第一,避免任何明显的记者偏见。记者和我们普通人一样,会把一些文化上的既有看法带到工作中,这时要求他们摆脱偏见是否过于苛刻? 而对于新闻媒体来说,没有什么比带有偏见性的报道更常被指责,这也对媒体信誉产生了更大的损害。例如,皮尤研究中心和新闻业卓越计划(Project for Excellence in Journalism)对2000年总统大选新闻报道的研究结果就证明了这一点。它们在不同的五周内对2400家报纸、电视及互联网媒体的调查显示,76%的新闻报道包含以下两个主题中的一个:阿尔·戈尔撒谎、夸大其词或者丑闻缠身;乔治·布什是"一个不一样的共和党人"⑥。皮尤

---

① "Not Their Finest Hour," *Newsweek*, June 8, 1992, p. 66.
② 对于媒体在"沙漠风暴行动"中行为的批判性分析,参见 John R. MacArthur, *Second Front: Censorship and Propaganda in the Gulf War* (New York: Hill & Wang, 1992)。
③ Rachel Smokin, "Media Mood Swings," *American Journalism Review*, June/July 2003, p. 17.
④ Ibid.
⑤ Ibid.
⑥ Jane Hall, "Gore Media Coverage—Playing Hardball," *Columbia Journalism Review*, September/October 2000, p. 30.

研究报告表达了对出版商严厉的指责,《哥伦比亚新闻评论》的调查也支持了这一结论:"记者对于布什人品的各种报道,比戈尔不受支持议题的讨论多一倍以上。换句话来说,这些都是个人观点而非记者的客观分析。"①

在避免偏见的基础上,公正和平衡原则需要记者对那些能够加深他们对事件本质理解的信息给予肯定。记者应该努力对事件进行公正报道,根据其重要性展现新闻内容。

对新闻真相最大的威胁可能就发生于危机时刻。比如,在报道2001年"9·11"恐怖袭击事件时,美国媒体试图向这个被恐惧笼罩的国家传达准确信息,却也因此面临前所未有的伦理挑战。在那一天,美国人惊恐地看着两架客运飞机撞向纽约的世贸双子塔,另有一架在象征美国军事力量的华盛顿特区五角大楼留下了一个大洞。对美国充满仇恨的恐怖分子将这些飞机改造成大规模杀伤性武器。第四架飞机撞向了宾夕法尼亚州的一片空地,这得益于几名乘客勇敢面对劫机者,几乎成功挫败了这些恐怖分子进一步破坏美国机构的计划。正当整个国家试图应对由这些在美国本土发生的恐怖袭击所带来的恐惧和由几千名同胞丧生所带来的悲痛时,通过美国邮政系统实施的炭疽生化恐怖袭击,又将政治领袖、记者和邮政工作人员置于危险之中。不明来源的攻击造成了数起死亡事件。

从伦理角度来说,报道任何全国性的惨痛事件都是有风险的,但报道"9·11"事件及其后续事件给记者们带来了异常艰巨的挑战——如何提供一个不会加剧其恐惧感的准确报道,来强化公众认识。在恐怖袭击发生后的几周内,记者面临泛滥的信息,其中大部分互相矛盾且不准确,不管它们是来源于白宫,还是来自众多不同的政府官员或其他渠道。在这一过程中,准确的信息有时成了牺牲品。例如,在炭疽报道中,编辑努力为公众提供有用的信息来防范炭疽感染,但同时要努力避免引起公众恐慌。《美国新闻评论》的一位评论员曾坦率地说道:"媒体正在无法自控地被一个徐徐展开的故事绑架。"②事实上,因为一些记者本身成了炭疽热恐怖袭击的目标,所以他们难以屏蔽个人感情,而这又是专业记者本应当做到的。NBC主播汤姆·布罗考(Tom Brokaw)以自己为例,在10月15日的晚间新闻播报结尾处,表达了一些同事的感受,并展示了一瓶药片:"我们相信环丙沙星(Cipro)。"③环丙沙星作为一种治疗炭疽杆菌的有效药的名字,很快家喻户晓。

在"9·11"事件发生后不久,公众对于新闻媒体的报道给出了高度评价。例如,皮尤研究中心在袭击发生之后的9月中旬所进行的调查显示,89%的调查参与者认为新闻报道的质量为优秀或良好。一个月之后,仍有85%的人这样认为。④ 公众之所以对于媒体在"9·11"事件报道上的处理如此欣赏,可能是因为新闻机构自己也表现出

---

① Jane Hall, "Gore Media Coverage—Playing Hardball," *Columbia Journalism Review*, September/October 2000, p. 30.
② Sherry Ricchiardi, "The Anthrax Enigma," *American Journalism Review*, December 2001, p. 18.
③ Ibid., p. 21.
④ The Pew Research Center for the People & the Press (November 28, 2001), http://www.people-press.org/112801s1.htm,2002年1月7日访问。

了爱国热情。美国国旗出现在新闻报道和新闻主播的衣领上,同时记者毫无批判地接收了政府领导和其他官员的信息。一些报道呈现出坚定的爱国情怀,以作为对无辜平民遭受恐怖袭击的一种可以理解的回应。明尼苏达州立大学媒体伦理和法学院教授简·柯特利(Jane Kirtley)说道:"有一个问题是,当观众充满爱国主义情绪时,媒体很难做出批判性报道。"① 然而,公众对此的认同感也可能来自可靠的记者对可预见的谣言和未经证实的事实的仔细评估。② 在没有先例可以参考的情况下,这并不是一件容易的事。

但是,依然有反对的声音。一些评论家指责记者放弃了监督政府的传统角色,并且不加批判地报道"反恐战争"对外交政策的影响。③ 在一个致力于信息自由流通的民主社会中,即便事实可能显示出不利于政府政策的趋势,但确保其准确性也理应是一种道德义务。例如,一旦恐怖袭击本身的冲击慢慢平息下来,记者就会在一定程度上试图重新秉持客观角度,他们会越来越多地把注意力转向美国在中东地区的政策,以及滋生了如乌萨马·本·拉丹(Osama bin Laden)等恐怖分子的社会温床本身。

媒体努力帮助美国公众理解"9·11"事件发生的背景。自然,对那些能为本·拉丹身后的文化提供深刻见解的阿拉伯人的采访就成了不可或缺的部分。这样的新闻作业方式存在被受访者控制访谈主题的风险。这样的情况曾发生在 ABC 和 CBS 寻求采访卡门·本·拉丹(Carmen bin Laden)的过程中,卡门是乌萨马·本·拉丹关系早已疏远的弟妹。为了这样一个采访机会,卡门·本·拉丹的律师提出了一系列条件,其中包括律师要预先筛选采访问题,并有更改的权利。这其实已经违反了两家新闻机构本身的行为准则。值得赞扬的是,这两家电视台拒绝了这些要求。最终,ABC 还是获得了采访的机会。④

当 CNN 通过内部渠道成为"9·11"袭击之后第一个采访本·拉丹的西方媒体时,很多人对此进行了道德上的质疑。根据《广播与有线电视》的报道⑤,CNN 表明了自己与阿拉伯语频道——半岛电视台(Al Jazeera)的联系,并遵守了给予乌萨马·本·拉丹采访问题清单这一约定。CNN 辩护称,这些采访前的安排与其一贯的新闻政策不符,但也是特殊情况下的特定做法。CNN 试图回应预期的批评,宣称自己并没有同意任何有关问题的先决条件,也没有承诺推广本·拉丹的回应。波因特研究所的新闻学实践专家鲍勃·斯蒂尔(Bob Steele)也赞同 CNN 做出的决定。其理由是"听取本·拉丹脑中所想是具有价值的,即使那些只是宣传"⑥。斯蒂尔还指出,CNN 承诺进行适当的编辑监查,同时未保证会播出这样一段材料。他总结道:"这是一个基于新闻独立

---

① Maria Trombly, "Ethics and War," *Quill*, December 2001, p. 15.
② 例如 Fred Brown, "Journalists Rise to Challenge of Tragedy," *Quill*, October 2001, p. 31。
③ 例如 Trombly, "Ethics and War," pp. 14-17。
④ Elizabeth Jensen, "Interview Subjects Try Bending Rules of Journalism," *The Advocate* (Baton Rouge, LA), October 31, 2001, p. 11A.
⑤ Dan Trigoboff, "CNN's bin Laden Dilemma," *Broadcasting & Cable*, October 22, 2001, p. 14.
⑥ Ibid.

性的决定,但是这并不会损毁新闻独立的特征。"①

隐瞒信息。记者从事的是一项揭示真相的工作,而非隐瞒它们。在一些人眼中,了解新闻事实却不报道在职业操守上是不道德的。这个风险相当之高——如果读者和观众认为新闻机构对他们隐瞒关键信息,那么公众对媒体的信任感就会大打折扣。尽管如此,关于记者忠诚度常常有不同的观点。他们可能会筛掉一个新闻故事,为在未来某个时候获得优势蓄力。

不管原因是崇高或者自私,在新闻机构掩藏真相的行为下,公众的信任总是第一个牺牲品。2003年春天,CNN首席新闻主管伊森·乔丹(Eason Jordan)向《纽约时报》承认,出于对其雇员和消息来源的保护,CNN十二年来都拒绝报道伊拉克的残暴新闻,这引起了人们的担忧。② 伊森表示,他曾多次前往巴格达,游说当地政府保证当地CNN支部开展工作,并能对伊拉克官员进行采访。在访问期间,他痛苦地意识到,一些CNN的消息提供者已被酷刑折磨,同时当地政权也威胁要杀死CNN的员工。

批评者认为,乔丹用获取真相的渠道做交易背叛了公众的信任。③ 一些新闻学教授和评论家认为,CNN的新闻主管在违背媒体的新闻使命来使其能够继续在伊拉克报道。乔丹则回应说,这个问题不仅关乎新闻渠道,更关乎生死。他回复说:"这其实很简单。你会报道那些将会让人死亡的新闻吗?答案当然是不会。"乔丹还说,其新闻网对于伊拉克政权的报道是"公平且强硬的"④。不过,CNN从未报道过这些死亡威胁。这也使得一位评论家毫无同情心地说:"如果CNN不能告诉观众其新闻收集过程充满了死亡威胁,那也是时候离开巴格达了。"⑤

但是乔丹也有支持者,他们认为他成了唯一的替罪羊。英国广播公司驻美发展总监米歇尔·格兰特(Michele Grant)说道:"如果我们认为自己会给雇员带去危险,那就需要权衡再三。"哈佛大学肖文斯坦媒体、政治和公共政策研究中心主任亚历克斯·S.琼斯(Alex S. Jones)表示同意:"我认为,每个新闻机构都要常常做出这样的决定。"⑥

群鲨效应(Feeding Frenzy)。一个符合三大标准但又令人不安的趋势是,在重大新闻发生时,媒体常常匆忙下结论。这些行为有时被称为"群鲨效应"或者"从众心理"。如果这样的新闻狂热在一开始的报道中就有不准确之处,那么在加剧危害的同时,媒体的公信力将再一次受到公众舆论的审判。例如,《纽约时报》的一篇文章曾引发媒体"群鲨效应"。该报在1999年3月6日的版面上推出了这样的报道:中国曾使用从美国洛斯阿拉莫斯国家实验室(Los Alamos National Laboratory)偷来的机密来推进其核武器计划。该新闻并未确定犯罪嫌疑人是谁,但指出他是一个在实验室工作的

---

① Dan Trigoboff, "CNN's bin Laden Dilemma," *Broadcasting & Cable*, October 22, 2001, p. 14.
② Eason Jordan, "The News We Kept to Ourselves," *New York Times*, April 11, 2003, Section A, p. 25.
③ James Poniewozik, "The Trouble with Sitting on the Story," *Time*, April 28, 2003, p. 92.
④ Jim Rutenberg, "A Nation at War: The News Media; CNN's Silence about Torture Is Criticized," *New York Times*, April 15, 2003, Section B, p. 2.
⑤ Poniewozik.
⑥ Rutenberg.

科学家。文中还引用了中情局的资料,将其与1953年因涉嫌曾向苏联提供秘密信息而被枪决的罗森堡夫妇的案例进行比较。① 时报的故事内容很快成了全国性事件,并带来了令人不安的后果。《美国新闻学评论》的一篇文章提道:"虽然有少数记者和新闻机构对这一近乎歇斯底里的新闻观点持怀疑态度,但更多的记者并没有做原创报道,而是用了《纽约时报》简化版的报道。"② 最初报道发表的两天后,在实验室工作的60岁华裔美国人李文和(Wen Ho Lee)被解雇了。尽管他否认向中国提供了官方机密,却仍旧在独立监禁室被关押了278天,且并未被指控犯有间谍罪。最后,政府放弃了针对他的59条指控中的58条。③

在李文和事件发生后,《纽约时报》承认了其原有新闻报道中的"漏洞"和对于政府消息来源的过分依赖。但是,正如《美国新闻》(U.S. News)自身对该情况做出的形势判断:"通常情况下,报纸的失误不会吸引如此多的关注,但《纽约时报》的失误之所以如此重要,是因为该报是国家议程的设置者。"④

然而,"群鲨效应"并不总是由这些非常有名的新闻机构引起。例如,1998年发生在白宫总统办公室(Oval Office)的关于总统克林顿和实习生莱温斯基的重大新闻,就是最先由马特·德拉吉(Matt Drudge)在互联网网站上传播起来的,此人在业界以传播小道消息和谣言出名,而不是靠准确可靠的新闻信息。两人的关系是联邦特别检察官调查的主题,没人能完全否认这一事件的新闻价值。然而,初期的新闻报道质量令人担忧。在绯闻事件报道发布两个月后,美国职业新闻记者协会出版物《羽毛笔》⑤杂志提出质疑,认为新闻中的结论下得太过匆忙。前职业新闻记者协会主席兼伦理委员会主席史蒂夫·盖曼(Steve Geimann)做出了如下评价:

> 职业新闻记者协会的基础道德准则本应是追寻真相——这一行为准则并未被遵守,相反,报纸和广播记者更感兴趣的是抄袭和追随对方。不同于识别匿名消息的来源,受人尊敬的记者和编辑似乎常常遵守一套更宽松的道德准则。⑥

由记者组成的研究委员会对主要电视节目和报纸在事件前六天的表现进行的评估证实了以上论断。结论是什么呢? 41%的报道是分析、意见、推测或评价,而不是关于事实的报道。⑦ 很多早期报道显然缺乏归因。这种令人担忧的结论并未被观众和读者所忽视。在新闻播出一个月后进行的民意调查显示,美国人最常用来描述此新闻

---

① James Risen, and Jeff Gerth, "Breach at Los Alamos: A Special Report: China Stole Nuclear Secrets for Bombs, U.S. Aides Say," *New York Times*, March 6, 1999, p. A1.
② Lucinda Fleeson, "Rush to Judgment," *American Journalism Review*, November 2000, p. 22.
③ Angie Cannon, and Jay Tolson, "The Old Gray Lady Is in the Spotlight," *U.S. News & World Report*, October 9, 2000, p. 56.
④ Ibid.
⑤ 对于克林顿—莱温斯基的新闻报道质量的另一评价,参见Jules Witcover, "Where We Went Wrong," *Columbia Journalism Review*, March/April 1998, pp. 19-28。
⑥ Steve Geimann, "Not Our Finest Hour," *Quill*, March 1998, p. 24.
⑦ Bill Kirtz, "Was Truth the Standard?," *Quill*, March 1998, p. 34.

的形容词中,80%是"过度的",71%则为"尴尬的"。当要在媒体聚焦此事件的两个可能原因中选择时,81%的人表示媒体更在乎自己能够吸引大量观众,只有14%的人认为媒体关注的是事实真相。① 由于篇幅限制,这里不再赘述该案例中的伦理过失。但读者们指向的是1998年3/4月刊的《哥伦比亚新闻评论》版面中关于克林顿与莱温斯基绯闻②的有趣评价。

群鲨效应是即时消息和从众心理作祟的结果,被即时电子通信加剧,并且遵循一种可预测的模式。在早期阶段,受群鲨效应影响的媒体会争相追赶,在报道新闻事实的同时,报道大量评论和影射信息。根据不同故事的性质和持续时间,主流媒体可能更倾向进行更负有社会责任的报道。然后早前急于报道的媒体会进入自我谴责的过程,一些记者会感叹自己过去对新闻故事急于判断。但可以预见的是,下一次还会有这样的现象发生,过去的经验教训将在激烈的竞争中被忘却。

新闻中的欺骗。任何关于在新闻采访和报道中使用欺骗手段的伦理争议都必须考虑各种细微的差别和形式。一些道德纯粹主义者认为,由于真实性是保持新闻专业生命力的原则,因此任何形式的欺骗都是大忌。这种康德学派的观点认为,欺骗行为损害了记者与其受众之间信任的纽带。有些记者在道义准则上并不那么认真,并承认有时会使用欺骗手段来揭露某些对公众具有巨大重要性的新闻。

随着媒体不断受公众信任危机的困扰,某些新闻采集手段越来越被放在道德显微镜下观察。其中之一就是秘密侦查手段的使用,如进行卧底调查、使用隐藏摄像机和麦克风。记者为这种新闻采集方式辩护的理由是,作为公众受托人,他们有时需要采用欺瞒手段来发掘更大的真相。换句话说,就是不择手段获取真相。例如,自由特约记者乔纳森·富兰克林(Jonathan Franklin)装作殡葬业工作人员进入多佛空军基地,那里正是海湾战争伤员的聚集地。通过这种方式,他证实了军方低估了伤亡人数这一事实。富兰克林的文章最终发表在一份旧金山周报《旧金山湾卫报》(*Bay Guardian*)上。主编承认,他通常拒绝接受这种通过卧底方式获取的新闻,但这次例外的原因是,此次欺骗针对的是政府的不当行为,而不是个人。③

然而,卧底活动却并不总是出于那么高尚的动机。举个例子来说,缅因州波特兰市电视台对公立学校进行了安全检查活动。电视台调查小组的一名成员假扮成一个二年级学生家里的朋友来到小学,表示小孩的家人要求他带孩子去看牙医。而实际上,学生的母亲也是电视台工作人员,并正守候在校门外的车里。由于这个来接孩子的人没有携带任何由家长写的假条,学校也联系不上孩子的母亲,同时卧底记者提供的牙医姓名也与学生档案中的资料不符,因此学校校长义正词严地拒绝了将学生交给来访者的要求。后来,学校管理者指责电视台"侮辱其信任",同时指控其"故意欺诈、

---

① "Concerns about Accuracy, Reliability: Television Top Information Source," *Quill*, March 1998, p. 27.
② Wiscover, "Where We Went Wrong."
③ Jay Black, Bob Steele, and Ralph Barney, *Doing Ethics in Journalism: A Handbook with Case Studies*, 2nd ed. (Boston: Allyn & Bacon, 1995), p. 121.

隐瞒学校工作人员来制造新闻故事"。①

虽然欺骗伎俩的使用可能和新闻本身一样古老,但是许多新闻机构并不喜欢这种做法。虽然没有完全禁止,但它们制定了一系列政策,旨在防止这种方式的滥用。然而,如果一家新闻机构选择完全禁止使用欺骗手段来获取新闻,人们恐怕也很难指责它。毕竟,坚持真理几乎不需要任何理由。那些在竞争激烈的媒体环境中发现这种道德保守主义过于严格的人,必须根据一些压倒性原则和苛刻的标准来捍卫他们的欺骗手段。诸如卧底报道和使用隐藏摄像机等新闻调查技术,应该只有在进行充分并仔细的对道德标准的讨论之后才能使用。比尔·科瓦奇(Bill Kovach)和汤姆·罗森斯蒂尔(Tom Rosenstiel)在他们具有启发性的、关于持久新闻原则的书中,很明确地反对了康德学派的欺骗观,认为那对职业记者过于严苛,认为记者在决定是否要采用欺骗手段时应该接受类似于证明非暴力反抗的测试。根据科瓦奇和罗森斯蒂尔的观点,应该用三步检验法来看采用欺骗性手段进行新闻采集是否合理:

(1) 通过欺瞒所获得的信息必须是对公众利益至关重要的。
(2) 记者不应该进行伪装,除非实在没有其他方式可以获取信息。
(3) 记者应该向观众解释他们在何处使用了欺骗性手段以从信源套取信息,并解释如此做的原因。这包括为什么这个故事值得使用这种手段和为何这是唯一获得新闻消息的渠道。②

新闻伪造(news staging)是另一种引起严重道德指控的欺诈行为。不幸的是,不论是在印刷还是在电子媒体中它都并非罕见。举个例子来说,在2002年夏天《印第安纳波利斯星报》(*Indianapolis Star*)的一篇图片新闻中的照片,后来被报纸承认是伪造的。照片和注释描绘了一名护士给一个男孩接种疫苗的情形,而实际上这原本是卫生部门进行的另一项程序。男孩被要求摆好姿势,像是他正在接受注射。该报随后对歪曲事实的行为道歉:"这种对真相的扭曲不符合我们的伦理政策,也不符合我们一贯向读者实话实说的新闻报道方式。"③

在另一个道德失范的案例里,肇事者造成的后果更为严重。一名明尼阿波利斯WCCO-TV的记者因无法找到合适的视频来讲述一个未成年人饮酒的故事,就给六个青少年购买了两箱啤酒,并拍摄他们喝酒的画面。在这则不诚实的新闻被揭发后,该新闻故事的记者和摄像师不仅被解雇,还被逮捕并被指控违反了该州的酒类管控法律。④

与伪造密切相关的做法就是新闻重演或再创作(news reenactments or re-crea-

---

① "Darts & Laurels," *Columbia Journalism Review*, March/April 1996, pp. 17-18.
② Bill Kovach, and Tom Rosenstiel, *The Elements of Journalism* (New York: Crown, 2001), p. 83. 更多关于使用隐藏相机的见解,参见 Bob Steele, "Hidden Cameras: High-Powered and High Risk," *Communicator*, September 1999, pp. 73, 75。
③ "Paper Apologizes for Staging Photo," *Quill*, September 2002, p. 53.
④ Ron F. Smith, *Groping for Ethics in Journalism*, 4th ed. (Ames, IA: Iowa State University Press, 1999), p. 99; "2 Plead Guilty to Buying Beer for Teens for TV Story," *Orlando Sentinel*, February 24, 1993, p. A6; "TV News Pair Get Jail Time for Buying Beer for Teens," *Orlando Sentinel*, March 24, 1993, p. A19.

tions)。毫不令人意外的是,这样的技术手段在专业记者中颇有争议。最严厉的批评是,反对在灾难和悲剧中使用"重演模式"。例如,1996 年,亚特兰大 WGST-AM/FM 的听众收听了一段将近两分钟的新闻原声重现,是关于瓦卢杰(Valu Jet)592 号航班坠入佛罗里达大沼泽地的最后时刻其驾驶室内的录音。为了营造逼真的效果,广播中加入了大风和尖叫等音效。WGST 新闻主管阿尔·加德纳(Al Gardner)为这段广播的编排辩护道:"这是为了将故事与真人联系起来。"瓦卢杰的官方人员则称,这个报道是"离谱"且"不负责任"的。①

并非所有的电子新闻媒介记者都愿意完全放弃新闻重演这一报道方式,但是小心且有限制地使用却是必需的。例如,纽约布法罗 WKBW-TV 的助理新闻主任南希·桑德斯(Nancy Sanders)指出:"我个人认为,有时确实需要稍微迈出非常规的一步来进行故事重演,同时我也认为,这种方式有可能在犯罪情景下对社会产生帮助。但当灾难发生时,我不认为我会赞同这样的做法,这看起来会太戏剧化。"另外,都会电视网(Metro Networks)费城办公室的新闻主任保罗·派瑞罗(Paul Perillo)认为,任何情景再现都是优秀新闻制作里的害虫。他担心,收视率的竞争会使越来越多的电视台通过美化其新闻内容来制造轰动效果。②

正如第二章写到的,计算机辅助数字技术的引进挑战了媒体从业人员的道德想象力。数码成像技术本身在道德上是中性的,但其欺骗能力令人担忧。当然,对静止图像的修改在数字技术来临之前就已存在,但是新技术使改变静止和动态图像更为轻松,且几乎不会被检测出来。由于这些因素,媒体从业人员是否会比以往更倾向改变视觉效果?

相应问题的讨论仍然在持续,但是已经有一些令人不安的趋势出现了。例如,多家报纸,包括《哈特福德新闻报》(Hartford Courant)、《芝加哥论坛报》(Chicago Tribune)和《洛杉矶时报》(Los Angeles Times)在内,刊登了同一张拍摄美国和国际联军入侵伊拉克时期的照片。一名《时代周刊》的摄影师拍了两张英军士兵站在一群伊拉克平民面前的照片,并用他的笔记本电脑将两张照片合二为一。这个摄影师将合成照片连同其他十二张照片发给了《时代周刊》,但这张修改后的图片被不知情的《时代周刊》选中。直到哈特福德方面的工作人员发现,几张照片背景中的平民重复出现时,他们才意识到照片被篡改过。③

还有一个例子是 CBS 的新闻高管们做出的一个极富争议的决定。很显然,这是在事件中牺牲新闻原则,来实施一个更为巧妙的市场策略。在时报广场新千年前夜的电视广播中,CBS 的技术人员用数字技术去除了丹·拉瑟背后时报广场视频图像中巨大的 NBC 标志和百威广告,替换成了 CBS 公司的标志。"这是一个典型的技术案

---

① 参见 Carol Anne Strippel, "Not Necessarily the News," *Communicator*, April 1997, p. 24。加德纳同时承认,电视台曾考虑过用演员来配音。
② Carol Anne Strippel, "Not Necessarily the News," *Communicator*, April 1997, p. 24.
③ Cheryl Johnston, "Digital Deception," *American Journalism Review*, May 2003, p. 10.

例，"媒体伦理学家鲍伯·斯蒂尔感叹道，"这样的行为是以伦理原则为代价的。"①

1999年11月，美国海外驻军官方日报《星条旗报》(Stars and Stripes)头版刊登了阿帕奇直升机在山区盘旋的彩色照片。随附的标题写道："为了更好地为山区地形飞行做准备，阿帕奇飞行员正在接受训练。"然而，这张照片却是伪造的：该报的华盛顿总部通过现代技术，将一架阿帕奇直升机的照片和一处极佳的山地景色合二为一了。②

即便在高等教育机构中所谓的学术诚实堡垒里，数字操纵技术的诱惑也不能避免。2000年9月，威斯康星州立大学一次试图展示其种族多样性的尝试，彻底变成了一场公关灾难。原本的招生封面照片是快乐的威斯康星学生参加足球比赛的场景，但校方发现图片中没有黑人，于是用图片设计软件增加了非裔的脸庞。其公关总监在骗局暴露后说："我们的意图是好的，但这样的方法却是不当的。"类似的是，该事件发生两个星期之后，艾奥瓦大学将一黑一黄皮肤的两个头像粘贴到了学校官网首页的白人身体上。该大学一位官员声称，这是一个过分热心的电脑技术人员的过错，同时承认："其他部门管理人员敦促这一技术人员，要找到可以展现少数族裔学生的照片。"③

毫无疑问，这种通过改变视觉"内容"来扭曲事件事实的方式引发了非常严重的道德问题，同时也削弱了读者和观众对媒体编辑过程的信心。但是，如果这种修改主要是为了设计或者从品位要求出发来考虑呢？正如《美国摄影》(American Photo)的记者出于品位考量，用数字技术删除了杂志封面中凯特·莫斯(Kate Moss)因身着紧身上衣而露出的乳头。④ 在这种情况下，媒体从业者需要平衡不同的考量因素，道德滑坡的风险也越来越大。

许多新闻机构都有相应的政策来防止篡改照片内容，但是还没有明确的需求来建立新的道德体系以应对数字成像的欺骗能力。毕竟，如果某些形式的修改在现行政策下是不可接受的，一项新技术的到来也不能改变这一行为不道德的本质。最终的考验依旧是相当简单和纯粹的，那就是诚实。

伪造：不可原谅的过错。对于《纽约时报》的忠实读者来说，一个国家标志性的媒体机构雇员会伪造信息，并从其他机构盗取素材，简直不可思议。然而，如第一章开头部分简短描述的：2003年第一季度，《纽约时报》以大篇幅头版宣布，一位刚被提拔到国家台的年轻高产记者杰森·布莱尔已经因新闻造假指控而辞职。《纽约时报》自己谈道，调查显示，由布莱尔制作的全国性新闻报道素材中，超过一半存在部分捏造或者其他形式的欺诈，而抽查的600余篇布莱尔的文章中，也存在明显的捏造现象。《纽约时报》写道："他用的欺骗工具就是一部手机和一台笔记本电脑——这使他可以将真

---

① Bob Steele, "Dull Tools and Bad Decisions," *Quill*, April 2000, p. 21.
② "Darts & Laurels," *Columbia Journalism Review*, March/April 2000, p. 14.
③ Roger Clegg, "Photographs and Fraud Over Race," *Chronicle of Higher Education*, November 24, 2000, p. B17.
④ 1994年，在美国佐治亚州的亚特兰大召开的新闻与大众传播教育协会年会递交了一份文件，其中包含多份基于设计和品位考虑而将图片进行数字化修改的案例。参见Tom Wheeler, and Tim Gleason, "Digital Photography and the Ethics of Photofiction: Four Tests for Assessing the Reader's Qualified Expectation of Reality," pp. 5-6.

实地点隐藏起来,还有 24 小时随时访问那些被盗用资料数据库的权力。"①

公众对新闻生产操作中的大多数事故依旧一无所知,但是对杰森·布莱尔事件的报道充斥于主流新闻机构和八卦小报,电台听众和电视脱口秀观众也对此格外感兴趣,同时这个事件也成了主流新闻杂志的封面故事。好几个故事讲述了布莱尔陷入困境的个人生活,并追溯至其高中校园记者时代以来对专业标准不尊重的做法。② 这种曝光伴随着《纽约时报》内部痛苦的自我反省,主要集中在该报充满争议的执行主编哈罗德·雷恩斯(Harold Raines)身上。他对自己培养的新的行业人才特别自豪,因此忽略了其他编辑对于布莱尔工作表现的批评。在《纽约时报》详尽报道了布莱尔事件的三周以后,雷恩斯与总编辑杰拉尔德·博伊德(Gerald Boyd)认为,"布莱尔事件的冲击使他们很难再保持对报纸所必需的有效领导力",因而引咎辞职。③

绝大多数记者都是勤奋、诚信的,且在其专业领域遵守信用。《新闻周刊》在布莱尔事件发生后坦率地承认:"杰森·布莱尔并不是第一个欺骗读者的记者,而且很有可能不会是最后一个。这也难怪,整个行业都在与信誉问题做斗争。"④一本名为《耻辱柱》(Hall of Shame)的杂志,简短描述了在 19 世纪最后 10 年间,即那个黄色新闻臭名昭著的年代发生过的一个关于欺骗的传奇故事。在此期间,纽约出版商约瑟夫·普利策(Joseph Pulitzer)和威廉·伦道夫·赫斯特(William Randolph Hearst)特意煽情和制造新闻事件来推动报纸销量。⑤

《新闻周刊》在预测"杰森·布莱尔可能不会是最后一个违反新闻原则的人"这一陈述上有先见之明。在布莱尔和《纽约时报》事件发生后不到一年内,《今日美国》的资深记者杰克·克里(Jack Kelley)因为捏造新闻和剽窃资料而被解雇。有工作人员推测,报纸的经理由于看重克里在提升出版刊物权威性上的潜力,而放松了对其作品的编辑监管(克里曾被提名"普利策奖",在该报 22 年的历史里,只有两人获此提名)。⑥

新闻行业建立在信任的基础上。信誉的损失会使新闻机构在伦理层面遭受致命损失。记者打磨故事或者故意在报道中倾向某一种意识形态,都是类似宣传的行为。当然,记者并不完美。在交稿期限下,他们常常犯错误,而且一些是在收集事实时所犯的不必要的错误。公众往往愿意原谅那些犯了错误后勇于承担的人。

什么行为在新闻职业中不可饶恕呢？毫无疑问,就是对新闻故事或引用内容的造假。这种现象并未成为业界的普遍状况,但近年来的一些公开案件引起了人们关于职业道德问题的不安。备受推崇的《华盛顿邮报》的一篇作品就被一名作者形容为"现

---

① "Times Reporter Who Resigned Leaves Long Trail of Deception," *New York Times*, May 11, 2003, p. 1.
② 例如 Seth Mnookin, "The *Times* Bomb," *Newsweek*, May 26, 2003, pp. 41-46。
③ "Leadership at *The Times*," *New York Times*, June 6, 2003, Section A, p. 32.
④ Karen Yourish, "The News NOT Fit to Print," *Newsweek*, May 26, 2003, p. 44.
⑤ Ibid., pp. 44-45.
⑥ Matthew Cooper, "Too Good to Check," *Time*, March 29, 2004, p. 20. 关于该案例更详尽的分析,参见 Jill Rosen, "Who Knows Jack?," *American Journalism Review*, pp. 29-38。

代最著名的骗局"①。在报社编辑发现一位年轻记者珍妮特·库克(Janet Cooke)伪造了一名八岁海洛因吸毒者的戏剧性故事之后,《华盛顿邮报》被迫归还了"普利策奖"。虽然这个案件最终被认定为个别事件,但是其他案例同样发生在一些全国知名的出版物上。

举例来说,2000年8月,ABC新闻的约翰·斯托塞尔(John Stossel)因其在新闻杂志节目《20/20》中极端扭曲的新闻报道,向数以百万的电视观众道歉。七个月前,斯托塞尔报道了"有机"食品并不比化肥培育出来的食物更为健康和有营养的新闻。他的报道是基于ABC委托的测试,测试并未在有机或化肥培养的食物中找到杀虫剂残留。事实上,电视网随后宣称并未有过这样的测试。同时,环境学家得出结论,其中的一些研究成果也具有误导性。斯托塞尔随即被谴责并被制片人停职,但是这种由道德失范所带来的公信力丧失的影响是无可估量的。②

两年前,《波士顿环球报》曾要求获奖专栏作家帕特里夏·史密斯(Patricia Smith)辞职,原因是其涉嫌在四篇专栏中伪造人物和引语。③ 这个事件值得人们深思,因为这位作者试图为其不道德的行为辩解。在她对报纸读者的道歉声明中,史密斯写道:"她希望她的作品被认为是精彩的,并能够给读者留下不可磨灭的印象",她承认自己有时会引用并不存在的人的话来"营造影响力或者突出重点"。④ 但是,该报的监督员杰克·托马斯(Jack Thomas)对这种道德上模棱两可的辩护无动于衷,并指责史密斯是在不断对真相妥协。托马斯写道:"通过虚拟人物和故事来制作一个专栏,并不是如作者自己所说的是在制造爆点,而是在撒谎。"⑤

托马斯难以否认对于相关情况的解释。对记者面临的一些伦理困境来说,最符合道德的解决方式还存在合理讨论的空间,但伪造信息绝对不是其中之一。

真实与虚构的碰撞点:虚构类纪录片

虚构类纪录片应该是基于事实的娱乐内容中最为流行的类型,有时也被称为"信息娱乐"。虚构类纪录片因基于真实事件而具有吸引力,同时在时事环境下,观众可以认出其中的主要角色。历史事实和虚构情节的融合最早可以追溯到古希腊时期的戏剧,但虚构类纪录片这一流派,至少现在看来只存在了大概30年。20世纪70年代以前,电视纪录片基本都是以事实为依据,但是悲剧的政治行为和理查德·尼克松的倒台为历史故事和虚拟情节的融合提供了一个难以抗拒的理由,那就是为"更高的真理"服务。于是,虚构类纪录片由此诞生。90年代,尼克松"被描绘成电影中的一个骂

---

① Smith, *Groping for Ethics in Journalism*, p. 94.
② "Distorted 'News'," *USA Today*, August 11, 2000, p. 15A.
③ Robin Pogrebin, "Prize-Winning Boston Columnist Losing Job over Faked Articles," *New York Times*, June 19, 1998, pp. A1, A21.
④ 转引自 John Leo, "Nothing but the Truth?," *U. S. News & World Report*, July 6, 1998, p. 20。
⑤ Ibid.

骂咧咧且产生幻觉的醉汉"①。

在评估历史相关性和虚构类纪录片价值的时候,我们必须记住,这些电影的制片人不是记者,他们的目标是创作一个有趣的故事。在某些情况下,他们为了戏剧效果对历史情节进行了修改和不准确的描述。有时,制片人也会在政治观点的影响下工作。随之而来的问题则变成:虚构类纪录片的编剧和制片人是否应该与专业记者有相同程度的道德承诺?一些制片人已经谨慎地指出了其创作的虚构部分。但是,当制片人推销历史修正主义的版本,巧妙地将理论和谣言伪装成事实时,这种严重的道德问题就应该得到重视。虚构类纪录片的题材并不新,但是它已引发越来越多的争议。

对于虚构类纪录片制片人来说,其最为严重的"罪状"就是,他们经常改变或歪曲历史事实,来支持一个先入为主的偏见。一个典型的例子就是奥利弗·斯通(Oliver Stone)的电影《刺杀肯尼迪》(JFK),这部电影被评论家粗暴地评价为"伪装成历史的娱乐节目",同时也是关于肯尼迪遇刺事件阴谋论的宣传片。② 斯通自己承认,他的故事并不都是"真实的故事",但他的电影展示了"内在的真相"。而《刺杀肯尼迪》电影中的明星演员凯文·科斯特纳(Kevin Costner)承认,电影的整个情节中可能存在不完整和抹黑,不过整体来说却有着情感上的真实。③ 这样的话语招致《美国新闻与世界报道》(U. S. News & World Report)专栏作家约翰·利奥(John Leo)的如下反驳:

> 但是,内心真实和情感真实属于虚构的部分,或者说曾经是。我觉得斯通及演员在这里说的是,电影是不是字面上的真实并不重要,只要它将文化引导向我们希望的方向。随着事实和虚构的界限越来越模糊,这已然变成一个越来越时髦的方法。④

在历史题材电影《勇者无惧》(Amistad)——一个关于在1839年53个非洲人登上阿米斯塔德号(Amistad),后反抗并逃脱,但被重新抓获,最终在长达两年的诉讼中被最高法院宣判无罪释放的故事——上映之后,制作人史蒂文·斯皮尔伯格(Steven Spielberg)被指责在历史事实下将事件过度戏剧化。斯皮尔伯格的联合制作人黛比·艾伦(Debbie Allen)将影片描述为,一个据称是被"镇压"的黑人叛乱及获胜的故事。然而,历史学家沃伦·哥德斯坦(Warren Goldstein)无情地批评电影为"经常不知所云,同时在完全错误的情况下误导观众"。在大骂制作人为了戏剧效果放弃历史准确性时,哥德斯坦表示,该电影是"彻头彻尾的诽谤"⑤。其他学者则维护了这部电影

---

① William A. Rusher, "Fiction Problems with Docudramas," *The Advocate* (Baton Rouge, LA), November 13, 2003, p. 8B.

② "Twisted History," *Newsweek*, December 23, 1991, pp. 46-49, 该评论发表于 *New Orleans Times-Picayune* 和 *Vanity Fair*。

③ Ibid.

④ Warren Goldstein, "Bad History Is Bad for a Culture," *Chronicle of Higher Education*, April 10, 1998, p. A64.

⑤ "Movie Makers and the Historical Record: When Accuracy and Drama Intersect," *Chronicle of Higher Education*, May 22, 1998, pp. B3, B9.

中关于非洲裔美国人获得权利的先锋政治观点,即使它有一些史实上的不正确。①

即便我们承认虚构类纪录片剧作家不应该承担与记者相同标准的责任——毕竟,一些艺术表现形式会不可避免地将历史事件转化为戏剧效果,但他们仍然有向观众准确提供历史情节的责任。他们不该把虚构情节或不实传言、理论作为事实来呈现。"我们可以认为,公众有了解历史题材电影、虚构类纪录片以及类似作品中的真相的合法诉求。"②

当然,对于想挖掘历史来发现有趣情节,并进行戏剧创作的作者来说,时间是他们的盟友。反思和从不同视角思考问题是寻求真相必不可少的步骤。不幸的是,近期出现的多如牛毛的电视虚构类纪录片缺乏这两方面的内容。③ 例如,CBS 在 2003 年推出了一部电视电影《拯救杰西卡·林奇》(Saving Jessica Lynch),描述了一个美国士兵在美国入侵伊拉克初期被敌方抓获,最终被拯救的故事。正如《纽约时报》对这部电视电影的评论指出的那样:"关于大兵林奇被抓获与援救的事实是模糊的,在不同的新闻报道,如杂志专栏和电视节目的事实报道中包含冲突,我们依旧对该大兵在去年春天的伊拉克经历了什么无从知晓。"不过该文章总结道:"这部电影的制作方在无法获得主要事实来源的情况下,已经做到了最好。"④

虚构类纪录片变得很受欢迎,一些故事在尚未完结时戏剧脚本就已经进入了制作过程,这也就影响了从任何历史角度观察事实的意义。一个典型的例子是联邦特工和大卫教派(Branch Davidians)在得克萨斯州的韦科(Waco)的惨烈对抗。这是第一部在事件发生的同时就开始拍摄的虚构类纪录片。另一个是关于斯库特·彼得森(Scoot Peterson)被指控谋杀其妻子和未出生的孩子的公共案例,该事件在彼得森受审之前已经在美国电视网(USA Network)上被制作成了电影。制片人声称这未对陪审员判定过程造成潜在影响,但是美国有线法制频道《法庭电视》(Court TV)节目主播南希却不这么认为,"你得明确知道陪审员看到了什么以及对他们有什么影响",她在《电视指南》(TV Guide)的采访中说道,"有时,坦率地说,即使最坦诚的陪审员也无法意识到自己受到了影响"。⑤

评论家抱怨说,虚构类纪录片更多是为了抢占头条来提高收视率,而不是平衡内容主次后的选择。这些电影电视只是简单地将真实悲剧变成了家庭娱乐。⑥ 在这个过程中,正如《新闻周刊》对"头条电视"(headline TV)的简洁定义,真相往往成为幻想的牺牲品。⑦ 虚构类纪录片的拥护者认为,这种基于事实的节目往往能展现重要的社会问题。事实上,当代虚构类纪录片确实可以明确提出社会问题,并提供对人类悲剧

---

① Michael Nelson, "'Thirteen Days' Doesn't Add Up," *Chronicle of Higher Education*, February 2, 2001, p. B16.
② "Racing the News Crews," *Newsweek*, May 24, 1993, p. 58.
③ 例如"Ripping Off the Headlines," *Newsweek*, September 11, 1989, pp. 62-65。
④ Allessandra Stanley, "Battle of the Network Docudrama," *New York Times*, November 7, 2003, Section E, Part 1, p. 1.
⑤ Bruce Fretts, "Pretrial Motion Picture," *TV Guide*, January 3, 2004, p. 45.
⑥ "Ripping off the Headlines," p. 63.
⑦ Ibid., p. 65.

心理方面的洞察分析。在一个市场竞争极其激烈的环境下，只要制片人坚持"其所谓的真理标签"，用头条新闻作为电视电影的艺术线索本身就并非不道德的。他们不应该将虚构情节当作现实。但是当虚构情节巧妙地代替了真相时，观众在不知不觉中被制片人欺骗了，因此也就出现了伦理问题。

广告和公共关系中的真实性

显然，对于记者适用的标准并不能完全应用于本书提到的其他形式的媒体实践。广告和公共关系方面的从业者都是在从事说服工作。他们带着一定的偏见来到市场环境中，这并非不妥。公关从业者有权在舆论的审视下为其客户的利益辩护。而且，这样的情况下观众能预料到信息的传播本身会带有选择性。

虽然对大众说服者的道德期望值可能与对记者的不同，我们仍然期望广告商和公共关系相关人员坚持真实性的最低要求——他们不会故意传播不准确的信息。公共关系和广告产业里一系列的职业素养也要求其从业者遵守真实性和准确性标准。不幸的是，当公司高管令他们的员工只须遵循标准底线时，不受约束的竞争本能蚕食了员工对于社会的责任感，而赋予他们企业特权。比如，哥伦比亚电影公司的一名行政人员装作电影评论家，来吹捧他们的电影《人面兽心》(*The Animal*)和《圣战骑士》(*A Knight's Tale*)。其工作室同时承认了利用演员和自己公司的员工来为《爱国者》(*The Patriot*)等电影作品打广告。① 很明显的是，这样的行为在好莱坞非常普遍，但也使得谎言对于消费者影响不大这一现象令人费解。"反正没人相信好莱坞的人，"革命工作室(Revolution Studios)的合伙人汤姆·史莱克(Tom Sherak)说道，"即便是知名评论家也常常难以使人相信。"②

虽然在杜绝故意撒谎方面这些广告和公关人士与记者一样有道德责任，但他们没有任何道德责任保证其提供的公共信息具有平衡性。例如，一家麦片公司在电视广告中赞美自家的燕麦麸片对健康的好处时，不太可能承认这种产品中存在糖分。③ 又如，一个"低脂"产品的代言人，不会自愿对那些关注健康的消费者承认其中糖的高热量。同样，一个公司的公关发言人也会尝试把最好的一面展现出来，而不是纠结于公司的缺点。

换句话说，大众说服者——公关人员和广告商——通过有限的真相来建构信息，这从本质上看也没有任何不道德之处。正如第二章指出的，说服是大众传播中一个正当的功能，并且社会并不期望这些行业与其他信息传播机构的从业人员（记者）一样对事实保持尊重。我们希望获得准确的信息，但我们不期望平衡性或客观性。比如，专业公关人士想保持荣誉，就应该提供准确的信息。但是，迪弗(Deaver)教授告诫我们的是："我们应该知道，这些信息并不一定是公正客观的，它肯定不是

---

① Betsy Streisand, "An Underpowered Hollywood Summer," *U. S. News & World Report*, July 2, 2001, p. 35.
② Ibid.
③ 然而，对于那些注意阅读的人来说，成分表将会被显示在产品的包装上。

全部的故事真相。"①

由于两个相关且充满争议的技巧,广告的问题略多一些②:第一个技巧是语言歧义(linguistic ambiguity),指的是没有指出具体的产品特征;第二个技巧是追捧(puffery),即使用夸大、夸张的说法和主观意见,但不涉及具体事实。大多数人可能会认为,故意的模糊描述是不道德的行为,特别是"准确的指示和简洁信息的有效传递是公认的目标"③。但在被娱乐价值主导且竞争激烈的媒介环境中,广告商的目的超越了提供准确信息。其目的在于创造公司或者产品的有利形象,以此来增加销售或者保住市场份额。因此,在大多数的广告信息里,模糊的情况通常能被消费者所接受。④

追捧在当代广告业当中也是非常普遍的技巧,但并不是说它没有受到批评。举例来说,伊凡·普雷斯顿(Ivan Preston)在《美国大爆炸》(*The Great American Blow-up*)一书中提出,所有的追捧都暗示了一定的虚假性,应算作非法行为。而菲利普·帕特森(Philip Patterson)和李·威尔金斯(Lee Wilkins)在其具有启发性的道德讨论中断言:"没有一个说法经得起核查。比如,广告常常使用的调侃或商业推广形象,应该引起消费者对其潜在不道德做法的警惕。"⑤对手可能会反驳,这种道德追责既不现实,也不会有实际效益。事实上,关于为何用于塑造形象或者在消费者中营造好感的广告信息是不道德的,至今也没有人能解释清楚,即使它不承载信息(除非,广告客户承诺给出准确的信息却没能做到)。如果消费者期望从广告中获取信息,他们将会对此提出要求。在市场经济中,观众应该承担一定的责任,而且必须有辨识力,能够在接收商业信息时保持一定的怀疑精神。

然而,当广告客户省略了可能误导消费者并影响其购买行为的重要信息时,这样的广告就是具有欺骗性的,还会引起更严肃的伦理担忧。例如,美国联邦贸易委员会裁定一家财务公司的广告具有误导性。该广告声称,如果顾客申报退税,它们可提供即时退税服务。但根据该委员会的意见,没有授权它们写明的是,顾客需要先有资格获得贷款,而"没有什么程序可以让人瞬间获得贷款"⑥。

公关与新闻:爱恨交织的关系

公关从业者和记者常常用怀疑的眼光看待对方。一方面,一些记者认为公关是寄生虫式的生活方式,扮演"宣传员"的角色并利用媒体作为自己的优势来延展生计。另一方面,公关从业者经常将新闻编辑室看作愤世嫉俗的地方,认为记者总是急切寻找政府或者企业渎职和不负责任的行为。从这种观点来看,"好新闻"是一个矛盾体。

---

① Deaver, "On Defining Truth," p. 172.
② 更多关于广告伦理的讨论,参见 Michael J. Phillips, *Ethics and Manipulation in Advertising* (Westport, CT: Quorum Books, 1997)。
③ Johannesen, *Ethics in Human Communication*, p. 113.
④ Ibid., p. 115.
⑤ Philip Patterson, and Lee Wilkins, *Media Ethics: Issues and Cases*, 3rd ed. (Boston: McGraw-Hill, 1998), p. 64.
⑥ Don R. Pember, *Mass Media Law*, 2003/2004 (Boston: McGraw-Hill, 2003), p. 531.

然而,事实上,没有任何一个职业可以声称自己比别人有更高的道德优越感,因为每个职业都有各自不同的行为准则。记者的使命就是揭开事实,报道社会现实,并进行公平公正的(有些人会形容这是"客观的")报道。根据传统观点,有道德的记者没有任何理由去推广事件。另外,公关从业者被定义成倡导者,并致力于实现他们组织的目标。他们的同事也为公共消费提供信息,但是他们常常通过这种行为,实现对其公司或客户最为有利的影响。

记者的惯用手段是揭露,即尽可能多地公开传播相关重要信息。同时,信息的保密性和人际关系在公关从业者的生活中至关重要。可能对竞争对手有利的专有信息就是一个例子。作为倡导者,公关从业者通常将一定程度的保密性作为推广公司和客户正面形象的必要措施。因此,他们更可能在为公众和媒体提供信息时进行筛选。然而,当公众利益要求信息被充分披露时,正如之前指出的,即使这样做可能在最初时有损其公众形象和企业利润,但这换取的长期公关效益则可能是巨大的。诚信和自我批判可以在舆论舞台上获取道德的正能量。

尽管记者和公关人士之间的不信任感十分明显,但是两者的共生关系比对抗关系更紧密。新闻机构出于经济或者新闻采集的原因依靠(有时相当依赖)公关信息。从每家社区机构中依次收集信息的成本远高于有机构内部人员帮助的情况。此外,公司高层和他们的公关代表是非常好的信息来源,这些信息可能难以从别的地方获取,而且他们会向新闻媒体不断提供免费的新闻消息。在这方面,公关从业者发挥了新闻工作人员的延伸职能:"他们在社会信息收集网络中扮演了具体的、功能性的、合作的角色,即使他们没有效忠于任何特定的新闻媒体,也没有酬劳,更可能永远不会走进新闻制作的大楼之中。"[1]

作为回报,媒体有时会乐意,甚至不加批判地成为政府和企业传播信息的平台。公关人员发布的消息给企业提供了表达自己观点的机会,特别是在公关从业者不相信媒体客观性的时候。这种共生关系最明显和最具争议性的证据就是视频新闻发布(video news releases,VNRs)的广泛传播与使用。视频新闻发布与传统电视新闻报道的包装方式没什么两样,其区别主要在于视频新闻的生产者是公关人士,借此以免费的方式推广客户的产品或服务。[2] 它们被免费分发给电视台,并常常带有脚本让地方主播和报道人员朗读作为配音。在其他情况下,视频新闻发布可以通过卫星链接下载。视频新闻发布是公关公司的一种高效且有效地向广大观众传达客户意图的方式。在经济困难时期,视频新闻发布也是电视台既能增加播出节目的内容而且不需要额外雇员的省钱之举。[3]

慈善和非营利性组织就像企业一样急切希望获取公众的关注。例如,在1998年秋天,当尸检结果显示三届奥林匹克运动会金牌得主弗洛伦斯·格里菲斯·乔伊娜

---

[1] Otis Baskin, and Craig Aronoff, *Public Relations: The Profession and the Practice*, 3rd ed. (Dubuque, IA: William C Brown, 1992), pp. 207-208.

[2] 对于VNRs的伦理问题的讨论,参见 K. Tim Wulfemeyer, and Lowell Frazier, "The Ethics of Video News Releases: A Qualitative Analysis," *Journal of Mass Media Ethics* 7, no. 3 (1992): 151-168。

[3] Joan Drummond, "Ethics vs. the Economy," *Quill*, May 1993, pp. 35-38.

(Florence Griffith Joyner)死于"癫痫"时,癫痫基金会随即采取行动,其公关宣传稿轰炸了全国各大媒体,包括设计用于传输到国内每个电视台的视频新闻。弗洛伦斯·乔伊娜的惨死为低调的癫痫基金会提供了催化剂,以增加公众对这一常被忽视的疾病的注意力。①

视频新闻的制作和使用,向传播这一材料的公关从业者和电视台提出了道德上的要求。一些从业者认为,只要视频新闻中的信息是准确和真实的,同时制作标准高,那么他们就是做出了符合道德的行为,其他的就看负责播出的记者了。② 新闻机构有道德义务来识别视频新闻的来源,不论它是否会被完整播出或进行大量剪辑。然而,在尼尔森几年前对新闻机构高管进行的一项调查中,只有60%的受访者表示,在视频新闻播出的时候应该提及视频新闻的来源。③ 不幸的是,未经识别来源而被播出的视频新闻在新闻部门的工作中并非罕见。

知识产权欺诈

未经授权或未经承认就使用别人的文学或艺术创作的行为属于欺诈。社会不认同盗窃别人劳动成果产出的行为。社会没理由对盗窃知识产权的行为更宽容。为简单起见,我们可以把知识产权欺诈分为两类:抄袭和挪用。挪用还有其具体的法律意义,但在伦理范畴内,我们应把它的意义理解为"未经授权而使用他人文学或艺术创作的表达"。抄袭则是指"将别人的观点或者表达直接作为己用"。抄袭通常围绕着版权归属问题,而挪用则是对知识产权未经所有者授权的使用。这反映出创造者控制知识产权使用和传播的道德权利。这种挪用行为不仅引起了道德上的考量,同时也触犯了版权法。举一个典型的例子,同时也是在唱片界沉积已久且引起愤怒的事件,就是互联网音乐(和电影)的非法下载。以"纳普斯特"(Napster)为首的公司在促进作品共享的过程中使全世界的电脑用户可以分享其硬盘中的音乐文件。纳普斯特最终因为诉讼被挤出市场,但是其他人却跳进来填补了这一空缺。文件共享在年轻人中尤为猖獗,这一代几乎是在互联网上一切都可以免费索取的环境下长大的。与此同时,音乐和电影产业声称,因为存在非法下载行为,它们损失了数百万美元。

抄袭则被形容为"非原创的原罪或模仿的罪"(the unoriginal sin)。④ 以下面这个不幸的事件为例:1991年,戴维·杜克(David Duke)在竞选路易斯安那州州长时,《沃斯堡之星电讯报》(Fort Worth Star-Telegrapm)刊登了一篇由政治作家詹姆斯·沃克(James Walker)撰写的文章,他已经为该报工作了13年。文章中引用了不少其他人

---

① Judith Havemann, "A Healthy Dose of Buzz: Madison Ave. Tactics Aid Medical Charities," *Chicago Sun-Times*, December 6, 1998, Section LI, p. 43.
② Wulfemeyer, and Frazier, "The Ethics of Video News Releases," p. 156, 引用于"VNR's—A New Tool Needing the Same Care," *PR Week*, September 5, 1988, p. 4。
③ Doug Newsome, Alan Scott, and Judy VanSlyke Turk, *This Is PR* (Belmont, CA: Wadsworth, 1989), p. 353.
④ Roy Peter Clark, "The Unoriginal Sin," *Washington Journalism Review* 5 (March 1983): 43-48.

的原话,却没有标出对新奥尔良《时代琐闻报》(*Times-Picayune*)和路易斯安那电视报告的引用。沃克引咎辞职,将自己轻率的行为形容为"判断上的错误"。① 一名《圣彼得堡时报》(*St. Petersburg Times*)的记者在声称其三分之一的报道内容都来源于《改变时代》(*Changing Times*)杂志后辞职。在她辞职当天,她向同事们道歉,并将自己的过失行为形容为"愚蠢的错误"。② 2000年11月,《萨克拉门托蜂报》(*Sacramento Bee*)开除了一名政治新闻作者,原因是他抄袭和编造了关于总统竞选活动的新闻内容。③ 不久后,一个新闻报道实习生被停职,随后被《水星报》(*Mercury News*)开除,原因是他从其他报纸抄袭材料。④ 报纸员工收到的主编苏珊·哥德堡(Susan Goldberg)发来的备忘写道:"抄袭在我们的报纸内容和业务中是不可接受的。这侵犯了我们与读者和同事之间的信任。"⑤

每一个从新闻神坛上摔下的人所犯的道德罪过都是抄袭——未获他人授权,就利用他人的知识产权的行为。由于媒体从业人员的专业技术就是艺术的原创性和创造性,因此在未授权的情况下使用他人作品,违反了诚信的美德。当需要从另一个消息源获得信息时,就应当确保消息源的规范性。

尽管授权是媒体信用的基石,但未经授权的行为却很常见,这也能从专栏作家加里·威尔斯(Garry Wills)的感叹中反映出来:

> 职业作家会将他人的材料作为自己的素材,定期抄袭。非常聪明的人会这么做,他们中的一些人甚至会多次这样做。那么他们在这一行中都做了什么呢?为什么他们在自己毫无建树的领域发表自己的意见?
>
> 他们经常使用的借口是,作家已经将一段时间前看到的别人的话变成自己精神产品的一部分,这样就不用再区分别人和自己的想法了。
>
> 作家应该对自己的观点负责任。如果他们不能确定哪些话是自己说的,别人为什么要重视他们呢?⑥

关于威尔斯的担忧,有一个经典的例子。1998年夏天,《波士顿环球报》做出了先开除,后又重新聘用明星专栏作家迈克·巴尼克尔(Mike Barnicle)的决定。事件起始于迈克发表的一篇未经授权的专栏文章,其中使用了与乔治·卡林(Gerge Carlin)的《脑下垂》(*Brain Dropping*)一书中类似的笑话。当受到编辑的质疑时,巴尼克尔说,他没有读过此书,只是从其朋友处获得了这一材料,但并未检查其出处。⑦《波士顿环球报》的编辑显然认为,巴尼克尔不谨慎的做法还没有严重到要与其终止合作。巴尼克尔的复职引起了编辑部工作人员的愤怒反抗,至少有50名员工共同签署了一份请愿

---

① Black, Steele, and Barney, *Doing Ethics in Journalism*, p. 172.
② Clark, "The Unoriginal Sin," p. 47.
③ Lori Robertson, "Ethically Challenged," *American Journalism Review*, March 2001, p. 21.
④ "Second Merc News Intern Fired for Plagiarism," *Quill*, March 2001, p. 31.
⑤ Ibid.;对于这一问题更深入的讨论,参见 Meredith O'Brien, "When the Words Aren't Our Own," *Quill*, October/November 2000, pp. 24-25。
⑥ Garry Wills, *The Advocate* (Baton Rouge, LA), January 4, 1998, p. 12B.
⑦ Howell Raines, "The High Price of Reprieving Mike Barnicle," *New York Times*, August 13, 1998, p. A22.

书提出抗议。一名员工抱怨道:"这不但削弱了报纸的可信度,还破坏了其他工作人员为做出一份无可挑剔的报纸付出的努力。"①但由于另一篇专栏文章又引起争议,因此巴尼克尔再次辞职了。

虽然像杰森·布莱尔事件一样的高调事件很容易被抛之脑后,但剽窃这一做法在记者中间的发生次数却呈上升趋势。例如,《美国新闻评论》2001年3月刊记录了过去两年来发生的23起类似事件。②

这种涉及侵犯知识产权的不诚实案例引起的后果令人不安,特别是那些花费了大量时间尝试向新一代新闻专业学生传授高质量专业实践方法的学者。当大量公开造假或抄袭行为伴随着作弊现象在大学校园里泛滥成灾时,这些顽症对专业媒体从业者产生不良的影响也就不足为奇了。2004年早期,克莱姆森大学《虎报》(*Tiger News*)的首席编辑在承认其借取外部新闻线索之后辞职。此后不久,《艾奥瓦州日报》(*Iowa State Daily*)的一位专栏作家因从他处抄袭材料而被解雇。③

具有讽刺意味的就是,在尤其需要依靠授权维持信誉的新闻业务中,记者在识别其信息的真正来源时却常常如此粗心。例如,一些记者通常会结合其报纸过去发表的文章所提供的历史背景或观点,却没有充分地验证和考察其最初来源。专题报道时常由当地记者署名,广播记者和纸媒记者常常相互剽窃,以保证新闻的"独家"地位。④

但是伦理学家戴尼·艾略特(Deni Elliott)在评价新闻中的抄袭现象时说道,现在及未来都对版权归属问题有更大的需求。"并不只是因为道德下滑,更是由于我们的新闻观念正在发生变化。"⑤过去,新闻就在那里,等待我们去发现,每个人都在追踪同一个故事,剽窃并不多见。具有竞争性的报道也常常有相似的内容。但在当今的新闻文化中,记者的行为更为个人化,更像是精心综合、分析和解释的结果。⑥

对于究竟怎样做会构成剽窃,新闻业内有着非常热烈的讨论。谈论的观点包括"缺乏明确的行业标准""道德行为和抄袭的界限仅仅取决于语境",等等。然而,这些具有相对意义的讨论只不过是试图为这种掠夺式行为或那种面对截稿时间压力的懦夫行为加以开脱。具有讽刺意味的是,一直将新闻授权作为道德第一准则的新闻记者,在抄袭的问题上却模棱两可。根据艾略特所说,这种道德失当的行为至少侵犯了三方利益:

> 一名记者抄袭了其他记者的报道内容,将其占为己有,是欺骗上司的不当做法,违反了应该遵守的调查原则。她欺骗了原作者,完全不顾其知识产权及独创性。影响更为严重的是,记者这么做也欺骗了读者,因为她并不具

---

① Felicity Barringer, "50 Globe Employees Protest Columnist's Reprieve," *New York Times*, September 13, 1998, p. A14.
② Robertson, "Ethically Challenged," pp. 24-25.
③ "Students Caught Lifting Material," *Quill*, May 2004, p. 31.
④ Clark, "The Unoriginal Sin," p. 45.
⑤ Deni Elliott, "Plagiarism: It's Not a Black and White Issue," *Quill*, November/December 1991, p. 16.
⑥ Ibid.

备自己在署名或直播节目中暗示的专业背景。①

对于媒体从业者最为关心的道德问题,即什么是剽窃的定义,仍存在一定的考量空间。但是在寻找指导标准的过程中,你可能要问自己两个问题:(1) 我有没有清楚总结出所有从他处获取的信息?(2) 普通读者、观众、听众是否能够从故事风格、结构及表达方式上明显看出我与其他作者的不同?这两个问题应该不涉及可抄袭的判定,但却可以作为衡量自己工作智力诚实程度的晴雨表。

讲真话和道德推理的方式

在讲述真相这一道德领域前,我们应该回溯到第三章关于道德推理不同方式的讨论。你可能会记得义务论,它代表了以康德为首的思想家的观点。他们认为,并非只有结果可以用来判断一个行为的对与错。正如记者报道新闻事件可能伤害到公众人物的声誉,尽管说实话可能带来不好的结果,也要反对撒谎。

由于绝对禁止欺骗和撒谎行为,一些人认为康德(非结果主义者)模型不切实际、不可取而将之抛弃。然而,一些现代作家建议,我们不该将康德的观点定义得如此狭隘。② 所有谎言或者欺骗行为不一定都具有同样的道德基础。在这种更为温和的康德主义观点看来,判断的标准在于,是否有一个令人信服的理由来背离真相,以及举证责任是否在于参与欺骗的人。这一引人注目的论述将要求:(1) 欺骗的理由十分重要;(2) 欺骗必须出于人道主义而不是个人利益;(3) 欺骗的理由必须远远胜过那些反对破坏真理原则的论点;(4) 道德主体必须以尊重他人的良好动机行事,而不是将其作为达到目的的手段。

目的论者对真相和欺骗问题给出了不同的考虑角度。如第三章中指出的,目的论(以功利主义为代表)者有时被称为结果论者,这是因为他们在做出道德评价之前,会先衡量行为的结果。由于功利主义者坚信为最多人提供最大的利益,遵从这一原则的媒体从业者会衡量欺骗行为对个人或集体到底造成了伤害还是带来了好处。然而,功利主义者并不认为谎言和欺骗是无害的。事实上,"骗子总是默认有罪,直到被证明清白,而不是先被认为无辜再到被证明有罪"③。换句话说,举证的压力仍然还在道德主体的身上,他们要去证明一则谎言或者欺骗行为是否能够为最多人创造最大的好处,以及带来的好处是否多于潜在的不良影响。

在第三章中提及的关于道德伦理的案例中,亚里士多德的"中庸"思想也为在新闻报道中披露多少真相、选取报道种类和范围提供了平衡的方式。新闻报道中有一种倾向夸张、制造轰动效果的报道方式——例如恐怖分子挟持事件,"中庸"思想可以成

---

① Deni Elliott, "Plagiarism: It's Not a Black and White Issue," *Quill*, November/December 1991, p. 16.
② Ray Eldon Hiebert, Donald F. Ungurait, and Thomas W. Bohn, *Mass Media IV: An Introduction to Modern Communication* (White Plains, NY: Longman, 1985), p. 549.
③ Jaska, and Pritchard, *Communication Ethics*, p. 128.

为这类报道中有用的指导方针。此外,这一思想也被广告和公关从业者应用于很多情况,试图维护企业社会责任和自身利益之间的微妙平衡。一个典型的例子就是在啤酒广告里放入不要酒后驾车的巧妙告诫。

真相与欺骗:假设案例研究

下列事例将给你一个机会,来尝试使用真相原则处理一系列问题。这些情境中包含大量的欺诈行为,如直接虚构事实、隐瞒信息传递或使用非完全真实的信息来欺骗观众等。各个相关道德主体都出现在案例中:记者、广告商、公关从业者和那些决定电视娱乐内容的制片人,等等。

每一个案例都开启于对一组事实和道德困境的大致情况介绍,之后会简单讨论案例内容和你需要扮演的角色。你会被要求扮演某些情况下的道德主体。在案例中,你需要应用本书前三章中提及的内容和道德推理模式。

案例研究

案例 4-1 公共广场上的隐性广告

莉迪亚·米切尔(Lydia Mitchell)审阅了来自其公司营销部销售主任沃伦·道格拉斯(Warren Douglas)提出的申请,之后,她不假思索地问道:"这就是广告的未来吗?"米切尔是太阳链(Solarlink)技术沟通和策略规划公司的副总裁,这个公司的技术迎合了美国顾客对于高新科技通信产品的需求,所以其经济发展得不错。米切尔在加入该公司之前曾积累了一定的管理技能,并通过工作形成了一定的竞争力。但是在电子消费行业,她的竞争力却大不如前。为公司的大量创新型产品进行营销和做广告是件有一定风险的事,这需要有创意的广告策略,来应对竞争对手的冲击。她不断受到手下员工优秀工作能力的鼓舞,对公司的销售、营销、广告和公共关系维护等事项都进行着微观管理和整合。

在竞争的喧嚣中,米切尔痛苦地意识到了混乱的商业环境及其对市场和公司产品营销所带来的挑战。她将公司从默默无闻的"菜鸟"发展到行业翘楚归功于沃伦·道格拉斯及广告和公共事务主任苏珊·拉比诺维茨(Susan Rabinowitz)。特别是道格拉斯,他可以理解上司的担忧,他认为在竞争激烈的电子创新世界中推广公司具有未来性的复杂产品越来越有挑战性。在他看来,需要采用更激进的非传统策略。

道格拉斯决定利用一个巴掌大的电子信息中心"宇宙光"(Astrolight),来作为太阳链提供实验的测试服务。它首次尝试可隐性广告——有时被称为"病毒式营销"。根据开创了这一大胆营销方式的公司的初步报告,市场已经证明了病毒式营销的有效性。这个概念非常简单:一个公司联系扮作游客或普通消费者的演员,然后与毫无戒心的潜在客户(指在道格拉斯建议中的目标消费者)进行交流。一旦得到了目标对象的关注,演员就会提及公司产品,并以随意、对话的方式介绍产品特色。当时并没有企图完成销售,目的只是让产品消息口口相传。这种方式就像病毒一样,因此被称为"病毒式营销"。

按照以往制定新产品营销策略的习惯,道格拉斯向莉迪亚·米切尔提交了一份报告,强调了宇宙光与病毒营销模式相结合的可行性。宇宙光是个微型通信中心,集手机、数码摄影、计算机技术为一体,并用卫星链接来补充扩大多层面的视野范围。根据这一策划,公司将雇用两个演员来扮演在纽约商业区麦迪逊大街上的游客。他们会吸引到一些没有戒心的行人,来帮他们拍照。演员首先会指导他们如何使用宇宙光,之后非常自然地引出介绍产品的其他特色。如果他们被问起是否在该公司工作,他们会很自然地承认,但他们不会在麦迪逊大街上向乐于助人的行人透露他们这样做的真正目的。

米切尔了解,营销迟缓对新产品是致命打击,因此立即召集道格拉斯和拉比诺维茨讨论道格拉斯关于宇宙光病毒式营销的建议。会议很快变成了道格拉斯和拉比诺维茨之间关于隐性广告(植入式广告)伦理的讨论。米切尔听得很认真,因为在最后的分析中,她将成为决定是否实施道格拉斯有争议计划的道德主体。

道格拉斯为他充满想象力的创意策略辩护:"病毒式营销是最新的市场营销技巧。"他在辩词中宣称:"试过的人都说有用。媒体广告市场非常混乱,个人赞助商也已经被淹没。想要传达信息是非常困难的。另外,病毒式营销允许我们一对一地面对消费者。"

"我对这项提议有伦理方面的担忧,"拉比诺维茨回应道,"隐性广告,或者说是病毒营销,就像它字面上的表述,是带有一定欺骗性的。陌生人在不知道他们与推销产品的演员交谈的情况下被利用了。"

"那么这样的做法伤害到谁了吗?"道格拉斯说:"在我的提案中你会注意到,演员不会在他们的身份上撒谎,我们也给了消费者充分想象的空间,如果行人问到他们到底是不是该产品公司的销售人员,销售代表们会诚实告知。"

"推销新电子产品的优点却不表明代言的动机,其实就是在利用陌生人。"拉比诺维茨争论道:"另外,除了欺骗,这种行为也是侵入性的。他比电话营销更糟糕,因为并没有黑名单。这是一种'咄咄逼人'的营销策略,让消费者没法拒绝。"

"但我们并没有当场向这些人销售宇宙光,"道格拉斯回答道,"演员所做的只是提供信息。在这之后,希望我们的产品信息会被口口相传。这就是为什么它叫作病毒式营销。我们仅提供新产品的信息,然后目标消费者可以接受它们。基于行业研究,这项策略还是非常有效的。很多公司已经在使用了。如果我们不这样做的话,我们势必会在竞争中处于劣势。"

对市场现实的迎合常常会触动苏珊·拉比诺维茨,毕竟她是公司总监,要对具有侵略性且可能成功的广告议案负责任。然而,她还是在犹豫要不要施行道格拉斯提出的营销策略。

"在这种情况下,我不认为竞争对手正在做或者可能采用是最关键的动因,"拉比诺维茨说,"不可否认,传统广告市场很混乱,但如果我们足够有创意,也同样可以参与竞争。我们不需要弯下腰来降低身份去叫卖我们的产品。"

"如果你认为隐性广告是不道德的,"道格拉斯回应,"那么我们的道德水准已经开始滑坡了。两年前我们联系了一些电视剧,在其中植入了与我们产品相关的广告,展现了产品的特点,还把它们植入了剧院的电影。虽然我们的名字在落幕时被提及,但大多数观众可能都没有意识到这些产品是我们花钱植入的。"

"但是植入式广告是不一样的,"拉比诺维茨毫不犹豫地答道,"即使观众没有意识到这些植入做法的商业性质——考虑到消费者日益成熟,这一假设并不容易达到,至少我们的公司名字很显著地呈现出来了。植入的广告被娱乐内容包围,只能简单地提到,因此观众不太可能感觉到在这一过程中有滥用的情况。但是在病毒式营销中,消费者必须直接接触商业代理人——演员,这样一来,他们就成了被迷惑的观众,从一开始就不清楚这些演员就是代表太阳链公司的。"

"但宇宙光有很多极具吸引力的特征——我们又该如何在杂志广告或短短30秒的电视广告中解释、呈现呢?"道格拉斯问道。"即使隐性广告中有一些欺骗的因素,但对于这种复杂的产品来说,这种方式恐怕是唯一有效的营销手段。传统媒体不适合营销这种具有如此广泛的理性诉求和实际效用的产品。正如我前面提到的,没有人真正会受到伤害。我们没有要求目标受众从公司代表那里购买产品。"

两名下属坦诚交换了五分钟的意见后,米切尔感到用隐性广告作为营销策略,在伦理维度上没什么问题。当从自己的十二层办公室往外面看时,她觉得忙碌大街上熙熙攘攘的人都可能是宇宙光的潜在客户。她在苦苦地思索,她的公司是否应该接受这个被称为"病毒式营销"的新奇手段。

【案例分析】

尽管隐性广告——病毒式营销——被看作为公司产品在竞争异常激烈的市场上寻找到定位的一个创新策略,但它其实带有旧观念的痕迹。大众传播时代到来之前,销售员经常拿着产品挨家挨户叫卖,他们向自己遇到的消费者一对一地推荐产品的优点。当然,大众媒体能更有效地接触多数受众,挨家挨户在全国做产品广告的成本已经有些过于昂贵了。当广告变成媒介而不是人际关系时,商业信息不能再根据个体消费者量身定做。[①] 但是在前文的情形中,销售代表可以立即回应来自目标消费者的评论甚至是拒绝。

病毒式营销弥补了间接沟通的固有缺陷,但是它与传统的挨家挨户式销售的不同之处在于,消费者可能没有意识到他们正在受到操控。隐性广告的实践者必须对欺骗的指控"认罪"。但他们为捍卫这种做法也提出了一些有趣的反驳。第一,病毒式营销可能具有欺骗性,但它没有造成伤害,尤其是销售代表并不试图直接将产品卖给目

[①] Kathleen Hall Jamieson, and Karlyn Kohrs Campbell, *Interplay of Influence: News, Advertising, Politics, and the Mass Media*, 3rd ed. (Belmont, CA: Wadsworth, 1992), pp. 161-162.

标人群,他们是依靠口碑来推广产品。第二,尽管有些人可能认为病毒式营销是一种操控,但其实在某种程度上,所有的广告都涉及操纵。第三,负面评价抱怨说病毒式营销太具有侵略性,支持者则应对说,如今的广告是无所不在的,天生就具有侵略性,尤其电视广告已经渗透到了各家各户的私密生活当中。他们问道,为什么在繁忙的人行道上与陌生人短暂相遇会更具有侵扰性,即使人们没有意识到其中的真正目的?这些人走上公共广场就冒着被带着隐藏动机的陌生人搭讪的风险。

为了探究被隐性广告也就是病毒式营销"俘获"的伦理问题,假设我们自己就是该公司负责企业沟通和战略规划的副总裁莉迪亚·米切尔。请运用第三章中提到的SAD道德推理模型来决定,你是否采纳沃伦·道格拉斯的建议来营销你们公司的新产品。

案例4-2 作为社会良知的隐藏摄像机与记者

第120号提案听似一个很普通的提案,实则是一项非常有争议的公民投票。它是州参议员休·威尔逊(Hugh Wilson)的心血结晶。威尔逊是保守党立法者,常年反对大政府,并决心阻止墨西哥非法移民进入他所在的州。能达到这个目的的最有效手段就是拒绝他们享有州政府提供的丰富的社会服务。威尔逊的支持者把他视作披着闪耀盔甲的骑士;他的批评者则蔑视他的建议,认为他的做法是对无辜人群的侵犯。

然而,威尔逊的提议得到了大部分选民的支持,随着州众议院和地方激烈的选举战越来越多,他们的提案在11月的投票中以第120号提案的形式凸显出来。具体来说,第120号提案将中断大多数为非法移民提供的社会服务,包括其子女受教育的机会。尽管有关正式提案的声音掩盖了情感和人文方面的辩论,但对于华盛顿立法者来说,这样的信息是明确无误的:阻止非法移民涌入我们州,否则我们就要这样对你们!

曼尼·费尔南德斯(Manny Fernandez)关注着选举之夜,投票结果将会在他新闻编辑室的电脑上制作成表。在民意调查结束几个小时之内,很明显,第120号提案能以压倒性优势通过。圣哈辛托第五频道是坐落在墨西哥边境、有着65万人口的大都会中心的三个加盟电视台之一。作为圣哈辛托第五频道的新闻负责人,费尔南德斯清楚地了解,第120号提案只会加剧他所在城市的民族冲突。临近墨西哥边境的圣哈辛托是许多移民的入口处。大选之夜,其西班牙裔人口数量达到了40%,这座城市已经成为一个真正的熔炉,而这个熔炉正要开始沸腾。

圣哈辛托选民和全国各州的形势正好相反,几乎快要"否决"这项提案了。但是,一个有影响力的少数派正积极为第120号提案游说各方。在费尔南德斯看来,最好的情况是出台一项法院禁令,停止履行这项措施,直到它符合宪法才能被通过。时间可以消磨激情,但是费尔南德斯最害怕的是西班牙裔社区的暴力起义。或许当地学校官员都有可能起义反抗,因为他们认为对移民者子女教育机会的剥夺无异于虐待儿童。

第五频道的新闻记者从频道刚建立起,就曾报道过移民问题。由于向移民提供社会服务产生的惊人成本,该州财政资源不断减少,消耗殆尽。这一直是该电视台报道的核心内容。尽管雇用非法移民违反了法律,但电视台还是记录了当地商人经常违反法律禁令的行为。当然,无论是老板还是员工都不愿意参与这些报道。第五频道常常依赖秘密消息来源和隐瞒身份记录这些不法行为。电视台的一名记者宁愿被关进监狱几天,也不愿向大陪审团透露自己调查这一事件时的新闻来源。

费尔南德斯看着这些报道,心澜难平。作为记者,他觉得必须遵从新闻业首要原则,做到公平和平衡。这是个复杂且有争议的问题,他坚持要报道所有可信的声音。同时,作为墨西哥移民的儿子,他和这些越过边境的人产生了一种情感上的联系。无论是合法还是非法移民,都是为了寻求更好的生活。美国与墨西哥之间新批准了贸易协定,费尔南德斯希望这能改善两国南部边境的经济状况,但是移民不断涌入他所在的州,影响了他谨慎的乐观情绪。

不出所料,在第120号提案通过后的一个星期内,联邦法院阻止了法案的实施,直到它得到宪法的确认。随之而来的可能是永无止尽的听证会,但令费尔南德斯略感宽慰的是,其他事件在当地电视台的新闻广播中常常能够获得很高的收听率。罗恩·麦基(Ron Mackey)对此却有其他看法。

麦基是第五频道最受欢迎的晚间新闻制作人,他在三年前成了该频道的员工,很快就将一个毫无生气的新闻机构打造成一个积极、有创造性的新闻企业。但麦基不是一个自满的人。他在不断审视着那些表面上吸引人的、令人激动的、有争议的故事想法。他的热情有时甚至检验了伦理规范的限制,但是他赞成公共知情权的观点,也常常能说服他的上司,尤其是在圣哈辛托这样一个竞争激烈的新闻市场当中。

在选举结束两周后的员工晨会上,费尔南德斯首先找到麦基:"我们马上要讨论今晚电视节目的安排,但是我们在移民问题报道上遇到了一些新的麻烦。敖特阁(Ortego)已经证实了谣言。"费尔南德斯意识到,敖特阁一直是他们报道雇用非法移民事件的机密信息来源。另外,谣言指出在圣哈辛托有厂商还存在账目问题。

"我们将从第二个新闻源证实这一情况,"麦基继续说,"那个区域可能有不止一家商店,但是被确定的那个是第三大道的奥尔顿企业。"奥尔顿是当地一家公司,它生产一系列带自有商标的廉价成衣。此外,它还与几个主要的零售商和折扣店有合约。但就在它的工厂里,非法移民被强迫一天工作15个到18个小时,工资却低于最低工资水平。根据消息源提供的信息,一些工人还未满18岁。还有证据表明,一些工厂主管在工人未完成公司施加的生产额时,还会虐待他们。

费尔南德斯意识到,如果这些指控是真的,雇用非法移民的问题将达到一个新高度。这对于小商人来说是个麻烦事,他们常常从事小利润工作,经历了大量员工流失,忽略了有些法律中关于确立移民法律保护地位的复杂要求。但对大公司来说,在不人道的条件下让工人为企业卖命又是另一回事。

"所以我们应该如何处理这个问题呢?"费尔南德斯向麦基问道,同时他也鼓励新闻栏目的助理编导安德里亚·柯布(Andrea Cobb)和责任主编马西·冈萨雷斯(Marci Gonzalez)提出自己的建议。

"我们不能仅仅依靠这些消息来源,"冈萨雷斯说,"我们必须说出公司的名字,我们需要真实可见的证据。这与其他情况不同,那里有许多小商家忙于勉强维持生活,而无法保护他们员工的合法地位。在这种情况下,奥尔顿就如同一家血汗工厂,因为他们压榨和虐待工人。我们必须使用隐秘摄像机才能接触到真相。约瑟可以作为我们的'卧底'。"

约瑟是一位年轻的摄影师,他已经在这个电视台工作了两年。麦基认为,凭借年轻的外表和流利的西班牙语,约瑟即便是非法移民,获得奥尔顿的工作聘用应该也没什么问题。他携带的隐藏摄像机可以记录工厂车间的日常活动,包括车间主管可能的辱骂行为。最后,约瑟还可以通过获取同事信任,用磁带记录工友经济困难的证词。"我们没有其他选择了吗?"费尔南德斯问道。"很显然,约瑟不得不在自己的申请表上撒谎来得到工作。除此之外,用隐藏式摄像机一直让我很不舒服。我们来讨论一下。我们大多数网络杂志报道都用过隐藏式摄像机和麦克风,现在又把它们用于小报新闻,这对我们的声誉会有影响。"在费尔南德斯表明道德立场的时候,他也许是回忆起了学生时期,在访问当地一所学院的新闻伦理班期间蒙受的巨大耻辱。

"我同意,"柯布说,"一定还有其他的方式来深入挖掘这个故事,也许线人可以为我们安排与一些员工进行交谈。我们甚至可以用录像带采访他们,并掩盖他们的身份。还要记住的是,他们中或许有人并不是非法移民。我们必须要很小心地确认每一个出现在录像带上的员工的身份。如果我们进入车间,偷偷用录像带记录这些员工的情况,即使我们不标明他们的身份,我们也可能永远不能和在美的西班牙裔群体合作了。就算有些人暴露了非法移民身份,但至少公司还是提供了一些工作机会。许多西班牙裔公民可能不欣赏这种公开披露、对非法移民工人背信弃义的做法。毕竟在他们看来,为这些剥削劳力的工厂工作可能不会比他们在墨西哥的状况好多少。如果有其他公司涉及这种行为,且很普遍的话,我会感觉更舒服一些。虽说奥尔顿是一个大公司,但是它也仅仅是该区域中众多制造商之一。"

"采访他们真的不是一个好选择",冈萨雷斯的回应很明显在支持麦基。"他们不太愿意说,他们需要工作,他们害怕报复。另外,电视是一种可视化媒介,我们需要使用这个行业的工具,而隐藏式摄像机是我们记录这一事件的方式。我们可以遮住工人们的脸,谁会受到伤害呢?即使这个事件只涉及一个公司,公众也需要知道圣哈辛托发生了这种剥削。在问题变得更严重前唤起大家关注这个问题,这难道不是我们的职责吗?我不认为约瑟使用'欺骗手段'来获得这项工作或使用隐藏摄像机会有什么问题。在某些情况下,记者必须采取非常措施来帮助解决社会问题,而我认为这次就是特殊情况。"

费尔南德斯不那么肯定,但他承诺对这一事件的报道会保持开放的心态。毕竟,依据他自己的判断,过去几年里,电视台在采访非法移民方面做得很好。总的来说,西班牙社区曾在平衡对待这一问题上给了第五频道很高的评价。那么,这件事将会得到同样的赞誉吗?费尔南德斯结束了员工会议,并开始仔细考虑麦基的提议中所涉及的伦理问题。

【案例分析】

　　记者以公共利益的名义使用欺骗手段收集信息能否算正当行为呢？调查性报道需要进行记录。作为视觉媒体，当提供采访的摄影证据时，电视是最好的选择。技术进步让可以在很弱的灯光下拍摄的小型摄相机得以产生，在许多情况下，使用隐藏摄像机的诱惑是不可抗拒的。尽管在新闻采访中使用隐藏摄像机和其他"欺骗"方式的做法很广泛，但这些技术仍然是充满争议的。① 当然，歪曲和欺骗是违反社会规范的。因此，这些做法必须以压倒一切的道德原则来证明其合理性。

　　在这种情况下，两个价值观突显了出来："公众知情权"和"最小伤害原则"。有些人会认为，某一事件中的信息有重要的公共价值。诚然，它表现出关于非法移民事件的新进展。但关于这一点，有证据指出，只有一个公司的行为是在剥削工人，而许多其他的雇用合法移民的机构都是符合法律规定的。那么，电视台通过隐性采访来揭露一个公司的真实情况是否合情合理呢？麦基可能会辩称，这种激进的新闻将阻止其他人在圣哈辛托建立"血汗"工厂、滥用劳工。

　　这种道德困境的后果充满了不确定性，在这种情况下，是否会产生伤害肯定也是不确定的。第五频道的工作人员可能真的会认为，他们揭露非法移民的悲惨遭遇及其被虐待的生活是在帮助这些劳工。在大多数情况下，从新闻专业的角度来看，电视台应该受到称赞。但是，如果非法移民劳工被移民局确定非法身份，被遣返回墨西哥，一些西班牙裔观众可能就不那么认同媒体揭露血汗工厂这一行为了。毕竟，这里的条件会比他们穷困的家乡更糟糕吗？但费尔南德斯应该担心这样的后果吗？毕竟奥尔顿公司的行为在道德上和法律上都是站不住脚的。如果电视台不公开直面这种对人权的侮辱事件，那么媒体可能就会被质疑没有守护好公众的利益。

　　费尔南德斯应该相信，与欺骗行为可能造成的伤害相比，歪曲事实和使用隐藏摄像机能避免更多的伤害。作为新闻主管，费尔南德斯关心电视台的声誉。一方面，因为害怕用欺骗手段疏远观众而未能调查该事件，很有可能会毁了电视台作为有进取心的新闻企业及公共利益的守卫者的名声。另一方面，隐藏摄像机的使用和卧底记者可能导致电视台失去信誉，尤其是当电视台观众认为这种策略没有必要且不合理的时候。

　　运用第三章的 SAD 道德推理模型，假设你是第五频道新闻主管曼尼·费尔南德斯，考虑一下，你是否会赞成歪曲事实和使用隐藏式摄像机来记录血汗工厂及其不断剥削圣哈辛托非法移民的情况。

---

① 例如 Russ W. Baker, "Truth, Lies, and Videotape: *Prime Time Live* and the Hidden Camera," *Columbia Journalism Review*, July/August 1993, pp. 25-28; Black, Steele, and Barney, *Doing Ethics in Journalism*, pp. 123-125。

第五章 媒介与隐私:一种微妙的平衡

伦理与隐私:对意义的追寻

2000年初,作为一位预防性癌症检查的倡导者,美国国家广播公司《今日秀》(*Today*)的主持人凯蒂·库瑞克(Katie Couric)公开了自己的内窥镜术检查,观众近距离目睹了整个手术过程。同年,美国广播公司《早安,美国》(*Good Morning America*)节目对一名妇女的生产过程进行了全程直播。① 当今美国,受众能够通过互联网观看性爱录像;普通人也能肆无忌惮地在电视脱口秀上诉说自己的各种病痛;平日里基调严肃的报纸刊登对总统生殖器的描写,并附上了"一位来自匿名证人的证词,声称见证了整个偷情过程"②。

在媒体占主导地位的文化中,"私我"与"公我"的界限逐渐模糊。我们有多看重隐私?在这一问题上,大多数人自己也说不清。举例来说,面对互联网上如山的垃圾邮件,我们大发抱怨,但同时又忙不迭地向互联网提供各种各样的个人信息。我们恼于电话推销员在晚饭时不请自来的打扰,但自己却在公共场合大声打电话,让旁人发笑或厌烦。

这样明显的自相矛盾,一方面是由于"隐私"这个概念模棱两可,很难有个明确的定义。③ 人们通常认为,隐私权意味着独处的权利,意味着个人能够独处、控制私事不被曝光。当然,媒体这一行干的就是不让人独处的活。他们倾向披露,而非隐瞒。因此,在个人隐私权与公众知情权之间保持平衡,是我们这个时代最难的道德抉择之一。

媒介对隐私的入侵范围广泛,包括打扰某人独处的状态,或是所谓的"入侵独处空间",以及公开发布他人的敏感信息等。对于新闻搜集和打造"全知社会"来说,侵犯某些隐私是必要的。但伦理困境在于,此种媒介行为何时有理,何时无理?

可以入侵我们私人领域的职业可不止记者一种。大部分大众媒介的内容传播者,包括广告商和娱乐业从业人员,都是天生具有入侵性的。他们尝试定位并掌控我们的审美品位和购物选择。在高度竞争的媒介环境中,这一过程几乎不可避免。

---

① Craig L. LaMay (ed.), *Journalism and the Debate over Privacy* (Mahwah, NJ: Lawrence Erlbaum, 2003), p. vii.
② Max Frankel, *Media Madness: The Revolution So Far*, Catto Report on Journalism and Society (1999), p. 1,引自同上。
③ 对于隐私伦理的更广泛的讨论,参见 *Journal of Mass Media Ethics* 9, no. 3-4 (1994)。

而正是这一普遍性使得我们需要从道德维度来看待专业媒体人与他们所服务的受众之间的关系。

我们大多数人都看重隐私,但对保留和给予的限度又自相矛盾。我们拒绝政府对市民隐私进行监控和信息收集,但愿意容忍为了应对入店行窃所安装的监控探头和双面玻璃。一些工人无法接受雇佣条件中含有测谎一项,但认为药物检查作为一种"必要之恶",是可以接受的。不过在这一点上,社会舆论依然存在意见分歧。媒介频频因为无依据地入侵隐私而受到指责,但这一猎獗行为并未因此减少。年复一年,我们越来越多地泄露隐私,向政府和私家情报机构提供大量个人信息。

社会通过公共讨论表达对媒介入侵隐私的担忧,这担忧就像一座活火山,一旦媒介的行为违背伦理规范,便会爆发激烈的辩论。全美纳斯卡赛冠军戴尔·恩哈特(Dale Earnhart)在2001年的代托纳500英里大赛(Daytona 500)中撞车身亡,当时有媒体向一名医务人员索要戴尔的验尸照片,这一举动也引发了社会舆论的激烈讨论。

诚然,当公众人物本身成为当事人时,公私之间的界线就变得尤其模糊。1987年5月,角逐党内总统候选人的民主党议员盖瑞·哈特(Gary Hart)在自己家里,被蹲守在外的《迈阿密先驱报》记者拍下了婚外情的证据。这揭开了当代媒体史上追踪跟拍公众人物私生活的大幕。受《迈阿密先驱报》报道影响,哈特的支持率一落千丈,他很快就退出了竞选。五年后,当时的总统候选人比尔·克林顿被爆出婚外恋丑闻,记者们自然没有放过这一猛料,穷追不舍,大肆报道他与珍妮弗·弗劳尔斯(Gennifer Flowers)长达12年的情史。各电视台沉浸在收视率飙升的喜悦中,新闻制作人却因未能平衡报道选举新闻而受到责备,不得不出言为自己辩解。①

类似案件受到了高度关注,但对于我们探讨维持私人与公众利益之间的微妙平衡并不是很有帮助。关于媒介伦理的教材和专业研讨会常对各类道德问题进行探讨,其中包括虚拟案例和真实事例,而隐私是不变的主题。针对隐私问题,虽然已形成了一些总体指导原则,但具体的细则还有待完善。康拉德·芬克(Conrad Fink)教授在《媒介伦理》(Media Ethics)一书中指出:"个人想保有隐私,想能够独处而不受打扰;身为媒体人,我们又有责任向读者和观众提供他们感兴趣的信息。在两者之间制衡,是一种神圣的尝试,也是所有伦理问题中最让人头疼的一个。"②

对于媒体从业者来说,他们肩负重任,必须在截稿日的巨大压力下做出这一困难决定。对隐私意义的探寻十有八九会持续下去,何为合理侵犯隐私,何为不合理侵犯隐私,其中的区别依旧令人难以捉摸。尽管如此,在对待他人隐私利益这一问题上,对敏感度的把握是道德推理至关重要的一环。

---

① "Clinton Coverage: Media Get Mileage, Flak," *Broadcasting*, February 3, 1992, p. 13.
② Conrad C. Fink, *Media Ethics* (Needham Heights, MA: Allyn & Bacon, 1995), p. 44.

隐私的价值

我们为何看重隐私？它为什么如此重要？① 保护隐私不被泄露的能力是个体拥有自主权的标志。他人无权知晓我们的全部隐私，这可以被看作一个信条。一旦脱离了这一信条，我们便会失去控制权，对自主权的掌控感也会遭到破坏。让我们来看一个例子。1996年，环球航空公司（Trans World Airlines，TWA）800号班机从纽约的肯尼迪机场起飞，飞行不久便坠毁，机上人员全部罹难，媒体对此展开了报道。唐纳德·奈博特（Donald Nibert）夫妇的女儿是遇难乘客之一，夫妇两人在焦急等待事故进一步公开细节的同时，也成为媒体关注的焦点。回想因事故受到的心理创伤，奈博特先生对当时媒体的行为忿忿不平。他对媒体有诸多抱怨，称媒体行为激烈，侵犯了自己的隐私。"一位记者拿着摄像机，爬到了一辆巴士的车底，试图偷拍我妻子哭泣的画面，"他控诉道，"我们正在经历一段悲痛的时期，这是非常私密的事情，而媒体却横加干预。"奈博特先生称，他发现纽约某报记者未经自己同意，偷拍并刊登了夫妇二人为女儿挑选墓地的照片，那一刻，他们的心情可谓糟糕至极。②

其一，守护自主权，同样体现在对抗虚假广告和欺骗性广告的过程中。电视广告成为家庭生活的一部分，本身已入侵隐私。因此，我们有权要求广告提供真实有效的购物信息和建议。欺骗性广告会破坏我们在市场决策中的自主权。

其二，保护隐私可以让我们免受他人的讥讽和嘲笑。在这个社会中，对于一些悲剧事件、生活方式和异于常人的行为举止，还存在不宽容的目光，没有人想自寻羞辱。对于酗酒者、艾滋病患者和同性恋者来说，其私生活被暴露在社会审视之下的后果，他们再清楚不过。

其三，隐私是我们得以保护自己名声的机制。我们常说："谁在乎别人怎么想！"可事实上呢？我们的确在乎。别人对我们越了解，我们就越难控制自己的命运。国会议员盖瑞·康迪特（Gary Condit）正是在这件事上吃了大亏。24岁的白宫实习生钱德拉·利维（Chandra Levy）的失踪案引发了大规模的警方搜查和全国范围内的媒体报道。③ 在媒体追踪的过程中，议员康迪特和钱德拉的情人关系被揭露出来，康迪特的政治前途危在旦夕。康迪特的律师批评媒体对议员的私生活过分关注④，对此，《纽约时报》记者陶曼玲（Maureen Dowd）直言："从特区这几年发生的事件来看，任何政客若

---

① 更多关于隐私价值的讨论，参见 W. A. Parent, "Privacy, Morality, and the Law," in Joan C. Callahan (ed.), *Ethical Issues in Professional Life* (New York: Oxford University Press, 1988), pp. 218-219。
② Deborah Potter, "How the Media Treated Me," *Communicator*, September 2000, p. 46.
③ 例如参见 Megan Garvey, "More Unease for Condit Colleagues," *Los Angeles Times*, July 14, 2001, p. 15; Marc Sandalow, "Scandal Changes Condit's Career Forever, Spotlight's Glare Will Outlive Mystery," *San Francisco Chronicle*, July 16, 2001, p. A3.
④ 例如参见 Richard A. Serrano, "Rep. Condit's Lawyer Chastises the Media," *Los Angeles Times*, July 9, 2001, p. A8。

想要有个人隐私空间,先得学会别当众撒谎。"①

其四,当隐私意味着独处时,它能使我们保持与他人的距离,限制我们的社交活动。法律对非法侵入、占有他人土地有着严格的限制,相关规定表达了对私人空间遭入侵的担忧。虽然电子窃听技术和长焦相机的存在使人求"孤独"而不得,但我们并不气馁,依旧想要尽可能地拥有个人隐私的空间。

其五,隐私权是我们对抗政府的铠甲。知识就是力量!个体越向政府泄露隐私,就越有可能像在极权国家一样,面临受政府操纵、向政府屈服的风险。因此,隐私权对自由民主来说是至关重要的,在维护个体政治利益的过程中也是关键的一环。②

由此可见,在那些希望保持个体独立的人眼中,隐私权是一种道德权利。此外,它也是近年来的基本价值。然而,在当今的信息社会中,它必须与其他价值观(如真相和正义)竞争。我们对他人的行为充满好奇,加上媒体等机构对相关信息的披露,我们对隐私的期望变得淡薄。换句话说,我们既属于自己,又属于社会,这两个角色属性时而有所冲突,受损的便是我们自身。

隐私的产生:一种道德观③

"隐私"的概念和"真理"不同,在古代史中找不到它的根源。在讨论隐私等基本文化价值时,人们总是想从《旧约》里找找出处,加以证实。比如,亚当和夏娃用无花果的叶子盖住自己的身体,也许就是懂了什么是隐私吧?很可惜,这不是。亚当和夏娃是有了羞怯感,但这与"隐私"二字在当今时代的含义完全不可同日而语。人类学家称,我们如今赋予"隐私"的含义在远古时期和原始社会都是不存在的。④ 在古典社会,"隐私"一词所表达的意义并不友好。在那个年代,公民理应对公共事务有很高的参与度,因此,形容某人是"非常注重隐私的人",实际上是在贬低那个人的公民意识。在今天,我们有时也会听到这种描述。⑤ 如果要用这样严格的要求来测试美国选民的公共责任感,想必大部分人都将输得很惨。

"隐私"这一概念历经好几百年的时间才真正受人重视。不过,早在17世纪,已经有人发现独处的妙处,并身体力行了。农场主们为了逃避公共生活带来的担忧和压力,退守到庄园和花园里。⑥ 美国之所以能建立,一部分是因为当时的英国缺乏对个人宗教隐私的尊重。尊重不同宗教信仰,即个体思想上的隐私权,随后被写入宪法第

---

① Maureen Dowd (*New York Times*), "Next Disappearance Should Be Condit's Career," *Milwaukee Journal Sentinel*, July 12, 2001, p.13A.

② Louis Hodges, "The Journalist and Privacy," *Journal of Mass Media Ethics* 9, no. 4 (1994): 201.

③ 关于隐私的道德建设讨论,参见 Samuel P. Winch, "Moral Justifications for Privacy and Intimacy," *Journal of Mass Media Ethics* 11 (1996): 197-209。

④ 关于这一观点的讨论,参见 Alan Westin, "The Origins of Modern Claims to Privacy," in Ferdinand David Schoeman (ed.), *Philosophical Dimensions of Privacy: An Anthology* (Cambridge: Cambridge University Press, 1984), pp.59-67。

⑤ Richard A. Posner, *The Economics of Justice* (Cambridge, MA: Harvard University Press, 1983), pp.268-269.

⑥ Ibid., p.268.

一修正案,信仰自由从此有了法律保障。此外,美国宪法中还明文保障私人住宅不受政府机构的不合理搜查,私人领地不受军队的无端侵入,这些都是早期殖民者所担心的问题。然而,对早期殖民者来说,同胞入侵私人领地的问题并不太严重,因为在当时的农业社会中,各村庄农场之间隔着相当远的距离。但从另一个角度来看,公共场合或家庭中几乎没有真正的隐私可言,人们也没有个人空间的意识。

18世纪末19世纪初,媒体与现代大众传媒也相去甚远。当时,报纸上更多的是评论性和观点性内容,普通人的私生活很少引起别人的关注。那时,只有精英阶层才有权接受教育①,普通民众并不识字,因此无法从报纸上获取信息。19世纪30年代大众公共教育的诞生,极大地扩展了报纸的潜在读者数量,为"便士报"的出现铺平了道路,也让报纸的内容更加大众化。美国内战之后,城镇化的极速发展使美国的经济、社会、文化基础都有了革命性的改变。粗犷的个人主义以及杰弗逊时期的拓荒心态逐渐褪去,城镇居民越发习惯于与邻居相互帮助的生活方式。除此之外,城市空间过分拥挤,想要保有真正的隐私几乎不现实,人们开始转而观察起身边邻居的私人生活,并从中取乐。

大城市密集的人口为大众媒介的发展提供了庞大的市场,广告商摩拳擦掌,想要借媒介蓬勃发展的东风分一杯羹,开发新富阶层的购买力。报纸成了人们无趣工作之余的一大消遣,编辑和出版商也根据大众的口味对报纸内容进行了调整,将反映社会现实的深度文章撤下,换上更具刺激性、娱乐性和人情味的内容。② 虽然并非所有报纸都做出了调整,但这一趋势确实对美国新闻业的发展进程产生了深远的影响。

新式报道有几个特征,其中之一便是时常爆料他人的私生活。一些读者对于他人丑闻、厄运等消息非常感兴趣,不管是名人还是普通人。处在众人好奇目光中心的感觉可不怎么样,特别是曾经的贵族,很快就厌烦了媒体的打探。评论家应声而出,指责媒体为了社会中一部分人病态的好奇心而不顾新闻原则,鲁莽行事。

进入20世纪,作为道德权的隐私价值急剧增加,因为它变得更少了。在推崇个体自主权的大型都市,人们开始从伦理层面思考隐私权的价值。工业革命带来了拥挤的城市和狭小的隐私空间,而报纸又变本加厉地让人类弱点受到公众关注,对于一个同时崇尚隐私和新闻自由的国家来说,这种情况可谓进退两难。媒体以新闻价值为由为自己的行为辩护,评论家则对不合新闻规范、不遵守新闻道德的媒体行为大加批判。在这一大背景下,"隐私权"不仅成了法律上的概念,还成了人们的价值观之一。

隐私权:一个法律概念

20世纪之前,隐私权在美国并不具备法律效力。如今人们普遍认为,现代"隐私权"作为一个法律概念被提出要追溯到1890年。当时,《哈佛法学评论》(*Harvard Law Review*)上刊登了一篇学术论文,两位年轻的律师——山缪·D. 沃伦(Samuel D. War-

---

① Richard A. Posner, *The Economics of Justice* (Cambridge, MA: Harvard University Press, 1983), p. 268.
② Don R. Pember, *Privacy and the Press* (Seattle: University of Washington Press, 1972), pp. 12-13.

ren)和路易斯·D. 布兰戴斯(Louis D. Brandeis)提出,个人独处的权利应当受到法律的认可与保护。当时,报纸频频刊登"八卦"消息,一些媒体报道不合礼节,有失体面,这些行为让两位律师感到十分不舒服。因此,他们在文章中呼吁,一些媒体在报道时毫无约束、四处打探、不加悔改的行为,若令他人蒙羞,则应当给予相应的经济赔偿。

可惜,两人的提案发表之后石沉大海。不过,假如他们活到现在,一定会为现代隐私法取得的巨大进步所震惊。距离《哈佛法学评论》刊登该文章已过去了一百多年,美国大部分州的法院和立法机构都认可了对隐私权的法律保护。在美国的法律体系中,与隐私权相关的法律法规一共发展出了四个独立的分类。

当谈及侵犯隐私时,非法侵入他人领地是很多人会想到的第一点。媒体会因为无端入侵他人领地而被追究法律责任。即使有执法机构的允许,一名记者若是未经主人同意就闯入私人住宅,也有可能因为非法入侵而被起诉。使用长焦镜头偷拍他人的私密时刻、运用电子设备窃听等都有可能引起法律纠纷。

第二,公开发表他人私密信息。这块内容正是沃伦和布兰戴斯在论文中所探讨的。要因公开发布他人私密信息而追究媒体的法律责任,应满足:(1) 所发布的信息极大地冒犯了相关人员的利益;(2) 所发布的信息并非公众应当关注的问题。① 然而,在此类诉讼中,原告往往难以胜诉,其原因在于,大部分法庭不愿意因报道事实信息而对媒体进行判罚。② 也有人对法院的这种做法感到气愤,他们认为,媒体以新闻自由之名,擅自侵害他人隐私,无论是公众人物还是普通民众都不放过,其行为没有责任感,所报道的内容也常常是无关紧要的信息。这一现象虽不普遍,但确有其事。这样做的记者会引发公众的敌意和对媒体的不信任感。

第三,当媒体的某一报道使他人受到误解时,也有可能被追究法律责任。报纸、杂志或广播如果报道了不实信息,歪曲了他人形象,就有可能引发法律纠纷,而这类纠纷常由题图不符的情况导致。因此,报社在选择资料照片作为报道插图时,应抱以十万分的仔细,以保证其匹配主题且不会造成误解。电视台有时也会出现声画不一的情况,导致报道中相关人物的形象被歪曲,此类事故也会被追究法律责任。

第四,非法盗用他人个人信息。这是四类隐私侵权行为中最古老的一种。未经他人同意,擅用他人姓名、照片和画像(常指商业用途),都算盗用信息。这是隐私法中最明确的一个部分,其目的在于保护个体的权利,使得公众人物和非公众人物都能合法地将个人身份信息用于商业和贸易。需要指出的是,新闻报道不属于贸易用途范畴,新闻报道中涉及的相关人物无法以个人信息被盗用为名要求赔偿。

整个公民隐私法的设计意在保障公民不受媒体和他人不当行为的伤害,随后增补的宪法补充条例也确保了公民不受政府不当行为的伤害。在过去几十年间,最高法院颁发了几项增补法案,其中包括:公民有权在不受政府干预的情况下购买避孕用品,有权在自己家里观看成人影像制品。③

---

① William L. Prosser, *Handbook of the Law of Torts*, 4th ed. (St. Paul, MN: West, 1971), pp. 810-811.
② 例如参见 Don R. Pember, *Mass Media Law* (Madison, WI: Brown & Benchmark, 1997), p. 262。
③ *Griswold v. Connecticut*, 381 U.S. 479 (1965); *Stanley v. Georgia*, 394 U.S. 557 (1969).

刑事法律中也有针对隐私的相关条例。与隐私相关的法规适用于所有人,尤其针对新闻采编过程。有关非法入侵的法律由来已久,它应当成为一个有力的震慑因素,让任何记者在不经过主人同意,尤其是面对主人的反对仍试图侵犯私人财产时有所顾虑。电子窃听和录音技术在新闻界已经成为常见的技术手段。虽然法律对于在公众场合使用此类手段相当宽容,一些州府仍然禁止在双方未达成一致意见的情况下公开谈话录音。在随后的部分,我们将专门讨论围绕秘密录音产生的道德问题。

法律禁止这些行为,说明社会的公共政策对隐私有所关心。因此,尊重他人的独处空间是媒体从业人员的道德义务。凡事都有例外:当个体参与某新闻事件,无论是自愿还是非自愿时,都可能放弃一部分隐私权;在某些特殊情况下,比起个人隐私,更应该优先考虑公众利益。媒体在碰到以上情形时可变通应对。

综上所述,我们可以清楚地发现,就在我们追求独处、追求对私人事务拥有一定自主权的过程中,我们对隐私的看法有了改变,针对隐私维权的法律保障也有了很大的进步。但我们也应该认识到,媒介评论家在20世纪和21世纪之交所提出的公共利益和私人利益之间的平衡保障,借助现有的隐私法律还无法达成。因此,除了用法律条文保障隐私之外,我们还需要一套相应的"道德规范",来为媒体从业人员的工作提供道德指导。

隐私道德规范的必要性

基本原则

在进行与他人性命相关的伦理抉择时,过分遵从法律原则是不可取的。法律条文是死的,而案子是活的,所有情况不可能一一对应。尤其当媒体是案件相关一方时,法庭会尽一切可能把对新闻报道和新闻采编过程的干涉程度降到最低。这就是为什么,媒体常常因侵犯隐私被告上法庭,却很少获得不利判决。鉴于法律会做出倾向媒体的强推定,有必要在法理之外,制定出成体系的道德规范。①

首先,隐私法几乎完全剥夺了对政府官员和公众人物的保护。按照现有的法律,公众人物没有隐私可言。公众人物是主动选择踏入聚光灯下的,这也就说明他们自愿承受来自大众的审视,并承担个人私生活被揭露的后果。

从法律角度来看,这种做法确有可取之处;但从伦理视角来看就略有不妥。诚然,人想出名是要付出代价的,身为公众人物,他们的"私人空间"和普通人相比更加狭小。但这并不意味着,公众人物必须牺牲所有隐私、放弃对私人事务的一切自主权。只可惜,媒体并不这么想。媒体以满足受众需求为名,极尽所能地窥探名人的生活,称观众就想看名人的不端行为。他们否认公众人物也需要私人空间这一事实,试图为自

---

① 对道德系统需求的讨论,参见 Clifford G. Christians, Kim B. Rotzoll, Mark Fackler, and Kathy Brittain McKee, *Media Ethics: Cases and Moral Reasoning*, 6th ed. (New York: Longman, 2001), pp. 113-115。

己的行为正名,可惜观众和读者有时也并不买账。①

关键问题是:这些信息在多大程度上涉及公众人物的表现、形象或参与某些具体的具有新闻价值的事件?若能解决这个问题,新闻媒体在隐私报道上就有了"道德灯塔",有了一个可以比对的标准。然而,并没有一个可以适用于所有情况的统一标准。来看这个例子。传奇赛车手戴尔·恩哈特在代托纳500英里大赛中遭遇车祸身亡,有猜测认为,如果恩哈特当时使用了HANS系统(Head and Neck Support,头颈支撑系统,也称汉斯系统,即如今美国各大赛车联盟通用的防护装置),就有可能避免死亡。美国《奥兰多前哨报》(*Orlando Sentinel*)为了证明这个观点,试图弄到恩哈特的尸检照片以进一步确认。虽然恩哈特的家人最终同意让法医对《奥兰多前哨报》的尸检照片进行检查,但是,恩哈特的遗孀也成功地说服美国立法机构颁布相关法令,禁止媒体和公众日后再次索要此类照片。②

如果说报道公众人物还不算麻烦的话,那么那些涉及处理公众人物的家庭、朋友和熟人隐私的新闻则要求记者更加谨慎。在这个问题上,媒体还是有比较优良的名声的,只在需要更严格的新闻判断时才会越线。举例来说,身为前总统克林顿的女儿,切尔西·克林顿(Chelsea Clinton)一直被父亲保护得很好,较少见于媒体聚光灯下,各路记者也尊重克林顿的意愿,不去犯这个忌讳。相反,布什总统的女儿珍娜·布什(Jenna Bush)就没这么幸运了,她曾因未成年饮酒的罪名被起诉。头一回,媒体低调处理,压下了消息;仅仅几周之后,她又因用假证件买酒被警察查获,这一次,媒体没有再手下留情。③ 由于涉及违法行为,这个故事的新闻价值不容置喙。《纽约每日新闻》华盛顿分社的主编汤姆·德弗兰克(Tom DeFrank)说:"总统的孩子当然有自己的隐私空间,媒体也不会每天跟在他们屁股后面找新闻。但姑娘们如果自己行为不端,做出让总统父亲难堪的事,这样的新闻我们是不会放过的。"④

除了报道一些令人难堪的私事之外,对公众人物的其他报道也需要考虑道德因素。一些小报常常对富人和名人的私生活穷追不舍,类似做法也越来越多地见于主流媒体的报道中。作为社会目光的焦点,名人能指望在公共场合保有隐私吗?

记者认为,公众人物先是"利用"媒体的报道来增加自己的曝光率,之后又假惺惺地抱怨媒体过分刨根问底。这话说得没错,但合法的新闻报道和骚扰之间的分界线比较模棱两可。一段时间以来,偷拍名人照片的"狗仔队"的一些行为后果集中体现了追求"名人新闻"的弊端,他们为了挖新闻而不择手段的方式也严重触及了社会容忍的底线。"狗仔队"在1997年戴安娜王妃死亡事件中的角色就是明证。戴安娜王妃的不幸离世促使国会考虑出台反"狗仔队"法案。尽管该法案在合法性上存疑,不过

---

① 例如参见 James Glen Stovall, and Patrick R. Cotter, "The Public Plays Reporter: Attitudes toward Reporting on Public Officials," *Journal of Mass Media Ethics* 7, no. 2 (1992): 97-106。
② "Access Battle for Earnhardt Autopsy Photos Puts SPJ in National Spotlight," *SPJ Report*, May 2001, p. 1.
③ Bill Keveney, and Gary Levin, "How Can You Not Comment on Bush Twins?," *USA Today*, June 7, 2001, p. 6D.
④ Howard Kurtz, "Jenna Bush Gets No Pass from Press This Time; Privacy Bubble Shrinks with Second Incident," *Washington Post*, June 1, 2001, p. C1.

也反映出好莱坞明星遭受的"狗仔队"之苦。①

其次,需要隐私道德规范的第二个原因是围绕新闻价值展开的。新闻价值也是常见的为公布他人隐私信息而辩护的法律理由之一。法庭在这个问题上采取非常自由的方式,允许媒体来确定什么是它们认为的新闻或公共利益。这一做法若放任到极致,那么所有从新闻机构放出的消息都可以被称为新闻。从道德伦理角度来看,要证明一条新闻有价值,需要更多的细节予以支撑。媒体应该更关注公众需要知道什么,而不是公众好奇什么。

记者有时还得面对这样一种棘手的情况:一个人物本身不具有新闻性,却包含在故事的插图里。来看这个例子。一档关于虐待儿童的电视纪录片拍摄了一名九岁受害者接受治疗的过程。在画面中,这个儿童在与自己的妈妈对话,并用仿真娃娃展示了她爸爸是如何虐待她的。② 这个孩子的父亲随后以女儿的名义将制作方——美国Lifetime 电视台和英国 BBC 公司——告上法庭。两家公司靠着庭外和解的方式"摆平"了此案,它们直到最后也不承认自己的行为有过失。③

这个案例证明,当一个人不想将事件公开,但个人隐私遭到侵犯时,对此法律中存在漏洞。但除了法律问题之外,隐私伦理应该关注信息中的公共利益价值,而不是关注法律允许范围内该信息对好奇心有多大的吸引力。正如学者克利福德·克里斯琴斯(Clifford Christians)及几位同事在他们的伦理案例中看到的:"显然,我们需要额外的决定因素,来判断一则新闻到底只是满足'八卦'欲和窥私欲的产物,还是民主决策制定过程中必要的信息。"④

最后,法律对媒体在公共场合采集新闻给予了很大的自由空间。基本原则是,只要是在公众场合发生的事情,媒体都能报道。根据定义,只要是在公共场合发生的事情,就不能被定义为个人隐私。但就算身处公共场所,我们有时也希望不被人打扰。比如公园长椅上的恋人。从法律角度来说,摄影师有权对他们进行拍摄并将其作为人们可能感兴趣的项目发表。如果这是一个有职业道德感的摄影师,那么他会在拍摄之前,先取得这对情侣的同意。这样做有两个原因:第一,在别人亲密的时候上前打扰,求得允许是基本礼仪;第二,要是因摄影师擅自发表照片而撞破一段"地下情",那小小的不便可就成为大大的尴尬了。

除了人们感兴趣的领域之外,"头条热点"类新闻也需要一些限制。面对不幸事件的受害者,尤其是意外事故和灾难的受害者,单纯表达同情是不够的。媒体从业人员应该提升自己,从更高的道德角度来寻找新闻点。诚然,公众有兴趣了解事故和悲剧,但任何情况下,这样的兴趣并不要求公开播放事故受害者的画面,或是去采访悲痛欲绝的家属。杰弗里·奥伦(Jeffrey Olen)在《新闻业伦理观》(*Ethics in Journalism*)一

---

① Tony Mauro, "Paparazzi and the Press," *Quill*, July/August 1998, pp. 26-28.
② *Foretich v. Lifetime Cable*, 777 F. Supp. 47 (D. D. C. 1991).
③ Kent R. Middleton, William E. Lee, and Bill F. Chamberlin, *The Law of Public Communication* (Boston: Pearson Education, 2003 Edition), p. 168.
④ Christians, Rotzoll, Fackler, and McKee, *Media Ethics*, p. 114.

书中,对记者在新闻报道中的操守有着自己独到的观察:"如果我们认为记者代表我们,那么他们在现场的道德权利也不会比我们多。"①

还有一种信息是由公共档案或政府方面给出的。此类信息通常受到宪法第一修正案的保护②,媒体在采用时,只要遵守公平、准确、无恶意的标准,就可以不用承担责任。这一原则背后的理论依据很简单:国家不会强制将私人敏感信息载入公共档案,但只要它被记录进去,相关信息就等于被公开了,任何公民都有权查看。所以说,媒体只不过是将大众本就有权查看的信息放到大众眼前罢了。

从法律角度来说,这个观点有一定的说服力,但从伦理角度来看就不那么令人服气了。事实上,对于大部分记载在公共档案中的私人事件,在没有被媒体曝光之前,大众并不知情。对于律师来说,这或许是件好事,他们只须援引这个规定,就可以为媒体免责,这无疑让他们的工作更轻松了。但道德主体应该平衡公共利益与这种情况可能造成的伤害。

数据挖掘和网络隐私

早在互联网出现之前,已经有形形色色的科技产品在挑战我们的隐私权了。几十年来,录音机、图像监控设备一直威胁着我们独处的愿望。一个人只要进入公共场合,其行为很快就会被记录下来。位于十字路口的摄像头会自动记录下闯红灯的车辆,商店、银行、车库和机场也都安装有监控摄像头,这些设备都已经成为现代生活的标配。

享有安全生活的代价是,我们容忍了各种摄像头。尽管不受管制的网络带给我们很多担忧,但最直接的一点似乎是,他人通过互联网可以很轻易地获取我们的个人生活、偏好和口味等数据。从某种程度上来说,这也不是什么新鲜事了。多年来,各种营利性和非营利性机构都在通过传统方式收集这些信息。引发互联网隐私保护担忧的原因或许有这两个:网络准入了进行数据挖掘的设施,以及消费者对技术缺乏了解。广告商、公关公司等机构在需要定位用户以投放信息时,会利用电脑和网络"将细微的信息拼凑起来,其收获的效果往往比设想的更惊人"③。电子商务网站利用"cookies",即储存在用户本地终端的数据,可以跟踪用户的浏览和购买历史,建立"用户档案",作为今后广告精准投放的依据。无论你是在家中还是在公司留下了此类"电子踪迹",都有可能被有心人获取并加以利用。

虽然市面上已经有了针对隐私保护的电子防护设备,但这些设备还很初级。这种时候,对于网络空间中不受管制之处的不信任还在合理范围内。网络空间难以被管控,至少有三个原因。其一,对于数据主体,即用户而言,电脑的运转过程是不可见的。其二,大部分数据传输无处追责。信息从一台电脑传送到另一台电脑,我们很难知道这些信息的源头是哪里,也无法得知它有什么使用限制。其三,以前,信息传递受到地

---

① Jeffrey Olen, *Ethics in Journalism* (Upper Saddle River, NJ: Prentice-Hall, 1988), p. 71.
② *Florida Star v. B. J. F.*, 491 U. S. 524 (1989); *Cox Broadcasting Corp. v. Cohn*, 420 U. S. 469 (1975).
③ Mark Stefik, *The Internet Edge: Social, Legal, and Technological Challenges for a Networked World* (Cambridge, MA: The MIT Press, 1999), p. 211.

理因素的限制,而现在,互联网拥有惊人的覆盖率,可以联结全世界范围内的人和组织。①

网络世界尚处在发展初期,在无管制的网络空间中,到处可以遇到网络"流氓"和"恶棍"。然而,技术革命的诞生绝不意味着传统道德的消亡,无论是传统媒体还是新媒体的从业人员,都应该坚守正确的道德伦理观。诚然,新技术提供了前所未有的与用户直接互动的机会,但对人的尊重,对隐私、信任、公平、诚实和伤害最小化的追求并不会因此而过时。我们在第三章里讨论了各种道德准则,那些传统的价值观不会因互联网难以被管制而被抛弃。职业媒体人所遵从的道德原则传承已久,直到今日依然是有力的方向标。进一步来说,网络空间中法律管制的缺失对公众的道德警惕性和行为举止提出了更高的要求。由此可见,广告商、记者、公关专员及其他媒体从业人员在进入竞争日渐激烈的网络空间时,也必须注重举止,遵从道德规范。

隐私与新闻记者:一些特殊问题领域

任何一则报道,哪怕看起来毫无恶意,都有可能被其中涉及的人物投诉。举例来说,一些人不喜欢接到葬礼通知,因为他们觉得小偷有可能会趁着自己参加葬礼时入室盗窃;一些敏感的老年人甚至拒绝公开自己的年龄。正是因为社会中有人把这些事情看成隐私,媒体在报道相关事件时就应该更加谨慎。新闻中一些涉及隐私和敏感问题的领域,以及某些采集新闻的手段,对记者来说是需要特别注意的。我们接下来的讨论并不是详尽无遗的,而只是几个在道德方面比较棘手的领域。

传染病与残疾

1939 年,多萝西·巴伯(Dorothy Barber)来到堪萨斯市医院治疗一种罕见的饮食功能失调症。她没有料到自己的病情会吸引媒体的注意。《时代周刊》杂志发表了一篇报道,并附上了一张多萝西的照片——这张照片由通讯社记者拍摄,在拍摄之前并未获得多萝西同意。为此,她将《时代周刊》杂志以侵犯隐私为由告上法庭,并打赢了这场官司,获得了 3000 美元的赔偿。②

距离多萝西受《时代周刊》杂志的公开羞辱已经过去了 60 多年,个人病史已经成为受保护的隐私,媒体若想曝光是需要承担风险的。记者在报道会使人蒙羞的病情时,必须先确认该信息确实具有新闻价值,特别是在涉及个人隐私的情况下。

曾经,麻风病被认为是最令人厌恶的疾病之一。如今,艾滋病成为媒体报道的一

---

① Mark Stefik, *The Internet Edge: Social, Legal, and Technological Challenges for a Networked World* (Cambridge, MA: The MIT Press, 1999), p. 223.
② *Barber v. Time, Inc.*, 159 S. W. 2d 291 (Mo. 1942).

大难题。① 虽然社会上对艾滋病已经有了较为广泛的认识，公众态度也开明了许多，但在一些人眼中，艾滋病病人依然被钉在耻辱柱上。患者面临被公司解雇、被亲戚朋友疏远，甚至被学校开除的可能。一般来说，除非在某一新闻事件中"患有艾滋病"这一信息是新闻点，否则公布艾滋病患者的名字并不涉及公共利益。

当患者恰好是个公众人物时，社会对其私生活就更充满好奇。你无法争辩的是，假如一个国家的总统的生命受到疾病威胁，社会大众无论如何都不应该被蒙在鼓里。但就算是公众人物也有隐私权，在报道他们的病情时，媒体应当谨慎行事。

1993年2月，美国前网球名将阿瑟·阿什（Arthur Ashe）因艾滋病并发症去世，在此之前，他曾愤怒地谴责《今日美国》的记者侵犯了他的隐私权。作为当时唯一拿到过美国网球公开赛和温布尔登公开赛大满贯男单冠军的黑人选手，阿什打破了球场上的种族藩篱。他因心脏病退役，随后在一次心脏搭桥手术的输血中感染了HIV病毒。1992年4月，一名《今日美国》的记者找上门来，要求阿什回应外界关于他患有艾滋病的传闻。采访过程中，阿什要求与体育版主编吉恩·波利辛斯基（Gene Policinski）交涉。面对波利辛斯基关于他是否得了艾滋病的提问，这位前大满贯冠军的回答是"也许是"。但阿什同时称，他不承认也不否认这一消息。随后，阿什问他自己是否可以有一些时间去联系朋友和记者，并准备公开声明。在请求都被拒绝之后，他只好与《今日美国》的记者再次见面，承认了自己感染HIV病毒的事实。这则报道很快便被刊发在《今日美国》的国际版上，并被各大新闻机构转载。②

像大多数困难的伦理决定一样，对阿瑟·阿什的报道使记者阵营分成了两派。华盛顿《城市报》（City Paper）的编辑杰克·沙弗尔（Jack Shafer）表示，虽然他非常同情阿什，但《今日美国》的做法是没有错的："对于《今日美国》这篇报道给阿什造成的痛苦我深表同情，但新闻报道一直都会给人造成痛苦。"《今日美国》专栏作家迪文·威克姆（DeWayne Wickham）对自己报社的做法就不太认同了："直接要求阿什回答是否患病，等于逼迫他公开病情，不然他只有撒谎。把满足窥私欲当作正确的新闻判断，这种做法相当于把新闻业置于危险的边缘。"③《今日美国》的读者们也认为这篇文章让人难以原谅。在文章刊发之后，700人写信联系报社，近95%的来信都是对报社做法的抗议。④

专栏作家穆雷·坎普顿（Murray Kempton）公开谴责称，记者总是愿意用自己的标准来衡量一个故事的新闻价值，其做法常常欠缺对他人的基本尊重。"记者有时会忘

---

① 更多关于此问题的讨论，参见 Estelle Lander, "AIDS Coverage: Ethical and Legal Issues Facing the Media Today," *Journal of Media Ethics* 3, no. 2 (Fall 1988): 66-72。
② "Sports Editor: It's a News Story," *USA Today*, April 9, 1992, p. 2A.
③ "Arthur Ashe AIDS Story Scrutinized by Editors, Columnists," *Quill*, June 1992, p. 17.
④ Anne Wells Branscomb, *Who Owns Information*? (New York: Basic Books, 1994), p. 65, 引自 Christine Spolar, "Privacy for Public Figures?," *Washington Journalism Review*, June 1992, p. 21.

记,他们报道的是活生生的人,而不是物体。"①这种"以人为本"的思想一直是隐私权辩论中最核心的问题,也在追寻新闻价值和个体自主权价值平衡的过程中起着关键性作用。

同性恋

在美国如今的电视剧和情景喜剧中,同性恋角色越发常见,社会上也有越来越多的同性恋者愿意公开承认自己的性取向,可以说,社会对待同性恋的态度变得更加宽容了。不过,除非直接与公共利益相关,个人的性取向依旧是一种隐私。媒体中同性恋话题的开放程度有了显著的提升,但这也仅仅只是近些年的事情。下面让我们来看一则20世纪70年代的新闻报道,感受一下当时的媒体是如何看待同性恋群体的。

1979年,《华盛顿邮报》和《华盛顿星报》(*Washington Star*, 现已宣布破产)的编辑们在面对一则新闻时犯了难:一家同性恋俱乐部发生了火灾,在报道火灾遇难者身份时,哪些细节不适宜公开呢?② 当时,数名男性聚集在Cinema Follies俱乐部的二楼一同观看同性恋影片,火灾发生后,唯一的逃生通道被大火阻挡,最终,8人丧生、6人被紧急送医。14人都只是普通市民,其中大部分是已婚男性。

因为悲惨的伤亡情况,《华盛顿星报》在报道中将8位遇难男性的身份全部公开;《华盛顿邮报》对火灾事件进行了报道,仅在文中提到了几位遇难者的名字。③ 两家报纸都隐去了伤员的名字,都点明了该俱乐部的性质,随后也都推出了后续报道。后续报道主要关注此前公布了身份信息的遇难者,对他们的背景和家庭情况做了进一步调查,并采访了他们的朋友。《华盛顿星报》编辑詹姆斯·贝洛斯(James Bellows)认为,遇难者的姓名也是新闻的一部分,应该公布,因此在文章中写出了遇难者的全名;而《华盛顿邮报》则略去了姓氏,主编霍华德·西蒙斯(Howard Simons)称这样做主要是出于对遇难者家属的同情。④

火灾发生约一周后,《华盛顿邮报》的审查员查尔斯·塞布(Charles Seib)撰文批评该报在专题文章中隐去人物姓氏的做法,他称:"事实上,《华盛顿邮报》的编辑觉得家里出了个同性恋实在太过丢人,为了保护他们的家庭,不得不隐去那些受害者的姓氏。"⑤塞布认为,按照报社一贯衡量新闻价值的标准来说,遇难者姓名应该被报道。⑥

事实上,在媒体眼中,同性恋直到20世纪80年代依然是个禁忌话题。虽然从60年代开始,公众对待同性恋的态度宽容了很多,但在媒体上直接谈论同性恋话题依然会让保守人士感到不适。例如,美国情景剧明星艾伦·德杰尼勒斯(Ellen DeGeneres)

---

① "AIDS and the Right to Know," *Newsweek*, August 18, 1986, p. 46.
② Ron F. Smith, *Groping for Ethics in Journalism*, 5th ed. (Ames: Iowa State University Press, 2003), pp. 158, 160.
③ Charles B. Seib, "How the Papers Covered the Cinema Follies Fire," *Washington Post*, October 30, 1977, p. C-7.
④ Ibid.
⑤ Ibid.
⑥ Ibid.

在自己出演的名为《出柜》(*Coming Out*)的情景剧中借角色之口"出柜",随即引起社会一片哗然。很多时候,给某人贴上"基佬"或"拉拉"的标签依旧是件伤人的事。不过,公众对于同性婚姻的争论在一定程度上变成了媒体对同性恋生活方式的"主流"报道。就新闻报道来说,对道德主体的关键考验是个人的性向是否和新闻故事相关。例如,一位警官因同性恋身份而被解雇,或一名军方人员因身为同性恋而被军队开除,这种情况下当事人的性取向与新闻直接相关,就不能隐而不谈。

"新闻相关性"是判断一则报道是否具有新闻价值的核心要素。关于媒体是否应该报道五角大楼发言人彼特·威廉姆斯(Pete Williams)的性取向,其争论的核心就是相关性。社会上关于威廉姆斯的谣言已经传了数月,最早曝光这件事的是专栏作家杰克·安德森(Jack Anderson)和戴尔·凡·阿塔(Dale Van Atta)。他们撰文称,由于"某激进同性恋团体"擅自公布了威廉姆斯的同性恋身份,威廉姆斯现在正在考虑引咎辞职。[①] 当时约有800家媒体订阅了安德森和阿塔的专栏,许多媒体随即转载了这篇文章。在威廉姆斯的家乡,1991年,订阅了该专栏的6家日报全都刊发了这篇文章。怀俄明州的编辑一致认为,威廉姆斯个人的性取向并不会影响他作为国防部部长助理的日常工作。但在当时的美国,同性恋在军队中是不被接受的,而作为美国军事中枢的五角大楼方面却允许同性恋任职,这无疑有些讽刺。[②] 在编辑看来,这一明显的矛盾性就具备了"新闻相关性"——换句话说,这条新闻值得报道。

围绕性取向和隐私问题的争论越来越激烈,连同性恋者自己都对性隐私发起了攻击。几年前,一部分同性恋活跃分子采取了"强迫出柜"的战略:公开那些隐瞒性取向的同性恋者的名字。活跃分子称,通过这样的方式,同性恋群体的人数会增加,有助于帮助消除同性恋身份的污名。

无疑,媒体报道同性恋活动的限制已经明显宽松了很多,但个体的性取向问题依旧涉及隐私。如今,只要种族问题不是新闻焦点,大部分记者在报道过程中已经不会特地指出当事人的种族,这一思维方式也应该沿用至对待性取向的新闻报道当中。

性犯罪

2002年8月,两名少女在加利福尼亚州兰开斯特附近的"情人小径"被歹徒持枪绑架,两人的男朋友在一旁束手无策。少女被绑架的消息成为当日电视新闻的头条,传统媒体和网络媒体在报道时,都报出了两人的身份信息。警察与歹徒交火之后将其击毙,两名少女随即被解救出来。跟踪报道的记者打探到,歹徒在绑架少女后实施了性侵,这一悲剧随后在CNN的《拉里·金现场直播》(*Larry King Live*)节目中得到了一名当地警官的证实。案件性质迅速由绑架案转为性侵案,这就要求媒体在制定报道框架时制定不同的应对措施。各大媒体在此问题上有了分歧:《洛杉矶时报》和《达拉斯晨报》(*Dallas Morning News*)及《华盛顿邮报》在随后的报道中,隐去了受害少女的身

---

① Sue O'Brien, "Privacy," *Quill*, November/December 1991, p. 10.
② Ibid.

份信息;《波士顿环球报》及《新闻日报》(Newsday)报道了性侵案,并登出了两人的名字。[1]

尽管业界和学界都进行了大量讨论,但对性犯罪的报道仍然是最令记者棘手的事之一。[2] 一百多年来,"新闻把关人"也一直在苦苦思索这个问题。假如真的有一个解决方案,也必定十分复杂,因为它受到各种因素的影响,其中包括对性别的定义、性别角色、女性尊严、种族问题等(一些评论家就指出,当一个非洲裔美国人被指控性侵了白人女性时,媒体对其的报道力度要大于其他性侵案)。[3] 我们身处一个男性主导的社会,这样的社会中最近还有一种趋势,那就是"指责受害者"。正是鉴于这个原因,记者在报道时倾向不公布受害者的名字,以免受害者遭受歧视。海伦·班尼迪克特(Helen Benedict)1992年撰写了一本关于性侵的书,在书中她写道:"直到20世纪70年代女权运动兴起,社会才逐渐认识到,强奸是一种罪行,是一种伤人的暴力行为,而不是对男性权威的挑战或'白人主宰权'的侵犯。"[4]

有时,社会名人的生活会卷入性犯罪报道,但通常情况下,"侵犯隐私和性犯罪受害者之间的两难处境事关媒体对私人公共生活的侵犯。这些人在不知情的情况下已经被公众注意到。卷入性犯罪事件的个人一定会受到这样的关注"[5]。犯罪行为一定关乎公共利益,这一点符合任意一种新闻定义。针对犯罪行为的新闻报道一般会涉及受害者身份,在美国,记者一般会略去性侵案受害者的名字,除非他们被杀害或是知名人士。

不公布性侵案受害者名字的理由是人们熟悉的:跟其他罪行比起来,性侵罪普遍被认为更让人羞耻,性侵案受害者一旦知道自己的名字会被公布,就很有可能因害怕丢脸而拒不报案;社会对待性侵案受害者的态度不甚体贴,使得比起其他受害者来说,他们更需要隐私空间。然而一些评论家认为,由性侵罪所背负的污名,跟往日已经有所不同了,"女性必须受到保护"的传统概念已经不再适用。[6] 此外,既然新闻中一定会提到施害者的姓名,出于对公平和平衡原则的考量,也应该公布受害者的姓名。[7] 有人指出,只要一方进行指控,案件进入公开庭审阶段,谁是谁非尚未有定论,媒体在报道时就应该做到不偏倚任何一方,将受害者和施害者的名字都予以公布。赞同这种观点的记者和编辑正在呼吁正义感。

毋庸置疑,陷入道德困境的人们之间存在一些道德矛盾。举例来说,最近一项研究表明,在新闻报道中公布受害者的名字,并不会对读者产生什么影响,他们对待该新闻和对待性侵罪的态度不会改变。"鉴于此种情况,"作者总结道,"再加上对受害者

---

[1] Kelly McBride, "Rethinking Rape Coverage," *Quill*, October/November 2002, p. 8.
[2] 关于主流媒体如何对待性犯罪受害者的更多讨论,参见 Helen Benedict, *Virgin or Vamp: How the Press Covers Sex Crimes* (New York: Oxford University Press, 1992)。
[3] Ibid., p. 9.
[4] Ibid., p. 39.
[5] Jay Black, "Rethinking the Naming of Sex Crime Victims," *Newspaper Research Journal*, Summer 1995, p. 106.
[6] 例如参见 Smith, *Groping for Ethics in Journalism*, pp. 214-215。
[7] McBride, p. 9.

可能造成的伤害,在新闻中对其做匿名处理是最好的办法。"①

当然,越来越多的监控对于性侵案受害者追求隐私和正义没有多少安抚作用。这一点在关注度高的案件中体现得更为明显,网络媒体也更愿意报道这类新闻。例如,1991 年在美国佛罗里达州的西棕榈滩,前总统约翰·肯尼迪的外甥威廉·肯尼迪·史密斯(William Kennedy Smith)被指控犯有强奸罪。按照佛罗里达州法律规定,媒体不得公开受害者的身份信息②,因此,在电视报道中受害者的画面被做了马赛克处理③。随着各大电视台对威廉·肯尼迪强奸案的关注日益密切,一家超市小报——《环球报》(Globe)率先公布了该案受害者的名字。随后,美国国家广播公司(NBC)、《纽约时报》及其他几家报社都纷纷效仿。"强奸案受害者姓名是否应被公布"这一问题又一次引发了热议。但是,盖过这个争议的是,传统主流媒体居然选择跟从小报媒体的道德取向。NBC 和《纽约时报》都被指责借《环球报》为自己的新闻态度找借口。在报道这则新闻时,NBC 主持人汤姆·布罗考(Tom Brokaw)在其直播节目中这样说道:"史密斯现在算是家喻户晓的名字了,而新闻媒体至今依然对被他强奸的那位女性的名字三缄其口,这再一次引起了新闻界对于公布姓名的大讨论。"④节目播出的第二天,《纽约时报》不仅公布了这位女性的全名以及她的家庭情况,也同时报道了她的性生活信息。⑤ 但是,不是所有人都同意这种做法,在《纽约时报》报社内部,超过 100 名员工在请愿书上签名,表示对报社公布受害者姓名的行为感到"十分愤怒"。⑥

如果一个新闻机构要根据他人的决定来做出自己的判断,那么其新闻道德可谓如履薄冰。这种行为剥夺了道德主体做出合理的、正当决定的独立性。在这个案例中,毫无疑问,决策过程受到了模仿的影响。但说句公道话,NBC 和《泰晤士报》也不是毫无思考就选择跟风的,其编辑部内部也进行了大量的讨论和思考。例如,NBC 内部就此问题整整讨论了 36 个小时,众人也提出了许多强有力的理由,希望阻止电视台公布受害者姓名。⑦ 最终,新闻频道总裁迈克尔·高德纳(Michael Gartner)力排众议,决定予以公布。对于在媒体上公布性侵案受害者的姓名,高德纳一贯采取支持态度。在美国广电新闻主管协会的刊物《传播者》(Communicator)上,他专门撰写了一篇专栏文章,阐述自己支持公布姓名的理由,可谓"支持派"中最具说服力的论证文章。下面让我们来看看他的观点。

高德纳认为,首先,姓名和事实信息是新闻的组成部分,可以增加可信度,它有助于让新闻变得更丰满,使读者和观众对新闻内容有更全面的理解。其次,报不报一条消息、怎么报,这些问题应该由专业人士来做决定,包括制片人、编辑和新闻部主任等,

---

① Michelle Johnson, "How Identifying Rape Victims Affects Readers' Perception," *Newspaper Research Journal*, Spring 1999, pp. 64-80.
② 佛罗里达州法院已宣布该法律的某些方面违宪。
③ David A. Kaplan, "Remove That Blue Dot," *Newsweek*, December 16, 1991, p. 26.
④ Judy Flander, "Should the Name Have Been Released?" *Communicator*, June 1991, p. 10.
⑤ Ibid.
⑥ "Naming," *Newsweek*, April 29, 1991, p. 29.
⑦ "NBC Creates Stir with Rape Report," *Broadcasting*, April 22, 1991, p. 25.

新闻主体对这些决定是没有否决权的。不管你做的是哪一种类型的新闻,记者也好,管理层也好,都不能将决定权交给新闻中的人物,更别说让他们自己决定要不要公布姓名了。再次,一旦对性侵案受害者做匿名处理,记者就等同于成为约定缄默的一分子,这将使得社会上"被强奸是一种耻辱"的想法更加固化。"媒体的职责之一就是传播思想,打破现有的错误观点和偏见也是传播思想的一种。"最后,既然新闻机构在报道性侵案时都会公布犯罪分子姓名,那么为了公平起见,也应该将原告,即受害者的姓名公之于众。①

值得庆幸的是,新闻机构依然能够以积极谨慎的态度,来思考这些错综复杂的道德问题,大部分媒体也能够体谅性犯罪中受害者的不易,意识到此类新闻具有的敏感性。有时,公布性犯罪中受害者的姓名并非因为不尊重隐私,而是因为相应信息确实涉及更重要的公共利益。至少,各大新闻机构依旧会对是否公布姓名权衡再三,这就表明媒体还在思考其行为后果和利弊,并未完全失德。

少年犯

少年犯也是传统意义上的受保护人群,媒体很少曝光少年犯相关信息。19世纪以来,美国一直有专门的少年犯法律体系,该体系与一般法庭分离开来,专门处理少年犯案件,旨在感化他们而不是惩罚。为此,大部分州的少年法庭审判过程是不对媒体和大众开放的。这种做法已经开始改变。直到最近,媒体依旧鼓励对少年犯姓名信息做匿名处理。然而,随着这一群体越发频繁地犯下重罪,一部分州开始对少年犯和成人犯一视同仁。一些记者也冒着被政府部门惩罚的风险,尝试挑战这一道德常规。1979年,美国最高法院的一次判决无异于给媒体打了一剂强心针。该判决称,只要媒体获取信息的渠道合法,就可以公布少年犯的身份信息,州政府不得因此惩罚媒体。②

虽然有最高法院的判决加持,一些遵循传统的记者和编辑依然选择不公布少年犯的姓名,称这种做法会让少年犯遭受社会异样的目光,无益于其受教化的过程。退一步说,少年群体涉世未深,还没能树立正确的道德观,犯错在所难免,社会不应当因为他们犯了一个错误,就使其背上洗不掉的污名,影响今后的工作和生活。

尽管如此,日益增加的少年犯罪案件也成为公众关注的焦点。人们越来越觉得,许多少年犯,尤其是青少年,其实早已具备明辨是非的能力。再没什么有力的借口可以袒护这些少年犯,让他们逃避自己行为造成的后果,包括媒体曝光。1997年到1998年间的多起校园杀人案件使社会良知受到了震撼,而少年犯中犯下重罪的人数比例也在上升,他们因此被提前归入成人犯罪体系进行审判。"童真"二字曾有的神圣光芒似乎消失殆尽了。

少年犯令人发指的罪行促使记者开始重新评估他们对儿童身份的保护政策。南佛罗里达州《太阳哨兵报》(*Sun-Sentinel*)的记者乔·科林(Joe Kollin)就认为,媒体应

---

① Michael Gartner, "Why We Did It," *Communicator*, June 1991, pp. 11-12.
② *Smith v. Daily Mail*, 443 U.S. 97 (1979).

该在应对少年犯罪方面发挥更积极的作用。在科林看来,传统的惩罚方式,如家长代替孩子入狱或赔偿等都不够有效。在一期《羽毛笔》杂志中,他这样写道:"来自社会舆论的压力是唯一能让家长重视起来的方式,青少年司法系统做不到的事由我们来做,我们可以让他们感受到什么叫人言可畏。难堪、丢人这类情绪对家长的冲击比法官的判罚强得多,邻居们觉得自己是不称职的父母——这是家长们最害怕的。他们要在逛超市时、工作时,甚至在高尔夫球班和美容院里承受邻居的窃窃耳语和街头巷尾的流言蜚语。哪个家长想要这样的待遇呢?"[1]

曝光的威胁或许能够震慑一些少年的不良行为,但想要靠着媒体的曝光减少少年暴力案件的数量,这种想法或许是一厢情愿。媒体行业内部也还是有人坚持认为,在对待少年犯时应保持敏感性。他们的观点是,对少年犯的感化是一个有价值的目标,这一过程如果受到媒体的干扰,就有可能变得更加困难。在判断是否需要公布少年犯身份信息时,尤其应参考以下几个要素:案件性质、犯人年龄及事件背景。逐渐地,一些案件的判决不再对少年犯做匿名处理,一些州也慢慢有了公开审判少年犯案件的趋势,可以说,在法律层面给予少年犯的特殊优待在减少。法律不再袒护少年犯群体,使得媒体从业人员失去了一个参考依据,也让他们更加直接地面对这一道德抉择的难题:在报道过程中,如何既保护少年犯的个人隐私,又顾及大众利益,让少年犯罪这一国家中最严肃的社会问题不被轻视。

使用儿童信源

美国阿肯色州的琼斯伯勒市曾发生过一起校园枪击案,当时,三名初中男生持枪向同班同学射击。一名电视记者在对两位学生的采访中,不仅询问他们是否记得凶手最近是否有异常行为,还质问他们为何没有将其行为报告校长。来自美国受害者援助组织(National Organization of Victims Assistance, NOVA)的理查德·利伯曼(Richard Lieberman)在对受害学校的学生进行心理咨询后,对该记者的行为表示了强烈的谴责:"比起其他人,这两个孩子更加自责和羞愧,他们觉得自己本应该做些什么。"[2]

采访儿童一直以来都不是件容易的事。越来越多的校园枪击案和暴力事件使得新闻编辑们更多地思考:如何让儿童成为新闻来源?未成年人,尤其是年纪较小的儿童普遍不够成熟、喜欢幻想,当媒体把未成年人当作目击证人,或引用他们的话作为消息来源时,其可靠性难免受到质疑。但这绝对是一个隐私问题,考虑到他们无法对事件做出全面的判断,也较难承受来自大众目光的压力,法律没有明文禁止把儿童作为新闻来源,这使得我们只能从道德层面来把握这一问题。伊丽莎白·斯通(Elizabeth Stone)在《哥伦比亚新闻学评论》中,用一连串的问题描述了自己的担忧:

一场悲剧事件或创伤性事件过后,记者应不应该采访那些受事件波及的

---

[1] Joe Kollin, "Why Don't We Name Juveniles?," *Quill*, April 2003, p. 12.
[2] 转引自 Elizabeth Stone, "Using Children as Sources," *Columbia Journalism Review*, September/October 1999, p. 33.

儿童？当儿童是犯罪事件、暴力事件或精神创伤事件的目击证人时，要不要进行采访？当儿童本身因犯罪被起诉时呢？他们成为线人的可靠性有多大？突然被抛到聚光灯下、受众人注目的后果，常常令成年人都猝不及防，儿童岂不是需要更多保护，来避免隐私受侵犯或在情感、法律上伤害自己及他人？①

正如新闻行业会遇到的大多数伦理难题一样，要把未成年人作为新闻线索，首先要解决的问题就是在追求新闻准确度和真实度的过程中，兼顾新闻当事人的利益和公共利益。"归根结底，我的职责是展现真相，而不是保护当事人。"哥伦比亚广播公司制作人阿布拉·波特金（Abra Potkin）最近在接受采访时这么回答。他的想法得到了波因特学院的阿尔·托普金斯（Al Tompkins）的赞同："我们的出发点不是将伤害最小化，我们首先要考虑的是所背负的新闻任务。"反对这种观点的人也并非没有——美国国家公共电台的资深编辑安妮·古登考夫（Anne Gudenkauf）就认为，记者"保护儿童的职责要高于报道新闻的职责"②。

在综合了几位新闻制作人和记者的意见之后，伊丽莎白·斯通总结道："在采访未成年人的过程中，制定过分烦琐的行为准则是不可取的，但毫无原则也同样不可取。记者最好能在下一个危机到来之前，熟悉他们应该关注的因素。因为下一个危机一定会到来。"③

假如，未成年人并非新闻消息来源而是新闻客体本身呢？如果是这样，那么就要根据采访本身的新闻价值来做出判断，而不能因为采访看似有难度就放弃。离我们最近的一个案例发生在 6 岁的古巴难民埃连·冈萨雷斯（Elian Gonzalez）身上。在小埃连身上发生的悲剧让他成了媒体聚光灯的焦点。在从古巴偷渡到美国的航程中，小埃连的母亲不幸溺水身亡，于是小埃连被送给他在迈阿密的亲戚家代为照顾。在随后几周的时间内，依然身在古巴的埃连生父与迈阿密的亲戚打响了一场跨国性的收养权争夺战。来自哈佛大学的精神病学教授阿尔文·F. 帕桑特（Alvin F. Poussaint）在接受采访时，对 ABC 电视台主持人戴安·索耶（Diane Sawyer）表示不满，称她在此前对小埃连的采访中，试图让男孩回忆母亲去世的过程，这类问题"十分不合适"，会"对男孩造成巨大的情感创伤"。帕桑特博士表示，希望 ABC 电视台能够"重新思考对待儿童的采访道德标准，特别是在可能造成更多伤害的情况下"④。

《波士顿先驱报》（*Boston Herald*）的专栏作家霍威·卡尔（Howie Carr）对帕桑特教授的批评做出了回应。他同样认为，电视采访"过度消费"了小埃连。卡尔称，小埃连在电视采访中公开表明想要留在美国。虽然这些采访是小埃连的亲戚为他联系的，但从他们的行为中可以感受到，他们在尽一切努力让埃连留在美国，这种心意是可取的。卡尔说道："你尽可以对戴安·索耶和所有相关的电视报道感到生气，但这就是

---

① 引自 Elizabeth Stone, "Using Children as Sources," *Columbia Journalism Review*, September/October 1999, p. 32。
② Ibid.
③ Ibid., p. 34.
④ Dr. Alvin F. Poussaint, "The ABC's of Exploitation," *TV Guide*, April 29, 2000, pp. 18-19.

现在电视节目的做法。"①

想要列出一个媒体在面对儿童时的行为准则并不容易,在此提出几个要点,以供参考。在采访儿童时,记者应考虑到:(1) 对方的年龄和心理成熟度;(2) 对方涉及的新闻事件属于何种性质;(3) 对于该新闻来说,受访儿童所提供的信息的重要程度。此外,记者还应注意不要使用对峙性以及调查性的提问方式。若有可能,在使用未成年人提供的新闻线索时,应尽可能取得其父母或监护人的同意。

自杀

《美国新闻学评论》曾发表过一篇文章,讨论面对自杀事件的新闻处理手法。话题太过敏感,以至于虽然只是假设的情形,许多受访的编辑也拒绝对此发表评论。② 对此话题,许多新闻机构并没有既成的报道标准,而是根据每则新闻的不同情况进行具体处理。

人人都希望自己死得有尊严,这可以算是人类社会的共同信念。正因为如此,有关死亡的报道、讣告的刊登都需要用非常谨慎的态度对待。新闻事件如果涉及普通民众,出于对死者的尊重,往往不会公开其死因,媒体在报道事件时,也会参考死者家属的意见,对要公开的信息做筛选。如果新闻涉及的是某个公众人物,则另当别论。

记者、编辑都怕碰到这个棘手的话题。模仿自杀的可能性无处不在,但从隐私的角度看,焦点集中在受害者及其家人和朋友身上。当自杀案发生在公开场合,或者自杀者是社会公众人物时,媒体应该有所报道。在报道中,记者应该时刻铭记并尊重死者家属、朋友的隐私。

2002 年,安然(Enron)公司前副总裁克里夫·巴克斯特(Cliff Baxter)在自己的车中吞枪自杀,随后,他的妻子在家中车库里发现了他留下的遗书。一场巨大的财务危机之后,巴克斯特自杀身亡,安然公司最终以破产倒闭告终。有消息称,巴克斯特曾经向公司总裁提出意见,认为公司存在不合理的金融交易。安然公司垮台后,一些媒体将巴克斯特的自杀与之联系在了一起,并认为巴克斯特作为安然公司的高层主管,属于公众人物,其遗书中的内容涉及社会公共利益。因此,有媒体极力要求巴克斯特的家属公布他的遗书内容。巴克斯特的家属表示,遗书属于个人隐私,不涉及公共利益因素。双方争执不下。最终,得克萨斯州检察长做出裁决,称遗书内容属于公共记录,并命令巴克斯特家属予以公开。随后,数家媒体刊登、播放了遗书的节选内容。一些记者为媒体辩护称,巴克斯特的遗书内容被公开,是因为它具有新闻价值。但不少人指责媒体,认为它们的行为一点都不为巴克斯特的家人着想。

自杀事件的背景情况各不相同,想要总结出一个对待自杀事件的统一报道准则或许为时尚早,但无论在哪种情况下,推动公众理解都值得成为指导原则。蒙大拿大学密苏拉分校实用伦理学中心主任戴尼·艾略特也这么认为:"一个死亡事件是不是自

---

① Howie Carr, "Manipulation, American-Style," in Poussaint, "The ABC's of Exploitation," p. 19.
② Mark J. Miller, "Tough Calls," *American Journalism Review* (December 2002): 43-47.

杀,这是很重要的信息,将这个信息传达给大众,有助于帮助他们认识我们国家自杀事件频繁的情况,也可以对大众起到警示作用。"她补充道:"但公布他人遗书的内容,或是其他一些无谓的、血淋淋的细节信息,就只是为了满足大众的窥私欲而已。那些细节对试图弄清楚究竟发生了什么的家人和专业人士很重要。"

当电视报道遇上自杀新闻时,编导就要更加谨慎了,因为电视最具有视觉冲击力。在报道自杀事件时,媒体很有可能被贴上"过分耸动""哗众取宠"的标签。当今社会,电子监控无处不在,一次自杀事件很有可能会被某处的电子摄像头记录下来。电视台若拿到了记录着自杀事件的录像带,应该非常谨慎地使用。有时,或是出于竞争压力,或是出于对感官新闻的追求,一些制作人和新闻编辑可能会丧失道德准则。媒体在做出伦理决定的过程中,不仅应当注意对当事人的基本尊重,而且要注意审美,当事件的画面血腥、不适于观看时,媒体更应该把好审查关,对所有的观众负责。

尤其应指出的是,对待自杀事件,媒体必须有一说一,如实报道,过分美化或者妖魔化自杀行为都是不恰当的。① 自杀绝不是用来逃避压抑或痛苦的好办法,媒体的报道不应当给人这种错觉。一些评论家认为,媒体在报道自杀事件时应该采取更加积极的姿态。除了报道事实之外,可以给受众提供更多的信息,让他们知道在遇到困难时怎样才能获得帮助。有一个发生在1992年纳什维尔的例子。当时,地方报纸《纳什维尔田纳西人》(*Nashville Tennessean*)在报道中公开了当地警察局副局长约翰·罗斯(John Ross)的遗书内容。在遗书中,罗斯为自己的行为辩护,他写道:"当一个人让自己所爱之人蒙羞的时候,选择自杀是一种理性行为(日本人就是这样做的)。"②该报审查员弗兰克·瑞特(Frank Ritter)认为,报纸选择公布遗书内容的决定没有过错,但仅仅这样是不够的:

> 报纸报道新闻无可厚非,哪怕公开遗书的内容会对我们、对逝者家人造成很大的伤痛,我们都能够理解。假如媒体能够再进一步提供更多的信息,例如告诉大众,当一个人处于崩溃边缘时应该去何处寻求帮助等,就会让我们获得更多安慰……有一点很重要:自杀绝不是什么"理性行为"。③

当然这个提议很道德、很高尚,但它可能会引起争议,因为它要求新闻机构必须放弃它们一贯的中立立场,在某种意义上成为新闻报道的积极分子。

对于私人住宅中发生的一起自杀事件,公众并不需要知道太多细节;而当自杀事件发生在公共场合,或自杀者是公众人物时,相关信息对公众的吸引力就会变大。举例来说,一个人去世了,新闻或讣告里登出了他的死因。至于死因到底是自杀、癌症还是心脏病,并没有太大差别。它们的信息含量难道不是一样的吗?死于自杀就比死于癌症或心脏病更重要、更值得一提吗?尽管如此,一些报纸还是报道了日常自杀事件。

---

① Frank Ritter, "Reporting on Suicide Is Not Easy, and Needs Sensitivity," *Tennessean*, January 12, 1992, pp. 5-D.
② Ibid.
③ Ibid.

哪怕不在讣告中提,也要在新闻中提。虽说媒体不再对自杀一事讳莫如深是件好事,但这不代表媒体就可以没有道德方面的顾忌。在报道自杀事件时,媒体要权衡这些敏感事实的新闻价值和受害者可能丧失的尊严,以及对其家人、朋友隐私的侵犯。

秘密摄像机和录音设备

需要考虑隐私伦理因素的不仅涉及新闻报道的过程,也涉及获取新闻的方式,即记者是如何得到一则新闻的相关信息的。为了得到新闻线索,记者就像侦探一样,很善于,有时甚至是精于使用手段。当今社会,电子技术十分先进,公众对调查性报道又有着持续的兴趣和需求,这就使得影像设备成了记者的"弹药库"中必不可少的武器。

一辆普普通通、毫无特点的面包车,或是其他一些隐蔽的位置,都可以成为记者的藏身之地,只待镜头中的"猎物"有任何不当之举,便可将他们抓个现行。如果记者在公共场合设置隐藏式摄像机,并记录下某些违法行为,其做法从道德角度出发是合理的。在这种情况下要注意的是,不能连累到无辜的旁人。使用隐藏式镜头偷拍的做法可偶尔为之,但不应成为常态。记者应当做公共利益的保护者,而不是运用电子技术大肆偷窥的"狗仔队"。

一些记者在与"线人"谈话时,会偷偷地进行录音,这不仅是个道德问题,也容易引发法律纠纷。美国宪法和一些州立法规定,只要对话双方中一方同意,就可以进行录音;其余州的法律则要求,对话双方都同意才可以录音。不过,美国最高法院也有这样的保护措施:对于公布某一对话录音的个人或媒体,只要其录音是从第三方合法获得的,就不用承担民事责任,这里不考虑该录音最初获得的渠道合法与否。[1] 然而,先不论未经他人同意的录音是否会引发法律纠纷,一些记者就不认同这一行为中所包含的道德问题的严重性,更有甚者直接称这样的做法不存在道德问题。有记者认为,在采访过程中,秘密录下对话内容并非侵犯被访者隐私,而是一种具有实用性的辅助手段,可以更好地确保新闻中事实信息和引述词句的准确度,有助于新闻采写。因此,无论是纸媒还是电视广播媒体的记者,都会运用这一方式。只要被访者明白他是在与一名记者进行对话,录音设备就不会比记者的问题更具有侵扰性。让我们假设这一说法是合理的,那么问题来了:偷录下对谈内容的记者在公布这些内容前,是否应该取得被访者的同意呢? 我们还可以这样反驳:假如录音设备只不过是新闻采集的辅助手段之一,为什么不事先征求当事人的同意呢? 诚然,一些采访确实需要记者运用谈话技巧,从被访者口中"套证据"。这样看来,秘密录音似乎也有其存在的合理性。

《大众媒介伦理学》(Journal of Mass Media Ethics)杂志中的一篇文章,对秘密录音会引发的道德问题给出了一个合理的解决方法。文章作者提出,要判定一段秘密录音是否合乎道德,首先要建立三个方面的规则:隐私信息、保密程度和出处。

何为隐私信息——对话双方的身份必须限定为公共身份,也就是记者和"线人",而不牵扯到私人信息;保密程度几何——谈话信息中哪些部分涉及

---

[1] *Bartnicki v. Vopper*, 29 Med. L. Rptr. 1737 (2001).

公共利益、可以公开,哪些部分属于个人隐私、需要保密;出处——消息来源是否公开、公开到何种程度。在采访前,双方应当就以上三个方面的规则达成共识。①

假如采访双方事先就这三个方面的规则达成过共识,那么记者在不违背规则的前提下,对采访过程录音的行为就"不算欺骗,也不算侵犯'线人'的隐私"②。事先确定采访规则,就不会引发道德问题。假如"线人"已经表示过反对任何拍摄和录音,而记者却不管不顾,一意孤行,这种行为不仅说不过去,也会让人质疑这名记者的道德素养。媒体机构对类似行为同样抱持反对态度。哥伦比亚广播公司《60 分钟》栏目记者麦克·华莱士(Mike Wallace)和制片人鲍勃·安德森(Bob Anderson)就在这个问题上犯过错误。他们在采访对象明确表示了不愿意录像之后,依然偷拍了采访过程。新闻总监艾瑞克·欧博(Eric Ober)称其行为完全违背了电视台的新闻准则。华莱士在事后称,没有"线人"的同意,他们不会公布这卷录像带。③

意外事故和个体悲剧

意外事故和个体悲剧常常是新闻的焦点,其事件中心人物大多欠缺与媒体打交道的经验。因此,媒体在进行报道时应保有同情心,不过分苛求对方,尊重陷入不幸的人的隐私。有时,记者必须采访事故受害者以获取新闻故事所需的信息。在提出相关要求时,记者应勤勉尽责。举例来说,一个人因突如其来的灾祸不幸身亡,其家属哀伤欲绝,这样的画面无疑具有很强的冲击力。但如果一个电视记者不顾及家属情绪,只想着捕捉画面,硬是把话筒举在家属面前要求对方发表感想,这么做就不合适了。

当媒体发表"心碎"照片——呈现个体哀伤的主题照片时,尤其容易受到指责,控诉罪名从"冷血残酷"到"哗众取宠"。对此问题,我们将在第十章进行更详细的阐述,这里只简单讨论关于这类照片的隐私观。让我们来看这个例子。《星论坛报》曾发表过一张照片,照片主人公埃斯特万·马克斯(Esteban Marques)的八岁女儿被杀害,摄影师拍下了他悲痛欲绝、跪倒在地的画面。读者看到这张照片后纷纷抗议,称报社的做法侵害了埃斯特万的个人隐私。这件事才过去没多久,《星论坛报》又刊登了一张库尔特·汉森(Curt Hanson)在得知前女友因车祸而离世时哭泣的照片。同样,这张照片也受到了报纸读者的抗议。④

值得注意的是,提出抗议的并非照片主人公本身。报社执行编辑乔尔·克雷默(Joel Kramer)表示,这些照片是新闻中很关键的一部分。该报的审查员卢·盖尔芬德(Lou Gelfand)虽然支持停止刊登类似照片,但也为报社做了澄清,称这两张照片都并

---

① Louis W. Hodges, "Undercover, Masquerading, Surreptitious Taping," *Journal of Mass Media Ethics* 3, no. 2 (Fall 1988): 34, 引自 T. L. Glasser, "On the Morality of Secretly Taped Interviews," *Nieman Reports* 39 (Spring 1982): 17-20。
② Ibid.
③ "In Brief," *Broadcasting & Cable*, November 21, 1994, pp. 80-81.
④ Richard P. Cunningham, "Seeking a Time-Out on Prurience," *Quill*, March 1992, p. 6.

非偷拍而得。埃斯特万·马克斯原本在与报社摄影师交谈,在谈话过程中,他难敌悲伤情绪,跪倒在地,摄影师恰好捕捉到了这一画面。另一新闻中,库尔特·汉森的前女友失踪,汉森当时正在饭店里等待警方搜索的进一步消息,一同在场的还有汉森的朋友和其他媒体人士,也就是说,汉森是知道当时有摄影师在场的。① 这些照片极具视觉冲击力,将生命中最悲伤的时刻记录了下来。从情感上来说,似乎放弃它们更符合道德要求,但不要忘记,一张照片不能脱离大背景和事实情境而单独存在。在进行道德论证时,也需要一并考虑相关事实,如当事人知情与否等。只有这样,记者才能将"需要知道"所代表的公共利益和"想要知道"所代表的窥私欲分离开。

有时,媒体编辑在选择可能引起不适的照片时,除了要考虑该照片与新闻事实的关联度,还会考虑其间是否涉及更广泛的公共利益。来看这个例子。一名五岁的男孩在游泳时溺水身亡,潜水员将其尸体打捞上岸后,男孩家人围绕着孩子的尸体,伤心欲绝。《贝克斯菲尔德加州人报》(*Bakersfield Californian*)的一位摄影师将此景收入了镜头。报社在刊发了这张照片后,收到了500位读者的来信投诉。该报的主编表示,他选择刊发这张照片,目的是让人们提高警惕,不要忽视孩子在游泳时的人身安全。②

与《贝克斯菲尔德加州人报》类似,报道中涉及更广泛公共利益的还有《加州河滨企业新闻报》(*Riverside Press Enterprise*)。报社记者弗雷德·鲍曼(Fred Bauman)目睹了这样一场悲剧:一名仅22个月大的男童在自家门前被过路的车辆撞倒,无助的母亲满身鲜血,跪倒在儿子身旁,两人边上是匆忙赶到、准备实施救援的医疗人员。这一幕极具视觉冲击力的场景被鲍曼的镜头清晰地记录了下来。报社编辑部在经过漫长的讨论之后,决定将这张照片刊登出来。目的不为其他,只希望照片中真实的悲剧能够给人们以提醒,让司机开车更加小心、让家长更加警惕,在未来避免类似惨剧的发生。③

诚然,相似的论调并不总具有说服力。在大部分新闻事件中,涉及所谓公共利益的不过是很小的一部分,更应受到重视的是对受害个体的哀悼和对受害者隐私的保护。家长放任自己的孩子去游泳,或是在街道上玩耍,这种事的危险性人尽皆知,公众并不需要媒体再拿出多么惨烈的画面作为提醒。

有时,在当事人的一手消息能够对观众理解新闻内容起到很大帮助的情况下,一些侵犯隐私的行为是合理的。但各家媒体有时因为竞争,会对当事人造成不必要的骚扰,侵犯他们的隐私。在公众看来,这种行为有时甚至是非常残忍的。此类完全不顾及道德的骚扰采访哪怕再少,也会对媒体公信力造成损害。

计算机与资料库新闻学

几年前,《西雅图时报》(*Seattle Times*)运用计算机技术,对一起警察失职案进行了

---

① Richard P. Cunningham, "Seeking a Time-Out on Prurience," *Quill*, March 1992, p. 6.
② Smith, *Groping for Ethics in Journalism*, p. 315, 引自 "Graphic Excess," *Washington Journalism Review*, January 1986, pp. 10-11; Nick Russell, *Morals and the Media: Ethics in Canadian Journalism* (Vancouver: UBC Press, 1994), p. 121。
③ 关于此案例的讨论,参见 Philip Patterson, "Public Grief and the Right to Be Left Alone," in Philip Patterson and Lee Wilkins (eds.), *Media Ethics: Issues and Cases*, 4th ed. (Boston: McGraw-Hill, 2002), pp. 130-132。

追踪调查。报纸通过调取计算机中存储的信息,证实了警方在调查一名46岁女性的死亡案时玩忽职守,使得调查最终失败。报纸所调取的证据从停车罚单,到警探的购物小票,可谓应有尽有。几乎在同一时间,美国骑士(Knight-Ridder)出版公司华盛顿分公司的记者也依靠计算机技术分析医院心脏开胸手术的医保记录,发现美国国内多家医院在进行此类手术时,失败率往往很高,其数值远远高于正常值。无独有偶,在希腊的罗德岛,三起校车撞人事故接连发生,造成三名儿童命丧车轮之下。当地报纸《普罗维登斯日报》(Providence Journal)将肇事司机的驾驶档案一一调出,与交通事故记录进行比对后发现,一些校车司机在过去的三年内,被开罚单竟达二十余次!这一信息的披露,再加上司机认罪的录音带,足以使这几个校车司机被判为重刑犯。在《普罗维登斯日报》的调查文章发表过后,当地完善了驾照发放的程序,提高了校车安全性。[1] 以上几个案例都是非常典型的调查性报道,假如没有计算机技术的帮助,记者们并非不能完成调查,但涉及的取证工作无疑会变得十分困难。计算机和互联网凭借自己近乎无限的存储空间和强大的检索能力,让调查性新闻行业有了革命性的进展。然而,当政府收集了如此多的个人信息,而这些信息又非常容易被记者等第三方获取时,公共利益就很有可能受到危害。因此,公众知情权有时应让步于其他需求,其中首要的便是对隐私的保护。

长久以来,政府的公共档案一直是调查记者们的"新闻资料后备库"。如今,计算机技术的发展和政府数据库的建立更让记者能搜集到的资料成倍增长。翻箱倒柜查找纸质档案的苦力活已经成为历史,记者们如今只要坐在编辑室里,甚至是舒舒服服地待在家里,就能很方便地通过计算机浏览数据库。

与所有的技术发明一样,计算机为人际交流提供了更有力的工具,使得人们的沟通在数量和质量上都得到了提升。但没有其他任何一个发明像计算机一样,让个人隐私保护、媒体信息获取以及公众知情权利三者之间的冲突变得如此透明化。一直以来,媒体依赖公共记录资源中丰富的信息。让公众惊讶的是,他们越发察觉到,许多跟自己相关的身份信息都能够在政府档案中查到。除此之外,一些新闻机构会在自己的官方网站上传公共档案,让公众自己去挖掘信息,成为信息的编辑。虽然这一过程看上去更加"民主化"了,但媒体长久以来作为"有价值的信息"的提供者、组织者和把关人的地位正在受到挑战。[2] 计算机技术的运用究竟是否有利于民主进程,还需留待时间验证。

一些市民意识到数据库中隐藏着对自己隐私的威胁,于是逐渐开始回击。面对来自选民的压力,美国立法者逐步关闭了一些数据库,如选民的登记名单、人口统计数据和土地转让记录等。为了保护公民隐私,美国立法机构还颁布了好几项法案,其中最典型的案例当属1994年经由国会通过的《驾驶员隐私保护法案》(Driver's Protection Act)。法案授权州立政府,对驾驶证和车辆登记信息加以保护,防止公民个人

---

[1] Gregory Stricharchuk, "Computer Records Become Powerful Tool for Investigative Reports and Editors," *Wall Street Journal*, February 3, 1988, p. 25.

[2] Jeff South, "No Secrets," *American Journalism Review*, April 2000, p. 52.

信息的泄露。①

可惜的是,这一系列立法倡议很大程度上只是政治压力的产物,而不是深刻思考相关政策后所做出的决定,因此,其中的道德问题依然悬而未决。前文提到,科学技术本身是中立的,不分好坏。因此,使用计算机行善或作恶,其决定权掌握在使用者手里。以互联网技术为例,它既可以成为有价值的信息的云端储蓄库,也有可能成为仇恨言论和色情影像的传播平台。

从积极的一面来看,计算机数据库能够协助记者更好地监督政府工作。揭露政府的不作为,是公众托付给媒体的责任,这样做有助于媒体增强自信心,从而更严格地监督政府工作②,而利用计算机,记者可以更迅速地查阅大量相关资料③,节省前期准备的时间,用更多精力去解读、分析手头多样化的信息,从而让报道"在主观能动性方面更上一个台阶"。

但从消极一面来说,若不对政府信息数据库的使用加以限制,的确会引发针对隐私问题的担忧,尤其当所获信息被移作他用时。举例来说,一些私营媒体为了增加订阅量,会想要利用计算机来采集信息,比如利用政府统计人口信息之便,发展潜在的订阅用户。④ 除此之外,这些数据库中的信息也并非完全准确,许多人已发现自己的信用记录上有不实的违章信息,他们因此遇到了很大的麻烦,甚至惹上了官司。所以,虽然能够通过庞大复杂的网络从政府数据库中获得信息,媒体依然负有查证信息准确性的责任,因为通过数据库获取现有信息并不能取代事实查证的过程。在追踪一个全美境内系列"洗钱"案的过程中,《波士顿环球报》通过分析数据发现,一些城市出现了数起金额巨大且来路不明的现金交易。最终,所有线索指向了底特律的一名员工,事实真相大白——该员工在工作时感到无聊,偶尔会在实际交易金额上多按五个零。⑤

探寻新闻准则

可能引发隐私问题的情况有无数种,想要一劳永逸,找到一个万全准则是不可能的。对于媒体从业人员来说,在探寻隐私伦理的新闻准则时,以下四条准则可以作为基础。

第一条准则建立在对人的尊重上,其最终目的也是要保证对个体的尊重。这个提法一部分是基于本书第三章讲到的犹太教和基督教信条。作为独立个体,每个人都享

---

① "When Privacy Trumps Access, Democracy Is in Trouble," *News Media and the Law*, Spring 1995, p. 2. 最高法院后来维护了法律的合宪性。

② Karen Reinboth Speckman, "Using Data Bases to Serve Justice and Maintain the Public's Trust," *Journal of Mass Media Ethics* 9, no. 4 (1994): 236.

③ Ibid.

④ Ibid., p. 237. 例子参见 Karen Reinboth Speckman, "Computers and the News: A Complicated Challenge," in Patterson, and Lee, *Media Ethics*, pp. 139-146。

⑤ Stricharchuk, "Computer Records Become Powerful Tools," p. 25.

有一定程度上的尊严,哪怕有人喊着所谓"民众需要知晓"的口号,也并没有权力侵犯我们的自尊。尤其在对非自愿卷入新闻事件的当事人进行报道时,记者和编辑更应该依照尊重他人的准则行事。

第二条准则指的是社会效益。何种信息对受众来说至关重要——这需要媒体来做出判断,最起码,媒体要传递有用的信息。追求轰动效应、满足病态好奇心、嘲讽讥笑、窥探隐私——诉诸此类出发点的新闻都应被排除在外。

第三条准则事关正义。在第二章中,我曾将"正义"定义为一个人应得的东西。在特定情况下,对新闻客体隐私保护的程度需要由媒体来把握。比如,在大部分情况下,违背了就职誓词的政客享有的隐私权要比意外事故受害者的少。当然,一些人属于"自愿"泄露隐私,在商议对他的隐私保护程度时,其刻意行为也应被列入考量范围。

第四条准则是,当媒体行为有可能冒犯他人、侵犯他人私生活时,应尽力把伤害程度降到最低。这一做法也体现了对个体的尊重。有时,新闻报道因与公共利益紧密相连,不可避免地会曝光一些隐私。此时,媒体应尽量将被曝光的细节控制在一定范围内,只报道具有新闻价值的部分。许多针对媒体的控诉都是基于此原因——投诉者认为,媒体在对待相关事件受害人时过多地暴露了当事人的隐私。来看这个例子。俄亥俄州数家报社在报道东北部城市阿克伦的一起奸杀两名女性的案件时,细致地描述了整个案件经过,报道了许多细节。对此,其中一位受害人的朋友提出了抗议。他说,报社在叙述这起案件时,无视其残酷本质,转而去描写过程中的下流细节、受害人受到的暴力殴打以及两名受害人最终痛苦而缓慢的死亡过程。这种做法完全是对受害人及其家人、朋友隐私的侵害。①

新闻杂志《美国新闻与世界报道》的作者詹姆斯·法洛斯(James Fallows)给出了一份名单,其中列举了因自身责任使然,而"有权"对他人进行"伤害"的职业。这些职业包括医生(有时不得不采取有害的治疗方法以挽救生命)、士兵、警察、剥夺他人自由的法官以及商人(从竞争对手手中抢夺市场,导致对手及其雇员失业)。虽然手握"特权",但这些职业也会受到其行业特有行为准则和法律条例的约束。法洛斯写道:"对于所有'特权'职业来说,内心的自我约束显然更为重要——当一个人每天所做的日常决定都有可能对他人造成伤害时,如何既怀有'人道同情心',又保质保量地完成自己的工作,是他们面临的最大考验。"无独有偶,身为一名记者,在追求好故事的过程中,时不时会被公众斥为"冷血"、被讨伐。不过,若记者能"在心中保有人性的温暖",尽力在新闻价值和人性关怀中获取平衡,或许就能够帮助挽回公众对新闻行业的尊重。②

---

① Michael J. Bugeja, *Living Ethics: Developing Values in Mass Communication* (Needham Heights, MA: Allyn & Bacon, 1996), pp. 256-257.

② James Fallows, "Are Journalists People?" *U. S. News & World Report*, September 15, 1997, pp. 31-32, 34.

广告与隐私

广告无处不在。不仅是在私人住宅里,在各个公共场合都能看见它的身影,它们叫嚣着吸引我们的目光;各类比赛场边摆满了广告展板;一抬头,印满广告的气球艇满天飞;在影院、公共交通工具、互联网甚至加油站都能看见悬挂着的各色广告。广告不愿放过任何一个消费者,它孜孜不倦地推销着各类产品,从快餐食品到女性卫生用品,应有尽有。一个美国人平均一天会看到 3000 个广告[①],让人无处可逃的大量广告引起了消费者的抱怨。

我们进入公共场合,就代表着自愿放弃一部分隐私,因此公共场合的显眼广告通常不会引起人们对隐私问题的忧虑。不过,随消费者所购买的收音机、电视机或电脑一起得到"默许"而潜入私宅的广告投放,的确会牵涉到隐私利益。这时,可将广告看作一位客人:在保证基本礼貌的情况下,主人须允许,最起码容忍它的存在。太大声或太具有冒犯性的广告,都可能不受欢迎。广告利用消费者在某个领域的无知而夸大作用效果,或是侮辱消费者智商的情况,也有可能造成问题。[②] 那么,假如一些广告没有其他问题,仅仅是内容俗气呢? 一些评论家认为,品位问题还不至于严肃到引发道德思考。[③] 在他们看来,没有品位的广告给消费者带来的烦恼属于更高一级的礼节层面的问题,而非窥视型广告造成的隐私问题。这一说法不无道理。不过,当广告商侵入我们的私人领域,用毫无品位的信息轰炸我们的感官时,礼仪和道德之间的界限就变得模糊不清了。假使广告商对其投放的内容负有哪怕一丁点儿责任——而他们当然是必须负责的,其中一部分定然是道德责任。

消费者一直在努力保护自己的个人隐私,但互联网在广告商眼中的诱惑力太大,使得消费者的隐私信息保护变得越发困难起来。举例来说,广告服务器公司会针对它们的目标客户群,在网站上投放侧边栏广告以吸引用户的眼球。利用用户浏览网页的"cookies"记录,广告服务器公司可以追踪搜索记录,建立用户购入档案,归纳其购物习惯。一些广告服务器公司只给市场营销人员提供匿名信息,但有的也会售卖可以定位用户真实身份的信息。大部分的互联网用户对此并不知情,庆幸的是,公众已经逐步开始重视网络世界的隐私安全问题了。

广告无处不在,这一点暂且不论,其所推崇的一些内容也受人诟病。广告商往往会宣扬一些肤浅的价值取向,例如强调性吸引力、鼓吹金钱能买到快乐和自尊、宣扬刻板印象等。这些问题确实是存在的,广告正在与传统的初级社会单位——家庭——争夺对个体社会化过程的控制权。广告评论家指出,儿童如果长期接触未经筛选的广告

[①] "It's an Ad, Ad, Ad, Ad World," *Time*, July 9, 2001, p. 17.
[②] 关于广告中的伦理标准讨论,参见 Richard L. Johannesen, *Ethics in Human Communication*, 3rd ed. (Prospect Heights, IL: Waveland, 1990), p. 93.
[③] 更多案例参见 Richard T. DeGeorge, *Business Ethics*, 2nd ed. (New York: Macmillan, 1986), p. 274.

信息,非常容易出现不良后果。

在过去一段时间里,一些特定内容和主题的广告极其不受欢迎,这一点在电子媒体中表现得尤为明显。曾经有一段时期,女性卫生用品和避孕套就是禁忌话题。时至今日,广告几乎百无禁忌了。支持网络访问不设限的人认为,所有合法生产的产品都有利用广告进行营销的权利,包括法律权利和道德权利。反对者则认为,最起码不应该在电子媒体中宣传个人用品(如避孕套),因为这种产品信息本质上是具有侵犯性的,就算其广告本身做得很有品位也不行。换句话说,广播、电视、计算机所携带的广告侵入了我们的私人住宅,因此隐私问题比其他问题更须引起重视。

隐私:假设案例研究

以下案例代表了广泛的隐私问题,尽管并非详尽无遗。在运用第三章给出的SAD道德推理模型时,应将三条主要哲学方法谨记于心。首先,以义务为基础的媒体是义务论者,它们认为,隐私是一个基本价值观,个体行为的后果必须受到道德标准的制约。因此,不能总以社会获利作为侵犯隐私的理由,而需要更强有力的理由。举例来说,一名记者如果碰上虐童案件,哪怕在报道过程中一定会侵犯这个家庭的隐私,记者也会认为自己有报道这件事的义务。由此可以看出,记者对于真相的追求是大于个人隐私诉求的。只要当事人是具有新闻价值的,其隐私在一定程度上就是可以被牺牲的。当两边准则的力度旗鼓相当时,以义务为基础的理论研究家就容易陷入两难的境地。

其次,我们之前提到过,结果论者(或目的论者)会衡量某个决定的潜在后果。公共利益一直是他们考虑的因素之一。目的论者也会关心个体受到的伤害,但他们更注重的是整体行为带来的冲击。在一些案件中,如果从目的论的功利性方面来衡量的话,媒体会考虑去维护大部分人的利益。在其他情况下,则会主要考虑个体或少数群体的利益。只不过,在运用本书所谈到的行为准则来衡量隐私伦理时,哪怕是结果论者,也必须以强有力的原则来证明其对他人隐私的侵犯是正当的,并且不得在行动过程中,造成已有承诺之外的伤害。

最后,崇尚美德的伦理学家会运用亚里士多德的"中庸"伦理观,尽力在两个极端之间寻找一种平衡。虽说在隐私侵权案中,这种做法并非一直奏效,但总有一些情况确实能够提供一个限制侵犯隐私的机会,或是让冲击不那么难以接受。举例来说,电视广告本质上就是具有侵略性的,它直接侵入了家庭生活的私人空间。有了电视,必然会有广告,但电视广告商有义务审核广告内容,避免冒犯敏感的观众。换句话说,在这种情况下的极端做法有两种:一是彻底禁止广告侵入私人空间;二是不对广告设任何限制。如果不想走极端,那么合理的做法就是让电视和电视广告受观众喜爱。

案例研究

案例 5-1　最高法院法官候选人的意外退选[①]

美国最高法院首席法官拜伦·菲茨休(Byron Fitzhugh)宣布退休的消息让全国上下的法律监察部门大吃一惊。虽已是古稀之年，但老当益壮的菲茨休法官表示，他还有其他的事业要追寻。不过他相信，自己的继任者一定能够继续在这个位置上，行使好宪法赋予这个职位的制约权力。白宫马上组织了对最高法院法官继任者的甄选，被提名人选需要通过美国联邦调查局(FBI)一系列严格的背景审查，其合适与否将最终交由美国律师协会评定。总统表示，他将选择"毫不动摇地忠于美国宪法"的候选人。各路媒体评论员和白宫记者团的记者们也都抖擞精神，试图挖掘到与继任者有关的更多消息。身处"环线圈"(泛指华盛顿政治圈)内的记者们一波波向外发稿，以保持公众对话题的关注度，但白宫新闻发言人在其例行简报会上却并不愿意对记者透露更多的相关信息。幸运的是，记者们孜孜不倦的信息挖掘工作得到了回报——有人向记者透露了内部消息。据"总统身边相关人士"透露称，候选人名单上共有三人，其中，哈伦·艾斯丘(Harlan Askew)法官获胜的概率最大。

艾斯丘法官曾经担任过纽约州检察官、联邦地区法院法官。在六年前，前总统还曾指派他担任第二巡回上诉法院法官一职。尽管从法律派系倾向来看，艾斯丘法官偏向狭义解释宪法派，但他并不盲从条规，这一点为他赢得了法律学者和同僚的赞誉。他一向主张分明、条理清晰，哪怕那些不喜欢他的人也不得不钦佩他"缜密的思维"。在担任上诉法院法官期间，艾斯丘法官展现了强大的领导能力，让人印象深刻，这一特质也进一步增加了他的胜率。

白宫记者尽职尽责地把能打探到的消息都发了出来，当然也不忘提到艾斯丘法官是当前最具竞争力的人选。记者们相互竞争着，都想挖到独家报道，首府华盛顿的竞争氛围十分紧张。专栏作家麦克斯威尔·奈特(Maxwell Knight)和他的搭档路易斯·雷蒙德(Louis Raymond)——受12年政治报道氛围影响的资深记者，揭开了官方保密的面纱，头一个发现了艾斯丘法官猛烈的获胜势头，并对他给予了关注，打得其他记者措手不及。当时，其他记者都在翘首期盼白宫方面的正式公告，而奈特的一个可靠"线人"——美国总统办公室的总统助理迈克尔·帕默(Michael Palmer)告诉他一个消息，此前呼声最高的艾斯丘法官退出了候选人的竞争，他给出的理由是"家庭原因"。奈特向帕默打探更多的细节，但帕默含糊其词，不愿多谈。奈特当即将这个消息告诉了自己的搭档雷蒙德，两人合计之后，立马把这一惊人的消息发布了出去。消息随即散播到了全国各地，引起一片热议。发布了大新闻之后，奈特和雷蒙德没有就此休息，他们打算再次抢在所有同行前头。故事"飞"了两三天之后，奈特又一次联系

[①] 关于启发此案例的真实事件的报道，参见 John W. Dean, *The Rehnquist Choice* (New York: Free Press, 2001), pp. 119-121。

了"线人"帕默,向他询问艾斯丘法官不合时宜的退选背后的真正原因。帕默一开始还不愿泄露秘密,但最终扛不住奈特的逼问,道出了真相。

帕默给出的真相太令人震惊了。哪怕作为一个资深记者,奈特也不禁咋舌,并且在得知真相后陷入了意想不到的道德窘境。他很快回到住处,叫上搭档雷蒙德和他们的编辑助理贾尼丝·米汉(Janice Meehan),三人在白宫给媒体记者安排的狭窄的小房间里开起了碰头会。雷蒙德和米汉都是很有主见的人,可以提供建设性意见。三人常常陷入激烈的辩论,这次也不例外。

奈特首先开口:"我知道艾斯丘退选的真相了。"雷蒙德和米汉全神贯注地看着他。奈特接着说道:"总统的助理迈克尔·帕默给我提供了这个消息,此前我也跟他合作过,他是个可靠的'线人'。这次他要求我们不要说出他的名字。他告诉我,艾斯丘有个八岁的儿子,查德(Chad)。他是被领养来的,但艾斯丘一家从未告诉过儿子这个事实。"

米汉一针见血地指出:"所以说,艾斯丘退选,是担心如果他被提名之后,他的家庭会受到舆论的大肆报道,而这个事实会被曝光出来?"

"没错,"奈特回答道,"艾斯丘非常担心他儿子,他怕查德听到这个消息会受不了。艾斯丘不想让他儿子是领养的这个事实被曝光。"

雷蒙德开口道:"我不明白为什么艾斯丘要隐瞒这个事实。现在很多家长都认为,只要孩子长大到一定年纪,能够理解收养一事,就应该告诉他们。"

奈特点头:"我也这样问帕默了。他说,因为哈伦·艾斯丘法官是个老派的人,他今年56岁了,他的太太比他小16岁。他在个人生活上其实与在法庭上一样,都很保守。艾斯丘在一次采访里说过,他和太太准备等查德再长大一些,更成熟一些,能够承受这样的消息时,再把一切告诉他。"

奈特顿了一下,将他认为最棘手的道德问题抛给了两位同事:"在明天的专栏里,我们怎么说?需要告诉全国上下,艾斯丘法官退选的真正原因是担心儿子发现自己是被领养的这个事实吗?"

"我觉得我们得说,"雷蒙德毫不迟疑,"虽然这是个很沉重的事实,但我们有义务把真相说出来。现在的情况是,大家都知道艾斯丘是获胜概率最大的候选人。总统几天后马上就要提名了,他在最后关头却宣布退出。我们知道了真正的原因,我认为我们的读者也有权利知道这个原因。"

米汉开口说道:"我反对。要不要告诉查德他的身世来历,这件事完全是艾斯丘法官的个人隐私,既然他决定要等几年再说,我们就应该尊重他的决定。我们如果此时把真相公布出来,就是侵犯了他的隐私。我们可以觉得他的想法不对,觉得他的想法过时,但我们没有权利替他做决定。"

雷蒙德说:"你说的有道理,贾尼丝,但这次不一样。艾斯丘是一个公众人物,他现在担任上诉法院法官,他的一些言论虽有争议性,但也被广泛传播,直到两三天前他还是首席法官职位的最佳候选人。大家都在等着最后的结果,他却突然就这样毫无解释地退选了。现在我们手里有这个谜团的答案,难道不应该告诉大家吗?"

米汉毫不退让:"总统的最终决定还没出来,虽然对艾斯丘退选一事没有一个官方的公告,但帕默在透露消息的时候也说了,他退选是出于'家庭原因'。我们最开始也就是这样报道的。就这样不行吗?难道读者一定要知道所有细节?"她打定了主意要保护艾斯丘的隐私,保护他儿子的身世秘密。

"单论这个事件的话,我觉得他们确实有权知道细节。"雷蒙德说道:"帕默想要保护艾斯丘的隐私,所以只说了他是出于'家庭原因'退选。但这种模糊不清的托词只会让人更想知道真相。艾斯丘在决定参加最高法院法官竞选之前就应该知道,媒体会对竞选过程大肆报道,不止是他,他的家人也有可能被放置于舆论镜头之下。这些都是他事先应该考虑到的事情,如果没有这个觉悟,一开始就不应该参加最高法院法官竞选。"

年轻的研究员并不信服:"如果艾斯丘现在被正式指名上任了,那情况确实不一样,但问题是他在正式公布之前退出了。而且,我自己也有孩子,虽然我的孩子是亲生的,但我对艾斯丘的处境感同身受。仅仅由于艾斯丘的参选,就要求他和他的孩子放弃所有隐私,我不同意。他儿子是领养的,这个跟公共利益无关。我们要记住,是否公布艾斯丘退选的真正原因,查德是利益相关者,这将会给他带来巨大的情感冲击。"

雷蒙德说:"你说的有道理。但我还是坚持我的观点,那就是哈伦·艾斯丘在接受总统的邀请参选最高法院法官之时,已经给予了公众监督进入自己私人生活的权利。这里面的风险他不可能不知道。尤其是之后参议院还会针对他的提名举行听证会,他不可能摆脱媒体的。其实,媒体也不一定会挖出他儿子的真相,虽然我不得不说,以当今媒体对名人花边新闻的着迷程度,这个事实很有可能一下子就被发现。作为全国最高法院法官职位的竞选人,他如果出于家里人的原因退出了竞选,却还想要以隐私为由,指望媒体不报道他退选的理由,我觉得这不可能。"

"但这确实是隐私啊,他儿子非亲生这个事实跟他能不能当选最高法院法官一点关系也没有,"米汉表示不能认同,"而且现在他都已经退出竞争了,就更没必要挖他生活的细节了。"

麦克斯威尔·奈特听着两人的唇枪舌战。他们一人强调新闻价值的重要性,另一人则更看重当事人的隐私。奈特作为三人小组中的资深编辑,在遇到无法抉择的道德困境时总是负责做最后的决定。他将最后决定是否公开艾斯丘退选的背后原因,而雷蒙德和米汉的辩论帮助他理清了心中纠结的源头。从一方面来看,查德·艾斯丘是领养的一事的新闻价值略显不足,因此侵犯他的隐私显得不太厚道。但从另一方面来看,艾斯丘竞选最高法院法官一事是板上钉钉的事实,对于此事会带来的媒体窥视,他应该有所预知。在这种情况下,他突然宣布退选,理由又是如此含混不清。

奈特和雷蒙德挖到了一个大独家,按照两人一贯"激情"的写作风格,早应大写特写,但这个独家新闻中的道德困境让他们不得不放缓步伐,好好思考一番。

【案例分析】

对于记者来说,涉及孩童的新闻事件会让报道变得更棘手。在艾斯丘案例中,如果小查德从新闻中发现了自己被领养的真相,对他的潜在伤害就将是真实存在的。查德·艾斯丘是否成熟到可以接受自己身世的真相,是一个重要的影响因素。假设媒体曝光了这一事实,小查德也许能够安然接受,也许会遭受严重的感情创伤。因此,公布这一信息的新闻价值更重要,还是保护哈伦·艾斯丘法官及其家人的隐私利益更重要,这是记者所要解决的问题。

这个案件都涉及哪些人的隐私利益呢?艾斯丘一家是否有保护自己家庭私密的隐私权?哈伦·艾斯丘并未正式受到总统任命担任最高法院法官,而是在之前宣布退选,这样的话,他能享有的隐私范围是不是能够扩大一些?受到父亲的保护,八岁的查德·艾斯丘得以不被公众窥探,是否体现了查德的隐私利益得到了维护?如果是,那么他的父亲为了维护查德的隐私利益从最高法院法官的竞选中退出一事,会让新闻价值因此有所改变吗?

要回答这些问题并不容易,而一位专业的记者必须能够排除感情因素,在正确可靠、能给出合理解释的道德原则的指导下,做出理智的判断。当曝光他人的隐私内容,尤其是涉及相对而言更脆弱的孩童的隐私内容时,记者应格外谨慎,且只应在确定对公共利益有利的情况下才能做出这一决定。诚然,道德推理的认知力并不总能轻易地从我们感性的那一部分人性中被剥离出来,这也是道德困境时不时会挑战我们道德忍耐力极限的原因。

假设你是本案的专栏作家麦克斯威尔·奈特,运用第三章中所给的SAD道德推理模型,分析本案的道德困境,并做出你的判断,决定是否公布哈伦·艾斯丘突然退选的真正原因。

案例5-2 高速公路上的电子广告牌和司机的隐私

每一天,在美国加利福尼亚州圣费南多(San Fernando)南北方向的高速公路上,往返着浩浩荡荡的通勤大军。在麦克纳布户外广告公司的CEO蒂莫西·麦克纳布(Timothy McNabb)看来,如此庞大而固定的人流是自己公司再理想不过的目标受众了。为了捕获这些受众,麦克纳布决定祭出最有效的"武器"之一——广告牌。麦克纳布没有低估通勤人员在户外广告中的作用。

蒂莫西·麦克纳布是一个充满激情的富有创造力的领导人。从父亲那儿,麦克纳布继承了一笔小小的遗产,并用它作为启动资金,投资了圣费南多商业区的一家户外广告公司。他用了五年的时间,使这家创意一败涂地、几乎濒临破产的公司起死回生。在他的带领下,麦克纳布广告公司在户外广告界逐渐占有了一席之地。他对工作全情投入,并且不忘抓住任何一个扩张公司业务、增加广告曝光率的机会。从一开始,麦克纳布就用一种辩护律师的思维方式来经营企业。他从不拒绝任何一个客户,更不以自己对产品的喜好决定是否接下广告。麦克纳布认为,所有客户都有向市场宣传自己产品的权利,而他的公司很愿意在商业市场和广大饥渴的消费者之间建立一座互知的桥梁。

在同行眼中,麦克纳布十分具有创造力。与此同时,麦克纳布也十分愿意,甚至是迫切地吸收着其他同行的想法,借鉴他们的成功案例。他完全不排斥"借鉴"他人的广告,在他看来,模仿是对一个广告最高的赞赏。而对于他的客户们来说,只要最后能达到良好的广告效果,创意的来源并不是最重要的。

麦克纳布相信,电子广告牌能带来这样的效果。他曾在一篇文章中读到,加利福尼亚州的某条高速公路上曾安装过电子广告牌,上面配备了探测路况的感应器,可以接收路过的汽车上播放的电台频道并记录下相关数据,以此总结出驾车人的音乐喜好。接收到的所有数据被汇总到中央电脑,由电脑根据人们的音乐喜好,匹配相关的产品。推算出驾驶员最有可能喜欢的产品后,中央电脑会再从已经编好的广告数据库中找到该产品的广告,展示在电子广告牌中。在一个时间段内,路过的车辆最常播放哪种音乐,决定了广告牌的展示内容,假如接收的数据显示人们的喜好发生了变化,则广告内容也会做出相应的改变。

麦克纳布将这个想法告诉了他的员工们,并决定在圣费南多南北高速路沿线也安装一个电子广告牌,为期三个月,测试一下效果。假如这个实验能成功,公司将会在圣费南多的其他高速路以及各个分公司的社区道路上也安装相同的电子广告牌。公司市场营销部的主管莎拉·洛基特(Sara Lockett)负责列出潜在客户名单。她召开了一个简短的媒体发布会,公布了电子广告牌的消息,称公司将在30—45天内做好前期准备。"公民广告责任"(Citizens for Responsibility in Advertising)组织的主席玛莎·布里特(Marsha Britt)注意到了这个事情,并决定拜会蒂莫西·麦克纳布。"公民广告责任"是一个消费者监督团体,它密切关注社区内任何一项新的广告提案。麦克纳布起初不愿意与布里特见面,因为从往常的经验来看,布里特会是个难以对付的敌人。但麦克纳布也知道,在这次会面中,双方起码能够坦诚地交换意见。因此,他最终同意了会面,并要求莎拉·洛基特准备一份电子广告牌提案的详细展示方案。

简短寒暄过后,布里特直奔主题:"我们希望贵公司可以取消在圣费南多高速公路沿线安装电子广告牌的计划。以往也有广告公司在高速公路沿线立广告牌,沿路经过的车辆和司机可以自由选择要不要看上面的内容。但你们要做的不仅仅是立广告牌,你们是在窃取司机的隐私信息。"

洛基特回应道:"我们不这么看。各家广告公司都在不停地收集消费者的人口统计信息和产品选择信息。我们的做法和其他人没有区别。"

布里特点头道:"确实,广告公司、营销人员都能获取到很多私人信息,但你们运用电子广告牌上的感应器来记录司机所收听的音乐频道,根据得到的信息匹配特定广告,这种窃听行为是对隐私的侵犯。"

洛基特:"我不同意您的说法。我们的设备只是对于进入监测范围的电波调频做一个记录,看哪个台最热门。然后,我们的电脑会将消费者偏好与产品进行匹配,并从我们的数据库中选择适当的广告。这跟侵犯隐私有什么关系呢?"

"这是和隐私有关的事,因为司机们不知道自己正在被电子监控。开车人听哪个台的节目,是他们自己的事,你们在他人不知情的状态下记录信息,这就是对隐私的侵犯。这不像收听率调查,收集信息之前是经过他人同意的。"布里特强调说。

洛基特说:"我还是坚持我早先强调过的观点,广告公司和营销人员通过多种渠道对消费者信息进行收集。所谓的个人信息早已经满溢，也包括在互联网上的传播。在如今消费者驱动的市场经济情况下，我不确定要求个人隐私不被侵害是不是合理的诉求。"

"你这个说法是从对广告商有利的出发点提出的。"布里特相信自己代表了大多数公民："对于消费者来说，隐私受侵害是一件大事，要不然人们也不会一直大力抵制电话推销和垃圾邮件了。你们现在推出这个电子广告牌，就是擅自侵害消费者隐私的又一种设备。私人汽车内的空间是不允许被侵犯的，驾车人有权知道他们是否受到监控，即使他们不能在数据库中被单独识别。"

洛基特说："你要知道，这些车辆行驶在公共高速上。了解司机对音乐频道的喜好不是我们的最终目的，它不过是我们做广告推送的一个参考数据。要不要看最终的广告，是司机们的个人选择。你要说我们的广告侵犯了隐私，我无法认同。"

布里特说："没错，司机们可以不去看你的广告，从这一点来说你们的电子广告牌和其他户外广告没有差别。但与其他户外广告不同的是，你们靠电子窃听来获取推送依据。未经允许，运用电子窃听设备收集司机的个人收听喜好——这种对个人自主权的侵犯才是我们今天抗议的重点所在。这是对个人自主权的侵犯。根据我们的判断，这显然是个隐私问题。"

蒂莫西·麦克纳布认真听着两人的对话。他赞赏布里特的坦率，并感谢她为广大消费者的福利发声，还承诺会认真考虑她提出的问题。而洛基特也从广告商的角度出发，提出了很好的反驳意见。作为麦克纳布户外广告公司的总裁兼首席执行官，蒂莫西需要做出决定，是否继续在圣费南多南北高速公路上搭设电子广告牌。作为一个商人，他当然希望能最大程度地发挥这一创新技术的作用，更好地定位用户，但同时，他也不得不考虑玛莎·布里特提到的隐私问题。在以往和电话推销商打交道的过程中，消费者权益保护积极分子曾经成功地争取到了政府干预。社会舆论不是一个好打交道的对手，蒂莫西·麦克纳布不希望他的电子广告牌计划受到舆论的攻击。当然，那些已经参加了麦克纳布公司广告计划的厂商并不在乎玛莎·布里特的抗议，对他们来说，广告和营销策略中涉及私人信息收集早已司空见惯。距离原定的开工日期只剩下几天了，蒂莫西·麦克纳布需要做出一个决定。

【案例分析】

广告无处不在，广告界收集信息也早已十分普遍。企业和政府的数据库记录了许多消费者的个人信息和数据，互联网则带动了大批的信息贩售。运用这些信息，广告商和营销商可以定位用户，分析他们的购物习惯和偏好。针对广告本身来说，它入侵我们的私人空间，容易引起不快，也会带来隐私隐患。不过，本案例不讨论广告本身的侵入性，而将重点放在用来收集潜在客户信息的技术上。

在消费者权益积极分子玛莎·布里特看来，麦克纳布户外广告公司安装电子广告牌的提案是对通勤者隐私的侵犯。因为该广告牌会在早高峰收集人们的收听偏好，并与特定产品的广告相关联。其前提是，电子系统会在驾驶者不知情或未许可的情况下收集个人信息，即信息收集过程是具有侵犯性的。

麦克纳布公司市场销售总监萨拉·洛基特则回应称,这种信息采集的方式已经十分普遍,不构成对隐私的侵犯。

不过,消费者对于广告公司收集信息也已经有所抱怨,尤其当他们联想到一些让人不快的营销手段和广告信息时,他们会抱怨自己的隐私受到了侵犯。广告公司不应该轻视类似的反馈。虽然如今新闻界是隐私侵犯问题的多发地,但就像我之前说到的,广告也会带来隐私问题。广告需要有目标用户、需要有针对性的特点也决定了它的侵犯性。在本案中,收集信息的方式是其侵犯性所在。拥有个人自主权,体现为能够发现并选择拒绝入侵个人隐私空间的电子信息收集技术。与此同时,鉴于当今经济市场的高竞争性,广告商们有权采取合理手段,吸引消费者的注意。

考虑到这些相互竞争的利益和伦理影响,麦克纳布广告公司是否应该继续原有提案,沿路建设电子广告牌?假设你是蒂莫西·麦克纳布,会怎么做?为什么?运用第三章给出的SAD道德推理模型,权衡利弊,给出你的决定。

第六章　保密与公众利益

保密原则

2003年夏天,专栏作家罗伯特·诺瓦克(Robert Novak)爆料称,前美国驻加蓬大使约瑟夫·威尔逊(Joseph Wilson)的妻子瓦莱丽·普莱姆(Valerie Plame)曾是美国中央情报局(CIA)的一名特工。诺瓦克和其他五名记者是从布什政府的一名官员那里得到这条消息的,但据猜测,这次爆料出于报复心理。威尔逊曾应布什政府的要求承担了一项任务,即判断萨达姆·侯赛因(Saddam Hussein)是否向尼日尔购买了浓缩铀。他的报告驳斥了伊拉克试图从尼日尔购买浓缩铀的说法。随后,威尔逊在《纽约时报》上发表了一篇专栏文章,质疑布什政府扣留了自己递交的报告,进而操纵情报机关,使伊拉克战争正当化。① 犹豫再三,司法部门最终对消息泄露的来源展开了调查。然而,公众对普莱姆与CIA之间的联系被公开的方式与对故事本身一样关注,这也引发了美国职业新闻记者协会道德委员会联合主席弗雷德·布朗(Fred Brown)的感慨:"记者'在纵容自己成为重大新闻事件的一分子',这不合乎新闻传统中尽量保持客观公正的原则。"②

1996年夏天,三名共和党人,即苏珊·柯林斯(Susan Collins)、罗伯特·A.G.蒙克斯(Robert A. G. Monks)和W.约翰·海瑟威(W. John Hathaway)在竞选缅因州参议院席位的激烈竞争中难分伯仲。就在初选的几天前,《波士顿环球报》接到消息,称海瑟威因涉及一起12岁保姆的性丑闻事件,而突然从亚拉巴马州搬回缅因州。该报迅速向亚拉巴马州核实了信息来源,并在头版发表文章,讲述了发生在海瑟威与涉案小女孩之间长达18个月的故事。由于小女孩的家人拒绝对案情进行深入调查,公诉人竭尽全力也没能使指控海瑟威的法定强奸罪成立。根据该报助理编辑所说,小女孩的父母是海瑟威的朋友,也是其生意上的合作伙伴,他们"不想让自己的女儿经受审讯的折磨,而最后只是将这个人赶出了小镇"。海瑟威随后否认了这些指控,并表示,这些控诉者都精神不正常。接着,他指责蒙克斯是让自己受到这些罪名控告的罪魁祸首。起初,蒙克斯与他的幕僚否认了海瑟威的指控,但随后又承认雇用政治顾问来反向调查海瑟威。与此同时,《波士顿环球报》拒绝确认这一猛料的消息来源,而巧妙地运用诸如"大家都认为"这样的字眼来暗示很多人都相信,蒙克斯向记者爆料了海瑟威可疑的过去。在海瑟威与蒙克斯互相抹黑与辱骂的同时,苏珊·柯林斯赢得了初

---

① Maureen Dowd, "The Spy Who Loved Him," *New York Times*, October 2, 2003, Section A, p. 31.
② Fred Brown, "Anonymity Hurts Reporters and Politicians," *Quill*, December 2003, p. 38.

选,并最终在 11 月的大选中获胜。①

1995 年,记者约翰·雷然斯-赫里克(John Rezendes-Herrick)在为《内谷日报》(Inland Valley Daily Bulletin)撰写一篇关于某家农业公司反对规划中的垃圾填埋项目的系列报道时,使用了机密信息源。这个项目随后成了陪审团调查的焦点。约翰被传召出庭,但他拒绝回答关于信息源的一切问题。主审法官最终判处约翰五天监禁。②

上述三个事例有什么共同点呢? 它们都以保密关系或机密信息为基础,这也是媒体传播行为中的重要原则。保密原则带来了一定的责任,即隐瞒信息透露者的姓名或是某些情况下不公布第三方的信息。尽管这种义务并非绝对,但也不仅仅是一条经验法则。哲学家的一致意见是,保密是一项显见义务,只在有其他更为重大的考虑中才能被推翻。③ 因此,举证的重担往往在那些想要推翻它的人身上。④ 这也适用于媒体从业者,他们必须能够在各种可能的情境中做出抉择,究竟是恪守保密原则还是昭告天下,才能更好地服务于公众利益。当然,这些想法并不互相矛盾,因为即使承诺保护信息源,也能在揭露腐败或其他不法行为时足够坦率。

然而,保密性的概念并不局限于对消息来源的保护。有时,新闻机构必须决定是否发布信息来源提供的机密或机要信息。政府的机密文件和大陪审团调查便是两个最好的例子。在这种情况下,问题便不仅在于消息来源的保密性,也在于媒体机构是否应该发布那些它们无权得到的信息。

媒体从业者主要从事信息业务,他们往往对揭露秘密有一种难以抗拒的冲动。但如果认为揭露与公开的信息总符合公众利益,就有些自以为是了。有时,民意法庭无权公布那些可能冒犯甚至伤害第三方的信息。因此,保密性是一项亟待拯救的社会价值观,关于保密性的案例备受关注。

我们在孩童时期就对"保密"在社会关系中所扮演的角色有所了解。父母向我们灌输保守秘密的价值所在,告诫我们绝对不要食言。对同伴忠诚是我们社会化过程的一部分。事实上,秘密能带给人权力感,因为我们掌握了一些其他人所不知道的信息。但保守秘密的承诺也限制了我们的行为自由。保守秘密的承诺让道德主体在面临矛盾冲突(有时甚至迫不得已)时备感压力。

保密关系往往在以下三种情况中出现。第一种,记者在向消息来源承诺匿名发布消息时,便是"明示承诺"。这类承诺往往是口头的,但也可能被写下来。CIA 的特工签署的保密条约便是一个典型例子。

然而,记者承诺保守秘密,不仅意味着保证不透露消息提供者的身份。记者和消

---

① Steven R. Knowlton, *Moral Reasoning for Journalists: Cases and Commentary* (Westport, CT: Praeger, 1997), pp. 74-75.

② "California, North Carolina Reporters Held in Contempt," *News Media and the Law*, Winter 1999, p. 4. 该法令被搁置了,正在等待上诉。

③ Nancy J. Moore, "Limits to Attorney—Client Confidentiality: A Philosophically Informed and Comparative Approach to Legal and Medical Ethics," *Case Western Law Review* 36 (1985-1986): 191.

④ Sissela Bok, "The Limits of Confidentiality," in Joan C. Callahan (ed.), *Ethical Issues in Professional Life* (New York: Oxford University Press, 1988), p. 232.

息提供者应该同样明了这一秘密协议的条款。为此,媒体机构创立了自己的辞典,来描述不同类型的保密关系。

例如,"不宜公开"指的是提供给记者的信息并不应对外公开。但消息提供者有时把它解读成不想因公开信息而暴露身份,这往往又被记者误认为是"没有出处"。因此,当有些消息提供者说"不宜公开"时,他们真正指的是不想自己的话被引用。

"背景消息"一般是指政府官员或其他消息来源就与公众利益相关的事件召集记者,并向他们进行简单声明。在新闻报道中,消息源往往被署名成"白宫发言人""五角大楼高级官员"或者"国务院发言人"等。[①] 记者与消息来源协商采用哪种形式的保密方式是很常见的。然而,这样的基本规则受限于解读方式,所以记者和消息源在对保密问题达成协议前,应就合同条款召开一次会议,这是相当重要的。[②] 例如,为了在公共议题上坦诚交换意见,记者与政府领导人往往会举办有关背景消息的"吹风会",与会各方将提前就是否公开信息达成一致意见。[③]

第二种,保密关系也可能由忠诚感衍生而来。这种情况下可能不存在明确的保密承诺,对个人或公司的忠诚感却驱使着道德主体偏向某一方向。例如,一位刚去世名人的私人秘书拒绝爆料丑闻,也因此失去了借此发财的机会,就是忠诚感的体现。公关从业者则被要求从公司的最高利益出发,且不能公开任何有损公司利益的消息。换句话说,公司需要公关人员变得忠诚。事实上,美国公共关系协会(PRSA)的道德准则要求每一个成员都"从客户或雇主的最大利益出发,甚至将自己的个人利益置后",避免"出现会影响良好商业判断或引发个人利益同职业利益冲突的行为、事件"。

但是,那些有伦理意识的公关人员在看到自己公司的行为有损公众利益时,又该做何反应呢?当然,这样的行为有损公司的声誉,而且如果公关人员不能有效改变公司的行为,其良知可能会促使其辞职。然而,辞职是一种相对激进的做法。员工在面对相冲突的忠诚时,保住工作并直接与公司管理层进行沟通可能是更好的选择。一些公关人员选择留下来,但因无法改变企业的体制而感到挫败,最终成为告密者。换句话说,他们将雇主不负责任行为的秘密告知媒体,向公司施加了一定的公众压力。[④] 然而,告密是一种颇有争议的做法。一些人认为,如果公关人员不能对自己的雇主保持忠诚,就应该在对公司错误行为不满时尽快离职。公关人员在自己感到良心不安之前,可能已参与了不道德、不合法的行为,因此在指控公司时,他们自己也被指责"行为不端"。除此之外,尽管告密者可能会中止公司不道德的行为,但从长远来看,他们终究会在工作中付出代价。一个例子是,一位就职于某跨国水果集团的公关人员控告

[①] 关于保密种类更全面的讨论,参见 Ron F. Smith, *Groping for Ethics in Journalism*, 5th ed. (Ames: Iowa State University Press, 2003), pp. 179-181。

[②] 关于记者—消息提供者关系的有趣讨论,参见 John L. Hulteng, *The Messenger's Motives: Ethical Problems of the News Media*, 2nd ed. (Upper Saddle River, NJ: Prentice-Hall, 1985), pp. 79-96。

[③] Smith, *Groping for Ethics in Journalism*, p. 180.

[④] Otis Baskin, and Craig Aronoff, *Public Relations: The Profession and the Practice*, 3rd ed. (Dubuque, IA: Brown, 1992), pp. 90-91.

公司操纵媒体,以及公司在其所在地拉丁美洲参与了政治和军事行动。①

市场里的忠诚并不总以真实情感为基础,而更多反映了一种责任感。因此,这样的忠诚是短暂的,并且很有可能在环境改变后失去道德约束力。举例来说,如果公关代表从一家机构跳槽去另一家,会怎样呢?如果他们现在使用前任雇主的信息来抢走客户,这样的行为算不道德吗?美国公共关系协会的道德准则告诫成员,要"保护前任、现任公司以及未来客户和雇员的秘密及隐私"。然而,忠诚就像耐心一样,也有它的极限,在保密关系终止后再使用机密信息就容易陷入一些耐人寻味的道德困境。

第三种保密关系是"法律认可"。一些社会关系被公认为十分重要并且值得被法律保护的。比如,医生与病人之间、律师与委托人之间以及牧师与忏悔者之间的私密对话,便受到这样的保护。律师没有必要向委托人做出保密的明示承诺,而这种保密关系自动受到法律保护。除此之外,现在美国许多州和法院都认可记者享有为消息来源保密的特权,这也是对作为公众代言人的媒体角色的默许。

然而,与其他社会特权不同,记者的特权并不是将他人置于危险或尴尬的窘境,抑或对党派团体的隐私权构成威胁。相反,强制性揭露会给记者和消息提供者双方都带来严重后果。例如,爆料政府或其他腐败现象的人可能要为自身的工作甚至生命安全担忧。另外,如果记者拒绝透露消息提供者的身份,他们就可能会在指控中陷入被动。②

在那些被法律认可的保密关系里,记者担负的道德义务与社会所施加的义务类似。例如,记者在大陪审团面前作证时,也要与其他目击证人一样进行保密声明。除非通过正当法律程序解除保密协议,否则他们也不应在媒体面前透露自己证词的内容。

美国佛罗里达州《夏洛特先驱新闻报》(*Charlotte-Herald News*)的记者迈克尔·史密斯(Michael Smith)为了遵守保密承诺,甚至不惜挑战法律制度。史密斯被传唤到位于佛罗里达州夏洛特县的州立律师办公室以及司法部的一场特殊的大陪审团调查活动前作证。他被警告说,佛罗里达州法律禁止他透露自己的证词。在大陪审团调查结束后,史密斯想发表一篇新闻稿或出版一本书来介绍这次调查,里面包括他在这次大陪审团调查过程中的一些观察以及他作证的一些事情。凭借着记者的权利,他不但忽略了法律对发表相关言论的禁令,还在联邦法庭上控告之前的法律违宪,因为它限制了言论自由权。美国最高法院最终支持了史密斯的法律诉求。③

---

① Otis Baskin, and Craig Aronoff, *Public Relations: The Profession and the Practice*, 3rd ed. (Dubuque, IA: Brown, 1992), p. 91.

② Maurice Van Gerpen, *Privileged Communications and the Press* (Westport, CT: Greenwood, 1979), p. 171. 近年来,一些法院认为,记者与消息提供者的保密协议构成了可执行合同。参见 *Cohen v. Cowles Media Co.*, 16 Med. L. Rptr. 2209 (1989).

③ *Butterworth v. Smith*, 17 Med. L. Rptr. 1569 (1990).

保密的理由

近些年来,保密原则屡受冲击。在信息丰富的社会里,公众对信息的需求是永无止境的。因此,其他责任有时看起来会比隐私更重要。伦理学家希瑟拉·博克(Sissela Bok)这样描述这种让人感到不安的趋势:

> 现在,许多机密信息正在被以所谓的保密协议收集、记录和索取。尽管对这些信息的渴求如同过去一样迫切,但现实结果比以往更为脆弱。
>
> 随着人们对揭露事实与隐私日益增长的需求,那些必须选择是否支持保密原则的人将面临更多艰难的道德困境。[1]

尽管有这样的评价,重申保密原则依旧很有必要。[2] 首先,人们担忧在保护个人信息与知识过程中的自主权。保密的能力——有选择地把信息透露给他人——在个人影响范围之外提供了一种权力感。事实上,大多数由秘密引发的争执都可以归结为权力冲突,而这种权力来源于对信息流通的控制。[3]

这种权力与那些在民主社会中更加重视公开性而非保密性的记者尤为相关。政府与其他机构会管控负面或敏感的信息流动,而媒体则是与这种自然趋势抗衡的重要力量。因此,记者比其他社会成员(如社会科学家和私家侦探等[4])有更加明确的公开授权来挑战这些隐性政策。

当新闻爆料者把机密信息告知记者时,便是在运用他们的自主意识(或权力)。记者应该牢记这一重要概念,因为匿名消息往往出于各种各样的动机。有的人心怀叵测,有的人可能出于公众利益而违反保密协议,正如举报人的案例一样。当然,自主维护保密原则这一观点也确实有其局限性。例如,如果一个人(也包括记者)知道一起犯罪事件即将发生,那么他就有义务向相关部门揭发这一秘密。

其次,保密的理由在于,社会个体之间因之建立了信任感。尊重他人的隐私对于维持关系十分必要。信任、信守承诺以及忠诚是保密的基础。而正是对这些价值观的重视,才使任何想要违背保密原则的第三方都必须承担后果。那些在敏感时期仍坚持通过公关联系人来报道真相的记者,的确会将真相置于对机构的忠诚之上。同样,执法部门坚持要弄清记者的秘密消息来源,就是要在司法公正这一最重要原则的名义下打破保密承诺。

保密有时也能避免给他人造成伤害。委员会甚至公共机构的人事决定一般不会对媒体和公众开放,因为审议过程中对被公示人较为直白且有时颇为无情的评论可能

---

[1] Bok, "Limits of Confidentiality," p. 231.
[2] Ibid., pp. 232-234.
[3] Sissela Bok, *Secrets: On the Ethics of Concealment and Revelation* (New York: Pantheon, 1982), p. 19.
[4] Ibid., p. 249.

会对其造成一些潜在伤害。记者向新闻消息提供者承诺保密,往往也是因为考虑到,如果曝光爆料人的身份,可能会给他们带来伤害。

最后,保密服务于社会效用的目的。保密得不到保障,那么围绕某些职业关系而建立的信任就会被侵蚀。如客户对他们的律师不再坦诚,进而会妨碍司法公正。病人对他们的医生失去信心则会降低个人健康护理的质量。当然,记者认为,机密来源往往对揭露犯罪事实和引发公众关注至关重要。因此,记者的保密手段可以成为保证公众获取当日情报的工具。

寻求揭露:行动者的道德立场

当今社会,由于保密原则被赋予了价值,所以无论是试图揭露秘密的一方,还是宣称保密的一方,都必须依据双方的道德立场评判哪一方的观点更重要。行为动机这一因素,在评估个体是否具有压倒性的理由来揭露真相时十分有效。例如,一个人的邻居声称自己无力偿还借款,于是他希望看一下邻居的所得税申报表,但这一道德立场是站不住脚的。同样,如果记者想索要一家公司的总裁个人财务报表复印件,除非这名高管的个人财务涉及了与公众利益相关的问题,否则这样的道德立场也很无力。

公众利益(不仅仅是个人的好奇心或自身利益)或许是对揭露事实最有说服力的理由。信息是民主的命脉,无论是消费者做出理性选择,还是集体进行政治决策,特定的知识都至关重要,那些支持公开性而非保密性的观点非常重要。伟达公关公司(Hill & Knowlton)成为"自由科威特公民团"的代理人便是一个典型的例子。该游说团体在美国主要探讨是否要采取军事行动来攻打伊拉克以反对其解放科威特的时候,试图培养科威特在美国的利益集团。据伟达称,它们依据《外国代理人注册法案》(Foreign Agents Registration Act)的规定,已经公开了自己与科威特公民团的关系,以及主要费用由科威特政府承担等事实。① 萨达姆·侯赛因对科威特人民实施暴行是布什总统发动伊拉克战争的理由之一。其中,最耸人听闻的说法也许就是,伊拉克士兵将科威特婴儿从恒温箱里取出,并任由他们在医院的地板上死去。②

1990年10月,美国国会人权委员会(Congressional Human Rights Caucus)针对处在伊拉克占领下的科威特国家状况举行了公众听证会,并听取了在伊拉克入侵后逃出科威特的目击者的证词。其中,由科威特驻美国大使的15岁女儿娜耶热赫(Nayirah al-Sabah)所讲的最富戏剧性的"恒温箱故事",吸引了最多媒体的关注和报道。伟达公关公司向委员会提交了她的证词。在其父亲的要求下,女孩的姓氏以及她与科威特大使的关系在向公众公开的证词中被删除,以保护她在科威特的家人免遭报复。关于

---

① Cornelius B. Pratt, "Hill & Knowlton's Two Ethical Dilemmas," *Public Relations Review* 20 (1994): 286.
② Susanne A. Roschwalb, "The Hill & Knowlton Cases: A Brief on the Controversy," *Public Relations Review* 20 (1994): 271.

恒温箱的这番说辞,对于说服一些参议员支持发动战争具有显著的影响力。① 随后,几家媒体机构开始怀疑女孩的证词,质疑她当时是否身在科威特,以及那里是否真的存在暴行。一旦被证实撒谎,她将被指控犯有伪证罪。在科威特解放后,伟达公关公司引用目击者诽谤性的证词作为萨达姆政权暴行的证据。②

先不论娜耶热赫的证词是真是假,从公关公司角度出发,更重要的伦理问题是伟达公关公司与举行听证会的国会人权委员会成员之间的关系。在《纽约时报》的一篇专栏稿件中,约翰·R. 麦克阿瑟(John R. MacArthur)质疑,为什么国会人权委员会没有对娜耶热赫所讲的故事进行调查。事实证明,委员会主席汤姆·兰托斯(Tom Lantos)与约翰·爱德华·波特(John Edward Porter)分别是加州民主党人士与伊利诺伊州共和党人士,两人都与伟达公关公司有着密切的关系。该公司的副总裁曾协助组织国会人权委员会的听证会,以促成两位国会议员与"自由科威特公民团"主席会面。此外,伟达公关公司还向国会人权基金会低价提供华盛顿的办公场所以及电话信息服务,而这一基金会是由国会议员兰托斯及波特于1985年创立的。娜耶热赫现身一年后,在兰托斯委员会成立之前,基金会任命伟达公关公司的副主席弗兰克·曼凯维奇(Frank Mankiewicz)进入其董事会。尽管伟达公关公司曾因其为一位有争议的客户做代理且动机可疑而受到公众责难,但的确是因为科威特大使的女儿在国会听证会上所做的证词没有完全被公开,才引发了这样严重的伦理问题。正如苏珊娜·罗斯瓦布(Susanne Roschwalb)在对公关公司介入科威特听证会一事进行相当详尽的调查后所言:"伟达公关之所以成了伦理讨论的焦点,是因为公关、媒体管理以及游说的主要问题在一段时间里被放大了。就在这段时间里,国家正在商讨战争,而伟达公关的客户正好来自这个国家,并且与这场讨论的结果有直接的利益关系。"③

大众传媒机构在发布机密信息时的道德立场备受争议。从行为动机的角度来看,媒体在发布敏感信息时,至少还有值得尊敬的道德基础,因为它们相信这有新闻价值。当然,这样的决定确实也带有主观判断的成分,但起码,对新闻的判断仍来自对公众利益的考虑。

然而,这并不意味着对公众利益的关心就是唯一崇高的道德动机。显然,损害个人、社会中的小群体甚至是大型机构的潜在行为,都能为打破保密协议提供道德上的正当理由。但行动者的道德立场是评估他们提出的获取机密信息的要求时一个重要考虑因素。

---

① Susanne A. Roschwalb, "The Hill & Knowlton Cases: A Brief on the Controversy," *Public Relations Review* 20 (1994): 271.
② Pratt, "Hill & Knowlton's Two Ethical Dilemmas," p. 287.
③ Roschwalb, "The Hill & Knowlton Cases," pp. 271-272.

新闻学的保密性:某些特殊考量

颇有抱负的作家瓦内萨·莱格特(Vanessa Leggett)被监禁168天后,于2002年1月初从休斯敦的联邦拘留中心被释放。她因拒绝向联邦大陪审团提交机密磁带和笔记而惨遭牢狱之灾,这些材料本将被作为指控身价百万的书商罗伯特·安格尔顿(Robert Angleton)密谋杀害他妻子的证据。莱格特也成为美国历史上遭到监禁时间最长的记者。政府表示,莱格特当时正在写一本关于该案的书,但是该书既没有发行,也从未有相关新闻报道,她也并非媒体代表,因此她不能享有任何形式的记者特权。①

对莱格特监禁的期限可能是一种反常现象,但关于记者特权这一问题——对消息来源及记录材料保密的权利,无论是从法律角度还是伦理角度来看,都尚有争议。对于许多记者来说,保密权是新闻采访过程中的基本权益,但因为拒绝与执法机构合作而遭到蔑视司法罪名惩罚的情况也相当普遍。

媒体从业者都面临保密这一问题。但在记者当中,新闻来源的保密性所带来的伦理困境尤为严重。然而,在坚持要求公开而不是保密时,记者应该提防道德虚伪。记者有合法监督政府的职能,在这种情况下,他们将保密原则看作与民主进程相悖是正确的。但是从伦理角度来看,记者使用秘密行动、秘密监视以及依赖永远无法接受公众审查的信息来源,这存在一定的问题。这些做法可能会导致媒体公信力降低等问题,正如博克(Bok)在书中这样强调保密制度和保密性:

> 报刊和其他新闻媒体毫无疑问会拥护开放的公共话语环境。但除非它们自身能坚定支持公开性原则,否则它们就前后矛盾,并会加剧人们对制度不公的控诉。现如今,媒体采用了挑战所有共同原则的立场来保全自身立场的方法。然而,媒体除了服务于公众利益外,还服务于商业利益和党派利益,并且媒体保密、选择性披露和深入调查的做法都不应该被免除审查。②

支持和反对保密性的案例

1972年,美国最高法院否决了对"记者—信源关系"的宪法保护。在"布莱兹伯格诉海斯案"这起涉及三名记者的复杂案件中,最高法院最后以5:4的结果裁定,宪法第一修正案并没有赋予记者拒绝在大陪审团前作证的特权。③ 布莱兹伯格案的裁定结果让新闻界打了个寒颤。然而近年来,这一裁决产生的影响已经随着下级联邦法院和许多州法院承认宪法第一修正案所赋予的特权而逐渐减弱。此外,许多州已经通过了

---

① Ross E. Milloy, "Writer Who Was Jailed in Notes Dispute Is Freed," *New York Times*, January 5, 2002, Section A, p. 8; David D. Kirkpatrick, "Book Contract for Writer Jailed for Contempt," *New York Times*, April 30, 2002, Section A, p. 26.
② Bok, *Secrets*, p. 264.
③ *Branzburg v. Hayes*, 408 U.S. 665 (1972).

"消息来源保护法"来保护记者,在这种法定特权下,记者不必向司法机构或调查机构透露秘密消息来源的身份。在某些司法管辖区内,特权是绝对的;而在其他区域,消息来源保护法只能提供一定程度上的保护。

一些记者支持所在州颁布消息来源保护法(美国并没有联邦消息来源保护法),因为这样的立法反映了公共政策,并承认了记者与消息来源关系的重要性。其他记者则反对消息来源保护法,因为他们更愿意让记者特权立足于宪法第一修正案,这样就不会受制于州法案朝令夕改的影响。因为根据立法机构的政党构造,即使是自由的或绝对的法规,也可以被修订或废除。

在为记者打造特权时,一些州和法院都依赖波特·斯图尔特(Potter Stewart)法官对布莱兹伯格案提出的不同意见。斯图尔特指出,他会要求政府在迫使记者于大陪审团面前对保密信息来源作证前先弄清楚三件事情:(1) 有足够的理由确信记者所拥有的信息"明确与某一违法行为相关";(2) 所寻求的信息无法通过某种对第一修正案破坏性较小的替代手段获得;(3) 对这种信息有一种"极强的需求"。① 这三点是记者可能被要求透露消息来源的情况的总结,而且已经被下级法院和一些州以某种消息来源保护法的形式所接受。

然而,即使在法律对记者有利的地方,关于保护消息来源的道德困境仍然存在。门槛问题(threshold issue)在于是否要在第一时间同意匿名。这是一个关键的决定,因为它会引发与其他利益竞争的潜在冲突,尤其是当消息提供方提供的信息牵涉刑事、民事调查或诉讼时。因此,在新闻采集过程中,要格外谨慎地使用保密承诺。

新闻来源是好的新闻调查的基石。记者有时会觉得不得不做出保密的承诺,才能从目击他人恶劣行径的人那里获得真实的证词。记者指出,如果没有匿名这一保障,有些消息来源便会消失,而这种想法或许是正确的。因此,观众就被剥夺了获取对公众利益事业有价值的信息的机会。在这种情况下,记者认为他们自身与受众之间存在一种信任关系。他们是在代表公众寻求信息。

新闻界不愿被用作执法手段,也不愿成为那些没有能力或不愿意开发自己消息来源的官员的爪牙。然而有时候,在没有其他消息来源时,这种说法就不能用来为记者的特权辩护。但总的来说,记者与信源关系的保密性确实起到了有效的社会作用,对消息来源的承诺也只能在特殊且重大的情况下才能被打破。

然而,在对于保密消息源使用的争议中,也存在一些严肃的保留意见。因为消息来源的可信度是真实沟通的晴雨表之一,而保密原则剥夺了受众自己判断报道可信度的机会。除此之外,如前面所说,新闻消息提供者往往会有各种动机,且其中有些动机并不可取。一些人喜欢通过给记者泄露信息来换取保密承诺,从而达到影响舆论的目的。这样的消息来源被冠以"权威""高度重视""毋庸置疑"或"见多识广"等字眼。其他情况下,他们则是从自身利益或仇恨、报复等不良动机出发。还有一些消息来源有着更无私的动机,它们源于对公众利益的合理关注。

---

① *Branzburg v. Hayes*, 408 U.S. 665 (1972), p.743 (J.斯图尔特对此持异议)。

另一个担忧是,消息提供者有时会利用保密协定攻击第三方(这些人往往无法抵御一个身份不明的对手)。如果引用了消息来源的名字,一些观点和意见可能就不会被如此大胆地表达出来了。

还有人担心,这样的特权会被媒体用作自己不负责任的行为的许可证。他们不是在寻找事实,而是在展开幻想,在这个过程中诽谤公职官员和普通公民。这种做法将很难补救,因为记者不能作为证人来证实这一指控。[1]

记者特权的批评者也指出,记者不应该被免除施加在公民身上的道德和法律义务,尤其在涉及刑事案件时。根据这一观点,人们有义务提供一切他们所掌握的证据来伸张正义,并且记者也没有理由来逃脱这种道德责任。一些评论家认为:那些急切地批评政治家凌驾于法律之上的记者,往往也不愿意将平等主义思想视为自己的职业操守。

1999年底,一名消息提供者向《费城询问报》记者南茜·菲利普斯(Nancy Phillips)坦言,五年前,在拉比·弗瑞德·纽兰德(Rabbi Fred Neulander)的要求下,他策划了对弗瑞德先生的妻子卡罗尔(Carol)的恐怖谋杀。不过在坦白之前,消息提供者坚持要求谈话内容"不宜公开",而警方当时正在继续调查这起谋杀案。菲利普斯想,如果这个消息属实,这起谋杀案就能结案,并且嫌疑人拉比会被判死刑。[2] 在记者的协助下,这名消息提供者最终对警察坦白,而菲利普斯这种行为的伦理后果也是可以预见的。对于县检察官李·A.所罗门(Lee A. Solomon)来说,菲利普斯的公民义务是指引她的道德灯塔。"记者为道德伦理的义务挺身而出,"他清楚地表示,"我认为用特权来隐藏自己并让凶手逍遥法外是不合理的。也许它没有违反法律,但在道德层面说不过去。"[3]

媒介伦理学家、明尼苏达大学法学教授简·柯特利(Jane Kirtley)同样坚决支持菲利普斯的决定。"鉴于我们在社会中的角色受到宪法保护,所以对一个记者而言,良好公民身份的定义是有所不同的,"柯特利说,"你履行职责的方式之一便是在政府面前保持你的独立性。警察要完成自己的使命,但它却不是新闻记者的使命。保持界限分明是极其重要的。"[4]《询问报》的编辑罗伯特·J.罗森塔尔(Robert J. Rosenthal)在一份声明中展现了新闻界的伦理姿态:"不被当作执法部门的一个分支,这对我们的长期信誉至关重要。"[5]

对信源的保密承诺可能会使记者免于正常的编辑审查程序。从最严格的意义上来说,这种承诺甚至包括记者不得向雇主披露消息,但这种匿名的保密承诺究竟是记者还是新闻机构做出的,新闻界仍然存在争论。举例来说,如果记者向编辑透露了他们的消息来源,是不是就违反了保密承诺?且不论个别记者和编辑对这个问题有何看

---

[1] Van Gerpen, *Privileged Communications*, p. 172.
[2] 更多关于此案例的讨论,参见 Alicia C. Shepard, "The Reporter and the Hit Man," *American Journalism Review*, April 2001, pp. 18-27。
[3] Ibid. , p. 23.
[4] Ibid.
[5] Ibid. , p. 24.

法,在做出不符合规定的保密承诺前,记者是有道德义务去向消息提供者澄清这一点的。此外,冒着违背新闻独立性和自主性的风险,新闻机构应制定成文的政策作为雇主和员工的道德"灯塔"。①

事实上,现在大多数新闻机构通常要求记者向编辑透露他们的消息来源,这一做法曾经被编辑和有独立思想的记者反对。部分新闻机构有具体的政策说明,保密承诺只能来自机构本身,而不能来自个别记者。许多新闻组织不鼓励使用来自保密信源的消息。只有当所有其他"公开的"调查途径都已失败时,才会根据这些政策考虑通过保密渠道获取消息。而向至少一名其他消息提供者核实保密信源提供的信息的真实性,也是一种常见的做法。当一个报道来源于一个保密信源时,应向受众说明对消息来源匿名的原因。

微妙的平衡:保密和竞争利益

"记者—信源"关系的伦理维度以两个重要原则为基础。其一,对信源承诺保密的道德责任是每个社会成员的一般性义务。正如前面所指出的,信守承诺被认为是一种值得保护的价值。违反保密原则应该成为例外,而不应成为规则。其二,"记者—信源"的保密关系是基于记者在新闻领域的特殊义务(见第二章),而这样的义务在专业守则范畴内。

鉴于这种重大的道德支撑,一些记者显然已经得出结论,其保护消息提供者的责任远比其他所有责任更为重要。"记者—信源"这种关系的特殊性的确发挥了重要的社会功能。但就其保密关系而言,这一条款并不适用于大多数公民,这也是不争的事实。因此,举证责任就落到了那些试图违反保密原则和揭发消息提供者身份的人身上。

然而,这并不意味着新闻记者可以免除竞争性义务。伦理体系不能简单地根据一个群体在社会中扮演的角色就利用道德推理"原谅"任何一个群体。记者必须参与和其他人一样的道德推理过程,而在这一过程中,竞争价值与保密原则相互较量。② 如果保密责任被视为凌驾于其他责任之上,在那些伦理行为批评者面前,记者将有理由为这些决定做出辩护。③

总之,伦理问题从以下三点影响"记者—信源"关系:(1) 在记者决定是否同意隐瞒消息提供者姓名的时候;(2) 在记者决定是否向编辑或其他主管透露消息提供者的身份,尤其是在公司没有对这个问题给出明确政策的时候;(3) 在记者因为一些相互冲突的伦理原则或法律规定而打算打破保密承诺的时候。对于一些新闻界的成员来说,记者特权的存在,是调查性报道的重要工具。但这并不意味着记者不用遵循道德

---

① 关于一家纸媒应对此问题的方法,参见 Richard P. Cunningham, "Should Reporters Reveal Sources to Editors?" *Quill*, October 1988, pp. 6-8。
② Jeffrey Olen, *Ethics in Journalism* (Upper Saddle River, NJ: Prentice-Hall, 1988), pp. 40-41。
③ 关于记者与消息提供者之间互惠关系的讨论,参见 Stephen Klaidman, and Tom L. Beauchamp, *The Virtuous Journalist* (New York: Oxford University Press, 1987), pp. 163-177。

推理的正常程序、不用认同与保密承诺相对立的道德要求。

"记者—信源"关系的变化

记者要揭露消息提供者,显然会面临比以往更大的压力。过去,一些记者宁愿坐牢也不会泄露他们的保密信源,但现如今"记者—信源"的关系已经明显发生了改变。弗洛伊德·艾布拉姆斯(Floyd Abrams)这名参与过宪法第一修正案制定的著名律师曾经断言,违背对消息提供者的承诺比对这一行为持怀疑态度更为常见。因为新闻机构不想向其他新闻媒体承认这一点,所以会有很多人"撒谎"。[1]

不必多说,违背承诺并非偶然,但记者们应该在一些更为重要的道德考量基础上进行多次反思以后再这么做。道德主体应该牢记的是,暴露匿名的爆料人可能会导致严重的后果。举例来说,南卡罗来纳州某电视新闻记者的丈夫被迫向大陪审团透露其报道的消息提供者。这位消息提供者是国家审判律师协会会长的律师,他最终被判处四个月的监禁,并被迫辞去律师的职务。同样,一位来自俄亥俄州的律师因被一名记者披露是某公司商业行为的关键消息提供者,并且该律师非法访问了企业员工的语音邮件,而被判处两年缓刑和40个小时的社区服务。[2]

最大的压力或许来自法律界,尤其来源于诽谤诉讼。在这种情况下,记者及其雇主都面临巨大的损失评估,特别是当原告认定,确认消息提供者的身份是判别指控成立与否的唯一途径之时。如果记者拒绝按法庭要求透露消息提供者的姓名,那么法官很可能作出支持原告的默认判决,而判决结果可能涉及数百万美元的罚款。[3]

记者也可能以"环境变化"为由,为自己没有信守承诺做辩护。也就是说,事实在记者与消息提供者达成保密协议时尚不明确。《安克雷奇(阿拉斯加)每日新闻报》[*Anchorage (Alaska) Daily News*]的编辑霍华德·韦弗(Howard Weaver)正面临一个困境,他纠结于要不要背弃对一名艾滋病受害者及其家人做出的承诺。一名年轻的血友病患者在对血液供应商的起诉书中声称,他由于购买了艾滋病患者的血液,自己也感染上了这种病毒。考虑到当事人及其家属的要求,韦弗同意不在新闻报道中使用他的名字。在他们看来,罹患艾滋病是与被强奸同等耻辱的事。

但后来报社发现,受害者在发现自己患上艾滋病后,还是进行了无保护措施的性行为。"我们是违反了承诺保密的约定,"韦弗说,"但这对他的伴侣们而言是一个生死攸关的大问题。"韦弗告诉受害者的母亲,这名当事人有道德责任去告知自己的伴侣们;如果他没有这么做的话,报社也将采取行动。当事人后来将实情告知了他的伴侣们,该报社也走出了道德困境。[4]

---

[1] Monica Langley, and Lee Levine, "Broken Promises," *Columbia Journalism Review*, July/August 1988, p. 21.
[2] "Sources Disclosed by Reporter, Spouse Loses Job," *News Media and the Law*, Fall 1999, pp. 21-22.
[3] Ibid., p. 22.
[4] Howard Weaver, "Unnamed Problem," *Fineline*, November/December 1990, p. 7.

虽然匿名信源可能会继续在调查性报道中占据重要位置,但这种有别于将"记者—信源"关系视作神圣关系的传统观点,已成为一种确定无疑的趋势。新闻机构已收紧政策并开始对新闻记者加强管理。因为他们可能受巨大热情的驱使对信源做出不必要的保密承诺。然而,在这些案例中,不管承诺是否明智,被要求违背保密承诺的记者们都会陷入是否必须这么做的道德困境。

保密原则:假设案例研究

本章的案例为你提供了机会,来审视几个涉及保密原则的问题。虽然假设案例主要与记者和其信源之间的关系以及公共关系从业者的伦理责任有关,但无论我们的专业兴趣是什么,保密作为一种价值观正在影响我们所有人。

在分析案例时,请牢记第三章提到的三种伦理决策方式:义务伦理学(义务本位)、结果伦理学(目的本位)和亚里士多德的"中庸之道"理论。当然,涉及保密的任何伦理困境都必须从本章开头所概述的一般规则开始:违反保密原则的举证责任,在于意图披露他人身份的一方。

一名义务论者会将保密性视作一种基于自治原则的基本权利。因此,只有在保密性被其他基本权利超越的时候,违反保密原则的行为才算合理,尤其是在依据保密承诺做出评判的时候。比如,要求公平审判的权利,判决结果应部分取决于被告获取消息的提供者信息。按照义务论的观点,即使在这种情况下,道德主体也有责任遵守承诺,废除承诺很少会被认为是合理的。

结果主义者会审视违反保密承诺的潜在影响。这个过程包括:第一,衡量该决策的短期危害(或利益);第二,必须评估长期的后果。例如,作为一个调查者,记者在决定是否要违反保密承诺时,不仅应该权衡此举对消息提供者和其他利害关系方的相对影响,也要对记者(或机构)的长期信誉影响及作为调查记者的未来效益做出评估。

亚里士多德的"中庸之道"意味着需要在两个极点之间寻找一个"均值"。然而,在大多数情况下,很可能不存在一个中间地带,因为任何信息的透露实际上都会违反保密原则。

案例 6-1 一场公关挑战:大学篮球项目中的欺诈

猛虎队(The Fighting Tigers)是中北大学的一支默默无闻的篮球队,队员们力求夺回全国冠军之位。在无缘季后赛八年后,猛虎队打出了令人难以置信的常规赛战绩,当之无愧地获得了全美大学体育协会锦标赛(NCAA)的邀请。他们在第一轮力克对手,成功跻身梦寐以求的四强。如今在他们与全国冠军的宝座之间,仅有三支球队。

20多年来,猛虎队一直在地区和国家级赛事中为荣誉拼争,但其低迷的表现却并没有被球迷和校友所接受。他们曾向学校管理层提出重振篮球队雄风、对球队教练组进行调整的建议,但都毫无效果。校长尤利乌斯·迪金斯(Julius Dickins)很关注成功的运动项目和中北大学基金会校友捐款之间的关系。他经常半开玩笑地把一所公立大学比作股票市场。"利好的经济新闻会使股票上涨",他在当地演讲时很现实地说,"一个经常获胜的篮球队能丰盈我们的财政金库。"尽管如此,直到拉特雷耶·萨维奇(Latrelle Savage)到来,迪金斯才终于闭上了嘴巴。

萨维奇带着显赫的证书以及在大学和专业球队的执教经验来到中北大学,但大学校友们却怀疑他是否有能力重整两位前任留下来的球队残阵。尽管如此,球队的支持者们还是保持了耐心,因为萨维奇积极地从全国招募了一批有才华的年轻人,之后开始把他们塑造成一支强大的篮球队。他的第一个两年"重建"没有带来季后赛比赛的胜利。但在第三年,猛虎队出乎大多数预言家平淡无奇的预测,仅五场比赛过后就位列前十,这是一个大学篮球新贵永远不会放弃的机会。

中北大学的学生对于球队教练的到来并不感兴趣,因为他们一直对校方更青睐运动成就而非卓越的学术成就的做法深感质疑。然而,萨维奇迅速地以保证队员的课堂出勤率来减轻他们的忧虑,从而提升了大学学位的含金量,改善了球队成员惨淡的21%的毕业率。而萨维奇并没有与校友或媒体分享如何完成这一目标。

随着猛虎队自信地迈向季后赛,一项正在进行的大学内部调查却威胁到球队对国家级荣誉的争夺。在2月初,一名由体育部运动员咨询中心雇用的工作人员告知她的上级,该中心的两名辅导员所做的工作远远不只是向篮球队提供建议和辅导。对于那些在学术上遇到问题的球员,辅导员实际上在为他们撰写论文,并三次安排了"枪手"来代替球员进行考试。不出所料,她的爆料没有得到任何回音。两周后,举报人将这些轻率的学术行为报告给了大学教务长朱迪思·惠伦(Judith Whalen)。教务长随即组织了一个委员会来调查这些指控,其中包括教师参议院主席。球队教练萨维奇被告知这项指控,但他表示,自己相信辅导员会杜绝任何不当行为。教务长提醒委员会,调查须严格保密,因为任何消息的泄露都将使中北大学陷入尴尬。而且现在校队正专注于篮球圣杯的比赛,也不能分心。学校向全美大学体育协会报告了这项调查,但该组织的委员会主席告诉校长迪金斯,他们采取行动前会等待调查结果。

当终场哨响宣告猛虎队获得四强争霸赛的胜利时,委员会向校长迪金斯的办公室提交了调查报告。根据这40页的文件,上述指控被证实。两名辅导员、两名先发队员和一名替补队员受到牵连。其中一名先发队员还是全美明星队的成员,另一名则是球队可靠的三分球射手。当时,迪金斯正随球队出征全美大学体育协会锦标赛以表示支持,但他收到调查结果出炉的消息之后便立即返回了中北校区。校长承认这个令人崩溃的事实是正在发酵的公关灾难。因此,当务之急是必须做好损失控制。为了评估这种情况,他迅速召集了他的"智囊团",而智囊团成员的组成往往取决于问题的利害关系。在这种情况下,迪金斯的智囊团包括高校关系部主任路易斯·黑尔(Lewis Hale)、体育信息主管约瑟夫·索耶(Joseph Sawyer)和教务长惠伦。

"让我明确一件事"，迪金斯紧张地翻阅着爆炸性的体育欺诈报告说道，"跟以往一样，未来任何关于我们调查的言论都将通过大学关系部门进行传播。然而，这将是一个不愉快的过程。我的办公室必须允许任何媒体、全国大学体育协会的调查人员或任何公众人士的造访。据我所知，现在这件事仍然是保密的，但它不会永远处于秘密之中。在某些时候我们必须公开，但问题在于什么时候公开。无论我们什么时候宣布，我们都将为自己的决定提出原则性的理由。因为如果我们基于学生行为守则追查这件事，各个程序都将是保密的。"

"我讨厌这么早就把我们的调查程序泄露出去"，黑尔强调说，"但就在我离开办公室来这里时，我接到了当地记者的电话。显然，他已经听到关于调查的传闻，他想要最新消息。我敷衍、拖延了他，但我不知道能拖多久。"

"如果我们对这些球员实施禁赛并发布这份报告"，代表体育部的索耶说道，"由于我们在备战四强赛，因此我们可能将全国冠军让给其他三队之一。直到听证会之前，我们可能不得不让三名球员停赛，而其中两名球员对我们至关重要。"

"我很清楚这样做对禁赛球员的潜在后果，这需要我们为调查的结果发布一份公开声明"，黑尔说，"我们可以把这篇报道留到期末考试结束后。但如果媒体发现，我们明明知道这个欺诈骗局，却为了保住我们的决赛席位而隐瞒信息，我们会失去信誉，也会受到媒体谴责。此外，一直被质疑带有行政动机的学术评议会，无疑会因此而在某次会议中变成辩论的焦点。需要注意的是，这场会议也将向媒体和公众公开。"

惠伦回答说："教务长是大学的首席学术官，我有责任保护这一机构的学术诚信。但是体育部是我们大学团队的一个组成部分，我也必须为他们服务。我的学术经历告诉我，这时候要迅速采取行动规范球员的纪律并发布该调查报告，以在公众和国家纳税人面前展现良好的信誉——然后让筹码落到它应该在的位置。另外，这些球员通过刻苦训练才获得他们现在的位置。其他成员不应该为两个辅导员和三个队友的错误判断负责。如果我们把这份报告再压一周或两周，又会有什么不同呢？"

"那么你到底是什么立场，朱迪思？"黑尔质问道："你的胡扯听起来像是在竞选公职。顺便说一句，我们一些人认为你所说的错误判断指的是舞弊。"

在惠伦准备回应这番指责以挽回颜面之前，体育信息主管约瑟夫发话了："我来提醒各位，我们的校友和支持者已经等待这一刻很久了。实话说，即使没有进入最后的四强，我们依然信任萨维奇教练。但这不可能满足我们的狂热球迷的热情，他们闻得到'血腥味'。如果我们做的任何事毁掉了校队获得全国冠军的机会，我们不仅会被视为贱民，我们的捐赠基金也会不可避免地减少。如果我们对这些球员禁赛并且发布这份报告，我们可以为自己在公共关系中做了'光荣'的事情而庆贺，但是中北大学将会因我们在道德上的拒不妥协而遭受经济损失。"

"但我们必须假设，如果我们压下这份报告直到四强决出，并且媒体也发现了它，那么这只会证实校董事会之前对我们更关注体育而不关注学术的怀疑。"惠伦如此回应，她试图在路易斯·黑尔面前挽回一些自尊："此外，我们必须记住，民众是国家的纳税人,是我们做出决定的利益相关者,我害怕学校在他们眼中失去信誉和信任。然而,我必须承认,如果我们发布这份报告,我们会面临棘手的财政问题。"

"我认为你预设了一个错误的前提。"索耶断言:"全体教员会谴责我们的行为,但这些纳税人是我们的助推器。如果我们放弃了争夺国家冠军的机会,他们也不会嘉奖我们。要记住,对于校友和球迷们来说,当宣布获得篮球项目冠军的时候,这所大学的声誉马上就会恢复。我仍然感到困惑的是,为什么我们不能对这份报告再多保密几天,并允许我们的球员参加最后四强的角逐。"

"但这不只是将报告公开的问题,报告中写了什么才是真正的问题所在。"黑尔说:"体育部的成员承认了欺诈行为,我对媒体充满信任。如果我们有这份报告却并没有发布它,我们将会信誉扫地。我们必须快速采取行动,即使是在角逐四强之前暂停三名球员的比赛资格。这将需要一个公开声明。如果我们不迅速采取行动,我们会被控告亵渎我们的学术诚信。最坏的情况是我们会被指控隐瞒事实。"

"时间紧迫,"迪金斯校长总结道,"责无旁贷,我会做出决定。但我还是想要高校关系部主任路易斯的正式建议,毕竟你是我们公共关系方面的专家。路易斯,我知道你现在的心情,但我希望你能考虑一下刚才在这里表达的观点,也包括你自己的。明天早上交一份正式的建议到我桌上。"说完这些,被围攻的中北大学校长宣布休会,他已经预见到了猛虎队这个篮球赛季的不幸未来。

【案例分析】

1999年,《圣保罗先锋报》报道了一则明尼苏达大学男子篮球队学术造假的事件,而第二天,黄金地鼠队便会对阵龚萨格大学。这是全美体育协会的第一场比赛,读者对此表达了声势浩大的强烈谴责。有些人质疑这则报道的时间点,指责先锋报"耸人听闻"。即使是州长杰西·文图拉(Jesse Ventura)也加入了反对《圣保罗先锋报》的阵营。① 而《大众媒体伦理学》(Mass Media Ethics)的编辑拉尔夫·D. 巴尼(Ralph D. Barney)则做出了(正确)回应:"最根本的原则是,当事件到了该被发布的时候,就不必再考虑时间问题了。"②

然而,公共关系专业人士与记者有着不同的道德考量。虽然他们仍然应该认同真理、诚实等基本价值观,但在他们看来,客户自身的利益不能脱离中心阶段太远。当然,在这个故事中,路易斯·黑尔的"客户"也是他的雇主。进行纪律处分的时机最终将由大学校长来决定,但这一事件不能脱离对公共关系的考虑。如果在四强争霸前终止一些球员的参赛资格,那么他们必须有所声明,而这可能也会将报告本身散播出去。另一个极端是暂时保密大学调查结果,等待比赛的结果,然后再暂停球员的比赛资格(如果他们的资格已经期满的话,这就没有什么意义了)。黑尔担心的是,如果大学意识到这种学术欺诈,但未能立即公布调查结果的话,他的团队将在媒体面前失去公信

---

① Lori Robertson, "Body Slam," *American Journalism Review*, May 1999, pp. 53-56.
② Ibid., p. 55.

力。有没有一块中间地带——亚里士多德的"中庸之道"——既能缓解体育部的忧虑,又能满足路易斯·黑尔保持自己作为高校关系部主任的正直决心?

这是一个有趣的案例,因为力图挽救黑尔在媒体面前公信力的措施,可能会带来校篮球队支持者和校友之间的一场公共关系灾难。这里有几个利益相关方:大学关系部门、大学管理部门、教师、校友和球队的支持者、一般公众、体育部以及球队本身。假设你是路易斯·黑尔,请权衡自己的选择,对是否公开大学的调查结果提出建议。然后,运用第三章概述的 SAD 道德推理模型,向大学校长尤利乌斯·迪金斯陈述你的建议。

第七章 利益冲突

利益冲突:真实与想象

2000年11月7日晚,在福克斯新闻频道(Fox News Channel)报道美国总统选举结果时,频道总监约翰·埃利斯(John Ellis)正在与共和党候选人乔治·布什、佛罗里达州州长杰布·布什(Jeb Bush)通话,而佛罗里达州正是此次总统选举中非常关键的一个州。埃利斯作为布什兄弟的堂兄,也是收集分析出口民调信息的执行责任人。这次,他所收集的信息将决定哪位候选人在该州胜出。在选举结果出炉后,新闻业培训机构和研究中心波因特学院负责伦理项目的鲍勃·斯蒂尔认为,埃利斯的处境是"矛盾的忠诚"。哈佛大学肖伦斯坦媒体、政治和公共政策研究中心(Harvard's Shorenstein Center on the Press, Politics, and Public Policy)的马文·卡尔布(Marvin Kalb)精通新闻、政治和国家政策,对埃利斯在福克斯新闻工作时一直和布什兄弟保持联系的行为感到十分"惊讶"和"错愕"。① 福克斯电视台(Fox News)的执行主管表示自己之前并没有察觉到他们之间的联系,但是他承认:"埃利斯先生曾滥用自己在福克斯电视台的角色职权,这或许会使电视台名誉扫地。"②

就在这个伦理上尚存争议的大选之夜的前几年,保守的美国天主教主教会议遭到了越来越多主张堕胎合法化的教会成员的围攻。教会向全美最大的公关公司伟达公关寻求帮助,请伟达公司帮忙招募反堕胎的天主教徒和非天主教徒。但之后,伟达公司被爆出同时在为支持堕胎的组织工作。伟达公司的管理层被指控违反了美国公共关系协会守则第10条规定,即禁止成员"在相关各方未对充分披露的事实明示同意时,代表矛盾双方的利益"③。伟达公司也遭到公司许多女职工谴责,因为公司接受了这项"最终目标是限制女性基本权利"④的任务。

双重效忠的做法也曾在2002年3月的案例中饱受争议。《华尔街日报》报道了当时退休的董事长杰克·韦尔奇(Jack Welch)与曾任《哈佛商业评论》编辑一职的离异女性苏西·韦尔特劳弗(Suzy Wetlaufer)之间的风流韵事。当时,该杂志的几位资

---

① Martha T. Moore, "Bush Cousin Helped Fox Make Call," *USA Today*, November 14, 2000, p. 15A.
② Bill Carter, "Counting the Vote: The Fox Executive," *New York Times*, November 14, 2000, p. A21.
③ 这段条文来源于在2000年之前有效的一部法律。
④ "The Bishops under Fire," *Newsweek*, April 23, 1990, p. 24. 更多关于此案例的讨论,参见 Dennis L. Wilcox, Phillip H. Ault, Warren K. Agee, and Glen T. Cameron, *Essentials of Public Relations* (New York: Longman, 2001), pp. 67-69。

深编辑要求后者辞职。韦尔特劳弗在承认自己"已经失去了同事的信任"之后,只能卷铺盖走人。①

这三个看似互不相干的事件告诉我们,利益冲突是媒体从业者遇到的最困窘的伦理状况。简单来说,利益冲突是职业忠诚与会削弱道德主体可信度的外部利益之间的冲突。

冲突通常缘于我们在社会中所扮演的角色,因此它涉及特殊责任(见第二章),而非我们一般的社会责任。与真相的价值不同,没有什么伦理规则会要求我们用良知拒绝所有的利益冲突。例如,一个记者应该避免参与支持政治事业,但我们其他人则不必如此。

因此,人们很容易认为,所谓"矛盾的忠诚"不涉及任何基本的道德价值。父母告诉我们不要撒谎、欺骗或者偷窃,但他们从来不提及利益冲突。然而事实是,利益冲突会引发一些基本问题,这些问题又涉及公平和正义这两个重要且根本的价值观。如果一名法官在一家被指控违反了反垄断法的公司里持有股票,那么就不能指望他进行公平公正的审判。同样,一个与市政府官员结婚的记者,可能会在揭露当地政府的腐败问题上犹豫不决。

很多新闻组织对于利益冲突都有特定政策,例如禁止从新闻来源处收受额外津贴和免费赠品,以及禁止编辑成员参与政治组织和社区组织。职业守则也告诫新闻从业者要避免利益冲突。例如,美国公共关系协会禁止成员在没有得到相关各方明示同意的情况下,同时服务互有利益冲突的多个客户,或者将自己置于可能与客户利益产生冲突的立场。职业新闻记者协会的守则观照**潜在利益冲突**和实际利益冲突,认为新闻记者应该避免不论是"真实存在的还是主观感知到的"利益冲突。职业新闻记者协会的守则还限制了附带就业、政治参与、担任公职,或者在社区组织服务等活动,因为这类行为也可能损害新闻诚信。

一些人担心这些限制的覆盖面过广,认为这些规定不是我们的伦理体系所必需的。例如,杰弗里·奥伦(Jeffrey Olen)曾在《新闻伦理》(*Ethics in Journalism*)一书中对新闻的职业守则表达了这样的看法:"如果媒体组织是为了巩固在观众面前的公信力而希望实施这项政策,那么这样做是有必要的。但这样的政策并不是道德上所必需的。道德规范提出的唯一要求仅是新闻工作者须像其他普通人一样值得信任。"②被奥伦忽视的是,在善于质疑的公众眼里,即使是表面上的不当行为也会破坏道德主体的可信度。一名接受了免费歌剧票的乐评家完全可以写出独立客观的表演评论,但是他的读者仍然会质疑他的评论。

然而奥伦说对了一件事,即冲突的出现往往难以避免。合理或可接受的利益冲突不一定会破坏道德主体的可信度,但公众至少应该被告知这一情况。一个典型的例子是,职业棒球队常常会自己选择当地电视台的主播来对比赛进行播报。这一情况会通

---

① Michele Orecklin, "Too Close for Comfort," *Time*, March 18, 2002, p. 65.
② Jeffrey Olen, *Ethics in Journalism* (Upper Saddle River, NJ: Prentice-Hall, 1988), p. 25.

过比赛中的"免责声明"告知观众。观众并不讨厌这种做法,因为他们往往也希望评论员支持主队。换句话说,这些主播如同广告人和公关从业者,带着公认的特权来做事,他们不会以客观为名背离雇主的目标。

媒体从业者所面临的一大伦理行为问题是,潜在的利益冲突往往开始于顶层。大众媒体是依靠广告商的大企业。编辑则要依赖商务部门定期下发的薪水生活。很多广告商,特别是大型企业,有一天可能会成为新闻报道的主角。大型报纸和广播公司也许能够避免其新闻诚信受到商业压力的影响,但较小的新闻机构可能会被迫避免报道那些不利于广告公司的内容。

一些新闻机构从属于母公司,这些母公司更为推崇遵守商业底线而非新闻独立。例如,美国广播公司从属于华特·迪士尼公司(Walt Disney Company)。电视新闻部门可能做出不利于迪士尼公司利益的攻击性报道吗?有这个可能,但迄今为止事实上寥寥无几。[①] 在一个随处可见大型企业集团的时代里,产生利益冲突的可能是无限多的。落实到企业层面,媒体机构的主管需要对由这类冲突引发的伦理困境十分敏感。

识别冲突:最麻烦的地带

如果我们要避免冲突——或者至少学着去处理它们,我们就应该认清冲突的本来面目。有些人被"矛盾的忠诚"诱入陷阱,甚至都没有意识到自身行为的伦理维度。这样的陷阱在生活中比比皆是,等待着无知和粗心的人"愿者上钩"。在一些情况下,我们意识到了潜在冲突,但无能为力。例如,所有的学生记者都听命于学校的行政部门。即使行政部门的老师对学生报刊的新闻审查权力有限,他们还有更多巧妙的方式在课堂内外处理"顽固"的学生记者。因此,学生和记者这两个角色之间存在潜在的冲突。

尽管利益冲突会出现在很多情况下,但媒体从业者所面临的冲突集中在三大方面:矛盾关系、矛盾的公众参与、既得利益和隐藏的议程。

矛盾关系

一心侍二主很困难。当我们被卷入矛盾关系时,就很难保持行动的独立性。例如,美国公共关系协会的守则劝告成员,要避免出现"可能会影响良好商业判断或者制造个人与职业利益冲突的行为和情况"。广告公司和公关从业者的主要职责是为客户服务,在受到"双重效忠"的侵扰时,他们的行为独立性就要向客户的权益妥协。例如,公关公司如果在石油公司和环保组织争论如何解决荒野保护区的发展问题时同

---

① 更多案例参见 Elizabeth Lesly Stevens, "mouse. ke. fear," *Brill's Content*, December 1998/January 1999, pp. 95-103。

时代表两方,这显然就是一个利益冲突。下面的一些案例是媒体从业者所面临的更为常见的冲突。

礼物和"好处"。记者的主要责任是服务读者和观众。当他们从既得利益者或新闻来源处接受好处、礼物或获得其他特殊待遇时,其客观性就会遭到严肃质疑。虽然诸如新闻来源处提供的餐食等小恩小惠可能不是问题,但随着时间的推移,记者的职业素养可能会受损。在公众眼中,冲突的表象可能比冲突本身更具破坏性。即便并没有承诺给予回报,这些接受贵重礼品的行为也会让人们对道德主体的信誉及其未来行动的独立性进行质疑。

曾有一段时间,记者的收入过低,其受教育程度也没有现在高,他们不太理解职业道德体系,所以通常会接受来自新闻源的礼物。某种程度上,这也说明一些既有规则其实是很宽松的。然而,如今的记者对伦理问题更加敏感,很多新闻机构明令禁止收受礼物或者任何其他值钱的东西。尽管这些规定以不同的表达方式呈现,但都反映了新闻业界的共识:"记者不能接受任何来自报道对象的礼物——无论是苏格兰威士忌酒、度假、钢笔还是晚餐。记者甚至不需要区分礼物和贿赂,而只须将礼物送回并礼貌地附上一句感谢。"[①]

道德纯粹主义者可能会拒绝接受礼物,甚至都不会从新闻源那里接过一杯咖啡。尽管大多数记者可能不会想这么多,但现在很多人都拒绝接受外面的餐食。从伦理角度来看,其中最麻烦的一种赠品就是"公费旅行"——由一些既得利益者或新闻提供者买单的免费旅游(也许包括食宿)。公费旅行对于一些组织来说是有价值的公关工具,过去,记者们很愿意利用这样的机会。电影产业和电视网络通过公费旅行这种玩法推广它们的新电影和节目,然而越来越多的新闻组织会用自己的方式为这些奢侈的活动买单。

公关行业虽然组织了大部分的媒体访问活动,但在这些方面并非没有伦理顾虑。例如,美国公共关系协会守则要求其成员"保持与媒体、政府官员和公众的关系廉洁性",并且"在确保礼物合理、合法、不频繁的情况下给予或接受它们时,需要让大众知晓"。可以说,通过给媒体从业者车马费或其他形式的补偿,以获取有利或可靠的新闻或社论报道,是有违这一规定的精神的。然而,当媒体代表对调查中的项目或产品拥有合法的新闻利益时,守则并不禁止其旅行。但仅仅出于享乐目的的出行(公费旅行)在伦理上是不光彩的。

与采访对象一同出行的记者也会沦为冲突的牺牲品。例如,体育记者有时会和他们要采访的团队一起出行,但这种做法已越来越受到质疑。一些新闻机构现在要么为它们的员工支付路费,要么要求他们和被采访团队分开出行。然而,仍然免费与被采访团队一起乘车的记者几乎不会向公众披露这一事实,从而加剧了本已严重的利益冲突。

从前,政治新闻记者急于利用与候选人一起免费乘车的机会进行采访,但这种做

---

① Mitchell Stephens, *Broadcast News*, 2nd ed. (New York: Holt, Rinehart & Winston, 1986), pp. 309-310.

法目前已不复存在。① 接受候选人或政府机构提供的任何礼物,都是利益冲突最明显的案例。在这种情况下,记者的客观性会立刻受到质疑。当然,任何规则都有例外情况,在战区,记者的行为通常受到军事交通的影响。在海湾战争中就是如此。当时,记者不得不依靠军方提供的交通支持进入战区,且军方还严格控制着记者的活动范围。关于战争时期新闻的独立性和客观性的争论,在2003年春天美国入侵伊拉克时被热炒,那是记者第一次被"安插"进特定的军事单位。哥伦比亚广播公司新闻主播丹·拉瑟无意间道出了很多记者的心声,他警告说:"被安插和被埋葬之间有一条非常明确的分界线。"② 无论怎样,一篇战后评论文章得出的结论是,尽管在军队安插记者这一行为有益于提供军事行动的独特视角,但这样的新闻报道中仍然缺乏对战争更为全面的观察。③

像其他行业一样,新闻业也有自己的"油水"。一些特殊利益团体试图通过向记者提供折扣、特别会员或者其他特权来讨好他们。政府官员尤其能意识到媒体的权力和影响,常常提供诸如免费停车或者媒体专属席位等好处。联邦政府和州政府的行政及立法机构还为记者设立了记者席和特别的工作住房。尽管一些新闻机构在经历了20世纪70年代"水门事件"的伦理启示后,开始自己为记者室的座位买单,但仍有很多机构还在占这种额外的小便宜。也许他们觉得,这样的访问仅涉及一般权利而非特权,不应该为邻近政府所在地支付费用。

以下是对于记者接受免费赠品所带来的伦理问题的简要总结。第一,那些向记者提供赠品的人不仅出于人道主义或利他本能,他们也想左右新闻报道。第二,即使记者很有可能不受免费赠品的影响,但他们仍会遭受公众的怀疑。第三,记者在揭露那些政客和其他权力掮客受贿行为的同时,自己却在接受别人给的好处,这不得不说是一种伪善。第四,尽管记者否认自身会受额外津贴和免费赠品的影响,但有时这些影响可能十分微妙,记者也不能够完全保证自身的客观性没有受影响。第五,可能还存在送礼者带来的直接压力,例如电影工作室邀请评论家观看特别放映以获得有利的评论。④

有偿新闻(Checkbook Journalism)。罗宾·怀沙克(Robin Wyshak)曾十分低调,直到她发现自己和据称与克林顿总统之间有性关系的前白宫实习生莫妮卡·莱温斯基(Monica Lewinsky)成为邻居。怀沙克决定利用莱温斯基的家庭回忆录赚钱,并试图将一些故事卖给《硬拷贝》(Hard Copy)、《新闻内幕》(Inside Edition)、《国家询问者》(National Enquirer)、《明星》(Star)和《全球》(Globe)等媒体。⑤ 一些潜在的新闻消息源和记者之间已经越来越多地变成了雇佣关系。例如,1994年2月,明尼阿波利斯市

---

① F. Smith, *Groping for Ethics in Journalism*, 5th ed. (Ames: Iowa State University Press, 2003), p. 387.
② Justin Ewers, "Is the New News Good News?," *U. S. News & World Report*, April 7, 2003, p. 48.
③ Jennifer LaFleur, "Embed Program Worked, Broader Coverage Lagged," *News Media and the Law*, Spring 2003, pp. 4-6.
④ 更为全面的讨论,参见 Smith, *Groping for Ethics in Journalism*, pp. 388-390。
⑤ Betsy Streisand, "True Confessions of a Tabloid Opportunist," *U. S. News & World Report*, March 2, 1998, pp. 24, 26.

WCCO-TV调查组的负责人雅克·佩秋(Jacquee Petchel)正在筹备一个关于危险医生的报道。一位女士起诉了一名明尼苏达州的医生,指控这名医生玩忽职守,致使她的丈夫死亡。而当佩秋采访这位女士时,这位女士表示,自己不会在没有报酬的情况下谈论此事。类似事件也发生在罗德尼·金(Rodney King)案二审后。此案中,几名洛杉矶警官被指控过度使用暴力去制服一名超速司机。在二审后,一些陪审员只因记者不愿意支付采访费就拒绝了《洛杉矶时报》(Los Angeles Times)的采访。① 这三个案例所展现的行为正是被有道德的新闻记者所不齿的"新闻"。对传统新闻真实性和准确性的承诺引发了严重的利益冲突问题。有人认为,向受访者和新闻消息来源付款可能会使经济动机腐蚀信息的质量。而有偿新闻也引发了关于新闻独立性的问题,因为在信息方面的经济投资可能会上升到对其他信源不公的问题。

尽管最近受到主流新闻记者的伦理谴责,但有偿新闻并非一直以来都是禁忌。在市场竞争中,几乎没有新闻集团能够对独家新闻或者内部消息的诱惑免疫。比如1912年,《纽约时报》为独家专访失事船只"泰坦尼克"的无线电报员花费了1000美元。20年后,在林德伯格婴儿绑架谋杀案审判期间,《赫斯特报》(Hearst Newspaper)为被告支付了诉讼费以确保报道的独家性。20世纪60年代,《生命》(Life)杂志因为原水星宇航员提供的故事付费而受到新闻业同行的批评。② 同样,哥伦比亚广播公司的新闻节目也因为有偿新闻而受到谴责。H. R. 霍尔德曼(H. R. Haldeman)是尼克松总统身边最有权力但也最不易接近的幕僚。为了得到他对尼克松和"水门事件"的看法,哥伦比亚广播公司新闻节目支付给了霍尔德曼10万美元。③

向具有关注度的公众人物支付大量的采访费以吸引广泛的公众关注的做法甚至会招致同行的批评。有偿新闻引发了一些记者和编辑道德上的愤怒,因为它使得信息市场不再那么有秩序。但这些批评忽略了一个事实,即大部分有偿新闻一般都以更隐性的方式出现,涉及的常常是普通公民。例如,一些新闻机构为做独家专访而向事故受害者付费的做法已经为业界知晓。然而,与有新闻价值的对象建立起商业联系,有时比直接支付现金更加隐晦。对于新闻机构来说,为有价值的新闻对象支付交通、住宿、餐食费用也很常见。

尽管在世界的其他地方,为新闻源或独家专访提供报酬已经很常见,但在大多数美国主流新闻机构当中,这样的做法仍会受到公开蔑视。然而,行业的现实经济状况确实给电视脱口秀节目以及小报媒体施加了很大的压力。事实上,很多新闻名人都希望自己能够通过爆料"独家消息"获取一定的经济利益。举例来说,1994年,前滑冰明星运动员坦雅·哈定(Tanya Harding)就承认,自己曾密谋伤害奥运会比赛对手南希·克里根(Nancy Kerrigan),之后她因接受美国节目《新闻内幕》(Inside Edition)的

---

① Bruce Selcraig, "Buying News," *Columbia Journalism Review*, July/August 1994, p. 45.
② Kelly Heyboer, "Paying for It," *American Journalism Review*, April 1999, pp. 28, 30.
③ Gary Paul Gates, *Air Time* (New York: Harper & Row, 1978), pp. 353-354.

一系列独家专访获得了几十万美元的报酬。① 有偿新闻兴盛于辛普森杀妻案的媒体炒作中,通常被小报和电视节目所使用②。联邦当局曾围攻得克萨斯州伟科宗教信徒,试图令其妥协,最终这一围攻在血腥的枪战中结束。某个小报和电视节目付款给信徒领袖大卫·考雷士(David Koresh)的母亲,让她接受采访。③

竞争压力加剧了从众心理,甚至在主流新闻媒体中,有偿新闻也不罕见,尽管一些人并不愿意承认自己曾参与其中。一些记者(通常是不公开地)正在挑战新闻调查工作应免受经济现实的影响的正统观念。在这些记者看来,新闻只不过是一种商品,与在市场上买卖的有形产品无异。当《新闻周刊》特约编辑格雷格·伊斯特布鲁克(Gregg Easterbrook)把这种做法描述成一种知识产权问题时,他用一种体面的方式阐述了这个观点:"我不明白为什么职业记者是新闻利益的唯一获得者。我们媒体似乎认为,'人们'应该放弃他们的隐私并回答我们提出的尴尬问题,从而使我们从中获利。"④

然而,每一个有偿新闻事件都能在主流媒体中引发新一轮对伦理的反思。2004年1月,《美国新闻与世界报道》(U. S. News & World Report)报道了哥伦比亚广播公司《60分钟》节目为迈克尔·杰克逊(Michael Jackson)的访谈支付了100万美元的新闻,该访谈显然是为在该台播放杰克逊的晚会造势。尽管哥伦比亚广播公司坚称其最主要的新闻杂志节目并不会为采访对象支付费用,但《美国新闻与世界报道》引用《纽约时报》的论述指出,是娱乐活动部支付了这次采访的费用。该杂志哀叹道:"毫无疑问,哥伦比亚广播公司冒着失去尊重的风险赢得了观众。"⑤

1999年春天,美国广播公司因向一名青少年枪手的朋友支付了16000美元而受到指责。该枪手参与了哥伦拜恩高中(Columbine High School)枪杀案,而此次付款是为了获得凶手的家庭视频和其他资料的专有播放权。之后,美国广播公司《早安美国》播出了对18岁的内森·戴克曼(Nathan Dykeman)所做的"独家专访"。电视台没有透露自己为这名少年支付了多少钱,只是承认自己近期获得了凶手的家庭视频和其他资料。⑥

担任西北大学(Northwestern University)新闻学院院长的肯·波德(Ken Bode)称,美国广播公司的这个决定是"剥削性的"和"不适当的"。但是,哥伦比亚大学新闻学院研究生院院长汤姆·戈尔茨坦(Tom Goldstein)的评论则较为平和:"我发现'有偿新闻'这一概念非常复杂。一些最伟大的照片是由路人或参与者拍摄的。有人从他

---

① Steve McClellan, "Tabloids Pull Out the Checkbook, Proudly," *Broadcasting & Cable*, May 9, 1994, p. 42. 确切的价钱并没有公布,但是大多数报道都称在50万美元左右。
② Heyboer, "Paying for It," p. 30.
③ H. Eugene Goodwin, and Ron F. Smith, *Groping for Ethics in Journalism*, 3rd ed. (Ames, IA: Iowa State Uni-versity Press, 1994), p. 136, 引自 Ann Hodges, "Cult Interviews Worth Big Bucks to News Shows," *Houston Chronicle*, April 24, 1993, p. 6。
④ 引自 Selcraig, "Buying News," p. 46。
⑤ "The Cost of Business," *U. S. News & World Report*, January 12, 2004, p. 13。
⑥ Bill Carter, "Critics Say ABC Opened Its Checkbook for a News Source," *New York Times*, May 31, 1999, p. C1。

人的不幸中获利,这让我们感到不安,但在很多新闻里都是如此。"①

也许是这样的! 但大多数传统记者仍然嘲笑称:有偿新闻无非就是新闻价值对商业利益不必要的投降。他们认为,如果在新闻信息收集方面使用经济激励成为主流,那么新闻机构将仅仅是"谁有趣事谁就来讲"的地方。

所以,那些不为新闻付费的记者又该如何与那些付费的记者竞争呢? 一些记者相信这些问题应该成为报道的一部分,从而使公众关注有偿新闻问题。② 如果这一想法成为调查类新闻记者的普遍策略,那么它至少会有助于新闻业进行有趣的内部讨论,甚至可能产生一些深刻的伦理反思。

人际关系

当然,利益冲突不会总围绕财务、礼物或者"外快"。记者也是人,有时候他们会与消息来源发展个人关系,甚至与他们有亲属关系。在这种情况下,新闻报道可能很难保持超然客观的状态。例如,在清扫周评级(sweeps-week ratings)期间,迈阿密WTVJ-TV直播了对当地殡仪馆连锁店的内幕的揭露性报道。然而,系列报道中并未提及该记者是这一连锁店前任供应商的女儿这一事实,而这名供应商曾被牵涉进某个与连锁店老板有关的激烈的商业纠纷。③ 同样,《哥伦比亚新闻学评论》(*Columbia Journalism Review*)批评《俄克拉荷马州日报》(*Daily Oklahoman*)剧评家弗兰奇·哈特(Franci Hart)的"业余表现",因为她在当地出版物上热情地赞赏了戏剧新人温迪·哈特(Wendy Hart),却没有承认自己和温迪之间的母女关系。④

如果记者与潜在的新闻来源恋爱或者结婚,他们就必须保持审慎态度。例如,一个全国广播公司(NBC)的记者与总统候选人形成恋爱关系。NBC从外部听说了这一关系后,立即将她调离竞选活动报道。尽管从她的报道中看不出任何偏见,但仅看这一事件中的人际关系就足以进行这一人事调动。⑤

如果同一个单位,尤其是同一部门雇用了同一个家庭的成员,那么这可以被看作一个伦理问题。例如,一名经济新闻编辑的妻子是该栏目的记者,那么他需要在其他新闻部门人员的压力下,避免表现出对妻子的优待。一些机构制定了裙带关系相关政策来禁止或限制类似的雇佣行为,因为这样的家庭关系可能会引发潜在的利益冲突。

记者也是公民

2003年春天,美军及其联盟入侵伊拉克的事件受到关注。与全国广播公司和微软全国广播公司(MSNBC)签约的传奇战地记者彼得·阿内特(Peter Arnett)在伊拉克

---

① Bill Carter, "Critics Say ABC Opened Its Checkbook for a News Source," *New York Times*, May 31, 1999, p. C1.
② Selcraig, "Buying News," pp. 45-46.
③ "Dubious Decisions: Details at Six…," *Columbia Journalism Review*, July/August 2001, p. 14.
④ "Darts & Laurels," *Columbia Journalism Review*, May/June 1999, p. 22.
⑤ Sarah Jackson-Han, "Conflicting Interests," *Communicator*, November 1994, p. 24.

电视台的采访中果断赞扬了伊拉克信息部部长,他宣称,美军最初的战争计划因伊拉克的抵抗而"破产",并断言平民的伤亡报告会助长反战运动。一个美国参议员据此指责阿内特叛国,阿内特所在公司也因此解雇了他。这引起了《时代周刊》杂志的异议:"在忠诚的质疑声中,电视新闻应该记得,所谓'为己说话'并不意味着曲意逢迎。"①当阿内特被反美倾向的言论指责时,《时代周刊》发现了道德中的一丝伪善:"电视台在其画面左下角标识了美国国旗,并为这场军事战争冠以'伊拉克自由行动'之名,为自身的新闻报道树立品牌。"②

但是维护个人职业原则的做法并不总能受到公众的认可。例如2001年秋天,斯泰西·韦尔费尔(Stacey Woelfel)在密苏里州哥伦比亚市的 KOMU-TV 担任新闻主管。一边是自身的职业责任,另一边是作为公民的首要责任,韦尔费尔深陷这两者的伦理交锋。在"9·11"恐怖袭击事件发生之后的几天,韦尔费尔通过邮件重申了一项长期政策,告诫工作人员不得在直播中过度展示爱国主义倾向。韦尔费尔的这一言论将自身置于险境,因为 KOMU-TV 从属于密苏里大学,且全年都雇用学生作为实习生。公众在电子邮件中对韦尔费尔的道德措辞的回应十分激烈,从谴责他的不爱国行为,到用粗鲁激烈的语言威胁他。至少两个广告商从 KOMU-TV 撤走了广告,并且,由于部分新闻教员在这家电视台工作,一些共和党州议员扬言要"更细致"地评估高校新闻学院的国家拨款问题。③

爱国主义是新闻记者一个强大的对手,新闻记者试图保留合理的怀疑论,同时又要去履行他们的公民责任(而这两者也不一定是相互排斥的)。23 岁的汤姆·古亭(Tom Gutting)是《得克萨斯城太阳报》(*Texas City Sun*)的记者,他证实了一个令人不安的事实。在"9·11"事件之后,古亭发表专栏文章批评布什总统在应对这场美国本土首次遭遇的袭击时缺乏领导力。随后,古亭因无礼报道而被解雇。这引发了国际关注和来自全球无国界记者(Reporters without Boarders)组织的批评,因为它涉及美国的新闻自由。④

古亭批评他的同行只知为布什歌功颂德,却没有问出记者所希望的尖锐问题。在他看来,很多电视新闻节目主持人用红、白、蓝色丝带装饰他们的衣领,以及美国新闻报纸使用"美国反抗"之类的标语,就是"爱国主义某种程度上变质"的证据。⑤ 古亭不是唯一失去工作的记者,这引发了人们对传媒机构恪守宪法第一修正案承诺的担忧。

毫无疑问,"9·11"事件后的数周内,美国新闻记者在伦理问题上已经如履薄冰:一边为国务院、白宫、五角大楼提供的信息充当传话筒,另一边为敌人提供帮助和安

---

① James Poniewozik, "Whose Flag Is Bigger?," *Time*, April 14, 2003, p. 71.
② Ibid.
③ Thomas Bivens, *Mixed Media* (Mahwah, NJ: Lawrence Erlbaum, 2004), pp. 26-27. 参见 "Lawmakers Decry TV Station's Ban on Flag-Wearing Newscasters," September 28, 2001, http://www. freedomforum. org/templates/document. asp? documen-tID =15017, 2004 年 7 月 20 日访问。
④ Gina Barton, "Patriotism and the News: How 'American' Should the American Press Be?" *Quill*, December 2001, p. 18.
⑤ Ibid.

慰,或成为乌萨马·本·拉丹及其支持者的宣传工具。到底是做一个独立的新闻记者,还是做一个爱国公民?这些角色间存在相互矛盾的忠诚问题,一些评论家就这一问题进行了解读。① 但这些角色之间是相互排斥的吗?对这个问题简单而合理的回应是,在恐怖袭击事件两个月后,《羽毛笔》杂志的头条新闻说道:"追求真理就是新闻的爱国立场。"② 换句话说,在民主中追求真理以及保持适度的怀疑与超脱,才是他们的爱国主义行为。记者必须注意不能泄露可能会延误军事行动或使自己成为恐怖分子的棋子的秘密,但他们也不应该放弃对政府政策的批判性评估。《哥伦比亚新闻学评论》的执行编辑迈克尔·霍伊特(Michael Hoyt)说:"即使在过去四十年中最艰难的时刻,国家也没有像现在这样如此需要有判断力和进取心、聪明且勇敢的独立媒体。"③

毋庸置疑,2001年9月11日发生的事件是美国记者职业生涯里一段独特的经历,它还催生了在日常新闻报道中并不常见的双重效忠。不过,记者经常要面对职业责任与作为公民的人道主义本能之间的显著矛盾。例如1997年夏天,《洛杉矶时报》的记者索尼娅·纳扎里奥(Sonia Nazario)和摄影师克拉伦斯·威廉姆斯(Clarence Williams)目击了美国穷人的悲惨现状。几个月的时间里,他们观察了那些吸毒家庭的孩子被忽视和遭虐待的经历,并最终在名为《瘾君子孤儿》(Orphans of Addiction)的两篇知名系列文章中记录下了他们调查的悲惨结局。新闻工作者的原则是,记者必须在报道事件中保持完全独立。纳扎里奥和威廉姆斯从不代表儿童,也从不通知相关部门。这两人和支持他们的编辑约珥·萨佩(Joel Sappell)表示,他们的责任是为社会竖起一面镜子,而不是去改变他们报道的故事的环境。④

然而,他们的事业并没有受到普遍欢迎。许多人赞同将不偏不倚作为指导原则,但"并不是在你目睹无助的孩子们遭受长达数月的痛苦的时候"。例如,哈佛大学法学院教授伊丽莎白·巴托来(Elizabeth Batholet)主要研究儿童福利、虐待和忽视问题,她认为所谓"反光镜"的说法很"离谱"。她表示:"他们为没有寻求社会服务所做的唯一可能的道德辩护,是觉得自己正在通过这些文章实现更大的社会目标。如果他们只是在试图为社会竖起一面镜子,那么他们怎么能摆脱自己作为社会公众的责任,不去帮助这些无助的孩子们呢?"⑤

但是《圣荷西水星报》(San Jose Mercury News)的执行编辑杰瑞·切波斯(Jerry Ceppos)不同意伊丽莎白的观点:"我也会做出像《洛杉矶时报》一样的事情。我可以理解不通知相关部门的做法,我也能理解用这种感人的方式记录这些孩子的做法,因为这将会带来更长久的影响。"⑥

---

① 一些评论家认为记者做得太过了,而另一些则认为记者做得还不够。具体的例子可以参见 Maria Trombly, "Ethics and War," *Quill*, December 2001, pp. 14-17。
② Gary Hill, "Search for Truth Is Journalism's Patriotic Role," *Quill*, November 2001, p. 35.
③ Michael Hoyt, "Journalists as Patriots," *Columbia Journalism Review*, November/December 2001, p. 5.
④ Susan Paterno, "The Intervention Dilemma," *American Journalism Review*, March 1998, pp. 37-38.
⑤ Ibid., p. 38.
⑥ Ibid.

那对《洛杉矶时报》的批评有道理吗？纳扎里奥和威廉姆斯是否无理地让自己的新闻直觉掩盖了身为公民的职责？一方面，媒体经常被批评忽视穷人和病态，这种病态是经济和社会权利受到剥夺的人普遍面临的严峻问题。现存的新闻报道是极其肤浅的。从这个角度看，记者的奉献精神必须受到赞赏，而这类故事也往往会获得普利策奖。另一方面，记者有时候处在独特的位置观察并记录这种虐待行为。他们真的有责任摆脱观察员的身份，而在解决社会病态问题上成为政府机构的合作伙伴吗？

记者也是公民。他们不能完全将自己与养育他们的文化分离开来。例如，大多数新闻记者很容易被牵涉进拯救生命或者防止新闻对象受到更严重伤害的报道。然而，新闻的行为标准要坚持一定程度的超然和中立。显然，公民身份和职业责任相互矛盾的忠诚之间并没有明确的界线。这种情况下，记者必须依靠道德反思和常识。媒体行业规则中往往不会提到这类突发事件，但是我们可能会从业界普遍认为的标准开始：记者只有在进行特定任务的报道中遇到他人生命处于危险的状况，而当场没有其他人帮忙时，他们才应该伸出援助之手。[①] 即使记者是在进行新闻专业活动，他们也摆脱不了自身的公民义务。如果有人需要帮助，他们应该提供帮助（假设在不危及自身安危的情况下他们可以这样做），直到救援人员到来。通过这种方式，记者可以在不严重影响记者公平报道目标的前提下履行公民义务。

矛盾的公众参与

新闻业的两种观点。在伦理谱系的一端，一些新闻机构禁止记者成为会员，或者阻止其加入任何社区组织。根据这一观点，记者一旦变成"参与者"，就会成为采访对象系统中的一部分。另外，新闻界的传统观点认为，新闻组织必须与公民保持距离，从远处调查他们的团体，以便客观公正地呈现他们的命运和际遇。在伦理谱系的另一端，作为适应社会需要的一种方式，新闻机构鼓励公民参与和行动，从而发展新的消息来源。

也许，解决这个难题的最佳方法是应用"常识规则"（rule of common sense）。记者不能做社会的隐士并退出社会活动。事实上，一些公民活动会让记者对自己的采访任务变得更加敏感。在这个观点里，记者需要给社会动力"接上电源"。因此，在现代社会，想避免所有的利益冲突是不现实的，但记者还是要在道德义务下向公众揭露这类冲突。

对新闻主管来说，没有什么比怀有政治野心的记者更糟糕的了。很明显，2000年秋天，NBC叫停了记者格拉尔多·里韦拉（Geraldo Rivera）"探索性"参与纽约市市长竞选的行动。NBC新闻副总裁大卫·科尔沃（David Corvo）告知里韦拉，他的行为与新闻部门的政策有所冲突。面对政治和新闻之间的选择，里韦拉退出了竞选活动。[②]

这个教训很清楚：记者应该谨防参与政治活动，因为这可能被视为从事党派事业

[①] Susan Paterno, "The Intervention Dilemma," *American Journalism Review*, March 1998, p. 66.
[②] J. Max Robins, "NBC News Forces Gerald Rivera to Drop Mayoral Bid," *TV Guide*, October 14, 2000, p. 57.

(它的确就是)。如果记者被观众感觉到在采访事件中有特殊利益,他们就应该被重新分配任务。有些人甚至考虑向公众告知媒体员工参与的非新闻专业活动。记者期待被采访的政府官员公开自己的利益冲突,而记者自己就可以不这样做吗?

然而,有些人认为政治组织中的成员身份并不一定是记者报道出现偏见的起因,且具有强大政治信仰的记者不会因顾虑其与这些组织的官方关系而持有偏见。因此,放弃这种从属关系主要是表面化和象征性的。当然,问题是,即使记者在这种环境下能够保持公正,公众是否愿意去接受这种政治关系的存在呢?

记者仅仅是出现在政治事件中就会经常吸引媒体评论家的注意,如果该记者在全国闻名,就更是如此。在民主党筹款活动中,《华盛顿邮报》适时关注到了民主党对丹·拉瑟的邀请。他们注意到拉瑟的出现"无疑会为长期指责拉瑟有左倾倾向的批评者提供把柄"。拉瑟的女儿是得克萨斯州环保主义者和营销主管,据称也在考虑参与市长竞选。而这一项目由他的女儿主持,这与他本身的伦理争议合在一起更是雪上加霜。拉瑟随后道歉,称之为"令人遗憾的错误判断"[1]。

同样,来自记者的政治性捐款也会引发利益冲突方面的指控。例如2002年夏天,据《波士顿环球报》报道,许多记者也会为政治候选人的竞选活动捐款。"这不是个好主意",职业新闻记者协会伦理委员会的联合主席弗雷德·布朗(Fred Brown)说:"对任何真正在做政治报道或编辑政府、选举相关文章的人来说,这无疑是一个坏主意。"[2]然而18个月之后,在2003年加利福尼亚州州长罢免选举期间,一位奥克兰电视台商业编辑布莱·班米尔(Brian Banmiller)给候选人阿诺德·施瓦辛格(Arnold Schwarzenegger)贡献了1000美元。据说,班米尔想见这个电影明星,于是他专门花了1000美元购买了一张私人竞选筹款活动的入场券。根据电视台新闻主编的说法,尽管这并没有违反电视台政策,但班米尔在接受美联社的调查后要求施瓦辛格竞选团队返还这笔钱。[3]

近年来,记者已经被他们的上级告诫,哪怕是在个人自由时间内,参与公共示威活动也是有争议的事情。例如,当几名来自《纽约时报》和《华盛顿邮报》的女记者加入了华盛顿特区成千上万堕胎维权示威者的队伍时,她们显然认为自己是在行使宪法所赋予的言论自由权。然而,《华盛顿邮报》的总编小伦纳德·唐尼(Leonard Downie Jr.)和执行编辑本杰明·C.布莱德里(Benjamin C. Bradlee)则从不同的伦理视角看待这些记者的行动,他们发表声明,要求任何参加游行的记者停止对这一争议话题进行进一步的报道。[4]

参与同性恋权利组织的活动的同性恋记者也受到了编辑的阻挠。桑迪·尼尔森(Sandy Nelson)就是个典型的例子。她是华盛顿塔科马《早间新闻论坛报》(*Morning News Tribune*)的一名记者,她听闻,仅仅是因为自己参加了一个同性恋权利组织的活

---

[1] Howard Kurtz, "Rather Spoke at Democratic Fundraiser," *Washington Post*, April 4, 2001, p. A1; Howard Kurtz, "Rather Apology Isn't Enough for Some Critics," *Washington Post*, April 5, 2001, p. C2.

[2] Fred Brown, "Conflicts over Conflicts," *Quill*, September 2002, p. 52.

[3] 相关报道,发表于 sacbee.com's *Recall Election Newsletter*, September 9, 2003, wysiwyg://2/http://www.sacbeen.com/content… tics/recall/story/7382315p-8325882c.html,2003年9月10日访问。

[4] Stephanie Saul, "Judgment Call," *Columbia Journalism Review*, July/August 1989, p. 50.

动,老板就要把她重新调回编辑部,于是她起诉了老板。"记者就像农奴",她说,"我们一天24小时的时间已经成为公司财产。"但是总编简·布兰德(Jan Brandt)回应说,他们只是在保护报纸的公正性,"这个事件不是关于生活方式、言论自由或者个人……一个记者接纳了立场鲜明的政治角色,就会削弱报纸的可信度"①。

但是这一观点与媒体理论学家瓦莱丽·艾丽娅(Valerie Alia)的观点形成了对比。她曾被要求参与美联社的一项研究,主要是关于1995年一位非洲裔美国报纸编辑参与的发生在华盛顿的"几百万人大游行"。这个游行由伊斯兰国家赞助,由有争议的人物路易斯·法拉汗(Louis Farrakhan)领导。一些记者和编辑认为该编辑不应该参与游行,因为这样的行为暗示了其赞同法拉汗的"反犹太主义与种族主义"观点。该编辑的回应是,他的参与是个人的决定,不是政治决定。艾丽娅对此表示同意,她认为记者不是"白板,也不是中立的信息吸收者和传播者"②。她还就编辑道德责任提出了一个建议:

> 作为公民,编辑有权代表个人信仰和良知出席活动。但他也有义务确保自己的参与不会影响到新闻组织的内容,也不会影响到对于其他事件的报道。他有义务向雇主和公众告知自己参与的游行,不让自己涉及任何可能产生利益冲突的职业任务。③

报纸出版商及电视台所有者的公民行动显示了相关利益冲突的困境。媒体高管通常是著名且有影响力的社会成员。他们大多数不是记者,在商业世界里比在新闻编辑室里更加舒适。然而,他们首先必须对新闻事业忠诚,并且必须避免进行与这种忠诚相冲突的公民活动。例如,参加狮子俱乐部(Lion Club)或者国际扶轮社(Rotary International)这类社会组织可能不会造成问题,但是化工厂的董事会成员一度因污染违规受到政府的审查,这就把编辑部人员置于尴尬的境地。当然,媒体高管作为党派公民的活动范围太大,以至于一般的常识标准会被当作道德标准来用。当利益冲突非常明显时,他们应该主动避免。当利益冲突不可避免或始料未及时,他们应向公众通报情况,并尽一切努力使编辑部的人事部门免受要求给予特殊待遇的压力的影响。

公共(公民)新闻的兴起。巴尔的摩近90%的三年级学生在阅读评估方面的成绩并不令人满意。《巴尔的摩太阳报》(*Baltimore Sun*)不仅报道了这个让人不安的结果,也决定为此做点什么。该报征募志愿者,让他们用阅读教学、整理新闻资源等具有感召力的活动来帮助学生提高考试成绩,而这恰恰是客观性和新闻中立的反例。这个案例也是新闻业中的激进典型。《巴尔的摩太阳报》着手开展一个五年计划,让所有三年级的学生在九岁学会阅读。④ 这是十多年来受到争议的公众(公民)新闻的一个案例。

---

① "No Cheering in the Press Box," *Newsweek*, July 19, 1993, p. 59.
② Valerie Alia, "A Conflict of Interest," in *Media Ethics* (Boston: Emerson College, 1997), p. 1.
③ Ibid., p. 12.
④ "Reading by 9," in *News Futures: Civic Innovations in Reporting* (获詹姆斯·巴顿研讨会和优秀公共新闻奖,1998年5月12日由皮尤公民新闻中心和梅迪尔新闻学院赞助成立), pp. 19-20.

过去大部分时间里,这个国家的新闻媒体坚持传统的观点,认为媒体应该充当社会的监察人和"牛虻",这一角色需要与社会事务保持适当的心理距离。但随着媒体公信力持续遭到侵蚀(和报纸读者人数下降),公共新闻运动的支持者希望能重新将记者及其所代表的机构与他们的公民根基连接起来。据职业新闻记者协会主席阿尔·克洛斯(Al Cross)所说,这一运动的目标包括:"抗击关于政治、政府和机构的犬儒主义,使编辑和记者走出象牙塔,并认识到新闻媒体必须是它们所服务的社会中的活跃分子。"①支持者认为,这种想法是迫使新闻机构"将自己视作社会系统一部分"的机制②,也有可能拯救美国新闻业。反对者则认为,这是对新闻神圣的独立性和客观性的威胁。

亚瑟·夏丽蒂(Arthur Charity)在《做公共新闻》(*Doing Public Journalism*)一书里宣称,公共新闻"是一项正在进行的工作,也是任何人都能谈论的最重要的东西"③。每份新闻报纸都想实践更多的公共新闻,而缺少对公共新闻的统一定义可能会加剧围绕它产生的伦理争端。政治学教授安东尼·埃克斯特沃兹(Anthony Eksterowicz)简要表明了自己对于公共新闻运动的看法:

> 公共新闻旨在于记者与其服务的组织之间培养一种富有成效的关系。记者不仅仅是观察者,更是这种关系中的参与者和主导者。作为政治或社会改革的领导者,记者在社会中努力着。对于许多公共新闻项目来说,这是最终的结果或者产物……这个新趋势针对更加传统的新闻核心原则,即强调"客观"和"公平"的概念或者评论家的观点。公共新闻为解决社会问题提供了不同的路径。传统新闻可能强调现代问题的复杂性,而公共新闻则强调通过增加信息来增强市民行动。④

因此,充满生机的公共新闻运动原则似乎表明,新闻媒体应该充当代理人,不仅关注问题也要关注如何解决问题。⑤ 这包括由读者和观众来决定媒体应该采访什么,甚至该如何采访。新闻媒体和解决社会问题的团体成为活跃的合作伙伴。想想用公共新闻的方式报道这些常规新闻故事吧:《底特律自由报》(*Detroit Free Press*)通过联系与儿童问题相关的公共论坛项目,派记者在学校做志愿者,来揭露儿童慈善机构挥霍钱款的行为;《新奥尔良时代花絮报》(*The New Orleans Times-Picayune*)克服了编辑部自身的种族分歧,投入了一年时间、23 名员工,用整整 163 页来报道一系列种族问题⑥;We The People 威斯康星州有限公司是由麦迪逊市媒体机构组成的团体,它召集

---

① Al Cross, "A Powerful Experiment," *Quill*, June 2002, p. 4.
② 例如参见 Al Cross, "A Powerful Experiment," *Quill*, June 2002,引自 Philip Meyer,北卡罗来纳大学新闻学教授。
③ Arthur Charity, *Doing Public Journalism* (New York: The Kettering Foundation, 1995), p. v.
④ Anthony J. Eksterowicz, "The History and Development of Public Journalism," in Anthony J. Eksterowicz, and Robert N. Roberts (eds.), *Public Journalism and Political Knowledge* (Lanham, MD: Rowman & Littlefield, 2000), p. 3.
⑤ Bill Kovach, and Tom Rosenstiel, *The Elements of Journalism* (New York: Crown, 2001), p. 101.
⑥ Charity, *Doing Public Journalism*, p. 15.

公民作为大陪审团和立法机构成员来共同商议关于国家预算、赌博和医疗保健改革的财产税计划。

尽管公共新闻挑战了媒体之前早已根深蒂固的角色,但它仍吸引了相当多的拥护者。堪萨斯大学两项关于编辑及出版商的调查显示,在公共新闻运动的早期,将近50%的出版商赞助了社区大会,体现了社区对报纸领导力的期望。97%的人说他们亲自参与社区组织,74%的人说他们的编辑也参与其中。只有3%的编辑在调查中说新闻报纸应该"永不"直接参与社区事务。①

从早期的调查来看,公共新闻显然获得了越来越多的支持者。例如,2002年威斯康星州立大学的社会学和新闻学教授路易斯·弗瑞兰德(Lewis Freidland)指出,1993年以来,一共有560个项目被322个新闻报纸自定义为公共新闻。②

公共新闻的拥护者一般都热心公益事业,但也有一些人谴责这类新闻是对中立性、客观性、公正性等传统新闻价值观的遗弃。"我有义务不参与我所报道的社区活动。"一个编辑表示:"更重要的是,我的报道对象相信,如果我不是社区中的一员,我在报道时会更加客观。"③堪萨斯大学调查的一位受访者认为:"如果报纸要维护它们的信誉,就必须远离社区的权力组织结构。"④此外,评论家抱怨公共新闻项目往往会用社团领导的判断替代编辑的看法。在应对公民投票时,媒体仅仅提供给公民他们想要知道的而不是他们需要知道的。⑤

戴维斯·"巴兹"·梅利特(Davis "Buzz" Merritt)是公共新闻的开创元勋之一,在他看来,传统观念下的公共新闻是客观的,但是它也被形容为推卸责任的"虚伪恶魔":

> "客观性"——或者其他已经被替代了的无效的概念——为记者提供了一个舒适但受限制的庇护所。一般记者在报道时无须考虑可能会造成的后果,这也使记者无须为任何结果负责。在信息渗透、支离破碎的现代社会,这是化解社会和政治僵局的良方。
>
> 然而,超越中立并不意味着记者必须——或者应该,抑或可以——对发生的结果负责。相反,超越冷漠意味着记者需要在报道过程中积极寻求所有可能的解决办法。这并不意味着试图确定结果,但它确实意味着媒介接受这一义务,即通过为公众生活提供帮助来决定结果。很明显,从近代历史来看,仅仅"告知新闻"并不能充分激活这些过程。⑥

空间限制阻碍了对公共新闻运动意义的详细考查。毋庸置疑,围绕这一现象的伦理辩论将持续下去。然而,如果改革者在与新闻传统主义者激烈的拉锯战中取得了胜

---

① Rebecca Ross Albers, "Going Public," *Presstime*, September 1994, p. 28.
② Cross.
③ Liz Viall, "Crossing That Line," *Quill*, November/December 1991, p. 18.
④ Albers, "Going Public," p. 28.
⑤ Shepard, "The Gospel of Public Journalism," *American Journalism Review*, September 1994, p. 34.
⑥ Davis "Buzz" Merritt, *Public Journalism and Public Life* (Hillsdale, NJ: Erlbaum), 1995, pp. 115-116.

利,那么这一结果可能会永远地改变新闻报道行为在美国文化实践中所处的伦理环境。

既得利益和隐藏的议程

1999年夏天,马萨诸塞州皮茨菲尔德市市长询问《皮茨菲尔德鹰》(以下简称《鹰》)(*Pittsfield Eagle*)的出版商安德鲁·米克(Andrew Mick),《鹰》是否会考虑捐出一块靠近报社的一英亩停车场作为新棒球场,以留住镇上的棒球小队?几个月后,该报的母公司同意捐赠停车场,并追加200万美元以换取新球场的冠名权。《鹰》积极推进建设新棒球场的设施,以帮助重建皮茨菲尔德市中心,但是从没透露冠名权协议。选民们拒绝了该计划,认为"《鹰》的社会行为暴露了其新闻报道隐藏的议程"。《鹰》出版社的编辑大卫·斯克里布纳(David Scribner)承认:"这很困难。因为它似乎将报纸置于一个提倡者的位置,而不是一个收集事实让人们做出决定的值得信赖且可靠的客观观察者。"

媒体从业者的职业责任与其个人利益和意图之间产生的冲突,会引发一些有趣的问题。例如,财经记者显然不应该在采访范围内买卖所持股票,但这是否意味着他们应该完全避开市场?这些伦理问题常常涉及的是,外部关系和既得利益对一个人的职业判断会产生多大程度的影响。当这种两相冲突的忠诚没有公开,或者当隐藏的意图激发出道德主体时,便会牵涉到伦理问题。

一个典型案例是,2003年12月《新闻周刊》(*Newsweek*)发表了一篇题为《对诉讼的恐惧是对我们职业的麻痹》("Fear of Litigation is Paralyzing Our Professions")的文章。小斯图亚特·泰勒(Stuart Taylor Jr.)这篇3400字的文章被《哥伦比亚新闻评论》形容为一份非当事人意见陈述的侵权法改革,并提供了一个冗长的案例证明,"屈从轻浮、贪利的诉讼会危及医学、教育和行政以及社会本身"[1]。然而,文章并没有提及《新闻周刊》的专业律师事务所科文顿·柏灵(Covington & Burling),这家律所一直在为雇主的反歧视诉讼进行辩护,而《新闻周刊》和它的兄弟成员后《新闻周刊》工作站,在过去三年内至少三次被作为这种歧视诉讼的目标。[2]

如果不是新闻行业道德卫士的警醒,大多数涉及既得利益的冲突可能不会被发现。例如,2003年《纽约时报》对世界职业棒球大赛发表了一篇特别的社论。这篇社论说:"尊敬的纽约读者,我们发现自己很难抗拒来自世界职业棒球大赛红袜队的情绪感染。"为什么该报会顶着冒犯纽约洋基队球迷和被一些读者疏远的风险发表这样的言论呢?巧的是,《纽约时报》在红袜队所在公司持有少量股权这一事实并没有被提及。[3]

不幸的是,隐藏议程和既得利益在新闻机构里并不罕见,这有时会影响它们在编辑(以及道德)上的判断。还有一个例子,马萨诸塞州斯普林菲尔德的《联邦新闻》

---

[1] Gloria Cooper, "Darts & Laurels," *Columbia Journalism Review*, March/April 2004, p. 6.
[2] Ibid.
[3] Seth Mnookin, and Bret Begun, "Taking a Swing," *Newsweek*, October 20, 2003, p. 10.

(Union-News)拒绝发布威廉·萨菲尔(William Safire)关于政府赞助赌博的弊端的专栏(这是报纸上的常规专栏)。一个可能的解释是,该报纸支持在斯普林菲尔德建设一个在报社隔壁地皮上的赌场。当市长候选人注意到联邦新闻里少了这篇专栏文章时,它才最终得以发表。① 同样,纽约奥尔巴尼的《时代联合报》(Times Union)在商业版首页用8×11英寸的版面介绍了奥尔巴尼和奥兰多之间开展的一项新业务。这一报道22次提到了达美(Delta)这一名字,对此的解释在第二页中:"航空公司来到奥尔巴尼的决定来自对区域业务的承诺,包括为《时代联合报》同其他媒体公司,以及为达美捷运航空公司(Delta Express)提供市场支持……"②

这些具有代表性的案例引发了这样一个问题:如果当事人公开承认他们的既得利益,能解决利益冲突问题吗?人们可以认为,揭示这类含有隐藏议程的既得利益是一种诚实的行为,也履行了道德主体对受众的责任。按照这种说法,了解相关信息的读者和观众完全有能力决定自己对传播者的信息抱有多大的可信度。

另外,尤其是在一个快节奏的文化背景下,受众没有太多安静思考的机会,可能既没有兴趣也没有能力来评估行为动机和道德主体的诚信。例如,如果小斯图亚特·泰勒发表在《新闻周刊》上的那篇关于诉讼恐惧的文章,透露了该刊歧视诉讼的对象,那么读者会不会在得知《新闻周刊》在此事件中的既得利益后,认可这篇文章更有可信度呢?无论你是否喜欢更宽容的(在伦理上充分披露)或严峻的(没有涉及既得利益的报道或评论)视角,大多数人最有可能认可的最低要求是,道德主体应透露所有其公开言论背后的既得利益和隐藏的议程。

利益冲突的处理方法

显然,明确提供一个可以避免任何冲突的解决方案是不现实的。但以下三步应该可以指导我们通过"道德丛林",并使得道德推理更明智。第一,方案的目标应该是避免可能会影响媒体从业者职责的个人冲突。义务论会避免可预见的原则性冲突。结果主义者(目的论者)会审视由冲突各方引起的潜在危害,这也可以作为一种化解困境的方式。

第二,如果不能预见冲突,那么即使是在事件之后,也要尽一切努力化解困境。例如,报纸出版商可能无法预测他们持有股票的公司将被正式调查。但如果报纸要报道这个故事,就应该考虑撤出自己的金融投资,以避免利益冲突。我们可以从官员身上看到这个原理的运用。比如,官员不会完全放弃他们的投资,但可以将这些投资置于保密信托,直到他们退出政治舞台。

第三,如果不能避免利益冲突,应向公众或客户承认这一事实。比如,那些必须依

---

① "Darts & Laurels," *Columbia Journalism Review*, January/February 1996, p. 19.
② Ibid., p. 25.

赖旅游业的帮助和金融支持的旅游作家,应该承认他们的赞助来源。公共关系从业人员在同时为两个意图完全相反的客户服务时,应该告知这两个客户(正如美国公共关系协会守则所要求的)。亚里士多德的"中庸之道"有时在应用这第三个原则时是有价值的,因为它在不切实际的道德纯粹和公众对于冲突的知情权的漠视之间达到了一个合理的平衡点。

利益冲突:假设案例研究

本章提供了一些涵盖面多样的案例,这些情形在媒体从业者看来,都可能构成利益冲突。面对这些情况下的伦理困境,要特别注意第二章中所提到的特殊责任的困境,或基于角色的冲突,以及道德主体的义务和普遍的义务。你可以温习第三章所概述的伦理决策的三种主要方法:基于道德责任的伦理准则(义务论),基于后果的伦理准则(目的论),以及亚里士多德的"中庸之道"。这些将是激发你想象力的关键,因为你会在道德推理过程中将这些原则应用到假设案例中,来解决相关问题。

案例研究

案例 7-1 作为政治活动家的公关从业者

兰开斯特(Lancaster)是一个风景如画的发达城市中心,它距离加拿大边境仅60英里。几十年来,它的经济因各种极度成功的服务行业而蓬勃发展;城市周围近万亩的原始荒野居住着种类丰富的自然野生动物,小溪里生活着很多彩虹鳟鱼,这使得兰开斯特和它周围的环境成为旅游者摆脱日常单调乏味生活的好去处。将兰开斯特与其加拿大邻居分隔开来的一片森林被称为"蓝鹰森林保护区"(Blue Falcon Forest Preserve),它对游客极具吸引力,进而充实了商人和市政府的财政金库。因此,这片自然美景也能够保留下来,免受土地开发商的打扰。但一段时间的经济衰退以及来自其他旅游区的竞争,已经给兰开斯特敲响了警钟。包括主题公园在内,其他旅游景区提供了更多元化且迎合家庭需求的娱乐方式,使得兰开斯特几个与旅游相关的重要企业被迫放弃了这座城市。

兰开斯特地区领导人和公民领袖在试图恢复城市经济活力时走了一些弯路。但经过市场研究公司的一项调研,他们无奈地承认,至少曾经是当地经济支柱的旅游业已经深陷泥潭。在市长的领导下,市议会提出了组建兰开斯特发展委员会的构想,其任务是规划和引领至少一部分"蓝鹰"野生动物保护的商业开发。该委员会在对提案进行表决之前举行了公众听证会,会上对这个提案提了很多意见,因为本地商家坚持推动商业发展,这与由地方积极分子组成的环保团体"蓝鹰保护组织"的成员意见相左,后者最主要的呼吁是公民的环保责任(Citizens for Envivonmental Responsibility,

CES)。尽管与民意对立明显,但城市创始人还是批准了这项提议。委员会第一阶段的商业任务是游说州议会开放临近兰开斯特的私人发展地带的土地,但委员会成员敏锐地意识到,强烈的公众支持才是他们最终立法成功的关键所在。根据民意调查,当地居民在土地开发问题上意见对半分,这促使该委员会聘请专业的公共关系顾问在法庭上为该案件辩护,并游说立法机构开放部分野生动物保护区以供商业发展。古尔德·拉弗勒(Gould & LaFleur)公关公司由于积极支持当地旅游业的多家客户而名声在外,因此这一公关机构被选为委员会在公开场合的代表。

该机构由韦斯利·古尔德(Wesley Gould)和达雷尔·拉弗勒(Darrell LaFleur)于1992年合伙创立,总部在兰开斯特,从建立之初就在促进旅游业发展一事上发挥了重要作用。我们赫然发现,该公司从20世纪90年代后期的经济繁荣中开始受益,从而开发了多元化的客户并扩展到邻近的州。不过,旅游业仍位列古尔德·拉弗勒的客户之首。因此,兰开斯特周围地区旅游业活力的骤降很快引起了古尔德·拉弗勒的兴趣,它也很快就接受了发展委员会这个客户。

在该公司代表委员会签署了一项协议的几天后,公司创意总监玛丽莲·杜尔(Marilyn Durr)要求与高级合伙人韦斯利·古尔德和高级客户经理劳丽·戴尔(Laurie Dyer)会面。劳丽·戴尔一直在向委员会展示机构的计划,并在与其他两家公关公司的竞争中胜出,成功签订了协议。此次会面在古尔德的办公室进行。

杜尔首先对韦斯利·古尔德说:"你可以从我的简历上看到,在加入这家公司的五年前,我从事过一些宣传公民环境责任的自由职业。我也亲身助力环保事业,会利用我个人时间参与他们的公众集会和游行活动。当然,在我的业余时间里,我不会为他们做任何宣传工作。不过你也清楚,我们公司已经开始代理市政府的蓝鹰开发项目,而CES反对这个项目。你可能会认为这是利益冲突,但我不这么认为,而且我希望能得到你的许可参加CES的相关活动。"

"你觉得呢,劳丽?"古尔德转向他的高级客户经理问道。

"既然我们没有要求玛丽莲参与这个项目——那肯定会被认为是利益冲突,正如玛丽莲所言,我们可以避免'双重效忠'这一问题。然而,公众和发展委员会可能会有所怀疑。他们可能会质疑我们对这个项目做出的承诺是否有保证。"

"如果我是一名记者,我会同意。"杜尔反击道:"人们希望记者在混乱的秩序中保持自由。这样的关系可能会损害记者自身以及新闻机构的信誉,但是我不认为这样的标准可以应用于我们的行业。我们是天生的倡导者。如果我们在蓝鹰项目中工作,那么这就会是另一个问题。但是我觉得在个人可支配的时间里,我们应该是自由的,可以参加政治事件,并行使我们言论自由的权利。"

"的确,不能完全把新闻标准应用于我们的职业,因为它们涉及利益冲突。"戴尔说:"但潜在的基本原理是一致的——要避免这种会损害职业操守或所在公司信誉的关系。公关公司代表不同的利益、机构和事由。你永远都不知道你的公司何时会向过去与你有不良关系的一方提供公共关系顾问服务。我不赞成公关专业人士一定要成为社会卫士,但是我认为他们要对参与的政治事件保持谨慎。而这个情况没有涉及个人诚信问题,尤其你不为这个项目工作,但你的行为还是有可能影响到公司。"

"我不同意,"杜尔回答,"如果任何人——例如委员会——对此提出疑问,我们都可以说明我在从事这个项目,古尔德和拉弗勒会同意他们的员工在个人时间内参加社区活动。"

"但公司的评论者可能会质疑我们对这一项目的承诺。"戴尔说道:"还有这样的伦理问题:如果我们代表环保主义者同意你的行动,我们就应该正式公开你的参与。当然,如果我们这样做就将招致批评,这时候沉默可能是一种美德。另外,你的出现可能会被注意到。如果我们不公开你参加环保事业一事,那么我们公司可能会遭受更多的谴责。"

"我把是否公开这个问题留给韦斯利。"杜尔宣称:"我当然不打算隐瞒我的参与。然而,在我看来,当公关从业者面临利益冲突时是需要公开的,但在这个事件中无须这么做。"

韦斯利·古尔德认真听取了戴尔和杜尔之间的交流。尽管杜尔不为发展委员会的项目工作,但古尔德还是感谢她的坦率以及她对可能被一些人理解为利益冲突的认可。玛丽莲·杜尔在为追求个人政治利益时向公司请求许可,在这种情况下,作为高级合伙人的古尔德就成了道德主体。有两个必须解决的伦理问题:(1)如果员工并没有在客户的项目下工作,那么参与对机构代理的客户不利的政治活动对其来说是否构成利益冲突?(2)公关公司是否应该正式公开员工在这种情况下参与的相关活动?古尔德承诺,在做决定前会与该机构的合伙人达雷尔·拉弗勒讨论这个问题。

【案例分析】

在分析这种情况的伦理维度时,我们首先从美国公共关系协会道德规范的规定开始。根据规定,利益冲突有双重"含义":(1)赢得客户或雇主的信任和相互尊重;(2)通过避免或终结将个人或职业利益置于与社会利益冲突的局面,来建立公众的信任。

这一规定宣称,为实现这个目的,美国公共关系协会成员应该:(1)实现客户或雇主利益的最大化,甚至成员的个人利益都是次要的;(2)避免可能出现的危害良好商业判断或产生个人与职业利益冲突的行为和情况;(3)及时向受影响的客户或组织公开任何现有或潜在的利益冲突;(4)鼓励委托人和客户在得知所有各方影响后判断是否存在利益冲突。

这些规定能解决案例中的问题吗?古尔德·拉弗勒公关公司的一位员工玛丽莲·杜尔透露她愿意积极参加与她所在的代理机构的客户利益相冲突的活动。她将在工作之余这么做,与此同时,她并不在委托者的项目下工作。杜尔认为公共关系的运作方式与新闻业有一些不同,她的政治行动不会破坏她的机构的信誉。在她看来,作为公民,她享有公民言论自由权。与她进行讨论的伙伴劳丽·戴尔则回应,从伦理角度看,围绕利益冲突的基本焦点不是新闻和公关的不同。因为公共关系公司在公共领域服务于各种利益,那么公关从业人员应该像新闻记者一样谨慎对待政治活动吗?假设韦斯利·古尔德认为没有理由禁止杜尔自由时间的活动,该机构是否有道德上的义务去公开她参与环保组织的政治活动?

这些都是有趣的问题,为了解决它们,假设你是高级合伙人韦斯利·古尔德,利用在第三章中概述的SAD道德推理模型,决定你会允许还是反对玛丽莲·杜尔参与提出的政治活动。你可以从这里描述的规定出发,依据这一案例的事实进行解读。

案例7-2 同一家电视台的矛盾信息

康拉德·麦金尼斯(Conrad McGinnis)骄傲地视察了刚刚荣获社区服务奖的第五频道(Channel 5)。他把频道获奖一事作为电视台坚守公共利益的众多证明之一。麦金尼斯是第五频道的总裁兼总经理。五年来,在他的管理下,第五频道在整体收视率中已成为凤凰城四个频道市场的领跑者。他对新闻主任玛莎·吐温(Marsha Twain)领导下的第五频道的新闻运作情况很是满意。根据该台新闻顾问的建议,吐温已经构建了一个新闻运作方式,巧妙地将严肃的新闻报道和各种生活方式糅合在一起。其中最流行的是《健康观察》(*Health Watch*),它是一档依赖联合撰稿和本地制作的健康类节目,旨在适应大众越来越高的健康需求,每两周播出一期。根据市场和评级数据,第五频道依靠自身的吸引力和人气有效推广了健康理念和可靠的题材。

《健康观察》为第五频道赢得了最新的奖项,该奖项由凤凰城综合医疗中心的健康推广计划主任安德烈·戈德堡(Andrea Goldberg)在午餐会上颁发。凤凰城综合医疗中心是该社区最大的医院,这家医院三年内第二次对该台为引领健康生活方式和身体健康所做出的努力表示肯定。麦金尼斯曾代表他的频道接受奖励,并对有着长久声望的《健康观察》的新闻总监表达了适当的赞赏。

带着凤凰城总部充分的肯定,安德烈·戈德堡在授奖的两周之后拜访了第五频道的总经理,这项拜访令人感到意外的不安。简短的交流寒暄过后,戈德堡就健康报道再次祝贺麦金尼斯,而后切入正题。戈德堡告诉麦金尼斯,尽管第五频道的《健康观察》栏目信息丰富且及时,但她认为这些努力正在被该频道在全美各地播出的快餐店和各种垃圾食品广告所抹杀。她认为该频道的信誉岌岌可危,因为那些广告是在倡导不健康的生活方式。而与此同时,他们又在该频道的新闻广播中倡导健康生活,这构成了一个利益冲突。"你们在为两个主人服务",在完整总结了她的言论之后,她这样告诫麦金尼斯。麦金尼斯则告诉戈德堡,他会认真考虑她刚才指出的问题,但没有立刻承诺进行栏目调整,因为那些广告是一笔相当丰厚的收入来源。

麦金尼斯被戈德堡将此视为伦理问题的刺耳评论给镇住了。然而在没有跟玛莎·吐温及第五频道的销售推广总监马克·米兰达(Mark Miranda)讨论这件事之前,他不愿意承认别人对他进行的道德控诉。"我知道我们从快餐店和所谓的垃圾食品的广告中获取了大量的收入,"对麦金尼斯关于戈德堡所关注问题的总结,吐温回应道,"但戈德堡也许应该明白这一点,《健康观察》是观众喜爱的节目,它推广了更健康的生活方式,包括最新的医学和营养学研究,以及对这些领域的知名专家的采访,我们推动它成为一种更健康的生活方式的指南。我们在倡导、鼓励观众培养一种健康生活方式的同时,又播放那些生产不健康产品和食物的公司的广告,这让我们的新闻报道显得有点虚伪。这些广告在新闻节目中出现或是在其他时间出现,都不是重点。新闻节目是唯一真正由我们当地制作的晚间节目,那么《健康观察》就必然地与我们台的形象声誉和公众的意识联系在一起。"

正如预期的那样,麦金尼斯与马克·米兰达会面时听到了截然相反的看法。"我完全不认为这是利益冲突的问题。"米兰达强调,并直接反驳安德烈·戈德堡的指控:"戈德堡暗示我们正在遵守着相互矛盾的忠诚,而商业化的一面是与新闻运作隔离开的。广告提供的收入可以维持我们的新闻运作,这是事实。在《健康观察》案例中,新闻部的工作是为我们的观众提供准确的信息,那样观众就可以决定是否听取建议或利用所提供的材料。在这方面,健康节目与政治新闻没有什么不同。如果我们选择广告客户要以他们是否会和我们所报道的内容产生冲突为基础,那么这个频道将很难维持下去。我们的观众都足够成熟,他们能够理解在新闻广播中播出一些企业的广告并不会影响我们提倡健康的生活方式,也不会破坏这种努力。如果我们从直播中删除这些广告,它将会成为一个坏的先例。"

"我不关心观众的成熟程度,"麦金尼斯回答,"但成熟的观众同样可能导致他们得出这样的结论:从企业的角度来看,在新闻报道中提倡健康的生活方式的同时,又给那些不是特别健康的商业产品做广告似乎有些不妥当。然而,我对经济利益更敏感,在判断这些竞争是否构成利益冲突时必须考虑这个因素。"

【案例分析】

在美国,电视台等大多数媒体都是要获取商业支持的。广告为一个电视台的娱乐部分和新闻部分提供经济支持。在大多数情况下,电视台的新闻报道和广告中所宣传的产品并没有形成明显的冲突。但在公众的集体意识中,《健康观察》节目显然已经被视为对健康生活做出了承诺,该频道因为这一热门节目赢得了大奖。而代表着当地医院健康推广计划的安德烈·戈德堡则认为,垃圾食品和快餐店的广告破坏了电视台在《健康观察》节目中对健康生活方式的提倡。事实上,她认为这是一种利益冲突,因为电视台似乎是服务于两个提供完全矛盾内容的信息主体。

第五频道新闻总监玛莎·吐温深知放弃快餐店广告和其他不健康食品广告所带来的财政后果。但是他显然也接受戈德堡控诉的伦理逻辑。该电视台的销售及营销主管马克·米兰达则不出意料地断然否认了戈德堡的利益冲突论断,他不认为电视台应该作为商业和新闻企业之间一致性的道德把关者。新闻部门有时会报道一些令广告商不愉快的新闻,但是在米兰达的观点里,广告商所提供的广告和新闻部门所提供的信息分属不同的领域。该频道的总经理康拉德·麦金尼斯担忧企业的伪善行为,但也不得不考量安德烈·戈德堡的担忧是否会构成实际的利益冲突。就像如下这种情况：公众可能确实察觉到新闻和商业之间的巨大冲突，而电视台可能遭受其完整性和丧失公信力的双重打击吗？

为解决这个问题，请试着扮演第五频道总经理的角色，并利用第三章中概述的SAD道德推理模型，决定你将如何应对这个案例里的问题。

第八章　经济压力与社会责任

经济利益 VS 道德职责

一次,一位顾客要求本杰明·富兰克林(Benjamin Franklin)在他负责的版面上发表一篇文章,富兰克林在看过文章后觉得该文"言辞下流,充满诽谤",因此果断地拒绝了这位顾客的要求,称"我早已下定决心,不会为了追求更好的生活条件,而让我的报纸遭受腐败的侵蚀,或权力的滥用"。这正是日后成为"美国圣人"的富兰克林的著名文章——《向印刷商致歉》("Apology for Printers")[1]。然而,就算是传奇人物富兰克林的高尚原则,也不得不屈服于市场惯用的一些推销报纸的营销手段,比如与性相关的话题、耸人听闻的犯罪故事和各色丑闻八卦等。[2] 即使在殖民地时期的美国,富兰克林似乎也是一个具有现代感的人。

对利益的追逐和竞争是西方民主的主要经济支柱。毫无疑问,现有的资本主义系统创造了我们大部分的物质财富,让商业变得繁荣,还促成了高度多样化、不受政府管控的媒体系统。与此同时,一部分人对当前经济系统的"越轨行为"进行了批判。批评家认为,现有的经济系统催生了人们对利益的无尽追求,让人们变得不顾社会责任,只谈个人利益。[3] 按照这种说法,当公司需要在"利己"和"利他"之间做出决定时,商业利益会是永远的胜者。

经济考量无疑是一个有力的推动因素,有时甚至让人无法抗拒。这就引发了一个伦理困境。在第一章里我曾提到,当一个人出于自身利益的考量而行事时,原则上来说,他将无法做出正确的道德决定。这是否意味着,受到经济利益驱动的道德主体会将道德责任和社会职责置之不顾呢?

要回答这一问题,我们首先得承认,追逐利润、积累财富本身并不是不道德的。许多富有的企业家、慈善家都曾将他们手中可观的财富投入社会事业和公益活动。同样地,一些企业将所得的一部分利益回馈社会的做法,也展现了其社会责任感。个人利益能服务于社会利益,因为对利益的追求可以为整个社会带来利益。然而,当商业利益凌驾于社会责任之上时,就将产生伦理问题。因此,关键在于如何掌握两者之间的平衡。

---

[1] Walter Isaacson, *Benjamin Franklin: An American Life* (New York: Simon & Schuster, 2003), p. 67.
[2] Ibid., pp. 68-69.
[3] Alan H. Goldman, *The Moral Foundations of Professional Ethics* (Totowa, NJ: Rowman & Littlefield, 1980), p. 234.

对于电视台来说,这是一个存在已久的问题。对于想要在当地起到"新闻领袖"作用的电视台来说,它们更希望增加新闻栏目的时长,但市场竞争的现实是,娱乐节目往往能收获更高的收视率。因此,电视台常常不得不屈服于市场竞争,砍掉新闻节目。举例来说,2002年9月,美国全国广播公司(NBC)的洛杉矶本地频道 KNBC-TV 决定砍掉播出近20年的午后四点新闻,取而代之的是热门新剧《菲尔医生》(*Dr. Phil*)。在 NBC 做出这个决定后不久,它的竞争对手之一,哥伦比亚广播公司(CBS)下属的洛杉矶本地频道 KCBS-TV 也把同一时间段的新闻节目换成了常青剧《法官朱迪》(*Judge Judy*)。至此,面对该时段流失的观众,三大新闻台中就只剩美国广播公司(ABC)的本地分台 KABC-TV 依然坚持在下午四点播出当地新闻。①

对于宣扬道德至上的理想主义者来说,商业利益理应让位于更高尚的动机,但这并不适用于所有情况。举例来说,一个小报社的主要广告商威胁报社编辑,若报社坚持要把对该广告商不利的消息公之于众,他就立刻撤回所有广告赞助。有人会觉得,为了保证新闻的独立性,报社编辑不应该屈服于威胁,应该继续跟进这个报道。不过,一旦失去广告商的经济支持,报社很有可能面临严重的财政危机,也就难以保证其他报道的质量。像《纽约时报》这样的大报社可能不会在意一个广告商的威胁,但地方报社就难说了。

在资本主义社会中,经济压力可能源于多方面,但主要有三个来源:(1) 资助者,包括投资人、广告商、客户、订阅用户和顾客;(2) 竞争对手;(3) 社会大众。这三者是相互依存的,其中一个方面的经济问题,也有可能影响另外两个方面。举例来说,当一家公司受到来自竞争对手的施压时,常常会采取绥靖政策,安抚自己的投资商。社会大众有时会通过对某一广告商施压,甚至联合抵制的方式,迫使该广告商旗下的电视台或出版物删除一些负面内容。

在美国的经济系统中,媒体处于一个独特的地位。与其他行业不同,媒体的大部分利润并非直接来自消费者,而是通过广告间接获利。宪法赋予媒体的身份也是媒体特殊地位的由来之一。媒体行业的"产品"——新闻、信息、娱乐等——受到法律保护,这一点是其他行业的产品所没有的。因此,从一开始,媒体就被视为超越纯粹的商业考量而为社会公共利益服务的角色。然而,自20世纪和21世纪之交以来,媒体行业也开始迈入大财团领域,并十分主动地争取决策权。让人稍感担忧的是,媒体的经济利益和大众的利益开始挂钩,这主要表现为三个相互独立又有所联系的现象:(1) 媒体所有权集中的趋势;(2) 市场观念的兴起;(3) 广告业对媒体的影响。

---

① "Doctor Is In; News Is Out," *Broadcasting & Cable*, August 6, 2001, p. 26.

媒体所有权的集中

20世纪初以来,媒体持续不断扩张,追求所有权的集中。① 思想的力量如今需要与集团财报、损益表相抗衡。报业中所有权的集中制更显而易见。自第二次世界大战以来,大部分美国报社被大集团吞并,这一趋势现如今虽有所放缓,但仍在持续。举例来说,1930年,美国有84%的报社为独立运营②;到了20世纪末期,约1500家报社当中只有20%依然保持独立③;1994年至2000年的6年间,47%的独立报社被转让,有的甚至几易其手④;不到60个城市有超过一家的日报⑤;99%的日报是各自市场中的唯一报纸。大部分日报都被大型媒体集团收购,这些大集团包括甘尼特报团(Gannett Company)、纽豪斯报系(Newhouse Newspapers)、奈特－里德报业集团(Knight-Ridder Newspapers)、时代镜报公司(Times Mirror Company)和论坛报业公司(Tribune Company)。其中,论坛报业公司又在2000年收购了《洛杉矶时报》的出版商——时代镜报公司。⑥ 从这些事实可以看出,家庭传承的小型独立报社步了家庭农场的后尘,难逃被大型专业集团吞并的命运。

当媒体所有权得到集中后,大量财力汇聚至大集团手中,媒体的集中可能会生产出更优质的新闻产品。事实上,一些报社若非被收购,只能宣告破产。所有权集中后,各小媒体的财力也得到集中,汇聚后的资金流能让媒体得到更好的经济支撑,甚至能够更好地提升媒介产品的质量。更何况,许多母公司并不会干涉旗下媒体的新闻决策。

然而,大型公司几乎都有这种执念,即要减少开支使盈利最大化,最终的输家则是读者和观众。讽刺的是,报纸的漫画页(英文中对其有"funny pages"的别称)首当其冲,成了削减开支的牺牲品。美国《新闻周刊》杂志就曾撰文指出,位于旧金山、达拉斯和亚特兰大的几家报社已经削减了报纸的漫画页数量,以降低油墨和印纸的开支。此外,负责供应漫画的公司和当地报社的往来逐渐减少,而更多地与报社的母公司直接商谈合作。这些母公司一般都是上市企业,对开支十分在意,比起读者,它们更在意的是股东的态度。《新闻周刊》文中还提到,位于加利福尼亚的奈特－里德报业集团就

---

① 关于这一问题的更多讨论,参见 Ben H. Bagdikian, *The Media Monopoly*, 6th ed. (Boston: Beacon Press, 2000), pp. 3-26; Robert G. Picard, Maxwell E. McCombs, James P. Wilson, and Stephen Lacy (eds.), *Press Concentration and Monopoly: New Perspectives on Newspaper Ownership and Operation* (Norwood, NJ: Ablex, 1988)。
② John C. Busterna, "Daily Newspaper Chains and the Antitrust Laws," *Journalism Monographs* 110 (March 1989): 2.
③ James V. Risser, "Endangered Species," *American Journalism Review*, June 1998, p. 20.
④ Thomas Kunkel, and Gene Roberts, "The Age of Corporate Newspapering: Leaving Readers Behind," *American Journalism Review*, May 2001, p. 38.
⑤ *Editor & Publisher Yearbook*, Part 1, 1998, p. xxiii.
⑥ Marci McDonald, "L. A. Is Their Kind of Town," *U.S. News & World Report*, March 27, 2000, p. 45.

要求旗下报纸减少20%的漫画开销,"否则就要撤掉最少10万美元的生意"①。

更糟的是,这些母公司往往更关注自身利益,对新闻专业性不甚关心。媒体合并的消息越发常见,这也记录下了媒体基础架构的各个方面不断集中的过程。美联社2004年5月的一则新闻导语这样写道:"NBC电视台摇中'头彩',于周三与环球影视合并,二者将联手共建大型媒体集团。"②

主要的电视新闻网络都是非新闻企业的资产。美国广播公司的最大股东是华特·迪士尼公司,哥伦比亚广播公司的最大股东是维亚康姆(Viacom)集团,这些如今处于大型商业集团控制之下的主流电视台的新闻独立性是否如人们所担忧的那样被抛弃了呢?确切结论尚待证实,但从一些坊间传闻来看,媒体监督机构是断不能放下肩上的担子的。举例来说,1999年,迪士尼公司在招聘员工时审查不严,将一名恋童癖招进了旗下的主题公园。而该新闻的相关报道在送审时被时任美国广播公司新闻总监大卫·韦斯汀(David Westin)"枪毙"了,未能播出。有传言称,美国广播公司将这一报道压下不发,正是因为迪士尼公司是其最大股东。③ 迪士尼方面虽坚称报道被撤下并非公司决定,然而几天之前,公司总裁迈克尔·艾斯纳(Michael Eisner)在接受全国公共广播电台采访时明确表示:"我希望美国广播公司不要报道与迪士尼利益相悖的新闻,我认为那样不太合适……美国广播公司方面也知道我不希望他们这么做。"④

类似案例还包括哥伦比亚广播公司与西屋电气公司(Westinghouse Electric Company)的合并案,该案当时也在新闻界引发广泛热议,还催生了一部电影——《惊爆内幕》(The Insider)。1995年,哥伦比亚广播公司的新闻节目《60分钟》的制作人策划了一期采访,布朗与威廉森(B&W)烟草公司的前高管杰弗里·威根斯(Jeffrey Wigands)在节目中说出了对前东家十分不利的证词,哥伦比亚广播公司对杰弗里承诺,愿意支付受访者因节目播出引起的任何诽谤诉讼的法律费用和损害赔偿。⑤ 布朗与威廉森烟草公司得知消息后,宣称要起诉哥伦比亚广播公司,因为杰弗里·威根斯与公司签过合同,不得对公司运营发表评论,但他在节目中的所作所为明显违反了合同的规定。迫于压力,哥伦比亚广播公司取消了节目的播出。有观点指出,哥伦比亚广播公司之所以取消节目,是担心若因此惹上官司,会有损合并的另一方——西屋电气公司的名声。此外,合并谈判法律事务的主要负责人——电视台新闻总监埃里克·奥伯(Eric Ober)和法律总顾问埃伦·奥兰·卡登(Ellen Oran Kade)也受到指责,据称二人在合并过程中通过股票期权的变现赚了一大笔钱。奥伯随后发表声明,称相关指责"十分

---

① Elise Soukup, "The Un-Funny Pages," *Newsweek*, July 19, 2004, p. 10.
② Seth Sutel, "NBC Takes Place as Media Gain, Completes Merger with Universal," *The Advocate* (Baton Rouge, LA), May 13, 2004, p. D1.
③ Elizabeth Lesley Stevens, "mouse. ke. fear," *Brill's Content*, December 1998/1999, pp. 95-103.
④ Trudy Lieberman, "You Can't Report What You Don't Pursue," *Columbia Journalism Review*, May/June 2000, p. 45.
⑤ Richard P. Cunningham, "The Smoking Gun May Belong to CBS, Not Tobacco Firm," *Quill*, January/February 1996, pp. 18-19. 也可参见 Bill Carter, "'60 Minutes' Says It Held Story Due to Management Pressure," *New York Times*, November 13, 1995, p. C8.

第八章　经济压力与社会责任

荒谬""是出于一己私利的恶意中伤"。①

新闻机构和图书出版商之间也有很多关联：亥伯龙出版社（Hyperion Books）和美国广播公司是兄弟公司；时代华纳商业出版公司（Time Warner Trade Publishing）和美国有线新闻网（CNN）、哈珀柯林斯出版社（HarperCollins Publishers）和福克斯新闻频道（Fox News Channel）拥有共同的管理者。有争议的书籍往往会成为新闻报道的焦点，而新闻机构在批评、报道此类书籍时，有义务调查清楚出版社的相关社会关系并把它揭露出来。举例来说，2004年春，《60分钟》播出了一期节目：白宫前反恐顾问理查德·克拉克（Richard Clarke）受访，指控布什政府在"9·11"恐怖袭击事件之前曾收到相关线索，却置之不理。他把这件事写进了《反击一切敌人：前白宫安全顾问揭露美国反恐战争内幕》（*Against All Enemies: Inside America's War on Terro*）一书，该书由西蒙与舒斯特出版社（Simon & Schuster Subsidiary Free Press）出版。在《60分钟》的节目里，记者莱斯利·斯塔尔（Lesley Stahl）遗漏了一个事实，那就是西蒙与舒斯特出版社和节目所属的电视台，即哥伦比亚广播公司，同属一个母公司——维亚康姆集团。斯塔尔称是自己疏忽了，但这并不能平息舆论对克拉克的批评。②

随着日报数量逐渐减少，广播电台和有线电视系统的数量则不断增加。2001年，全美国范围内总共只有不到1500种日报，广播电台则有12000余家，有线电视台的数量更多。③ 此前，由于联邦通信委员会（Federal Communications Commission，FCC）对地方电视台所有权和全国性电视台所有权的控制，广播所有权的集中并未明显地表现出来。直到1984年，一家公司最多只能拥有7家电视台、7家调幅广播和7家调频广播。自20世纪90年代起，FCC逐步放宽限制，媒体所有权得到空前集中。不过，2003年，FCC再次放宽限制的提议引发了消费者和压力集团大范围的强烈抵制。但根据《美国新闻学评论》记载，这次突如其来、轰轰烈烈的针对FCC的"草根"运动并未受到媒体太大关注。因为媒体机构所在的大型集团都迫不及待地想要放宽限制，以进行更多合并、收购，获取更大的利益。④

从电影业中最能看出媒介权力集中的预兆。自20世纪30年代开始，电影市场被六七家大型工作室瓜分，它们控制着全美80%—90%的上映电影。随后，5家大型连锁影院控制了大部分电影院线，好莱坞6大制作公司则构成了巨大媒体帝国的主要阵容。这一名单包括时代华纳手下的华纳兄弟（Warner Brother）电影、维亚康姆集团下的派拉蒙（Paramount）电影和迪士尼电影等。⑤ 在一些城市，这些电影公司几乎垄断了

---

① Lawrence K. Gross, "CBS, 60 Minutes, and the Unseen Interview," *Columbia Journalism Review*, January/February 1996, p. 45.
② David Bauder, "Ties Become Issue for News Shows," *The Advocate* (Baton Rouge, LA), April 12, 2004, p. 4B.
③ "Broadcast Station Totals as of September 30, 2000" (Federal Communications Commission, November 29, 2000), http://www.fcc.gov/mb, 2001年7月20日访问。
④ Charles Layton, "News Blackout," *American Journalism Review*, December 2003/January 2004, pp. 18-31. 众议院随后投票反对FCC允许电视网络增加电台后，《NBC晚间新闻》(*NBC Nightly News*)完全没有报道这个消息。"Dart," *Columbia Journalism Review*, September/October 2003, p. 6。
⑤ Bagdikian, *The Media Monopoly*, p. xxxv.

当地的影院。

媒体合并的这一趋势是好是坏，依然不能下定论。一方面，一些公司会为了提高收视率、发行量和利润率而牺牲内容质量，这是一种"最小公分母"的心态。另一方面，如奈特-里德报业集团等公司，在收购了媒体之后，往往能够提升该媒体的新闻质量。公司并购不一定意味着新闻质量的下降，归根结底，要看相关企业管理者是否认同新闻媒体在美国文化中的特殊地位。

大众媒体联手市场营销

在当前的媒体机构中谈市场营销，是说机构中的所有部门，包括新闻部门，都要为机构的财务福利出一份力。因此，新闻制作人在生产新闻时，应针对特定的目标受众，开发市场的经济潜力。① 简而言之，在编辑新闻内容时，应采取有创意的方式，让新闻具有娱乐价值。一份针对130名新闻编辑和新闻总监的调查报告显示，75%的受访者认为，娱乐大众比教育大众更重要。大众和媒体研究中心（People and the Press）和《哥伦比亚新闻学评论》联合委托皮尤研究中心进行了一项调查。结果显示，近80%的受访者认为，由于娱乐性不足，因此媒体对重大事件的报道在逐渐减少。许多记者纷纷表示，系列故事报道的减少也是出于这一原因②——缺少对大众的吸引力。

媒体机构能够创造利润，因此，它们像其他公司一样采取市场营销的策略无可厚非。但是当商业压力危及新闻准则时，就有可能引发严重的伦理问题。当前，商业利益不断渗入新闻界，业内知名人士，如广播电视新闻主管协会（Radio Television News Directors Association）主席芭芭拉·科克伦（Barbara Cochran）就警告称，必须注意商业价值和新闻价值冲突可能造成的伦理后果：

> 电视台想要最大化的利润，销售部门绞尽脑汁创收，新闻部门也会受影响。最好的检测方法是，想象该营销方式被当地报纸当成头条予以揭露，电视台本身是何感受。假如连想象该情景都让人觉得尴尬，那么该营销方式大抵并不合适。曾有电视台无视这种检测方法，最后不得不重新调整方案。与利润相比，信誉的成本更为巨大。③ 可见，牺牲新闻媒体可信度换取经济利益的方法是不可取的。

1998年夏天，美国有线新闻网对节目播出表进行了调整，以冲击更高的收视率。这个夏天，商业压力对新闻标准构成的威胁是争议的核心。④ 6月7日，由美国有线新闻网和《时代周刊》杂志联手推出的电视栏目 *NewsStand：CNN & Time* 播出了一期节

---

① Conrad C. Fink, *Media Ethics* (Boston: Allyn & Bacon, 1995), pp. 140-141.
② Andrew Kohut, "Self-Censorship: Counting the Ways," *Columbia Journalism Review*, May/June 2000, p. 42.
③ Bob Steele, "A Crisis of Faith," *Communicator*, April 2004, p. 45.
④ 关于新闻崩溃的原因的有趣分析，可以参见 Neil Hickey, "Ten Mistakes That Led to the Great CNN/Time Fiasco," *Columbia Journalism Review*, September/October 1998, pp. 26-32.

目,指责美国军方在越南战争时期曾秘密对美军逃兵使用毒气。节目播出后几天内,有线电视新闻网的工作人员就对该节目的准确性加以质疑,电视台的军事分析师辞职以示抗议,《新闻周刊》等新闻机构也对该报道的准确性加以质疑。五角大楼方面下令对节目中提出的指控进行全面调查。① 美国有线电视新闻网委托专攻宪法第一修正案的律师弗洛伊德·艾布拉姆斯(Floyd Abrams)在电视台进行内部调查。最终,有线电视新闻网撤下了这期节目,承认自己"在选择新闻原始信源时犯了严重的错误"②。因为此次事故,该栏目两名制作人被开除,但他们依然坚称节目没有出错。③ 一位员工总结道:"这一切都指向一个问题:我们是否为栏目的出彩而忽略了新闻专业性?"④

在传媒商业化和新闻专业化之间曾经有一道"墙",为两者划分界限。而对于今日的新闻从业者来说,这道"墙"正以肉眼可见的速度不可避免地坍塌,这不免令很多人扼腕叹息。老记者和编辑对于"美好的旧时光"记忆深刻。在他们看来,这一道"墙"是保持新闻编辑室纯洁性和新闻独立性的关卡,然而一切都已经改变。据《哥伦比亚新闻学评论》记载,20世纪90年代,马克·威尔斯(Mark Willes)担任《洛杉矶时报》新任首席执行官,并兼任出版人一职,虽然在其后与芝加哥论坛报业公司的并购当中,马克未能续任,但他在任职期间带领《洛杉矶时报》完成了一次转型:

> 纵观整个报社,编辑不断和各种人开会——对来自发行、营销、调研、广告等各个部门的代表团都要分别接待、开会。规划新的部门,制订收入计划和订阅数目标,找寻新方式提高发行量、广告数和利润。"新团队一个接着一个",一位编辑部员工恼怒地抱怨道。每个新团队都有专人负责进行业务指导,用更时髦的、更具营销意味的词来说就是——"产品经理"。⑤

也许这个故事更像是一个玩笑,或者可以把它看作报社的一次激进实验。确实,在经历了几年的动荡之后,《洛杉矶时报》在新领导的带领下恢复了活力。⑥《媒体时代》(Presstime)杂志1998年4月的一项投票结果显示,57%的参与者,也就是至少192家日报成立了专项负责营销的委员会,委员会成员包括报社编辑。该投票结果还显示,编辑的责任包括运营以广告为主的特殊单元,以及研究如何针对特定受众群体进行内容投放。⑦

在传统报纸方面,新闻功能和广告功能之间曾经神圣不可侵犯的"墙"逐步坍塌。

---

① J. Max Robins, "CNN vs. the Army: A Premature Strike?" *TV Guide*, July 4, 1998, p. 37.
② Deborah Zabarenko, "Retractions Suggest New Financial Pressure," Reuters dispatch, July 3, 1998, http://news.lycos.com/stories/business/19980703rtbusiness-media.asp, p. 1.
③ J. Max Robins, "Air Still Far from Clear over 'Tailwind,'" *TV Guide*, July 18, 1998, pp. 39-40.
④ Robins, "CNN vs. the Army."
⑤ Charles Rappleye, "Cracking the Church-State Wall," *Columbia Journalism Review*, January/February 1998, p. 20.
⑥ Susan Paterno, "Let the Good Times Roll," *American Journalism Review*, September 2001, pp. 20-26, 29-34.
⑦ Rebecca Ross Albers, "Breaching the Wall," *Presstime*, April 1998, pp. 31-36. 也可参见Coyle, "Now, the Editor as Marketer," p. 37。

与此同时,在互联网媒体上,这道"墙"似乎从未出现过。在《纽约时报》网页版中,许多书评的最后都附有相应图书的购买链接,读者只需轻点鼠标即可下单。每成功一单,《纽约时报》从中抽取一笔手续费。对此,理海大学(Lehigh University)的新闻系教授杰克·卢莱(Jack Lule)持反对意见:

> 我不认为像《纽约时报》这样的大集团会缺网上交易手续费这一点收入。在纸质版上,它或许就不会做这样有失道德水准的事。有了这一先例,当我们的学生想要在自办刊物上刊登餐厅评价,并在评价页面上给出餐厅网页链接时,我们还能说他们做得不对吗?读者被评价吸引,通过刊物上的链接访问了餐厅的网站,是否需要向他们收取手续费呢?那么为了让更多的人愿意点进餐厅网站浏览,我们在刊物上对餐厅的评价是否应该说得好听一些?既然这样,让餐厅出钱、我们写好评岂不更好?在伦理问题上,一次妥协只会带来更多妥协。①

伦理学家戴尼·艾略特有着不同的看法。在她看来,经济利益和新闻价值冲突的前提已经不复存在。"所谓的'墙',不过是个糟糕的比喻手法,它象征着20世纪新闻业的处事方式。"她写道:"在今日媒体连纵合并的大背景下,这个比喻已经失去了立足之地,曾经的处事方法也已经过时了。"她指出,新闻和商业是相互依存的,优秀的新闻业和优秀的商业方式并非水火不容。②

这个建议十分明智且具有实用性,要想在当今的经济舞台上竞争,各公司必须掌握市场营销手段,媒体公司当然也不例外。不管是报纸、杂志、广播,还是电影厂或电视台,保证盈利都是最基本的目标,做不到盈利,该媒体势必难以长久存活。一家不赚钱的机构也很难吸引更多投资以扩大规模。只有盈利,才能有资金去雇用更高级的人才、购买更高级的设备,以提升产品质量。话虽如此,当商业判断与新闻价值起冲突时,新闻编辑部人员还是感到心中不安。

最能说明商业价值对新闻决策影响的案例当属辛普森杀妻案——前美式橄榄球明星O. J. 辛普森(O. J. Simpson)因涉嫌杀害前妻妮可·布朗·辛普森(Nicole Brown Simpson)及她的朋友罗纳德·高曼(Ronald Goldman)而被捕。1991年海湾战争后,没有任何一起案件像辛普森杀妻案一样获得如此集中的媒体关注。媒体评论员们手持放大镜,不放过这一离奇案件的任何细节。媒体在审判报道营销层面与社会守门人责任之间产生冲突时,也产生了许多顾虑。

上百小时的电视时长、上千份的报纸杂志报道……不管是重要的,还是琐碎的,新闻媒体挖掘着辛普森案的每一个细节。③ 案件预审的直播收获了惊人的收视率,甚至

---

① Jack Lule, "The Power and Pitfalls of Journalism in the Hypertext Era," *Chronicle of Higher Education*, August 7, 1998, p. B7.
② Deni Elliott, "Getting Past 'The Wall'," *Quill Magazine*, April 2000, p. 13.
③ Jacqueline Sharkey, "Judgment Calls," *American Journalism Review*, September 1994, pp. 16-26. 关于此案的更多讨论,参见 John C. Coffee, Jr., "The Morals of Marketing Simpson," *New York Times*, October 8, 1995, p. F10.

抢去了热门肥皂剧的风头。对于铺天盖地的报道，观众给出的反应十分矛盾。一方面，他们如饥似渴地搜索观看各种爆料和血腥细节；另一方面，观众收视调查显示，大部分美国人认为媒体中存在过度报道或有失公允的现象。① 一些评论家抱怨企业价值观（底线）和收视率比拼对新闻决策过程的影响，另一些人称，此类伪装成新闻的娱乐化内容会使真正的新闻变得不重要。"总统出访东欧或者参加 G7 峰会这样的新闻的时长竟不如前橄榄球员预审的报道，可见媒体对新闻价值的曲解。"资深广播记者，哈佛大学琼斯坦新闻、政治和公共政策中心负责人马尔温·卡尔布（Marvin Kalb）表达了这样的观点。②

也有人为媒体的表现辩护，称既然大众极为关注该案，媒体如此高频率的报道就可以说是充分合理的。美国广播公司员工特德·科佩尔（Ted Koppel）认为，专业新闻和市场营销是可以兼容的。新闻决策受商业考虑影响是一种"美德"，因为这使得受众有能力影响新闻的关注点。简言之，将市场营销原则应用于新闻业有助于该行业的"民主化"。

对于那些有"伦理洁癖"的人来说，营销理念在电视报道行业的普及让人喜忧参半。随着新闻业务成为利润中心，资金投入、人员扩张和薪资水平提高等福利都随之而来，然而"商业顾问"（有时被称为"新闻医生"）也像瘟疫一样侵袭了编辑室，时刻准备着为寻求高收视率的客户出点子、提建议。对地方电视台来说，其结果不亚于一场革命，几乎每个节目都不能幸免地"市场化"了。为了追求高收视率，一些节目开始靠暴力图片、人性弱点、"卖惨"、煽情等元素吸引观众。另一些节目则在新闻报道中掺进了公益活动宣传，如开展衣物捐赠活动，并将对其进行的跟踪报道直接放进新闻节目中。

结合观众收视调查的数据和商业顾问的建议，一些电视台试图归纳出受众对特定新闻的需求度，即该类新闻"是否好卖"。这种做法促成了"民粹新闻"的诞生——为受众提供他们想知道的新闻，而非他们应该知道的新闻。迈进（Magid）传媒在 2003 年做了一个调查，以测试以市场为导向的电子新闻形式。参与调查的观众一共有 6000 余人，在战争相关的新闻话题中，抗议活动被票选为"最不想在本地新闻节目中看到的内容"。迈进传媒的商业顾问据此建议，鉴于受众不喜欢此类内容，地方新闻台在报道抗议活动时，应对报道时长有所控制。③ 不过，专业刊物《广播与有线电视》杂志很快就予以反驳，发表文章称："任何认真做新闻的媒体在报道重大事件，尤其是和战争与和平相关的事件时，都不该以某项调查或焦点小组的意见为准。抗议、示威者的意见得不到重视，并非出于政治原因，而是出于经济考量，这样的说法并不能起到安慰作用。"④

新闻节目变成娱乐的宣传工具，这一倾向也令人不安。在美国全国广播公司

---

① Sharkey, "Judgment Calls," p. 20.
② Ibid.
③ "Homefront: Coverage Protesters," *Broadcasting & Cable*, March 24, 2003, p. 56.
④ Ibid.

(NBC)的常青喜剧《宋飞传》(Seinfeld)完结时,NBC 总台和地方台都在新闻节目中予以祝贺。无独有偶,同样是 NBC 电视台,在 2004 年春真人秀《学徒》(The Apprentice)的某集创下收视纪录时,《NBC 日界线》节目至少花了两个小时报道其娱乐节目。新闻部门为自己辩护称,该剧已经成为一种文化现象,因此具有新闻价值。① 因专门为一个流行了好几年的情景喜剧《老友记》(Friends)做了两小时的特别节目,该栏目还受到媒体评论员凯文·麦克多诺(Kevin McDonough)的指责。②《电视指南》杂志 2004 年 6 月的一项调查显示,美国三大电视台——美国广播公司、哥伦比亚广播公司和全国广播公司都在宣传本台娱乐节目上用了很多节目时长。③

　　正如本节开篇中生动描述的情景,报纸也未能逃脱大众营销理念的诱惑。20 世纪 80 年代,报业发展停滞不前,报纸发行量下滑。许多报社向营销公司求助,试图重获读者好感。这样做的结果是,报纸上的软新闻、专题和副刊的数量增加了,广告商借文章之名,行付费营销之实。内页广告的形式放到电视界,就演化出了"咨询式广告"这一概念。自从政府放宽电视广告时长限制之后,这一形式成为各大厂商的热门选择,它可用于表达丰富多样的广告主题,包括减肥秘籍、自我修行讲座、省力家电的宣传等。拍专题广告片的花费可不小,各家公司对黄金时段的竞争也十分激烈,如 2002 年,半小时的播出时间里有至少 400 个专题广告在竞争。④ 此外,网页广告也是各大商家争夺的新战场⑤,但网页投放广告的收益较难预估,因此一些公司对于加大此类投资还处于观望中。

　　是否解除对电台和电视台中咨询式广告节目的限制,有赖于国家政策的出台。当咨询式广告模糊了广告与娱乐内容甚至新闻内容的界限时,就会引发严重的伦理问题。有记者和广告商担忧地说,这一趋势愈演愈烈,将有损新闻媒介的声誉。⑥ 事实上,作为行业内部的贸易组织,全国广告营销协会(National Infomercial Marketing Association)也对商业目标与娱乐区分不明的商业信息表示担忧。⑦ 美国联邦贸易委员会曾将美国最大的电视专题广告片制作公司之一——Synchronal 公司一纸诉状告上法庭,称其制作的减肥防脱发广告片中含有虚假内容。联邦贸易委员会指出,该广告片伪装成普通电视节目,掩盖了自己商业广告的实质。⑧ 另一家减肥产品公司将广告片拍成新闻样式,以新闻采访形式"发现"并宣传自己的减肥课程,让观众以为自己在看

---

① Bauder, "Ties Become Issues for News Shows."
② Kevin McDonough, "Entertainment Honchos Corrupt 'Dateline' to Promote 'Friends'," *The Advocate* (Baton Rouge, LA), May 5, 2004, p. 12A.
③ "TV Guide's Shill-O-Meter," *TV Guide*, June 20, 2004, p. 10.
④ "The Infomercial Index" (July 18, 2001), http://www.magickeys.com/infomercials/index.html, 2001 年 7 月 20 日访问。
⑤ Patricia Winters Lauro, "The Media Business: Advertising; Will Dot-Com Advertisers Turn to the Infomercial to Bring Traffic to Their Web Sites?," *New York Times*, April 24, 2000, p. C18.
⑥ Paul Farhi, "Time Out from Our Commercial for a Word from Our Sponsor," *Washington Post National Weekly Edition*, March 2-8, 1992, p. 21.
⑦ "New Infomercials Test the Growing Industry's Ethics," *TV Guide*, September 4, 1993, p. 38.
⑧ "Infomercials Maker Agrees to Pay $3.5 Million to Settle FTC Charges," *The Advocate* (Baton Rouge, LA), June 5, 1993, p. 3C.

真正的新闻节目,这一做法也颇受指责。①

另一个表明新闻内容和娱乐内容被包装以达到商业目的的证据是,这样的内容被称为产品。如今的新闻产业不再只是公共服务,也是一种卖给顾客的商品,是媒介机构整体营销计划中的一环。例如,报纸就应该利用自身资源,将新闻产品的潜在利益最大化,针对受过良好教育的中产阶级设计营销策略。当然,很多报社市场总监表示,读者中存在许多低收入人群,类似广告对他们估计难有吸引力。②

处于如此激烈的竞争环境,媒体机构势必要在运营中采取整合营销思维,这并不意味着就要失去道德准则。但如前文中提到的辩论却总是带有消极色彩,所举的例子也大都是媒体如何为了经济利益违背公众利益。我们所面临的伦理问题是否在于将营销概念纳入了媒体的社会责任呢?

首先,当各家新闻机构假借新闻之名,行"内容推广、明星包装、商业软广"之实时,"广告真实度"的问题就暴露出来。媒介上出现广告无可厚非,在报纸、杂志、电视产品中播放广告也是应时之举,但不应该将广告内容嫁接进新闻,美化其效果,让普通观众难以辨别该内容的实质。其次,从哲学角度来看,当营销策略导致娱乐和新闻价值之间的冲突,并因此削弱媒体通过讨论社会重大议题来服务民主制度的迫切性时,就会引发严肃的伦理考量。新闻的"不纯粹性"造成了许多不良后果,其中最严重的就是自我审查,一些新闻因有损该媒体的经济效益而成为禁忌内容。1999年,哥伦比亚广播公司前制作人洛厄尔·伯格曼(Lowell Bergman)在纽约大学的讲座中说:"假如你手下有支NFL联盟橄榄球队,你就有了'免死金牌'。电视台不会播任何有可能危及你球队生意的新闻,也不会去挖掘你的黑历史,深度调查报道也查不到你头上。"伯格曼称,美国广播公司和哥伦比亚广播公司的新闻制作人都曾跟他叮嘱过类似内容。③

因此,正是在这种商业预期的浪潮中,媒体从业者在顾及机构经济利益和履行社会道德职责之间,面临严肃的伦理冲突。对新闻人来说,新闻营销是否能与记者、编辑和新闻主管的新闻要求相一致?并无自然法则规定新闻要为了市场要求牺牲质量,但对于今天的媒体人来说,这依然是个棘手的问题。想缓解这一情况,长久来看,需要依赖决策者的道德意识,决策者在制定政策时要思考这样一个问题:如今愈发迷恋市场化的新闻业所肩负的社会责任究竟是什么?

广告的作用

媒体生命线:商业赞助带来的伦理挑战

广告普遍存在于美国的媒体体系当中,这一点想必已无须多言。广告收入构成了

---

① Farhi, "Time Out from Our Commercial," p.21.
② Ibid; Fink, *Media Ethics*, pp.154-155.
③ Lowell Bergman, "Network Television News: With Fear and Favor," *Columbia Journalism Review*, May/June 2000, p.51.

大众传播机构一切信息服务的经济基石,对媒介内容的质量有着直接影响。广告在给予大众媒体经济独立、使其得以不依附政府或政治利益的同时,又让大众媒体成了商业的木偶。

广告影响造成的经济压力至少表现在四个方面。第一,商业内容的多寡决定了非广告内容——新闻和娱乐的剩余空间或时间。报纸编辑需要等到广告部把广告版面安排好之后,再根据剩余的版面穿插文章;电视新闻制作人需要根据广告来安排节目,每段新闻的时长都受限制;娱乐节目会特意编排出多个情节高潮,在每一个小高潮处插播一段广告。

第二,遇上经济不景气或是打算更换投放平台的时候,广告商就会砍预算,一砍预算就会引起连锁反应。换句话说,"广告业一打喷嚏,媒体就感冒"。哪怕是三大电视台——美国广播公司、哥伦比亚广播公司、全国广播公司这样的行业巨头也无法摆脱这一宿命。20世纪80年代美国经济动荡,美国各家新闻台,包括三大台的新闻部门在内,都遭遇了大幅削减预算和裁员,其他网络部门也受到波及。在过去的十年里,全美各大报社的发行量也有明显下滑,导致广告收入锐减,报纸内容缩水和裁员。①

商业利润影响非商业内容的第三个方面表现在对媒体管理者产生的直接压力上。广告商都不喜欢被负面新闻缠上,一旦媒体报道了负面消息,广告商一气之下就有可能撤资,不在该刊物或电视台上继续投放广告,或者以此为筹码要求媒体今后不刊登它的负面报道。在加利福尼亚州的圣何塞(San Jose)就出现过这种情况。当地的《西水星报》(Mercury News)刊登了一篇文章,名为《理智购车指南》,其建议大家在买车时以厂家发票上的信息为重,不要太听信商家的一面之词。② 文章一出,当地的汽车厂商纷纷抗议,它们约谈了报社的负责人,表示这篇文章会给读者造成所有商家都不可信任的错觉。各家厂商一共撤回了约100万美元的广告费用,美国联邦贸易委员会随后称该行为违反了联邦反垄断法,但也无济于事。③

黛布拉·波特(Debra Potter)所在的新闻研究所跟多家电视台合作,提供报道复杂故事的策略。在她看来,广告商正在"渐渐将其影响力渗透进电视新闻业"④。想要找到这一说法的证据并不难:著名深度报道记者汤姆·格朗(Tom Grant)辞去了他在华盛顿斯波坎(Spokane)市 KXLY-TV 的工作,"决定新闻内容的人变成了律师和广告代表"。格朗列举了他十五年记者生涯中被明令禁止报道的八件事情,包括不得揭露无良汽车厂商和餐馆等,只因它们花大价钱在当地台做了广告。一名前新闻制作人也说,她见过有电视台"把不能报的事情和人列成单子打印出来,只为不得罪广告商"⑤。

---

① Marci McDonald, "A Different Paper Chase," *U. S. News & World Report*, May 7, 2001, p. 35.
② "Those Sensitive Auto Dealers Strike Again, and Another Newspaper Caves," *American Journalism Review*, September 1994, p. 14.
③ Anthony Ramirez, "The F. C. C. Calls a Halt to Car Dealers' Protest against a Newspaper," *New York Times*, August 2, 1995, p. C3.
④ Deborah Potter, "News for Sale," *American Journalism Review*, September 2001, p. 68.
⑤ Ibid.

第四，如同前文提到的，一些电视台将商业内容"伪装"成专业新闻进行播放，这一令人担忧的趋势也是经济压力带来的影响之一。纽约雪城大学公共传播学院（S. I. Newhouse School of Public Communication at Syracuse University）教授道·C. 史密斯（Dow C. Smith）认为，这一做法"极其低劣，违背了最基本的新闻伦理"。他在《广播与有线电视》上发表的一篇评论中写道，某地方电视台"迫于商业压力，出售新闻时段，并对广告内容进行包装"，观众难以辨别"哪些采访是真正的新闻，哪些是付费和带有商业目的的"。① 比如，在对某水力按摩设备进行报道时，记者不仅当场用设备做了按摩，也对店家进行了采访，而这种报道的信息价值少得可怜。电视台声称这不是商业采访，而对普通观众来说，这两者之间的界限并不清晰。

就算广告商不对报道主题有直接影响，一旦它们觉得新闻中出现了可能引起争议的内容，也有可能撤资。2000 年春，劳拉·施莱辛格（Laura Schlessinger）在其电台节目中对同性恋人士发表了极为不友好的言论，宝洁公司（Procter & Gamble）随即决定撤回对她的赞助。随后，美国联合航空公司也决定停止在机内杂志中投放劳拉的电台节目的广告。②

在商业主导的媒介系统当中，媒体不得不承受愤怒的广告商的撤资威胁。尽管竞争激烈，媒体也并非每一次都会屈服于经济压力的威胁，一些新闻业高管也在不断奋起反抗。旧金山的 KPIX 电视台针对快餐连锁店制作了一个系列调查，探寻其新款汉堡是否如同广告中说的那样低胆固醇、低脂肪。该电视台因此失去了一部分广告收入，但它们认为这些报道"符合公众的最佳利益"③。

新闻中混进了商业广告，对于一些媒体评论家来说是侵犯了新闻神圣底线的行为。再来看《丹佛日报》（Denver Post）的一个报道。2002 年秋，《丹佛日报》刊登了一篇描写世界杯滑雪大赛的文章，搭配了美联社的图片。随后，更多对冬季运动的完整报道铺展开来，并对照片、标题、字体和文字做了整体排版布置，但报纸的下半页却刊登了国家冰球联盟季后赛的电子游戏广告。④

新闻内容和广告混杂的另一个例子是美国广播公司的日间脱口秀《观点》（The View）。该节目的三个主持人分别是前哥伦比亚广播公司记者、前《60 分钟》节目主持人和美国广播公司的芭芭拉·沃尔特斯（Barbara Walters）。2000 年秋，金宝汤公司（Campbell Soup Co.）出资赞助了八集节目，于是在随后的节目中，观众可以看到联合制作人比尔·盖迪（Bill Geddie）喝着金宝牌"每日一汤"，或者几位主持人在临时搭建的风洞中比拼收集金宝汤商标的场景。波因特研究学院伦理项目组的负责人鲍勃·斯蒂尔对于这种节目制作方式不甚赞同，他表示："《观点》把金宝汤的宣传内容糅进节目，保证产品得到了足够的宣传时长。但问题在于，这个节目本应为观众的需求服务。观众看节目是为了获取信息，不是为了看广告。当节目被销售内容所侵蚀时，观众的

---

① Dow C. Smith, "Disguising Ads as the Local News," *Broadcasting & Cable*, March 3, 2003, p. 40.
② Susanne Ault, "P&G Abandons 'Dr. Laura' Talker," *Broadcasting & Cable*, May 22, 2000, p. 10.
③ "The Economics of Ethics: Doing the Right Thing," *Broadcasting*, October 1, 1990, p. 50.
④ "Dart," *Columbia Journalism Review*, May/June 2003, p. 8.

权益就会被损害。"①

受到广告影响的不仅是新闻部门,还有娱乐部门。不过,娱乐节目制作人虽然也讨厌赞助商越权控制节目内容,但比起新闻部门的"弟兄"来说,他们更不愿去惹恼赞助商。传统意义上的新闻追求客观、独立,但娱乐节目并没有这一传统,社会对待娱乐节目的态度也不像对待新闻信息类节目一样严肃认真。娱乐节目制作人要是不顾赞助商的抗议,不以营利为目的做节目的话,那是非常有勇气的(或者说笨到连钱都不会赚,看你站在哪一边了)。总体来说,大部分广告商都不愿意投资争议性太大的娱乐节目。举例来说,在哥伦比亚广播公司的电视剧《姐妹》(Sisters)的其中一集里,主角们躺在桑拿房中闲聊,谈论自己的性生活。剧集的主要赞助商因不满该内容,威胁要撤掉50万美元的广告费。② 美国广播公司备受议论的节目《毫不神圣》(Nothing Sacred),因塑造了一个质疑教会教义的牧师角色而引发某主流天主教会团体的抗议,该剧的多个赞助商因此纷纷撤资。③ 这些大型媒体集团的娱乐节目只能说是偶有越界,间歇尝试触碰受众对文化的接纳底线。要说到更危险的冒险,当属有线电视台。它们对收视率的预期较低,赞助商对制作人和节目施压的可能性也相对小得多。

综上所述,伦理实用主义者需要在代表企业利益的广告和社会责任的制度性道德要求之间寻求和解方式。诚然,广告营销和新闻、娱乐以及各种大众媒介功能互利共生,要分而论之并不容易。在新闻制作人和娱乐节目制作人眼里,新闻和广告最好是分离,互不干涉,但广告商大多不会这么想。广告商需要媒体庞大而实时的受众网络来推销自己的产品和服务,在这一过程中,他们认为对媒体环境进行控制是合理的,如此才能确保自己的投资不打水漂。对这一点媒体人也能够理解,毕竟广告收入是媒体机构的财政基础,而且广告中的有效信息对于健全社会经济也能够起到积极作用。对于媒体管理者来说,把握好广告内容的伦理敏感度,是有利于媒体机构建立公共娱乐的形象塑造营销的举措。④ 当然,给节目施加过度的广告压力——不管是新闻还是娱乐节目——就像政府管控一样,有损"媒介自由"。媒体管理者作为公共利益的"把关人",有责任保护新闻和娱乐内容不受过度的商业压力影响。

网络带来的挑战

网络空间是一个崭新的领域,它拥有不受管控的海量信息,在各种网站和搜索引擎中,广告随处可见。对于广告商来说,网络空间的开发潜力十足,他们不断寻找更有效的方式,以求最大限度地利用互联网。但显然,在传统大众媒体上的营销策略在网络媒体上有可能不起作用。对于广告商来说,网络空间既是挑战,也是机会。

互联网刚刚起步时,针对其"商业化"的伦理警钟已然敲响。举例来说,一些搜索

---

① "Talk Show's Soup Tie-in Hard to Swallow for Some" (November 15, 2000), http://www.nando.net/entertainment/st…/0,1087,300280007-300439366-302818323-0,00.html, 2000 年 11 月 16 日访问。
② "Sisterhood, Frankly Speaking," *Newsweek*, May 13, 1991, p. 65.
③ "In Brief," *Broadcasting & Cable*, October 6, 1997, p. 92.
④ Fink, *Media Ethics*, p. 165.

引擎向网站公开贩卖搜索排序,在用户通过关键词搜索信息时,购买了优先检索权的公司网页就会出现在搜索结果的首位。"搜索引擎监控网"(SearchEngineWatch.com)的编辑丹尼·沙利文(Danny Sullivan)痛斥这种唯利是图的欺骗性手段,社会大众也纷纷表示谴责。一家名为"商业警报"(Commercial Alert)的消费者监督团体就向联邦贸易委员会提交了控诉,投诉八家搜索引擎的这种欺骗行为,认为它们违反了行业法规。行业代表则表示,该做法对于保障网页搜索引擎的经济活力是必要的。[1] 网站的维护费用越发高昂,网络空间的商业化不会停止。

消费者团体担忧,由于网络上铺天盖地的广告,一些防范意识不强的网民会被无良广告商蒙骗。传统的报纸分类广告和街边摊营销都曾让人上当受骗,"而互联网上的广告又更多元,网页侧边栏广告、'弹窗'广告,包括付费登上搜索引擎头条的行为,都让人防不胜防",《美国新闻与世界报道》近期的一篇文章这样写道。[2]

问题可能源自高科技,但解决方案不是。多年来,传统媒体一直要求把受赞助的内容标注出来,而所有门户网站上的内容也应该对他人付费刊登的内容进行明确标注,否则不过是借网络这一新形式卖老广告——"新瓶装旧酒"的经典案例。网络带来了新的(或至少是创造性的)伦理挑战,但所应坚持的价值观依然是那几个:真实、诚实、公平以及对个体尊严的尊重。

植入式广告

1982年,斯蒂芬·斯皮尔伯格(Steven Spielberg)用一部《外星人》(ET)吸引百万人走进了电影院,他还成功拉来了里斯巧克力的赞助。因此在电影里,我们看到了主角用里斯巧克力吸引ET来到屋子里的场景。电影一经播出,里斯巧克力豆的销量跃升了65个百分点。[3]"植入式广告"的时代到来了。[4] 广告植入包括市场营销和广告宣传两个方面,在研究时需要分别对待。

植入式广告需要产品厂商和电影制作人双方的合作,厂商为电影提供资金,或提供免费产品作为道具,制作人则为产品提供出镜机会。这一合作方式存在已久,对于资金短缺的导演来说可谓"救世主"[5]。《外星人》上映后,20世纪福克斯(Twentieth Century-Fox)公司宣布,其旗下电影可提供名牌产品的植入式广告服务,一部电影收取广告费一万美元至四万美元不等。[6] 时至今日,几百万美元的广告费早不是新鲜事

---

[1] Margaret Mannix, "Search Me, Please," *U. S. News & World Report*, July 30, 2001, p. 37.
[2] Ibid.
[3] F. Miguel Valenti, *More Than a Movie: Ethics in Entertainment* (Boulder, CO: Westview Press, 2000), p. 145, 引自 W. Lackey, "Can Lois Lane Smoke Marlboros?: An Example of the Constitutionality of Regulating Product Placement in Movies," *University of Chicago Legal Forum* (Annual 1193), pp. 275-292。
[4] Valenti, *More Than a Movie: Ethics in Entertainment*, p. 145.
[5] Ibid., p. 144.
[6] Steven L. Snyder, "Movies and Product Placement: Is Hollywood Turning Films into Commercial Speech?," *University of Illinois Law Review* (1992), p. 304.

了,一部电影里出现数个产品的广告植入也很正常。比如,三星电影(Tri-Star Pictures)公司的电影《霹雳五号》(*Short Circuit*)中就出现了阿拉斯加航空公司、苹果电脑、邦蒂纸巾和奥利达薯条等产品的植入镜头。① 《时代周刊》杂志在电影《丫丫姐妹们的神圣秘密》(*Divine Secrets of the Ya-Ya Sisterhood*)中担纲重要道具:主角之一接受了《时代周刊》记者的专访,并由此引出了整部电影的情节。② 值得一提的是,这部电影的制作公司——华纳兄弟影业也是时代华纳公司旗下的产业。

植入式广告并非只在电影中出现,电视节目和电视电影中也早有它们的身影。电视剧《家族风云》(*Dallas*)中主角们的座驾由通用汽车和福特汽车赞助;《罗斯安家庭生活》(*Roseanne*)里主人公们吃的是桂格燕麦片;《洛城法网》(*L. A. Law*)中的秘书用的是联想电脑。③ 最近,苹果更是花了大价钱,在二十余部电视剧中植入 iMac 电脑广告,包括《甜心俏佳人》(*Ally McBeal*)、《费丽丝蒂》(*Felicity*)、《X 档案》(*The X-Files*)、《德鲁·凯利秀》(*The Drew Carey Show*)等。④ 还有《房屋法则》(*House Rules*)中,在劳式家居(Lowe's Home Improvement Warehouse)的过道里吵架的夫妇,或者《幸存者:珍珠岛》(*Survivor: Pearl Islands*)里出现的通用公司的越野车。⑤

商家希望将自身的产品融入娱乐内容,在不知不觉中达成宣传效果。某植入式广告中介这样说道:

> 好莱坞对名牌趋之若鹜,虽然它们不能唱不能跳,也不能演戏,但收获的关注不比电影演员少。想想看,顾客在大屏幕上看到自己最喜欢的明星用着你的产品,公司名字、产品信息等融入整部电影,成为一个自然的组成部分,潜移默化地进行宣传,这种营销力度不可小觑。⑥

科技或将助力广告在娱乐节目中生根发芽。1999 年 3 月,联合派拉蒙电视网(UPN)的剧集《七天》(*Seven Days*)在其中一集里植入了可口可乐和富国银行(Wells Fargo)的广告,以测试观众的反应。⑦ 数字技术开拓广告新疆域的能力令人颇为吃惊,而对那些不喜欢娱乐文化中出现太多商业化内容的人来说,这无疑是一件坏事。⑧ 运用数字技术,一个节目可以在首播时植入一个广告,在重播时植入另一个广告,这大大拓宽了广播、电视和网络节目的收益来源。

---

① Steven L. Snyder, "Movies and Product Placement: Is Hollywood Turning Films into Commercial Speech?," *University of Illinois Law Review* (1992), p. 309, 注释 69。

② Howard Kurtz, "Multiple Tongues; Who Was Watergate's Deep Throat? John Dean Nominates Four Candidates," *Washington Post*, June 17, 2002, p. C1. (电影中的《时代周刊》杂志专访在一篇包含众多话题的评论中被提及。)

③ Snyder, "Movies and Product Placement," pp. 307-308.

④ "iMac Attack" (*Entertainment Weekly*, December 14, 1998), http://www.dearsally.org/felicity/articles/121498_apple_ew.html,2001 年 7 月 23 日访问。

⑤ Andrew Goldman, "Commercial Hide-and-Seek," *TV Guide*, November 29, 2003, p. 52.

⑥ Rave Revues, http://www.ravereviews.com,2001 年 8 月 16 日访问。

⑦ Stuart Elliott, "A Video Process Allows the Insertion of Brand-Name Products in TV Shows Already on Film," *New York Times*, March 29, 1999, p. C11.

⑧ Stuart Elliott, "Reruns May Become a Testing Ground for Digital Insertion of Sponsor's Products and Images," *New York Times*, May 23, 2001, p. C6.

电影和电视制作人辩解称,电视、电影业的制作成本太高,赞助收入是必不可少的。一些制片厂也称,在电影中使用名牌能够使影片看起来更真实,"用的都是真实存在的产品,这样也能增强电影的真实度"。不过,媒介批评家并不能认同这种说法,他们坚持认为植入式广告是一个伦理陷阱。

第一,植入式广告会模糊娱乐与商业之间的界限,这种营销手段具有潜在的欺骗性,在隐秘地操纵观众的思维。① 波兰消费者维权组织"商业警报"建议政府对植入式广告进行调查。它们称,应该在节目开始前打出来植入式广告的赞助商名称,在节目过程中也要标明"广告"。赞助商们自然不会同意这种要求,"广告不再生硬地打断节目,使观众流失,而是'润物细无声'地随节目一起播出,广告商们尝到了这种营销方式的甜头,自然不想回到老路上"。换句话说,过度坦率地标明"我是广告",就失去了植入式广告的意义。②

第二,有时,哪怕植入式广告很短暂,也会打断电影的叙事节奏,破坏其艺术感。此前,电影评论家马克·克里斯宾·米勒(Mark Crispin Miller)就抱怨过,电影制作人常常在开拍之前把剧本送到专业广告公关人员手中,让他们规划一共能植入多少种产品,这种做法使得广告商变成"决策人",决定着电影的走向。③ 比如,一些公司会因故事情节与其想推销的商品"气场不合"而提出抗议。

虽然存在这些担忧,但鉴于电视摄录技术的逐渐成熟,观众更容易将直接的广告"过滤"掉。随着消费者手中的权力越来越多,广告商们只能更多地依赖植入式广告来吸引目标观众的注意力。

经济压力:假设案例研究

围绕经济压力产生的讨论造成了各种各样的问题,想要一概而论是有风险的,但本章给出的案例描绘了媒体从业者所面临的极具代表性的道德困境。请运用第三章中所给的SAD道德推理模型分析案例。

案例8-1 体育报道:谁来控制内容?④

威尼斯赛道(Venice Motor Speedway)是新生代赛车道之一。10年来,它一直尝试

---

① Stuart Elliott, "Reruns May Become a Testing Ground for Digital Insertion of Sponsor's Products and Images," *New York Times*, May 23, 2001, p. C6.
② J. Max Roberts, "See Spot Regulated," *TV Guide*, October 25, 2003, p. 34.
③ Snyder, "Movies and Product Placement," pp. 309-310.
④ 这一案例中的部分信息取自 Abe Aamidor, "Sports: Have We Lost Control of Our Content?," *Quill*, May 2001, pp. 16-20。

跻身行业前列,做到与印第安纳波利斯、代托纳、亚特兰大的赛车活动一样有名。作为纽约中心区一个野心勃勃的社区,威尼斯认识到了赛车行业所蕴含的巨大经济潜力和对各层次人群的吸引力。通过每年举办数个极具关注度的赛事,威尼斯靠着赛道收获了一笔可观的财富。董事会成员对于纽约和邻州铁杆赛车迷的忠诚度十分满意,但还是想打造"皇冠之珠"——一个具备国际声望、能够吸引各国媒体关注的赛事,让威尼斯赛道挤进专业汽车赛的一线。假如能吸引到赛车界的重量级明星参与,或许就能和纳斯卡、印第安纳波利斯500等知名赛事齐名,也能够证明投资赛道是个正确的决定。威尼斯赛道的"皇冠之珠"就是闻名遐迩的"全球第一赛道"(Global Track One)。

"全球第一赛道"大赛由一家名为"体育企业公司"(Sports Enterprises, Ltd.)的伦敦公司创办。自大赛创立伊始,该公司就希望将其打造成国际性赛事,让来自世界各地的赛车手都参与进来,当然,首届比赛应该会是美国选手排在前几位。体育企业公司雄心勃勃,在赛事推广上拥有丰富经验,很快就把舆论氛围炒热了。市民们也享受着媒体的关注和随之而来的经济效益。

当地的新闻机构常年都在争夺傍晚和深夜时间段的收视,体育赛事对它们来说是永恒的报道主题。第七频道打败了其他竞争者,在比赛开始前几天正式以"首席体育频道"的名头进行宣传。虽然届时会涌现各色围绕比赛的报道,但第七频道的新闻总监丽莎·塞缪尔斯(Lisa Samuels)很有自信,她相信自己会找到不一样的报道切入点。她没料到的是,体育企业公司对比赛相关报道,包括针对比赛本身的新闻和衍生新闻的内容会有如此强的掌控欲。

在和各家新闻媒体商谈之时,体育企业公司的主管针对首场比赛的报道提出了几个条件。首先,想要转播比赛,就要同时接受宣传方给的短片。片子不会超过两分钟,电视台方面不得对片子内容进行修改。此外,在七天的赛程当中,各电视台可以播自己制作的内容,如对赛车手的采访、资料片、专题片等,但这些片子播完之后必须上交给体育企业公司。与比赛相关的还没有播出的视频资料也要一并上交,并且电视台要声明放弃在今后这些资料的一切使用权。其他媒体很快就同意了这些要求,但丽莎提出了异议,表示自己要和同事商量后才能决定。她找来了频道的体育主管麦克·桑切斯(Mike Sanchez)和体育记者纳特·卡明斯基(Nat Kaminsky)。

"我们没时间磨蹭,必须尽快做决定。"三个人围在她的桌旁:"镇上的其他电视台都同意了他们的条件,如果我们不同意,势必会失去报道资格,但我也担心,一旦同意了这些条款,我们就会失去对自己新闻内容的掌控权。"

"我们肯定得给出一部分控制权的,"桑切斯答道,"这一趋势在体育界已经发展好几年了。这是个上千万的大生意,没有一个运动厂商不想维持对自己产品的经济控制。毕竟体育也是娱乐的一种,那些承办人和赞助商希望这个活动能好好地运作起来,发挥它的经济价值。我们是主要的体育频道,我们需要入场券。这些规定真的有这么不可理喻吗?"

"这就是霸王条款。"卡明斯基说:"这个活动对我们来说确实很重要,但他们的要求越来越无礼了。体育或许是一种娱乐,但有其新闻价值所在。我们有责任向观众提供不掺假、不偏不倚的新闻。不过问赞助商给的片子内容而直接播放,违背了我们的原则。"

"我觉得这没什么,"桑切斯的语气中带了一丝冷漠,"只要标明消息源不就行了。我们还是可以自由报道,比赛本身也好,新闻侧写也好,都可以做,他们又没有要求审查我们的新闻。"

"问题不在这儿,他们给的片子还能有什么,就是纯粹的营销宣传。"卡明斯基坚持自己的观点。他一向坚持自己是体育记者,做的是体育新闻而不是娱乐内容。"他们不过是想利用我们的平台炒作这个比赛,这不是新闻,这是营销,是广告。就算我们标明消息源,我们作为专业体育台的声誉也会受损。如果我们为这种明目张胆的自我宣传内容背书,坏了信誉,观众在看我们的其他报道时也会对其客观度产生怀疑。为了一个比赛的转播而抛弃新闻价值,值得吗?"

桑切斯摇了摇头:"话不能这样说。体育赛事转播和其他新闻形式不一样,观众不会抱着看新闻的心态要求体育转播。去不了现场的人希望通过电视了解赛况,这是他们观看本地新闻的原因。要知道,我们所有的竞争对手都会在现场,如果我们没去,靠着转播它们的内容充数,观众肯定要流失的。还有,你不觉得这时候提新闻价值太空了吗?承认吧,电视新闻本身里也有不少自我宣传,它还指着营销手段冲击收视率呢!"

卡明斯基没有被桑切斯说的收视竞争吓到,他表示:"对方不只要求我们播他们的宣传片,他们还要我们上交所有比赛相关的视频,我们以后要想做后续报道或回顾都不方便。视频是我们拍的,用它作为交换转播权的筹码,我觉得不合适,这种放弃新闻材料掌控权的方式在我看来是一个严重的伦理问题。"

桑切斯:"不同意他们的要求,就拍不到任何一手画面。包括那些赞助大型比赛的公司在内,所有机构都在收紧对自家产品的经济控制。只要他们不对我们的原创内容设限,我认为适当地做出让步是合理的,这样我们才能跟其他台竞争。"

新闻总监丽莎·塞缪尔斯认真听着下属们的对话。身为一名记者,她为失去新闻内容控制权感到焦虑。提出要求的体育企业公司虽然只是个案,但她担心同意一次就会开了先河,这种事会变成常态。作为管理者,她知道让频道保持竞争力的重要性。观众的要求很简单:及时看到一手画面。丽莎陷入了沉思:也许观众真的不在乎电视台播放宣传片呢?体育公司的规定是否真的给电视台带来了严重的伦理困境?其他媒体可都同意了这样的条件,我是不是也该让步?

【案例分析】

近年来,体育组织对于媒体报道的控制欲不断增强。针对2000年2月的代托纳500汽车赛,美国纳斯卡——全国汽车比赛协会(NASCAR)在采访申请表中增添了一条新规定:所有与比赛相关的声画内容、文字资料都归协会所有。当然,这一霸王规定很快就被撤销了,原因是全国赛车新闻协会(National Motorsports Press Association)威胁称,若不撤销该规定,它们就要联合起来抵制纳斯卡的所有比赛。无独有偶,2001年春,美国职业棒球大联盟要求记者们签合同后才能拿到采访证。而合同规定,各报纸不允许出于宣传目的,将自己拍的照片拿到别的媒体上发表。① 有记者在杂志《羽毛笔》上刊文说道:"大型体育机构用版权法、合同法和所谓的'挪用、侵权'对媒体进行敲打,迫使媒体妥协,对不愿让步的媒体还施以威胁。"②

在体育组织方眼里,比赛是可供营销的"产品",筹码可达数亿美元,其娱乐价值远大于新闻价值。有影响力的媒体若觉得组织方提出的要求过分,可以表示拒绝。在本案例中,除了第七频道之外的当地新闻机构都同意了组织方的要求。体育记者纳特·卡明斯基觉得这是个伦理问题,因为媒体对自我内容的掌控权被剥夺了。如果同意体育企业公司的要求,势必要牺牲第七频道的报道质量,最终的输家将是观众。卡明斯基相信,体育赛事虽然本质上是大众娱乐,但对它的报道不能丧失新闻基准。

麦克·桑切斯对体育企业公司提出的条件就宽容许多。他认为,想要保证频道的竞争力,就必须同意那些条款。换句话说,一旦第七频道的竞争对手们都同意了所给条件,迫于竞争压力,所谓的伦理就得靠边站了。同意条款、播出宣传片,观众的利益也许会受损,但总比拒绝妥协、完全拿不到转播报道权好。体育赛事不同于传统新闻,其背后是追求利益最大化的宣传方和专业机构。而追求利益又有什么不对呢?从新闻义务论的角度出发,新闻总监需要思考,是否接受组织方加强对体育赛事报道管控的要求。在桑切斯看来,功利一点没有什么不好。

新闻总监丽莎·塞缪尔斯认真听取了两人的意见,现在该做决定了。假设你是丽莎,请运用第三章给出的 SAD 道德推理模型,给出你的选择并说明原因。

---

① 一些关于此研究案例的信息取自 Abe Aamidor, "Sports: Have We Lost Control of Our Content?," *Quill*, May 2001, p. 17。

② Ibid., p. 16.

第九章 媒介与反社会行为

媒介对行为的影响

2003年2月,19岁的乔什·库克(Josh Cooke)踏入了他父母位于弗吉尼亚州费尔法克斯郡的地下室,用猎枪向他的父亲开了七枪,向他的母亲开了两枪。之后,他冷静地用电话向警察报案。库克的律师把库克的行为归结于对热门电影《黑客帝国》(The Matrix)的迷恋。在这部电影中,计算机控制了世界,而犯罪是一种自然秩序。就在同一周,一个俄亥俄州的妇女告诉警察,她认为自己身处"黑客帝国"之中,"人们犯了很多罪行",而她也杀害了自己的丈夫。但最终,这名妇女因精神失常被判无罪释放。[1]

1997年12月,14岁的迈克尔·卡尼尔(Michael Carneal)拿着一把手枪和五把猎枪进入肯塔基州高中,杀害了三名同学,另造成五名同学受伤。受害者的父母起诉多家游戏、电影和互联网公司,声称迈克尔接触到的内容使年轻人变得"暴力而麻木不仁,更有可能实施暴力行为"[2]。这些内容"包括暴力交互的电脑游戏、色情网站以及一部关于学生杀害自己的老师和同学的电影"[3]。

莎拉·埃德蒙兹(Sarah Edmondson)和她的男朋友本杰明·达拉斯(Benjamin Dallas)明显也迷恋上了暴力电影《天生杀人狂》(Natural Born Killers)里描绘的暴力犯罪。几天之后,他们采取了疯狂的举动,开枪打中了一名便利店员工的颈部,导致她四肢瘫痪。受害者的家人和便利店起诉了时代华纳和制作人奥利弗·斯通(Oliver Stone),控告他们制作了这样一部电影,因为他们"知道或者本应该知道"这部电影可能会对埃德蒙兹和达拉斯这类人产生煽动作用。[4]

类似的事件通常可以被用来控诉媒介对读者或者观众的反社会行为产生的巨大影响。这类事件激起了公众批评,从温和的斥责到诉讼,最后甚至发展到呼吁政府监管。但在接二连三的质问中,有一点被忽视了,即由某一个节目、电影或者文章而导致的受伤、死亡和其他暴力行为的数目其实很少。因此,这些证据似乎在呼唤一种能形成道德框架的谨慎做法,而之后可以用这种框架来评价媒介对于反社会行为的影响。

---

[1] Tom Jackson, "Escape 'The Matrix', Go Directly to Jail; Some Defendants in Slaying Cases Make Reference to Hit Movie," *Washington Post*, May 17, 2003, p. A1.

[2] *James v. Meow Media, Inc*, 300 F.3d 683 (6th Cir. 2002).

[3] John D. Zelezny, *Communications Law: Liberties, Restraints, and the Modern Media* (Belmont, CA: Thomson/Wadsworth, 2004), p. 99.

[4] Newsnotes, "Louisiana Judge Disposes of Case Against Filmmakers," *Media Law Reporter*, April 3, 2001. 一名路易斯安那州的法官最终驳回了该诉讼。

很多媒介内容都在挑战社会规范。如果没有这种关于犯罪、暴力、毒品和自杀的故事,新闻和娱乐就会失去它们引人注目的原动力。即使存在争议的内容对观众的影响并不可预测,但删除所有这类内容是不合理也不切实际的。我们的目标应该是,制定策略来促进社会负责任地对待媒介中反社会行为的内容,同时避免鼓励道德堕落的方式。

媒介普遍存在于我们的生活中。我们至少可以合理地总结出这一点:它们对我们的生活存在影响,但尚不能确定是如何影响的。一位作者在评价媒介对于犯罪行为的影响时,得出了一个合乎逻辑的结论:

> 在这么多商业和政治利益集团向媒体广告中投入了如此多金钱的情况下,如果还认为媒介对于我们的行为(包括犯罪行为)没有影响,就会显得很可笑。否则,广告商们将浪费数以亿计的金钱。如果媒介只是改变了我们非犯罪方面的行为,那么影响就没有那么明显。[①]

对于大众媒介带来影响的担心已是老生常谈了。例如,当歌德(Goethe)在18世纪发表《少年维特之烦恼》(*The Sorrows of Young Werther*)时,多个国家的统治者开始担心读者会模仿书中悲剧英雄的自杀行为。[②] 对于模仿媒介所描绘的危险行为的关注还在持续,但是如果只是因为一些读者或者观众有可能模仿内容里的行为,就期待媒介完全删除争议内容,这是不现实的。从伦理角度看,我们关注的重点应该是媒体从业人员的行为所传递的信息,以及内容当中所反映出来的他们的价值观和态度。

媒介经验与道德责任

因为媒介的高能见度和潜在影响力,它们在社会上的道德定位很敏感。媒体从业者的行为本身,以及他们在媒体内容中融入的价值观、态度和象征信息都可能引发伦理问题。这些关于媒介和反社会行为的问题通常可以分为两类:(1) 媒体从业者对于反社会行为的做法与他们职业义务的联系;(2) 媒介对于反社会行为的影响。

反社会行为和职业义务

媒体从业者是监管人和把关者,因此他们通常应该避免以反社会行为为基准来满足自己的职业要求。像很多政府官员一样,媒体从业者应该寻求他们行为中的伦理制高点。

例如,尽管记者相信自己绝不会为了新闻而触犯法律,但很多人都这么做了。一

[①] James Q. Wilson, and Richard J. Herrnstein, *Crime and Human Nature* (New York: Simon & Schuster, 1985), p. 337.

[②] Ibid; D. P. Phillips, "The Influence of Suggestion on Suicide: Substantive and Theoretical Implications of the Werther Effect," *American Sociological Review* 39 (1974):340-354.

些违法行为确实比较轻微,比如为了报道一条新闻而超速驾驶。但是,如果一个记者为了向公众证明军事安全缺乏保障,而决定非法侵入国防部的计算机系统呢? 或者,假使一个记者为了搜集互联网上儿童色情片泛滥的背景信息而从网上下载了一些具有代表性的内容,却因存储儿童色情片而触犯了联邦法律呢? 这些新闻中的公共利益是否超过了记者遵守法律的义务呢?

同样的问题出现在《60分钟》的一期报道化学工厂安保松懈的新闻中。2003年秋天,《60分钟》的记者史蒂夫·克罗夫特(Steve Kroft)(该节目的一个自由撰稿人,也是一名报刊记者)因为非法闯入宾夕法尼亚州的一家化学工厂被警察逮捕。[①] 2000年5月发生了与之类似的案例,即记者的职业义务和遵守法律产生了矛盾。明尼阿波利斯市电视台记者汤姆·莱登(Tom Lyden)身处一个警方正在取证的事故现场,因为从一辆车中"提取"了录像,他被起诉了。莱登以"他是一名积极的记者,他的责任就是报道混乱中的新闻故事"为理由为自己的行为辩护。职业新闻记者协会(SPJ)明尼苏达分会谴责莱登的行为是"不道德的,并且违反了SPJ的伦理规定"[②]。

调查记者迈克·加拉格尔(Mike Gallagher)面临的后果也很严重。他因根据非法获得的语音邮件写了一篇关于奇基塔品牌国际公司(Chiquita Brands International)的"不实"文章而被《辛辛那提询问报》(*Cincinnati Enquirer*)开除。这篇文章对奇基塔公司的商业行为进行了质疑。《辛辛那提询问报》在头版刊登了道歉信,并同意支付1000万美元赔偿这个水果巨头。道歉信写道:"提供给本报的信息表明,没有一个人在奇基塔公司有权力提供特许的、保密的且专有的信息,事实表明,本报的员工参与了违法窃取信息。"[③]

不管情况如何,当媒体从业者严重违反法律的时候,他们都处于一种道德弱势地位。虽然也有一些罕见的例外,但这些反社会行为会向观众发出错误的信息。其一,违反法律通常使得记者成为事件参与者,而非独立的观察者。因为从某种意义上看,新闻是由记者的行为造成的。如果记者真的是公众的代表,他们就不该做出公众不会赞成的行为。其二,如果为搜寻新闻而触犯法律成了常态,那么社会对于法律的尊重就会受到损害。如果公共利益成为反社会行为唯一正当的理由,那么很多社会团体就可能会寻求一个合法的要求来免受道德行为标准的规范。

媒介对于反社会行为的影响

由于媒介在社会事务中的普遍影响,它们经常会被控诉成反社会行为的帮凶或者影响者。在一些情况下,新闻媒体确实参与解决了一些犯罪或者反社会行为。一方面,这通常会得到那些将新闻记者视为公民的人的表扬,但另一方面,这也会受到传统记者的批评。在传统记者看来,这样的参与会损害他们的独立性和客观性。

[①] "Reporter Convicted of Trespassing," *The Advocate* (Baton Rouge, LA), November 12, 2003, p. 2A.
[②] "Reporter Charged in Minnesota," *Broadcasting & Cable*, May 22, 2000, p. 36.
[③] Robert Weston, "Cincinnati Newspaper Pays $10 Mil to Chiquita," *Reuters Dispatch*, June 29, 1998, http://news.lycos.com/stories/topnews/19980629rtnews-chiquita.asp, p. 1.

当然，媒体从业者很敏锐地意识到了批评者的担忧。多年来，他们已经制定了相应的道德准则和政策。但是，在无情的截稿日期的压力和日益激烈的竞争下，这些准则有时候会被忽略，从而引发新一轮的媒介批评。媒介在影响反社会行为方面的伦理问题涉及大众传播的三大领域：新闻、娱乐和广告。

新闻。犯罪、暴力和人类悲剧都是记者报道的重要部分。因此，新闻媒体遭到批驳并不稀奇，因为它们使得人们误以为反社会行为已经包围了美国且"阴魂不散"。毫无疑问，一些不成熟的、易受影响的观众可能会学习新闻报道中的反社会行为，然后决定模仿他们看到的或者读到的这些行为。例如，在媒体广泛报道"科隆比纳高中枪击案"后，类似的模仿行为在全国疯狂出现。仅在宾夕法尼亚一地，警察就报告了52起炸弹恐吓和其他威胁案件。在另一起案件中，三个加拿大青少年根据媒体对于摇滚巨星科特·柯本（Kurt Cobain）的自杀报道，制定了自己的"死亡公约"。他们在这份死亡笔记中，甚至感叹自己没能获得柯本用过的枪。①

尽管这些事件是不幸的，但是没有一个理性的人会建议媒介不再报道这类事件，以治愈社会的弊病。新闻记者应该用常识和良好的品味来平衡好观众的新闻需求和社会责任要求之间的关系。例如，一个新闻记者可能会警告观众，世界上一些最繁忙的机场的安全设施并不严格，但不应提供一些如何破坏安全设施的细节。同样，在报道自杀事件时，记者应该避免把名人地位带入报道，也要避免提供过多的细节或者夸张报道。除此以外，媒介应该教育大众如何鉴别潜在的自杀者，讨论应对自杀的策略和提供有治疗自杀倾向人群的资质的特别机构的相关信息。②

一些记者和新闻总监一直在质疑电视处理暴力新闻的手法。例如，几年前在西雅图，代表记者和主持人的美国电视和广播艺术家联合会（the American Federation of Television and Radio Artists, AFTRA）斥责了所谓的"死亡名单新闻"。该联合会组织了一个关于电视新闻暴力的公开论坛，甚至还说服了三位当地新闻主任中的两位来直面有敌意的观众。③ 在洛杉矶，NBC下属的KNBC电视台的新闻主任比尔·洛德（Bill Lord）对于节目中播放的一段监控视频感到不安，因为视频展示了一个便利店店员被杀害的过程。比尔命令工作人员不要播放录像带所捕捉到的暴力行为。在一份员工备忘录中，洛德这么说道：这样的录像带违反了"任何可以想象到的好新闻或者高品位新闻的标准"。④ 一些电视台甚至通过减少或者消除残忍的谋杀或暴行画面，以在傍晚新闻中播放"家庭敏感"类内容。对于媒介来说，这是一个危险的举动，因为媒介需要视觉强度。支持者声称，他们这么做是为了回应一些观众对于"大肆报道"犯罪和城市混乱等新闻的厌倦。怀疑论者，包括一些新闻顾问认为，这一举动无非是一种引发关注和市场营销的策略。他们还抱怨道，这些行为其实是表面的，因为电视网络

---

① Paul Klite, "Media Can Be Antibiotic for Violence," *Quill*, April 2000, p. 32.
② Elizabeth B. Ziesenis, "Suicide Coverage in Newspapers: An Ethical Consideration," *Journal of Mass Media Ethics* 6, no. 4 (1991):241-242.
③ Bob Simmons, "Violence in the Air," *Columbia Journalism Review*, July/August 1994, p. 12.
④ Richard Cunningham, "No More," *Quill*, July/August 1995, p. 13.

新闻通常和本地新闻并列,而且电视台的晚间新闻并没有受到这些政策的影响。①

其中最危险的一类新闻报道被批评家抱怨为一种"信息娱乐化",即电视台对警察追车或者其他危急情况的实时直播。这样的事件都是不可预知的,现场报道严重限制了编辑思考和判断的机会。在一次新闻报道中,洛杉矶和其他地方的观众在电视中实时观看了一名男子的自杀过程,因为好几个当地电视台的直升机正飞过繁忙的高速公路来尽可能地"接近事件"。② 2000年1月,凤凰城的观众见证了警察在疯狂追捕犯罪嫌疑人的过程中,对嫌疑人造成了致命的伤害。③ 前新闻主任向媒体批评家卡尔·戈特利布(Carl Gottlieb)征求意见,卡尔提出了一个明智的建议:"你可以直播,并不代表你必须直播。这是在让技术决定新闻。汽车追逐是一个合法的新闻事件,问题是:它是否应该被现场直播?录像带也是一个很好的选择,因为它能给你时间去思考应该怎样呈现这则新闻。"④

当然,电视记者不能够忽略,暴力犯罪确实是最令我们恐惧的文化病症之一。但是越来越多的社会科学家认为,暴力和灾难的过载会给观众呈现出一种扭曲的现实感。很多人相信这种形象加剧了种族之间的紧张关系以及城市犯罪问题的扭曲形象。⑤

对于记者来说,其伦理道德应该是负责任地报道,且不去鼓励或者引发更多的犯罪和暴力。也许,没有一种类型的新闻报道会比危急情况报道——例如执法官员和挑衅的武装团体之间的对峙、人质劫持事件或者恐怖主义事件——更考验报道的新闻性和伦理性。在这类紧张的情况下,伦理准则(如果存在的话)通常会成为竞争压力和新闻编辑室动态危机管理的牺牲品。

其中有代表性的例子是得克萨斯州韦科地区的政府官员和大卫教派之间的对峙。媒体对于这个事件的评论褒贬不一。在这个事件发生期间甚至之后,媒体受到了几乎和内部抗议一样多的外部审查。

这个新闻伦理事件是一个经典的媒体影响危机情况的案例。它的开场正好发生在1993年2月下旬,也就是《韦科先驱论坛报》(*Waco Herald-Tribune*)发表七集系列节目期间。这个节目描述了一个秘密而鲜为人知的、自称大卫教的狂热宗教组织。根据官方的调查,美国烟酒、枪炮及爆裂物管理局(the Alcohol, Tobacco and Firearms, ATF)的官员和《韦科先驱论坛报》的工作人员进行了会面,要求他们延迟报道这则新闻。在会面之后,论坛报的一些工作人员讨论了这个要求,但仍决定继续报道。论坛报的编辑鲍勃·洛特(Bob Lott)维护了该报的决定。他说:"我们确定没有听到任何可能会搞砸ATF计划的事情。"⑥

---

① 关于电视台如何改变新闻报道焦点的讨论,参见 John Lansing, "The News Is the News, Right? Wrong! 'Family Sensitive' Shows Another Way," *Poynter Report*, Fall 1994, pp. 6-7。
② Joe Schlosser, "Death along a Highway," *Broadcasting & Cable*, May 4, 1998, p. 12。
③ Dan Trigoboff, "Shooting Raises Coverage Issues," *Broadcasting & Cable*, January 31, 2000, p. 13。
④ Ibid.
⑤ "Local TV: Mayhem Central," *U. S. News & World Report*, March 4, 1996, pp. 63-64。
⑥ 转引自 Joe Holley, "The Waco Watch," *Columbia Journalism Review*, May/June 1993, p. 53。

从这个相当温和的要求开始,随着事件迅速展开,围绕当地媒介伦理和法律的混乱持续升级。例如,达拉斯一家电台在广播中要求正在收听的大卫教成员挂出横幅。在教派成员遵守了要求之后,联邦调查局批评电台破坏了他们的谈判策略,因为策略中还包括隔离措施。一名电台高管随后说,电台传递给邪教组织成员的消息可能在实际上开启了谈判。在另一个场合,在联邦调查局的敦促下,达拉斯一家新闻电视台 KRLD-AM 在邪教首领科里什(Koresh)释放了一些孩子之后,播出了几条关于科里什的消息。科里什之后承诺,如果电视台播放他的另外一则消息,他就投降。但他之后又违背了承诺。电视台经理查利·塞拉芬(Charlie Seraphin)告诉记者,他的电视台没有打算成为新闻的一部分,他们"是在根据联邦调查局的要求做事"①。在谈到电视台的特殊性(客观性、判断的独立性)和普遍义务(人道主义、救死扶伤的责任以及和官方的合作)之间的矛盾时,贝勒大学的新闻学教授萨拉·斯通(Sara Stone)站在了电视台那边。"我认为电视台首先得把自己看作一个公民,你有和其他公民一样的责任。但是我很惊讶 ATF 居然要求电视台这么做。"②斯通教授担心这种参与行为可能会带来一些令人担忧的情况。

尽管有这样的担心,不过没有伦理体系(无论是以义务论还是目的论为基础)会宽恕这样的原则,因此记者在崇高的独立标准下必须避开所有以人道主义为本能的借口。例如,在围攻的某一时刻,电视记者冒着炮火用无线电请求救护车救援,也用电视台的新闻车转移了三位受伤的联邦官员。③

对于恐怖行为和劫持人质事件的报道也产生了一系列争议,主要是关于媒介对此类事件产生的作用。没有人能够否认这类事件的新闻价值,但是其中也存在一个真正的危险。媒介,特别是电视,可以变成恐怖分子政治意图的"人质"。正如第四章提到的,在关于 2001 年 9 月恐怖分子袭击美国的报道中,电视网络对于是否会被采访对象(例如乌萨马·本·拉丹及其家庭成员)利用,并成为他们政治议程的宣传工具和平台这一点十分谨慎。大多数情况下,它们抵制会损害新闻独立性的采访。尽管电视摄像机没有造成恐怖主义,但毫无疑问的是,电视的瞬时性和戏剧性报道对那些正在寻找某种政治场所的人有很大的吸引力。④

为了寻找危机报道的指导方针,特别是在有人质的情况下,媒体从业者应当基于常识和新闻行业的智慧进行决策,而非依靠天意。例如,记者应该避免透露文字或者图片等这类可能会暴露执法人员策略及方位的信息。他们应该只能作为最后的手段参与人质谈判,同时应该抵制诱惑,不去接触枪手或者人质劫持者。记者也应该避免在危机现场进行直播,除非有令人信服的理由才能这么做。如果有恐怖分子或者人质劫持者联系新闻部门,它们应该立即通知政府。⑤

---

① Joe Holley, "The Waco Watch," *Columbia Journalism Review*, May/June 1993, p. 52.
② Ibid.
③ Ibid.
④ Larry Grossman, "The Face of Terrorism," *Quill*, 74, 1986, p. 38.
⑤ 关于这些指导方针更全面的讨论,参见 Jay Black, and Bob Steele, "Beyond Waco: Reflections and Guidelines," *Journal of Mass Media Ethics* 8, no. 4 (1993):244-245。

当然,和警方以及其他政府官员的合作有时候也会产生伦理问题。记者很难在不损害自己信誉和冒着道德鞭笞风险的情况下与政府合作。当媒介"爬上政府官员的床"时,就成为影响法律的武器。它们不仅会损害自己的独立性,而且必须承受"成为政府棋子"的指责。或许最令人震惊并破坏新闻独立性的情况,是一名执法官员在危急情况或者犯罪调查中冒充记者。记者和评论员自然担心"这样的托词"可能会损害自己的信誉,甚至会因为他们的身份被牵扯到案件之中而危及自身。①

不幸的是,没有一种明确的伦理准则可以应用到这种情况中。尽管通常记者不会把他们的设备(或者他们的身份)借给执法人员,但是在一些生死攸关的情况下可能会有例外,因为这时似乎没有其他更合理的选择。② 发生在新泽西州纽瓦克市的例子显然正符合这种情况。警方从一名新泽西广播电视网的摄影记者处查获了一台摄像机,其中有对一名男子的采访,他涉嫌杀害妻子和岳母并劫持了自己九岁的儿子。摄像机最后被归还给摄影师,但是电视网却没有提出抗议。广播电视网的新闻发言人说:"纽瓦克警察局在危急情况下没收了摄像机。我们明白这种行为是为了解决当前的危机。"③

有时候,一个组织的新闻收集工作确实会产生证据,而这类证据可能会与犯罪问题的解决方案相关。在这种情况下,除非有特别明确的理由拒绝官方索取这类材料,否则拒绝合作的伦理立场是站不住脚的。编辑和新闻部主任有时会很抵触官方的要求。例如,他们会被要求提供可能包含犯罪行为(例如暴乱或示威游行中的抢劫)的照片或者录像带。新闻机构的有些成员认为这种要求违反了编辑特权,而且和外界机构的合作可能会树立一个不好的先例。尽管这种观点确实有点道理,但是在这些情况下,拒绝合作应该基于具体的伦理原则,从而能够反映对于这类事实的批判性分析。记者和编辑应该避免膝跳反射和陈词滥调,例如"编辑特权"这种说法。人们可以理解记者对被当作执法武器的担忧,也能感受到他们想要和外界机构保持一定距离的渴望。然而,记者和编辑的社会角色不能使他们自动免除和我们一样的责任。这样的责任免除必须通过正常的道德推理过程才能证明它的合理性。他们的决定一方面需要维持新闻的独立性,另一方面又需要避免自己成为警察的工具,对抗服从传票(或者更多非正式要求)来提供特定犯罪证据的普遍义务。所以,记者和编辑必须在其中找到一个平衡点。

决定是否和执法部门合作必须要因具体情况而异。有些时候,记者和编辑没有充分的理由来拒绝这种要求。但是,记者必须谨慎地和警方以及那些会伤害他们独立性和信誉的群体达成协议。这类不正当的联盟会把记者变成与反社会行为对抗的合作者,而不仅仅是观察者。

娱乐。2004年春天,MTV新闻频道播出了关于流行歌手布兰妮·斯皮尔斯(Brit-

---

① Dan Trigoboff, "When a Reporter Is Really a Cop," *Broadcasting & Cable*, June 19, 2000, p. 4.
② 这是波因特研究学院的鲍勃·斯蒂尔的观点。他曾写过危机报道指南,由广播电视新闻导演协会发行。参见 *Broadcasting & Cable*, April 26, 1999, p. 18。
③ Trigoboff, "When a Reporter Is Really a Cop."

ney Spears)的一则新闻,她决定在 Every Time 这首歌曲的录影带中加入一个她打算自杀的画面。这一想法引发了众多愤怒观众的投诉。斯皮尔斯之后修改了这部分内容。①

电视和电影中的暴力行为会影响儿童的攻击行为吗?有关犯罪的节目会提升社会的犯罪率吗?黄金时段电视剧中的"毒品文化"会受到欢迎吗?家庭价值观的淡化应该归咎于好莱坞吗?

这些只是娱乐产业所面临的一些伦理问题。通过各种鲜明的特征、巧妙的对话、特技和戏剧化情节所描绘的冲突,娱乐媒体传达出有利于社会和反社会行为的重要经验。它们可能有时候只是反映了现实,或者在一些情况下帮助推动了改变。但毫无疑问的是,它们在国家道德发展的过程中占据着重要的地位。戴尼·艾略特教授是媒介伦理方面的评论员。艾略特描述了如下一些涉及娱乐媒体的伦理问题:

> 娱乐性大众传媒,无论是纸媒还是广播,都不仅仅是在帮助人们填充晚饭和睡觉之间的时间空隙。娱乐是可以用来教育和社交的。我们通过学习那些冒着生命危险帮助陌生人的事例来了解道德英雄。我们通过看黄金时段情景喜剧来学习如何处理儿童猥亵、毒品使用和其他危机。然而,当观众看到暴力内容的时候,他们的一些理解是作者和制作人所没有预料到的。展示暴力行为的基本担忧,主要是戏剧化的事件可能会引导人们模仿犯罪。描写犯罪行为的电影是否就鼓励了这种行为呢?心理学专家并不同意。编剧和制作人必须考虑这些画面可能对观众产生的影响。②

六十多年来,社会科学家一直在对媒介描绘不同形式的反社会行为所带来的"影响"做微观研究。但即便可以在媒介内容和反社会行为之间建立一种联系,宪法也很难容许对这些内容进行管制。在过去的三十年里,多起案件都试图起诉媒介散播的内容导致了暴力模仿行为。③ 但是法院一致认为,宪法第一修正案有责任保护这类有艺术品位的内容,除非这一内容的制作人"煽动"观众去违法。鉴于暴力性娱乐有了法律的保护,关于通过戏剧化甚至有争议的娱乐创作来传达价值观的伦理担忧,就显得更加需要关注。

很少有娱乐节目制作人会故意鼓励或者煽动反社会行为,这样的行为放在任何伦理规范下都是不合理的。然而,不管娱乐产业是否会导致反社会行为,社会中的一些人,特别是那些脆弱敏感的年轻人,都无法逃避潜藏在诱人商品中的微妙行为和心理暗示。例如,类似吸毒这样严肃的话题,就算用情景喜剧的外表去包装,还是会如实地

---

① Jennifer Vineyard, "Britney Spears Removes Suicide Plot from 'Everytime' Video," MTV.com, http://www.mtv.com/news/articles/1485729/20040312/spears_britney.jhtml,2004 年 3 月 18 日访问。
② Deni Elliott, "Mass Media Ethics," in Alan Wells (ed.), *Mass Media and Society* (Boston: Heath, 1987), pp. 66-67.
③ 例如 *Olivia N. v. NBC*; *Zamora v. Columbia Broadcasting System et al.*, 480 F. Supp. 199 (S. D. Fla. 1979); *DeFilippo v. National Broadcasting Co. et al.*, 446 A.2d 1036 (R.I. 1982); *Herceg v. Hustler*, 13 Med. L. Rptr. 2345 (1987). 其中一个值得关注的媒体被告玩忽职守的案例是 *Weirum v. RKO General, Inc.*, 539 P.2d 36 (1975)。在这一案例中,电台因播出了比赛信息导致摩托车手死亡而负有责任。

吸引到观众的注意力。然而,就算观众没有接收反对毒品的信息(如果有的话),也要尽一切努力不去美化毒品。但是,媒体从业人员处在一个微妙的"伦理"境地,因为他们必须在现实和娱乐之间脆弱的交叉地带工作:既要符合野蛮社会的现实,又要符合推动道德价值发展这一社会责任的要求。

不幸的是,好莱坞在其戏剧性和娱乐性的现实叙述中不再对毒品内容说不,至少不会完全拒绝。20世纪80年代,大部分有关毒品的内容都从大众娱乐中消失了或者被描绘成邪恶的内容。但是十年后,根据《新闻周刊》的报道,"毒品使用已经处于黄金时段,没有警钟或者恶魔犄角的警示"①。例如,在全国最受欢迎的情景喜剧《罗斯安家庭生活》的一集中,主角们发现了一些大麻,随后便一起开始吸食,导致这一集的大部分剧情中,他们都处在一种飘飘欲仙的状态。在MTV顶级剧集《瘪四与大头蛋》(Beavis and Butthead)中的主角闻了涂料稀释剂之后,《周六夜现场》(Saturday Night Live)和《喜剧中心》(Comedy Central)都引入了有关大麻的笑话。②

这种对毒品文化持随意态度的情况显然有增无减。2001年8月,《电视指南》就哀叹,"毒品"似乎成了电视编剧的首选。《电视指南》认为:"最近几周,我们统计了三档节目,都包含非法毒品落入不知情人物手中的剧情。"HBO的《六英尺之下》(Six Feet Under)和娱乐时间电视网(Showtime)的《复活第一季》(Resurrection Blvd.)中都有非法毒品落入不知情人物手中的情节,但是都展现出"吸毒是无害的"这一观点。③

当然,有许多关于提升娱乐产业适度性和责任感的观点。例如,在年轻观众中广受欢迎的全球音乐电视台就禁止在节目中推崇毒品使用。这也使其在热门曲目《因为我嗨了》(Because I Got High)发布之前,和艺术家阿佛罗曼(Afroman)的唱片公司讨论了可能的一些改动。之后,所有关于吸食大麻的视觉内容都从录影带中被删除了。④

一些人指责电视产业已经成为政府对抗毒品的帮凶。这一联盟也导致了一些令人不安的伦理问题。1997年颁布的一条法律要求广播电视网络播放和联邦政府所购买的"禁毒"广告数量相符的公益"禁毒"广告。但是,白宫的国家毒品控制政策办公室允许电视网络取代这些"禁毒"公益节目。这一经济协定也使整个产业变得有利可图。⑤ 2000年1月,FOX、ABC、CBS、NBC和华纳兄弟承认它们允许政府审查比如《急诊室的故事》(ER)、《飞越比弗利》(Beverly Hills 90210)、《杏林先锋》(Chicago Hope)等流行电视剧的上百集剧本。⑥ 电视网络坚持它们没有因为政府的压力而对剧集做任何改变,但是批评家把这一行为视为政府对言论自由的侵犯⑦,至少可以看作对于

---

① John Leland, "Just Say Maybe," *Newsweek*, November 1, 1993, p. 52.
② Ibid.
③ "Cheers and Jeers," *TV Guide*, August 18, 2001, p. 10.
④ David Bauder, "MTV Restricts Airing of Pop Song about Pot," *The Advocate* (Baton Rouge, LA), August 24, 2001, p. 10A.
⑤ Betsy Streisand, "Network Noodling: Who Controls Content?" *U. S. News & World Report*, January 24, 2000, p. 26; Paige Albiniak, "TV's Drug Deal," *Broadcasting & Cable*, January 17, 2000, pp. 3, 148.
⑥ Streisand, "Network Noodling."
⑦ Ibid.

好莱坞创意自主性的微妙监督。然而,在全国性的混乱爆发后,白宫同意停止预览黄金时段电视节目剧本以确保其中存在"禁毒"内容的行为。①

媒介还被指责鼓励了从不尊重政府到青少年自杀等任何可以想到的反社会行为。但是,暴力依旧是媒介批评家眼中的头号敌人,主要是因为暴力行为过于普遍,且有证据证明,观看过多暴力内容会对年轻的观众产生不良影响。然而,暴力依旧是媒体内容中的重要部分。例如2003年,家长电视委员会的一项研究表明,当年的电视暴力内容几乎是四年前的两倍。②

如今,媒体被宗教保守派和总统候选人指控为"道德叛国"。在20世纪60年代,为了减少这种批评,电影产业引入了分级制度作为赞助商的早期警告策略。但是媒介批评家认为,这一制度并没有在好莱坞和美国"主流"的对抗中承担足够的道德责任。电视产业一直处于暴力的包围中。因为在家庭生活中的普及以及在儿童生活中的重要作用,电视招致了公众对于其充满暴力内容以及对社会产生不利影响的公开指责。媒体、政府官员和一些产业高管自己都在齐声谴责电视中露骨的暴力内容。特别是在一系列校园枪击案后,公众的反馈已经从限制政府监管转为要求更加严格的行业监督。

暴力是个人和文化因素互相作用的复杂结果。行业代表认为,把所有的社会病态都归咎于媒介是不公平的。③ 然而,好莱坞在国家文化生活中确实无处不在,因此娱乐产业的高管必须承担他们对于社会生活质量的道德责任。除此以外,我们忽略了来自包括美国医学协会等四大主要公共卫生组织的警告,最终只能自食恶果。2000年夏天,这四大组织发表了一个联合声明,其中说道:"暴力对媒介的影响是可测显著并且持久的。但是,长时间观看媒介中的暴力内容可能会导致观众对现实生活中暴力行为的情感脱敏。"④

唱片行业也因其对青少年的吸引力和高销售量而受到道德审查。唱片业的道德守护者们说,美化人类本性失调面的歌词会对价值观尚未成熟的年轻人产生深刻的影响。

说唱和重金属等音乐类型,尽管在审美上冒犯了很多真正的音乐爱好者,却在年轻人中极受欢迎。这类歌曲的歌词中经常充满暴力和色情元素。时代华纳公司曾因为其旗下的饶舌歌手的歌词而惹上麻烦。公众强烈谴责了饶舌歌手艾斯提(特洛西·马洛)一首关于杀害警察的歌曲,致使时代华纳不得不与他解约。但是,时代华纳公司主席杰拉尔德·莱文(Gerald Levin)并没有轻易向批评者屈服,他利用宪法第一修正案作为自己的道德救世主。但事实是,这些赞美暴力和"厌女症"的"黑帮"说

---

① Betsy Streisand, "Cents, Censorship, and Videotape," *U. S. News & World Report*, January 31, 2000, p. 24.
② David Bauder, "Study Says TV Violence Almost Double That of 4 Years Ago," *The Advocate* (Baton Rouge, LA), December 12, 2003, p. 24C.
③ 更多案例详见 Proctor & Gamble spokeswoman Gretchen Briscoe, in Paige Albiniak, "Media: Littleton's Latest Suspect," *Broadcasting & Cable*, May 3, 1999, p. 14, 以及影视协会主席 Jack Valenti, Paige Albiniak, "Television under Fire Again," *Broadcasting & Cable*, May 10, 1999, p. 11。
④ 转引自 Paige Albiniak, "Violent Media, Violent Kids?" *Broadcasting & Cable*, July 31, 2000, p. 14。

唱音乐并不是自由表达的结果,而是无情的市场所导致的。这一事实也反映在《今日美国》对威利·D.(Willie D.)的采访中。作为一名有着一个月大的女儿的父亲,他表达了自己对于如今令人震惊的歌词的忧虑。他说:"我们得把事情摊开看。对于我来说,这是一个事业。我说了就能得到报酬。"①音乐产业用一个自制的评级制度来回应"文化污染"的指控。在这个评级制度中,一些包含暴力和色情内容的磁带以及光盘都会被贴上警告的标签。

伦理体制并不要求完全清除暴力内容,因为这种预想是荒谬的。但是,希望大众娱乐内容的生产者把道德感带给观众的要求并不过分。例如,一个电影导演可能会在面对家庭电视观众和影院观众这两种不同的情况时,对于暴力内容做出不同的选择。同样,儿童节目中的暴力元素也应该完全异于成人节目中的暴力元素。

在建构"暴力内容的伦理标准"时,我们可能需要考虑以下问题:(1)生产者是否标出了合适的警告标识,使得传播过程中的个人或者团体(广告商、网络、电视台、电影院和观众)能够决定是否拒绝这个内容?(2)暴力内容对于情节是无所谓的还是有必要的?(3)是否把暴力内容描述为解决问题的好办法(甚至是不可避免的办法)?(4)无理的暴力行为是否受到了公正的惩罚?这类行为又是否获得了好处?(5)是否清晰区分了英雄和反派的形象?(6)若没有公正的惩罚,或者没有清晰地区分英雄和反派,在情节或者剧本中使用此种暴力是否为了实现更高的公共目的?

伦理学家可能会问:"谁应该为娱乐产业的内容承担责任?"尽管这些内容的生产商可能会承担最终的责任,但是也有人认为,传播过程中的所有参与者都应该承担道德责任,如作家、制片人、导演、电视网、电视台、报纸、杂志、电影院和观众自己,甚至包括儿童的父母。然而,大众媒介的生产者处于一个特别危险的位置,因为他们必须要满足创意群体的娱乐需求,但同时,他们又必须对传达给不同观众的价值信息格外敏感。在传统娱乐内容生产者看来,处理社会问题时很少能保持中立。他们可能会创造性地进行平衡,但是社会和反社会的价值观本来就存在于这些戏剧性的内容中。② 因此,媒体从业者必须对自己在影响社会风俗方面的责任格外敏感,同时也应该制定策略来更好地娱乐观众,但又不把观众抛向道德混乱的境地。

广告。广告和反社会行为问题之间的关系也许并不像新闻和娱乐功能那样明显。其中一个原因是,广告不加掩饰的目的就是说服,而很少有媒体从业者希望被指责为推崇非法行为或暴力行为。另一个原因是,媒介对于适合出版和广播的广告类型已经有了共识。大多数媒体机构都有相应的规定,除了依据品味拒绝广告外,也拒绝那些违反法律或者鼓励非法行为的广告,例如推广非法彩票或者提供武器邮购服务等类型的广告。

---

① 转引自 John Leo, "Stonewalling Is Not an Option," *U.S. News & World Report*, June 19, 1995, p. 19。
② 一项研究发现,在关于职业拳击赛的报道中,暴力是被奖励的,而报道发表后社会上的杀人案数量会随之增多;在关于谋杀审判和处决的报道中,暴力是被惩罚的,而报道发表后社会上的杀人案数量也会随之减少。具体可以参见 David P. Phillips, and John E. Hensley, "When Violence Is Rewarded or Punished: The Impact of Mass Media Stories on Homicide," *Journal of Communication* 34 (Summer 1984): 101-116。

但是,甚至主流广告都开始在行为举止上"挑战底线"。为此,一个专栏作家哀叹道:"电视网已经没有'把关人'了。"① 例如,在几年前的一个雪佛兰电视广告中,一个沮丧的女性坐在卡玛洛里,向卡车司机暗送秋波。同时,她还把手臂伸向天空,做出了一个隐晦的不雅手势。在另外一个例子中,马里兰商场中投放了有关排便的商业广告。这些广告被《美国新闻》专栏作家约翰·利奥(John Leo)形容为"一家不知名的汉堡连锁店打出的极其恶心的广告"②。

主流媒体近些年主要在控诉崇尚暴力的内容,特别是那些存在于成人和儿童广告中的暴力内容。看一下《电视指南》对游戏《美国国家橄榄球联盟:闪电战》系列视频中广告的描述和评价:

> 广告开场时,钢人队的四分卫科德尔·斯图尔特(Kordell Stewart)用传球击打乐手的头部,将他们打倒在地。之后,我们看见游戏的动态画面。这些玩家激烈铲球,或是在自我陶醉地庆祝胜利。叙述者提供了其中的关键点:致命的远距离传球;中后卫没有丝毫良心。"NFL Blitz"是对公平比赛的攻击。没有裁判,没有规则,没有怜悯。③

《电视指南》的批评家菲尔·马斯尼克(Phil Mushnick)毫不留情地批评道:这则广告是"扭曲的、针对儿童的橄榄球游戏"。他控诉NFL"贪婪且缺乏良心"。④

好莱坞是批评家攻击的主要目标,这并不让人意外。批评家批判电影公司向青少年行销限制级(R级)电影。尽管我们暂时无法得知电影产业上亿美元的广告费中有多少用在了限制级电影上,但是美国联邦贸易委员会2000年的一项重要评估已经促使电视行业反思其广告政策。美国联邦贸易委员会发现,电视常常向儿童播放限制级的电影、音乐和视频游戏。例如,研究人员让年仅9岁的儿童帮助创作限制级恐怖电影《我知道你去年夏天干了什么》(I Know What You Did Last Summer)的续集。⑤ 这一份报告引发了政治候选人以及国会对于电影产业的强烈指责。⑥ 一家电视网络的总经理形容这些公开批评是"大选前的政治行为"。其他人则更加仁慈,认为美国联邦贸易委员会的发现是对电影行业的有力提醒,希望它们能更有责任感。⑦

媒介批评家在批评暴力导向的广告上并不缺乏同伴。观众也会经常表达对逾越伦理规范的广告的不满。例如,在2000年秋天,美国全国广播公司接受观众投诉,撤回了耐克公司的一则商业广告。广告中,美国田径明星运动员苏茜·菲沃·汉密尔顿(Suzy Favor Hamilton)跑过了一个狂舞电锯的疯子。耐克公司的新闻发言人回应道:

---

① John Leo, "Foul Words, Foul Culture," *U. S. News & World Report*, April 22, 1996, p. 73.
② Ibid.
③ Phil Mushnick, "Unnecessary Roughness," *TV Guide*, October 24, 1998, p. 38.
④ Ibid.
⑤ Betsy Streisand, "Slasher Movies the Family Can Enjoy," *U. S. News & World Report*, October 9, 2000, p. 50.
⑥ Paige Albiniak, "Media Take a Pounding," *Broadcasting & Cable*, September 18, 2000, pp. 16, 18.
⑦ Steve McClellan, "The Scarlet R," *Broadcasting & Cable*, September 18, 2000, p. 15.

"我们认为,了解耐克和我们的观众会明白这些广告的含义。"①

尽管广告商普遍对于争议感到反感,但他们也绝不应该低估市场的经济力量。在过去几十年中,广告商用营销策略挑战了年轻顾客的底线。正如《新闻周刊》中一则令人反感的声明所说的:"专家认为,为了赢得价值数百万美元的城市市场,越来越多的营销团体正在利用硬汉形象销售从麦芽酒到音乐等各类商品。"②该杂志还以士力架的广告为例。广告中,年轻人用士力架的名字装饰城墙,正如那些用涂鸦在墙面上"留名"的"黑帮"团体一样。类似地,在一则名为"野性"的科蒂野生麝香香水广告中,一个模特腰间系着一条腰带,看起来像是布满了子弹。③

这些广告之所以引发了人们的伦理担忧,不仅因其内容可疑,还由于它们的目标观众。当这些与"黑帮"相关的信息传达给城市年轻人时,广告行业就被指控在本已充满暴力和敌对的环境中注入了另一个爆炸性元素。当然,道德主体可以自由地选择为自身行为所处的道德立场来辩护,但是他们很难逃脱对这些行为所产生的后果应负的道德责任。

媒介与文明

如果伦理教学包括世间万物,那么它意味着我们必须培养对他人的尊重。这种"价值观"是伊曼努尔·康德哲学思想的中心,也是所有伦理行为的激励力量。它指引我们不要把善待他人当作达到目的的一种手段,而是当成实现自我的途径。为此,我们应该努力培养讲礼貌和有同情心的品质,并且尊重他人的信仰和观点。简而言之,我们应该变得文明。一个文明的社会更像是一个良性的社会。但不幸的是,最近几年,文明似乎在不断衰退。我们在与他人的相处中变得越来越不宽容和没有耐心;修辞的"品质"在不断衰退;我们反对公共问题的方式和行为变得越来越不文明;对于社会规范越来越愤世嫉俗和不尊重。

为了寻求应对这种萎靡现象的答案,我们应该避免把文明程度下降的全部责任归于媒介。然而,由于媒介产生的影响,探究媒体从业人员在社会文化生活衰退中扮演的角色是合理的。因为计算机网络的普及,个人可以绕过传统媒体,来和所有其他个人、少量目标观众甚至大量未分类的观众进行交流。这是一个重要且及时的问题。自身不文明的话语是无害的,但是煽动性强且尖酸刻薄的语言,以及对于暴力的美化可能会引发反社会的态度和行为,也可能会鼓动极端分子实施暴力。即使在社会主流中,这些冒犯性的语言和行为也可能会创造一种不文明的文化。在这种不文明中,怒火被毫不掩饰地发泄给成千上万热心的旁观者,欺软怕硬成了极具"观赏性"的运动。任何对不文明行为进行归类的尝试都很危险,因为它们之间的界限并不清晰。但是,

---

① "Cheers and Jeers," *TV Guide*, October 7, 2000, p. 11.
② "Do Gang Ads Deserve a Rap?" *Newsweek*, October 21, 1991, p. 55.
③ Ibid.

为了讨论的方便,我们把不文明的行为分为三大类:不文明行为、仇恨言论和肮脏伎俩。

许多年前,一部名为《杰瑞·施普林格秀》(The Jerry Springer Show)的节目因为收视不佳面临着停播的危险。5月是决定命运的关键收视时期,该节目的制作人理查德·多米尼克(Richard Dominick)做出了一个重要决定。成功的关键是"亲密关系秀,3K党成员和冲突,大量的冲突"。为了证明这个争议决定的可行性,多米尼克说:"我们需要在观众换台的时候争取到他们,因此,不管在什么时候看到我们的剧,他们都得认为它很有趣。"①

改版后的《杰瑞·施普林格秀》大获成功!观众显然对于节目中非常态且暴力的不文明行为十分着迷(或者至少是好奇的旁观者)。这一节目很快挑战了《奥普拉·温弗瑞秀》(The Oprah Winfrey Show)在白天档的领导地位。仅仅一年,《杰瑞·施普林格秀》的收视率就不可思议地上涨了114%。② 尽管存在一些对该节目所展示的交战行为的指控,但这并没有阻挡施普林格的决心。电视台内部一些人认为,"施普林格如果屈服的话,也不能在5月档得到这么高的曝光率"③。

或许,对于我们的文化艺术宽容度和审查疏忽来说,这是一个严肃的提醒。这档节目逃脱了一切重大的批判性审查,直到它威胁到了《奥普拉·温弗瑞秀》的地位。④ 最终,在来自宗教领导、教育团体、社群积极分子和媒体批评家的反对声中,《杰瑞·施普林格秀》同意策略性地删除争论性的内容。比如,在1998年3月,底特律教育局加入市议会的行动,双方共同要求当地电视台把《杰瑞·施普林格秀》从下午4点挪到"父母或者其他监护人更可能监督孩子观看电视内容"的时间段。教育局的这一决定正好发布于尼尔森报告确认《杰瑞·施普林格秀》拥有15%的12—17岁以及10%的6—11岁观众之时。⑤ 芝加哥的社区积极分子团体把这个节目描述为一场"色情激战"。他们和制作商签订了一个协议,要求删除其中的打斗、扔椅子和其他的暴力行为。⑥ 然而,作为电视行业不文明化的体现,《杰瑞·施普林格秀》在复活10年后仍有一批忠实的追随者。

从伦理角度看,我们很难想象能有一个比展现打斗、扔椅子和其他不受控制的愤怒的脱口秀节目更邪恶的娱乐形式。任何道德框架都不能容纳这种内容,因为其试图说明不文明行为是管理人际关系的一种方法。展现现实生活暴力的反社会行为和其他被包装成娱乐的激烈行为都有害于文明社会的建设。

---

① "Jerry Springer: Punching the Envelope," *Broadcasting & Cable*, December 15, 1997, p. 33.
② Ibid.
③ Joe Schlosser, "'Jerry Springer': Scraps or Scripts?" *Broadcasting & Cable*, April 27, 1998, p. 10.
④ 更多案例参见 Clarence Page, "Springer's TV Show Debases Us All," *The Advocate* (Baton Rouge, LA), April 30, 1998, p. 11B; Kevin V. Johnson, "Show Battles Way to Top, Takes Care in Sweeps Fray," *USA Today*, pp. 1D-2D。
⑤ Dan Trigoboff, "Educators Don't Want to Keep 'Springer' after School," *Broadcasting & Cable*, March 30, 1998, p. 11.
⑥ Lindsey Tanner, "Show to Cut Violence after Boycott Threat," *The Advocate* (Baton Rouge, LA), May 1, 1998, p. 4A.

第十章 不雅内容:自由与责任

对不雅内容的社会监督

在2004年《超级碗中场秀》的结尾,流行歌手贾斯汀·汀布莱克(Justin Timberlake)撕开了歌手珍妮·杰克逊(Janet Jackson)紧身外套的一部分①,她右半边胸部走光了。美国联邦通信委员会主席迈克尔·鲍尔(Michael Powel)把这称为"无底线的、粗俗的、可悲的作秀",并保证将立即调查这件事。虽然播出平台哥伦比亚广播公司和这场表演的制片方全球音乐电视(MTV)都发表了公开道歉,但此事还是激发了公众对道德正义的呼吁。在珍妮·杰克逊事件之后的几周,广播商延迟了一些节目的直播,并对那些可能会进一步激怒联邦通信委员会的娱乐节目进行了审查。事件平息后,美国国会开启了一项名为"家庭电视怎么了?"的调查。②

10岁的安德斯·尤马切尔(Anders Urmacher)是一名来自纽约道尔顿学校(Dalton School)的学生。某天,他在电脑上收到一封陌生人的神秘邮件。他下载了邮件附件,并告诉了他的妈妈。当他的妈妈琳达·曼恩-尤马切尔(Linda Mann-Urmacher)打开这个神秘邮件的附件时,发现屏幕上布满了10张图片,均为色情内容。琳达震惊地说:"我都不知道网络上有这种东西,儿童更不应该接触这种画面。"③

1997年1月,自由职业新闻摄影师威廉·W.路易斯(William W. Lewis)在加利福尼亚州河滨县遇到了一桩惨案。一个精神失常的人用M-1步枪伏击并杀害了两名警官。在路易斯以水平角度拍摄的照片中,被杀害的警官上半身和头部蜷缩着,而他的双臂伸展着。路易斯把他的摄影作品卖给了河滨县的《企业报》(Press-Enterprise),该报将死者的照片作为当天的头版。这一做法引来了读者和死者亲属的800多通充满忧虑和愤怒的电话,而执法部门的官员也控诉这份报纸的冷漠。④

《超级碗中场秀》里的下流行为、网络上的色情内容、当地报纸上可怕的照片以及暴力电影中描绘的伤害内容——这些只是几个争议性话题的例子,这些例子反映出,人们对不雅内容十分敏感。任何侵犯了某些社会阶层道德标准的内容都属于不雅内

---

① "FCC to Investigate Super Bowl Breast-Baring," CNN.com, February 2, 2004, http://cnn.usnews.printthis,2004年2月2日访问。也可参见Bill Carter, "Bracing for Fallout from Super Indignation," *New York Times*, February 5, 2004, p. B1。
② Marc Peyser, "Family TV Goes Down the Tube," *Newsweek*, February 23, 2004, pp. 52-54.
③ Philip Elmer-Dewitt, "On a Screen Near You: Cyberporn," *Time*, July 3, 1995, p. 40.
④ Frederick R. Blevens, "When Journalistic Judgment Outrages Readers," *Chronicle of Higher Education*, May 16, 1997, p. B7.

容,因此这些问题经常和第九章中提到的反社会行为交织在一起。然而,关于大众传播中对这些不雅内容的持续争论,我们需要单独开辟这一章来探讨这些问题。

每当涉及基于道德立场来监督国家的大众媒介时,社会监管机构就会表现出自己从未远离舞台中心的一面。在某些方面,不雅内容问题是很多媒体从业者面临的最棘手的伦理困境之一。因为除了最明显的淫秽内容外,其他所有的不雅内容都受到宪法第一修正案的保护。这一事实使得不雅内容在伦理维度上的矛盾更加凸显。尽管大多数违反道德的行为只会引来媒介批评家和那些受不雅内容影响最大的人的投诉,但是对于不雅内容的指责有时也会激起大规模的抗议和游行。例如,一些人反对色情内容,可能是因为觉得它冒犯了社会文明标准;一些人反对那些刊登在当地报刊上的令人惊恐的图片;宗教保守派则抗议在当地放映那些被视为亵渎神明的电影;一些人甚至站在道德的立场上,反对堕胎诊所或酒水广告。因此,不雅内容也许是一个宽泛且不明确的话题。

试图安抚所有社会阶层的道德情感,无疑是不可能且不可取的。任何类似的策略都会破坏文化艺术的活力,使它在审美上显得无趣。然而,媒体从业者面对这些问题时必须非常敏感,并应在宪法第一修正案的规范下,把自身的合法权利和相应的社会责任相结合。

色情、淫秽和道德责任

关于性的内容大有市场! 让我们细想一下《纽约时报》报道的这些事实:美国人每年在色情视频上花费了40亿美元,比任何职业垒球、篮球和足球联赛累计的年收入都要高。美国人每年花费在色情内容上的钱,比花费在电影票和其他所有表演艺术上的总和还要多。互联网色情业是少数能在互联网泡沫破灭情形下依然持续增长的行业。①

由于色情文化占据着显著的市场份额,因此,我们可以很明显地看出:沉迷于色情文化并不是与美国社会格格不入的行为。色情文化无所不在,它完全不适用于受众统计归类这一方法。然而,所谓的色情内容对社会道德基础的腐蚀性影响,仍然在国家公共议程中占据着突出的位置。色情文化的反对者预测,如果这一类费用不从美国的文化菜单中被剔除的话,我们就很可能迎来道德的世界末日。然而,他们的对手则用"审查指控"来回应。

最高法院已经裁定,淫秽内容是不受宪法言论自由保护的,但是通常,我们很难界定到底什么才是淫秽内容。最高法院的大法官可能会有令人信服的法律凭证,但他们不是文学评论家。毕竟,一个人眼中的色情文化,可能是另一个人眼中的艺术。作为对实用主义的让步,前任大法官波特·斯图尔特(Potter Stewart)曾经表示,虽然他不

---

① Frank Rich, "Naked Capitalists," *New York Times*, May 20, 2001, Section 6, p. 51.

能定义淫秽,但能在看到它的时候立刻察觉。①

所有法院的判决书都凸显了一个主题:法官认为淫秽内容对社会是有害的,甚至可能对社会生活的质量产生不利影响。从这一方面看,法庭对于淫秽的判决就不仅是宪法的教条,而更多地反映了对社会道德标准的深刻担忧。②

随着争论的继续,新的情感和政治同盟出现了。一些女权主义者通过指责色情内容是一种男性霸权的表现来支持道德约束。③ 20世纪80年代,她们就曾通过一些社会法令,将"色情内容"定义为:通过对性行为或者是身体虐待的描述来展现对女性的不平等待遇。但是,这些法律成果并没有维持很长时间。不久,联邦法庭就宣布这些法令因违宪而无效。

在里根政府时期,美国司法部部长埃德温·米斯(Edwin Meese)发布了司法委员会对色情内容的最终报告,这也使得关于淫秽内容的争论不断出现在公众意识中。这份报道也被称为"米斯报告",而米斯正是当时里根政府"反犯罪战争"(War on Crime)中的关键人物。在这份报告出炉之前,就有指控称委员会已经确认了淫秽内容的危害。④ 尽管委员会对一些社会科学证据存在可疑的解释,而且无法在一些色情内容和性暴力之间建立明确的联系,甚至遭到了自己成员的指控,但是,一些组织仍利用这份研究报告来迫使一些店面清除色情制品。

宪法是保护合法权益的持久工具,但它并不总是一个有价值的道德指南。正如持续至今的关于堕胎和死刑的争论一样。例如,美国的一些州已经颁布了相关法律来规范传播中含有不雅或者淫秽歌词的音乐,也曾有人起诉违反这些法规的音像店老板。尽管这些案例反映了法律问题,但是,道德辩论仍在那些强烈认为此类音乐冒犯社会道德的社区中进行。

事实上,用法律来阻止有争议内容的传播注定会失败,而这类失败反映了伦理对涉及艺术病态的领域的重要性。反对用色情和其他不雅内容来贬低妇女运动正是一个例子。试想一下,囊括了葛罗莉亚·斯坦能(Gloria Steinem)、贝蒂·弗莱顿(Betty Friedan)和梅尔巴·穆尔(Melba Moore)等来自全国妇女组织的积极团体,聚集在位于时报广场的纽约市政府前抗议音乐录影带 *Smack My Bitch Up* 的播放。这一短片是英国乐队 Prodigy 最新单曲的视频,其中包含了一些看似推崇对女性实施暴力的歌词,并且在 MTV 播放。最终 MTV 删除了这个视频,但是否认该决定与抗议活动有关。⑤

过去十年中,嘻哈音乐吸引了大批青少年观众。他们从不惧怕挑战传统道德规

---

① 更多斯图尔特发表的评论,参见 *Jacobellis v. State of Ohio*, 378 U. S. 184, 197 (1964)。
② 支持这一观点的学者包括 Harry M. Clor, *Obscenity and Public Morality: Censorship in a Liberal Society* (Chicago: University of Chicago Press,1969)。
③ 关于妇女权利、色情和第一修正案之间关系的讨论,参见 Dwight L. Teeter Jr., and Don R. Le Duc, *Law of Mass Communications*, 7th ed. (Westbury, NY: Foundation Press, 1992), pp. 360-361。
④ 关于这一争议的概要,参见 Don R. Pember, *Mass Media Law*, 2000 ed. (Boston: McGraw-Hill), pp. 478-479。
⑤ "Smack Attack: Why MTV Pulled Clip," *TV Guide*, January 10, 1998, p. 62.

范,同时也被认为是支持反社会及不雅行为的群体。但是,为了在一定程度上重塑对他们艺术创造的尊重,一些著名的说唱歌手宣布放弃暴力,"穿上细条纹西装参加慈善活动"①。不过,正如《纽约时报》所述,个别超级明星的行为还是逾越了"成人领域"的红线。

> 全然不顾自己新建立的社会地位,一些超级明星开始从事一项不那么健康的副业:商业色情片。流行音乐总在不停地挑战性边界,当然,说唱从没有回避猥亵的歌词。但是现在,一些明星开始从粗俗的言辞转向实际的色情内容,包括图片视频、露骨的有线电视节目和以嘻哈音乐为主题的少女杂志。②

新闻业的行为依赖宪法第一修正案的核心价值观,但是当记者遇到可能会伤害观众道德情感的内容时,他们往往会面临伦理困境。例如,在电视新闻报道中,如果裸露的片段能够帮助公众理解这个故事,是否应该播放这些内容?当决定是否要引用包含不雅语言的内容时,公众人物遵循的标准和普通民众的应该不同吗?是否应该从引用中删去或者美化冒犯性的语言,来避免给受访者和观众造成尴尬呢?

当然,改变引用的内容会在真实度和准确度方面引发伦理问题。一些出版商采取了一些他们认为合理的方法,例如打出第一个有疑问的字母,然后接一系列破折号。而电视台在表达有新闻价值的主题时,经常会"哔"掉一些不雅的语言。但这些方法也会引发新闻准确度的问题。作为以社区为基础的家庭媒体,很多地方报刊在面对不雅的内容和语言时还是非常保守。市场的规模和特性通常会决定媒体从业者在面对污秽语言时的开明程度,但是大多数的媒体从业者还是不愿意去挑战公众对于这种内容的容忍度。

当涉及公众人物,包括职业运动员时,语言是否不雅成为一道伦理小难题。一些编辑主张,如果不合理的评论对于报道来说是必要的话,就应该留下,而其他人则更喜欢使用委婉的语言和间接引用来美化那些不雅的评论。但这通常是一种比较冒险的做法,而且依赖新闻人物的地位和该评论所处的语境,也可能取决于所使用的特定表达。

在处理对体育明星的采访时特别麻烦,因为其中通常穿插着各类谩骂。尽管用"哔"声来盖掉原话的技巧也是替代冒犯性语言的一种方法,体育编辑还是通常会在发表之前美化一下这些言论。根据之前所述的规则,这样的剪辑是有道理的,因为体育明星采访中的粗俗语言对于理解故事几乎没有什么帮助。当然,很多时候,当一个运动员对于一个情况的反应能够透露内情时,完整的引用也是合理的。但是,这个决定还得取决于受众的成熟程度以及所涉及的特定媒介。

不幸的是,体育媒介环境强化了运动员非传统甚至有些攻击性的行为。体育电视中逐渐充满了粗鲁和恶劣的行为,包括体育评论员的言论,也在不断冲击着伦理规范的边界。《电视指南》的菲尔·马什尼克(Phil Mushnick)评论道:"我们已经来到了一

---

① Martin Edlund, "Hip-Hop's Crossover to the Adult Aisle," *New York Times*, March 7, 2004, Section 2, p. 1.
② Ibid.

个关键时期,我们很难在周六下午找到一档没有色情的幽默的节目。"①他在总结中坚定地表示,"体育已经成为电视节目中拉低平均标准的部分"②。这一说法很有道理。但如果不是受众的容忍度和自由度都在日益提高,这种粗俗行为的风潮是不可能兴起的。

英语中有很多单词对社会的语言规范都有侵犯性,但一些词语被认为更加不雅。一些描述特定性行为和身体动作的语言在主流媒体中曾是禁忌,但是如今,一些禁忌似乎正在消失。被认为是冒犯性的语言数量在急剧减少。事实上,安妮塔·希尔(Anita Hill)和劳瑞娜·波比特(Lorena Bobbitt)之间唯一的共同联系就是,她们都曾在媒体上力促过一些迄今已被禁止的表达的合法化。之前,在克拉伦斯·托马斯(Clarence Thomas)的司法委员会听证会上,希尔"形象生动"的证词——重复引用一些不雅表述——吸引了全国的电视观众。③ 也许是因为希尔的性骚扰指控太类似于临床描述,这些话被一致认为过于猥琐,不适合在电视和广播上播出。1993年,相关单词重新广泛地出现在媒体报道中,来描述劳瑞娜·波比特怎么拿起刀冲向她丈夫的恐怖画面,却没有引起广泛的道德愤怒。新闻主管是如何决定将"波比特案件"作为头条新闻的呢?美国广播公司(ABC)负责编辑质量的高级副总裁理查德·瓦尔德(Richard Wald)说:"这是一个公众感兴趣的故事。没有什么新闻故事是完全不合适的,问题在于要弄清楚怎么去讲这个故事。"④

当使用脏话对于讲故事很必要时,新闻主管也通常会向观众发布警告。例如,在O.J.辛普森案件中,妮可·辛普森在几年前提供给911的电话录音被公布。ABC选择在《晚间报道》(Nightline)节目中播放了这段充满脏话的无剪辑版录音。这个节目在大多数晚间新闻后播出,且在播出前,电视台对观众即将听到的内容进行了警告。ABC认为它们的决定是合理的,因为"这个录音真实地反映了辛普森的愤怒和妮可的恐惧"⑤。

当然,在电子媒介中使用下流语言会引发其他一系列道德问题,因为广播和电视会侵犯家庭隐私,并且有可能伤害未成年观众。宾夕法尼亚电台播放了对摇滚音乐家杰里·加西亚(Jerry Garcia)("感恩而死"乐队的成员)的采访,因为其中含有不雅内容,电台第一次受到了联邦通信委员会的处罚之后,联邦通信委员会就很担心国家电视广播中的不雅语言的使用,而这种担心也生动地反映在了著名的"七大脏话"事件中。联邦通信委员会受理了对太平洋基金会(Pacifica Foundation)旗下的纽约广播电台的投诉,其中包括幽默作家乔治·卡林(George Carlin)的讽刺录音。在节目中,他重复使用了几个单词,而其中一个单词被禁止出现在公共广播中。联邦通信委员会形容这些语言"在现代广播媒介标准下显然是不雅的"⑥。同时,一天中的某些时间段存

---

① Phil Mushnick, "Phil Mushnick's Sportsview," *TV Guide*, October 14, 2000, p. 64.
② Ibid., p. 65.
③ "Toppling the Last Taboos," *Newsweek*, October 28, 1991, p. 32.
④ 转引自 Wayne Hoffman, "No Longer Taboo," *Communicator*, October 1994, p. 85。
⑤ Ibid.
⑥ *FCC v. Pacifica Foundation*, 3 Med. L. Rptr. 2553, 2554 (1978).

在儿童观众,也成为在特定时间段内调整不雅内容的理由。委员会禁止电视广播为了追求震惊效果而播出含有不雅语言的内容,1978年最高法院通过了这项决定。①

为了消除广播公司对即将到来的政府监督新时代的恐惧,联邦通信委员对于不雅内容实行的禁令并非24小时全天候的,而是要求广播公司把这些节目调整到儿童看不到的时间段。尽管有这样的"安全港",露骨的广播内容在其他时间段仍然有增无减,而委员会也一直忙于整顿国家电台。

由于对家庭隐私的普遍侵犯,电视娱乐产业成了全国观众多年来道德精神的战场。毋庸置疑,黄金时段的脏话和色情内容的普遍出现是为了追求收视率而非为了艺术。根据亨利·J. 凯泽(Henry J. Kaiser)家族基金会的研究,2000年,75%的黄金时段的电视剧中出现了色情内容,相比于前一年的67%有明显的上升。②

事实上,色情片行业正不断在黄金时段亮相。《家族企业》(Family Business)这部关于色情片明星亚当·格拉瑟(Adam Glasser)的真人秀节目,正是一个恰当的例子。或者,从福克斯电视网2003年秋季首映的《皮囊》(Skin)中也可以看出一二。《皮囊》的主角是一个父亲,他同时又是成人娱乐帝国产业的一名总裁。《皮囊》的总制片人吉姆·伦纳德(Jim Leonard)为这部突然走红的色情故事片辩护,他认为这部剧"使我们怀疑自己的价值观"。伦纳德反问道:"为什么我们喜欢(这个色情之王)而不喜欢那个试图打败他的人?这显然有点自相矛盾。"但是反色情团体——"媒体道德"的主席,也是媒介把关人之一的罗伯特·彼得斯(Robert Peters)显然不同意吉姆的观点,他说:"这样的内容会使人们对于色情内容越来越麻木不仁。比如,在每个情景喜剧和电视剧里都有一名妓女。那么时间一长,人们就会开始想:卖淫?那又怎么样!"③

电视网络不仅在挑战极限,同时也在腐蚀礼仪的界限。批评家无情地谴责电视行业,认为电视行业无耻地瓦解了美国的道德结构。例如,《广告时代》(Advertising Age)的专栏作家鲍勃·加菲尔德(Bob Garfield)认为:"在网络上几乎没有把关人。除了以'F'开头的脏话和说'布洛芬比阿司匹林要好'的言论外,你可以逃过任何监察。"④《纽约时报》对于某季度电视节目表所反映的黄金时段节目道德风气日下的现状非常愤怒,并做出了悲观的(正确的)评论。它认为,这个责任应该由电视产业、广告商和父母共同承担:

> 就像孩子肆无忌惮地用顽皮来挑战父母的容忍极限一样,这个季度的主流电视节目所宣扬的史上最粗俗和最色情的语言和行为也被送进了美国家庭。正如,有时管理被宠坏的孩子的策略就是看住他。

高收视率导致几乎没有广告商会拒绝具有煽动性的节目,同时越来越多的父母似乎已放弃了和孩子们在电视问题上争吵。通常,在一个双收入家庭

---

① *FCC v. Pacifica Foundation*, 3 Med. L. Rptr. 2553, 2554 (1978).
② Suanne Ault, "Sex and the Survey," *Broadcasting & Cable*, February 12, 2001, p. 24.
③ Rochell D. Thomas, "TV Goes Soft on Porn," *TV Guide*, October 18, 2003, p. 16.
④ John Leo, "Foul Words, Foul Culture," *U. S. News & World Report*, April 22, 1996, p. 73.

或者单亲家庭里,被留在家里的孩子可以自由收看他们想看的任何节目。①

当然,媒介批评通常都和人物轶事或某个节目中最具煽动性的主题相关。然而,这些节目一般都是最受欢迎的,甚至可以作为未来节目的晴雨表。电视台高管否认他们正在推动流行文化的发展,同时表明,电台和电视台运营商是整个社会艺术品位的最终"把关人"。然而,这些广播电视网处在收视率不断降低和道德保守的批评者不断攻击的双重现实中。同时,它们也在不断搜寻符合自身经济利益的策略,来竭力防止"引狼入室"。但是至少在短期内,对利润的追求很可能会胜过努力争取影响力的道德约束。而电视网络工作人员则提出了一个更加宽容的社会观点来为他们饱受争议的节目辩护,他们认为,在这个社会中,流行文化反映了现实,父母不再像媒介批评家一样为电视节目中的粗俗内容而烦忧。②

关于色情和猥亵,最新的和最血腥的战斗发生在网络空间中。作为规模最大且最容易获取的在线服务,互联网代表着一个有关想法的无限市场,同时它也是最纯粹的民主形式。但与此同时,互联网也是一份充满堕落色情内容的无尽菜单。尽管大多数色情内容都可以在成人书店找到,但是网络上的色情片却不一样。正如《时代周刊》在最近有关"网络色情"的封面文章中所提到的:

> 你不需要走进一个破旧的书店或者电影院,只需要在私人住宅里就可以获取色情内容。你可以下载那些使你有性冲动的内容,而不是买一整本杂志或者一整部影片。你可以探索不同方面的性,而不会接触传染病或者受到嘲讽。③

儿童能够轻易在网络上获取色情内容,这方面的争论早已引起反响。儿童一般都比他们的父母更懂计算机,却并没有在心理上做好看到眼前这些画面的准备。以此名义,很多忧心的父母开始支持政府监管。对于一些国会议员来说,这是他们最乐意看到的了。到目前为止,美国人似乎在这个问题上存在很大的分歧。如果过去确实只是一个开端,那么宪法将再一次证明,这一监督行为对维护道德并没有意义。而社会上的战士将会像对待堕胎问题一样,再一次被迫在观念市场上发起伦理挑战。当然,互联网和其他计算机网络将会增加儿童和成人对色情内容的可接触性。但是从道德层面来看,处理可能存在的网络色情内容的方法,和之前处理电视上有关性和暴力的内容所带来的恶劣影响的方式并没有明显区别,都是依靠父母控制和监督。

品位问题:令人震惊和不安的视觉效果

不雅内容并不总是涉及下流或淫秽的内容。一些照片和电视新闻片段也因为太

---

① Lawrie Mifflin, "TV Stretches Limits of Taste, to Little Outcry," *New York Times*, April 6, 1998, p. A1.
② Ibid., p. C8.
③ Elmer-Dewitt, "On a Screen Near You," p. 40.

过露骨而冲击着普通读者或者观众的情感。举例来说,假设一个刚刚被判有重罪的政府官员宣布召开一个新闻发布会来发表他的辞职声明,但是和预期的辞职声明相反,他拿出了一把枪,面对着闪烁的照相机,饮弹自尽。你会播放这段画面吗?这正是1987年1月宾夕法尼亚电视新闻部主任面临的问题。当时的财政部部长 R. 巴德·德威尔(R. Budd Dwyer)因为邮件欺诈、诈骗和作伪证的罪名要出庭受审。而在那之前,他在办公室召开了一个记者招待会。在做完一个简短且杂乱无章的批评司法体制、媒体和州长的声明后,他开枪自尽。在他满脸鲜血倒地时,摄像机一直在追拍他。①

这个录像带很快通过卫星传到了全国的电视台。大多数新闻部主任选择不去播放这段自杀的画面,但是少数人还是做出了相反的决定。那些没有播放这段自杀画面的电视台提到的最常见的原因是,这段画面太血腥。它们觉得这段画面非常粗俗,而且会吓到观众。和这个原因类似的观点认为,展示这段自杀画面本身对于报道并不是必要的。② 而三家选择在午间新闻中播放这段画面的电视台则用新闻价值和及时性来捍卫自己的决定。它们还认为这段画面并非格外清晰。③

路易斯安那州亚历山德里亚的观众显然并没有因电视报道的这段情节而感到不安:一个副警长因为即将到来的离婚而几乎发狂,他把手枪对准了自己的下巴,饮弹自尽;而在他倒下的那一刻,鲜血飞溅。尽管一些人反对,但还是有80%的观众支持电视台播放这段画面。④

"我们没有电视直播一场自杀。"KALB电视新闻部主任杰克·弗罗斯特(Jack Frost)说,"这个事件使我们的城市处于危险之中,而我们的观众需要知道这一点"。波因特媒体研究院的高级学者罗伊·彼得·克拉克(Roy Peter Clark)拒绝事后评论弗罗斯特的做法。他认为,观察事件如何发展的过程是有价值的。"这是及时性的终极意义。你能够间接地经历一个可能危险的公共事件。"但是克拉克也承认,电视台在播出这些内容时也放弃了某种程度的编辑控制措施。因此,电视台在承担引发不良后果的风险。⑤

但是,一名靠近自杀现场的心理健康理疗师帕特·蒙克(Pat Monk)批评说,电视台在关键时刻没有选择关掉摄像机。她说:"他们必须思考那些不稳定的人群会不会就此实施危险行为。你不能以他们不会这么做的可能性为基础来报道这则新闻。"⑥

这种超越了审美和戏剧得体性的突袭,通常使得记者面临从低级趣味者到窥阴癖的各类人群的指控。在决定是否要使用可能有冒犯性和令人震惊的图片时,媒体从业

---

① Patrick R. Parsons, and William E. Smith, "R. Budd Dwyer: A Case Study in Newsroom Decision Making," *Journal of Mass Media Ethics* 3 (1988): 84-85.
② Ibid.
③ Ibid., pp. 89-90.
④ Chevel Johnson, "Viewers Back Decision to Air Suicide Drama," *The Advocate* (Baton Rouge, LA), September 17, 1994, p. 4B.
⑤ Ibid.
⑥ Ibid.

人员必须权衡新闻价值和其他价值的关系。不幸的是,很多编辑人员似乎不知道照片产生的影响。他们把这些图片视为新闻报道的补充,但是却忽视了图片通常决定了一个故事所产生的影响这一事实。①

电视新闻部主任可能对于视觉影响更加敏感,因为图片是任何电视报道中固有的部分。新闻视频并不总能解释故事的意义,但是它能够创造出一些有影响力的图片。因为这些图片会不可避免地产生精神上的影响,所以展现人类悲剧的照片会在观众甚至在圈内专业人士中引发强烈的反应。例如在德威尔的案例中,大众媒体一致批评了电视台播放其自杀画面这一行为。对于其中一个电视台,一些广告商为了抗议甚至撤回了自己的广告。②

在《华尔街日报》记者丹尼尔·珀尔(Daniel Pearl)在巴基斯坦被宗教激进分子绑架并斩首之后,哥伦比亚广播公司(CBS)被政府和受害者家属置于尴尬的境地中。记者戴维·马丁(David Martin)收到了一个沙特记者从网上下载的视频。这段视频展示了珀尔被绑架者折磨和谋杀的画面。政府和司法部门以及珀尔的家属都要求 CBS 不要播放这段视频,因为它是恐怖分子用来招收对抗美国和以色列的极端分子的工具。然而,在"诸多考虑"后,哥伦比亚广播公司还是播放了这段视频,只是删去了受害者被斩首的残忍画面。③

珀尔的妻子称,哥伦比亚广播公司的决定是"残酷无情的"。她说:"任何一个母亲、妻子、父亲和姐妹都不得不重新回顾这个可怕的悲剧,看着自己心爱的人被不停地折磨。这一行为让我无法理解。"CBS 晚间新闻的执行制片人吉姆·墨菲(Jim Murphy)回应道,他的新闻部门权衡了受害者家人的感受和"我们认为需要去告知公众真相的使命"这两方面。"卓越新闻计划"主席汤姆·罗森斯黛(Tom Rosenstiel)同意吉姆的观点。他坚持认为:"在道德和新闻价值性上,这个报道都没有越界。记者的工作是在公民可以自己做决定的前提下为公众提供信息。美国人很难理解这么恐怖的画面怎么能吸引其他人,但 CBS 决定让我们看到这一事件并且尝试去理解它。"④

新闻编辑把该画面称为"伊拉克战争报道中不可或缺的一部分"。然而,一些编辑却拒绝播放这些画面,因为它们太令人毛骨悚然了。在波因特研究学院的新闻学智库中,电视新闻专家阿尔·托普金斯竭力主张新闻编辑和观众沟通。他建议道:"如果你不用这些画面,你应该解释原因。那些使用该画面的编辑也应该'限制使用并且解释为什么'。"

2004 年春天,四名美国承包商在伊拉克的法鲁加被杀害后,一些报纸选择刊登了这样一幅图片:一些伊拉克年轻人站在桥上,其后是两具已经面目全非的受害者尸体。

---

① William L. Rivers, and Cleve Mathews, *Ethics for the Media* (Upper Saddle River, NJ: Prentice-Hall, 1988), pp. 137-138.
② Ibid.
③ Dan Trigoboff, "CBS Takes Flak for Pearl Tape," *Broadcasting & Cable*, May 20, 2002, p. 15.
④ Ibid.

罗利市的《新闻与观察家》①在报道中加入了这张照片,随后收到了大约120通投诉电话和邮件。一个编辑对读者说:"《新闻与观察家》很少刊登这样的照片,之所以决定这么做,是因为这个场面可以展现当天的残酷事实。在决定刊登的过程中,《新闻与观察家》的编辑们认为,如果没有来自前线的图片,那么对于屠杀的报道就是不完整的。"②

几周后,在《60分钟Ⅱ》(*60 Minures Ⅱ*)用直白露骨的画面爆出美国虐囚的新闻后,大多数新闻机构都选择刊登或者播出一些令受众感到非常不安以及让美国政坛尴尬的照片。这些照片描绘了阿布格莱布监狱中的美国看守如何沉溺于对伊拉克俘虏的惯常性羞辱。[由于参谋长联席会主席理查德·迈尔斯(Richard Myers)的请求,以及考虑到美国战俘的安全和伊拉克法鲁加周边的紧张局势,CBS同意延迟两周播出该新闻。]③但是,大多数新闻机构拒绝播出一个平民工人被斩首的视频——尼古拉斯·贝尔格(Nicholas Berg)因为美国守卫对那些被囚禁的伊拉克人的虐待而被公开报复斩首。当然,在今天的多媒介环境下,因为网络上的视觉材料随处可获得,甚至对那些最热心的伦理学家来说,媒介把关都是不起作用的。然而,宽容且无规矩的网络环境不能免除媒介管理者要以负责且合乎伦理的方式去服务观众的道德义务。

战争死伤者的照片总是令人感到不安和害怕。谁不因为这些由《时代周刊》摄影师拍摄的照片而退却?一张照片展示了在科威特城里,一个伊拉克士兵的尸体在吉普车里,而他的头部都被烧焦了④;另一张照片则是对于人类黑暗面的一次可怕证明,而且成为斯雷布雷尼察大屠杀的影像证据。当然,这些令人做出痛苦决定的伦理后果通常都会超过道德义务的表述。比如说,当电视新闻节目中播放索马里人嘲弄似地在索马里首都摩加迪沙的大街上拖着美国士兵的尸体时,美国人都会很恐慌。报纸也刊登了类似的照片。在这些报道后,数以万计的美国人呼吁国会让美国军队从这场注定没有好结果的行动中撤军。国会议员们根据这些照片,要求总统克林顿立即撤军。这些照片和公众的反应迅速引发了一场全国性辩论,讨论照片的政治和伦理意义,以及媒介对于外交政策的影响。⑤

当然,相比于大多数的摄影报道来说,德威尔的案例和战争死伤者的案例受到了更多的公众和专业人士的审查。尽管这些视觉内容有所谓的新闻价值,但媒体从业者有道德义务去至少考虑一下这些受害者的家人、朋友和亲属的感受。然而,关于这些悲剧的照片是摄影报道的重要内容,一些编辑认为,因为这些照片非常引人注目,且让人记忆犹新,所以就算冒着伤害读者和受害者家人的危险,这些图片也必须被使用。很多关于车祸、枪击案、溺水案和自杀的现场图片都在每年的新闻摄影比赛中

---

① Allison Romano, "News Execs Defend Their Use of Gruesome Images," *Broadcasting & Cable*, July 28, 2003, p. 9.
② 来自编辑部成员安迪·贝切尔(Andy Bechtel)2004年4月1日的电子邮件。
③ "CBS Delayed Abuse Report at the Request of Gen. Myers," *Washington Post*, May 4, 2004, p. A18.
④ Linda Kulman, "Horror and Humanity," *U. S. News & World Report*, July 9/July 16, 2001, pp. 51-52.
⑤ Jacqueline Sharkey, "When Pictures Drive Foreign Policy," *American Journalism Review*, December 1993, pp. 14-19.

获奖。①

当新闻报道中含有裸露画面的时候,媒介把关人将会面临另一个涉及品位的决定。人体的图片经常会冒犯观众的道德情感,从而引发对该新闻耸人听闻的指控。再强调一次,编辑和新闻部主任必须在这些图片的新闻价值和其他考虑因素中做出平衡。设想一下,假如一个电视新闻团队和警方一起突袭一个裸体酒吧,晚间新闻是否应该在晚餐时间,形象生动地描绘这些裸体舞者被逮捕的过程?因为,电视是一个视觉媒介,这些画面正是新闻故事的核心。然而,很多观众被这些所谓的新闻诚实所冒犯。一些电视台通过技术屏蔽来改善这些画面。

很多编辑拒绝发布裸露照片,即使一些照片涉及有新闻价值的事件或者有公共利益的事件。尽管含有性暴露的内容在美国社会中随处可见,但是编辑显然认为,公众不会接受在自己家乡的报纸上出现裸露的内容。当你认为观众是道德推理中一个重要的因素时,你就很难批评这种谨慎的态度。

本质上,新闻管理者都是用目的论来发布冒犯性语言或播出冒犯性视觉内容的。对于一个有道德的记者来说,观众的反应以及报道对主人公的家人和朋友产生的影响,应该是他们做决定时的主要考虑因素。在决定是否要在新闻报道中加入不雅内容时,我们应该清楚地遵循一个指导方针:这些视觉内容不应该仅仅为了达到让人震惊或夸大传播以及增加收视率的效果。这些图片和其他内容一样,应该按照好新闻的准则来衡量是不是正当的。首先,它们应该有新闻价值。一旦这些图片的新闻价值被确定,那么它们对于这个故事的必要性也就确定了。例如,这些生动的视觉内容是否提供了重要的信息,或者说故事中缺少这些内容是否不利于理解?这些因素都应该和其他的因素,如好的品位、人类的尊严等相权衡。

道德限制的案例

探索关于不雅内容的伦理思想必须从理解支持还是反对社会控制的论点开始。其中,解决道德限制问题的一种方法就是指出能证明限制的合理性的立场。与这种探索相关的有四种自由限制原则,包括:(1) 伤害原则;(2) 家长作风原则;(3) 道德主义原则;(4) 冒犯原则。尽管这些原则大多被引用来证明猥亵言词方面的法律条款的合理性,但是它们在控制其他形式的不雅内容方面也同样适用。②

---

① John L. Hulteng, *The Messenger's Motives: Ethical Problems of the News Media*, 2nd ed. (Upper Saddle River, NJ: Prentice-Hall, 1985), pp. 148-149.
② 更多与分类相关的内容,参见 Joel Feinberg, *Social Philosophy* (Upper Saddle River, NJ: Prentice-Hall, 1973), Chapters 2-3. 此外,相关细节请参阅: Thomas A. Mappes, and Jane S. Zembaty, *Social Ethics: Morality and Social Policy*, 3rd ed. (New York: McGraw-Hill, 1987), pp. 284-287; Tom L. Beauchamp, *Philosophical Ethics: An Introduction to Moral Philosophy* (New York: McGraw-Hill, 1982), pp. 270-297。

伤害原则

第一种原则部分是基于约翰·斯图尔特·穆勒的《论自由》(On Liberty)的观点。在这种概念下,限制个人自由来防止对他人的伤害是合理的。例如,一些人称接触色情作品和性犯罪,例如强奸,是直接相关的。即使在自由主义社会,也很少有人会反对伤害原则,这是一个普遍的观念。但是,很少有证据表明不雅内容会导致对他人身体或精神上的伤害。因此,对该原则的支持性论点已经把注意力集中到了对文化价值和社会某些阶层所产生的不良影响上。这种观点也反映在了富兰克林·S. 海曼(Franklyn S. Haiman)教授刊登在《自由社会的言论和法律》(Speech and Law in a Free Society)上的评论中:

> 如果沟通对于一个自由社会的运行如此重要,以至于有必要执行由宪法第一修正案所提供的非凡保护,正如我们经常被提醒的一样,那它也一定有伤害他人的作用。如果言语能够启迪人,那它就也能够利用人。如果文学能够充实我们的价值,那它就也能够降低我们的价值。如果图片可以提升我们的感受力,那它就也可以使我们的感受力变弱。①

伤害原则确实吸引了一些感兴趣的支持者,其中有左派政治人士,也有右派人士。例如,1986 年,一个女权主义者安德里亚·德沃金(Andrea Dworkin)在米斯委员会为支持色情内容的法规作证。作证过程中,她援引了色情行业中某些经销商因为利益而残忍对待甚至杀害女性的图像。德沃金解释道:"这个问题很简单,并不复杂。要不你就站在女性这边,要不就站在制作色情片的人那边。"②这种观点表明,对色情内容进行审查是保守主义者和自由主义者共同的呼唤。

家长作风原则

在第二种原则下,不雅内容应该被控制,从而防止其对自己的伤害。或者说,接触淫秽和性暴露内容是有害的,因为它会使人失去人性,甚至腐蚀人们的价值体系。俗话说,我们需要自我保护。如果营养学家相信,我们吃什么就会成为什么样的人,那么支持家长作风的人则相信,我们阅读(或观看)什么就会成为什么样的人。

一些人指责媒介太过重视自由以至于牺牲了责任感。例如,对大量性行为的描写在媒介中已经司空见惯了,但是对于可能的后果,比如怀孕、性病以及艾滋病的描绘就明显较少。

家长作风原则也反映在最高法院的警告中。个人的"自由意愿",比如观看或者获取淫秽作品的欲望,有时候必须服从于政府的利益,以保护"弱势的、无知的、无戒

---

① Franklyn S. Haiman, *Speech and Law in a Free Society* (Chicago: University of Chicago Press, 1977), p. 164.

② Alan M. Dershowitz, *Taking Liberties: A Decade of Hard Cases, Bad Laws, and Bum Raps* (Chicago: Contemporary Books, 1988), pp. 179-180. 关于米斯委员会于 1986 年发布的报道和结论,参见 U. S. Attorney General's Committee on Pornography, *Final Report*, 2 vols. (Washington, DC: U. S. Government Printing Office), pp. 19-86.

心的以及易被欺骗的群体,防止他们因为自我做决定而受伤害"。①

道德主义原则

根据第三种原则,社会应该控制不雅内容来预防不道德行为及其可能对社会规范造成的负面影响。这种原则引发了这样一个问题,即一个多元社会应该有什么样和什么程度的法规? 一些人认为,易于获取色情内容会助长淫乱行为。但是,即使接触色情或亵渎神明的内容没有带来明显的伤害,一些人依然会因为这种内容触犯了社会标准而支持社会控制。这是一种极端的观点,因为它可能会导致那些在自己私人空间里观看有争议内容的人被社会排斥。

冒犯原则

一些人认为,社会限制个人自由来防止对他人的侵犯是合理的。在不雅内容中,冒犯行为被理解成"会造成旁观者羞耻、尴尬、不舒服等感受"的行为。② 第四种原则通常被用来保护未成年人,例如防止他们看到公开的不良内容。同样地,反对公开这种可怕且让人不安的照片,通常是以品位和防止冒犯观众的道德情感为理由。报纸同意刊登成人影院编目,但是不接受推广广告,或者书店将成人杂志隐藏在柜台后面,只在顾客要求时拿出来,这些决定都是主要以冒犯原则为基础。

反对道德限制的案例

反对社会监管的观点主要是以"个人自治"概念和之前提到的反对限制自由原则为基础。③ 例如,这一观点的支持者会很自然地反对将伤害原则作为规范的一个可行基础。他们认为,没有证据表明不雅内容会伤害其他人(例如,导致性侵案件数量的增长)。他们宣称,所谓的社会伤害具有投机性,并不会导致对文化秩序的直接威胁。

同样地,自由主义者认为,家长作风者为"色情内容和亵渎神明的内容会伤害个人"这一观点辩解是错误的。根据那些反对限制的人的观点,即使这种伤害确实发生了,家长作风也是一种限制自由的不可接受的原则。

道德主义原则也不被接受,因为基于社会标准的共识其实并不存在。但是即使它确实存在,道德主义也是不可接受的,因为标准随着社会的变化而变化。不可否认的是,纽约自由的文化环境在《圣经》中会被革出教门。除此以外,依赖这种不稳定并且通常难以捉摸的准则,只会强加大多数人的意愿,而没有尊重个人自主和少数人的利益。

公民自由主义者还认为,"冒犯"是一个模糊的而且在事实、法律和道德上都属于非生产性的标准。一些组织可能会被一个有争议的内容冒犯,但是公民自由主义者认

---

① *Paris Adult Theatre II v. Slaton*, 413 U. S. 49, 64 (1973).
② Mappes, and Zembaty, *Social Ethics*, p. 285.
③ 关于反对和赞成限制自由原则的讨论,参见 Mappes, and Zembaty, *Social Ethics*, pp. 285-287。

为,在一个民主社会,冒犯性内容确实促进了市场的多元化。此外,独立的个体很少会成为这类内容的受众,具有攻击性的批评内容往往也是将观点抽象化,而非对其他任何内容本质的讨论。例如,有多少互联网使用者或者政府规范的支持者确实看过这些据称污染网络的色情内容呢?

反对监管的观点从法律角度来说更有说服力,特别是考虑到宪法对于言论和媒介权利的广泛保护。但是,伦理学家依然在探索个人自主和道德标准需求之间的平衡,而我们每个人也应该参与其中。

寻找标准

"不雅内容"的概念对道义论者构成了一个难题。一方面,这些以责任为基础的理论学家不希望看到这些内容在社会中变得普遍。只为了商业目的生产和分发不雅内容是不合理的。因为:(1) 生产这些内容的艺术家的出发点不是普遍的道德义务;(2) 商业剥削不会把展现足够的尊重作为自己的最终目标。

从另一方面来看,义务论者也承认言论自由的权利。① 在以责任为基础的伦理决定方式中,行动的价值依赖动机而不是结果。艺术自由本身不能证明这些内容的合理性,但是艺术成果在某种程度上丰富文化内涵的作用应该受到保护。因此,义务论者应该检查作者在创作所谓的不雅内容时的目的和动机,而不是只看内容带来的最终结果。这种方法的问题在于,它需要探索作者的内心深处,这是一次危险又不确定的旅程。有时候作者的动机很明显,但是很多时候它是被隐藏的。

结果主义者(目的论者)总是会看到内容可能产生的影响。到目前为止,似乎没有证据显示,消费一些不雅内容,例如淫秽内容,会导致明显的身心伤害。然而,目的论者依然在社会价值和态度上考虑根本的影响。例如,观看有性暴力内容的色情片是否会造成社会集体意识中女性地位的下降。

如果没有对他人或者社会造成明显的伤害,那么审查也许就是不必要的。当然,目的论者比义务论者更习惯于处在这个位置上。因为,他们并不关心作者的动机,只在乎结果。一些人认为,就算是低级色情片,不管是不是以商业为目的生产的,也都会产生有益的作用。例如,G. L. 西蒙斯(G. L. Simons),一个描写人类性行为各个方面的英国人认为,接触一些色情内容有助于正常的性发育,它也可以活跃性关系。② 但是,就算有人不同意西蒙斯的观点,一个目的论者还可能会认为,审查的后果中充满危险,因为一些具有社会价值的材料可能会由于没有明显的文化或者文学功效而被扫地

---

① 对于反对和赞成色情内容审查的道德论证,参见 Thomas F. Wall, *Thinking Critically about Moral Problems* (Belmont, CA: Thomson/Wadsworth, 2003), pp. 369-410。

② G. L. Simons, "Is Pornography Beneficial?," in Mappes and Zembaty, *Social Ethics*, pp. 301-306; Walter Berns, "Beyond the (Garbage) Pale or Democracy, Censorship and the Arts," in Harry M. Clor (ed.), *Censorship and Freedom of Expression: Essays on Obscenity and the Law* (Chicago: Rand McNally, 1971), p. 63.

出门。

对于亚里士多德的"中庸之道",从另一方面来看,是在过度的道德拘谨和道德混乱中寻求平衡。一个伦理学家会运用"中庸之道"检查内容、传播的媒介和针对的受众。中庸的真正核心是"信息的合理控制"。潜在不雅内容的发行商有道义上的义务,即向消费者提供充分的信息和警告,以使他们对自己的阅读和观看做出合理的选择。电影的分级制度和有争议的电视节目开始时的免责声明是两个典型的例子。

合理控制原则保证了成年人能获得那些内容,同时也保护了那些未成年人、成年人和儿童的情感。分区法包括禁止公开推销不雅内容以及把成人杂志放在零售网点柜台的后面。这似乎是在过度拘谨和冒犯公共道德之间一个合理的中间地带。

各类媒介都应该受到不同程度的控制,这取决于观众的可及性。例如,长期以来广播和电视是主要的家庭媒介,它们几乎无处不在。同时,报纸、杂志、电影和书籍都需要消费者做出更积极和清醒的决定。

对于与孩子和未成年人相关的内容,再多的控制也是合理的。正如前面的案例所述,这是美国联邦通信委员会建立与不雅内容相关设计规范的原则。但是,信息高速公路技术挑战了传统的伦理方法,也引发了关于它作为文化工具的公开辩论。因此,旧的战略不再可行,媒介之间的区别迅速消失,同时所有的传播都变得更加电子化。互联网就是一个典型的例子,监管的支持者根据"广播"原则认为网络应该被管理,然而言论自由的倡导者主张少有甚至别有监管的"发行"模式。

第十一章 媒介内容与青少年:特殊的伦理问题

青少年和文化家长作风

《幼儿园需要警察吗?》《儿童电影中夸耀吸烟和喝酒!》《美国联邦贸易委员会呼吁建立新的法律来捍卫儿童网络安全》等这些新闻标题让我们意识到公众对这些社会最困弱群体的关注。从儿童到成年是一段危险的历程。在21世纪的第一个十年,全社会保护儿童成长历程的责任感并没有减弱。毋庸置疑的是,未成年人在我们的社会中处于一个特殊的位置。因为未成年观众的独特性,针对这一群体的媒介信息需要我们额外关注。我们生活在一个不甚文明的社会,而儿童在其中也许面临前所未有的危险。面对这么多险阻,我们很容易就会放弃为儿童生活中的道德准则去抗争。

但是,一个没有受过道德教育的儿童很可能会发展成一个有道德矛盾的成年人。这个事实表明,未成年观众需要特殊关注,以及社会继续在全国青少年中进行道德教育是必要的。很显然,我们不能仅仅因为出现各种情感、行为或道德上困扰儿童及青少年的问题就去责怪媒介。但是,当媒介的行为已经影响到青少年观众的世界观时,它们就必须承担起应有的责任。

历史上,美国人致力于保护青少年天真的本性,注意开展针对已缺少纯真的青少年的再教育工作。文化上的家长作风应运用在儿童和青少年身上,这种道德责任也已经融入了法律制度。未成年人司法制度、禁止儿童色情片、童工法、限定购买酒精饮料以及无须父母同意就结婚的合法年龄设定等,都反映了社会对青少年利益的保护。

这种家长作风的法律貌似违背了这本书中多次提到的对于做出理性道德决定非常必要的自由和自主原则。但是儿童还没有独立自主的能力,他们需要依赖其他人的道德引导和支持。社会的传统观念认为,未成年人的价值观念还不成熟,因此他们需要保护和教育。美国最高法院已经意识到,在中学限制自由言论权利会导致青少年智力和情感上的不成熟。[1]

这种旨在让社会中的青少年免受不良影响的不成熟理论,直接受到了欧洲启蒙思想者,即自由主义奠基人的关注。尽管这些哲学家倡导个人自由(因为这也是自主道德推理的前提),但是他们并不认为这些权利应该被推广给未成年人。比如说,约翰·洛克就提到,儿童不能完全理性地行使自由的特权,他们需要特殊的保护。

---

[1] *Hazelwood School District v. Kuhlmeier*, 14 Med. L. Rptr. 2081 (1988); *Bethel School District No. 403 v. Frazer*, 106 S. Ct. 3159 (1986).

在儿童有理智来控制自己之前,就让他们获得不受限制的自由,并不是使他们充分享受自由的特权,而是把他们推到野蛮人之中,置身于像野蛮人一样卑微的可怜境地。①

约翰·穆勒在他的著作《论自由》中也提到了这个话题。在宣扬促进"个人自由"这个概念时,穆勒评述道:"这种学说只适用于那些成熟的人,而不是儿童或者那些低于法定成年年龄的年轻男女。"②

这些观点为我们需要特殊对待未成年人的做法提供了可靠的支持。但是我们必须承认,在这个复杂而又快节奏的社会,儿童和成年人之间的心理空间在不断缩小。儿童都是非常纯真和脆弱的想象已经发生了很大的改变,传统家庭结构的瓦解以及培养环境的日益浮躁逐渐加快了儿童的成熟过程。

这种关于社会中未成年人观点的转变也反映在儿童和青少年法律保护的裂痕上。例如,各州政府传统上会关闭未成年人法庭来保护这些少年犯,使他们远离公众的关注。政府坚称,在少年犯的改造上有着"令人信服的国家利益"。公布少年犯名字的行为会损害政府在使年轻市民恢复道德准则方面所做出的努力。

但是,我们的社会已经开始重新考量青少年是否必须有一个避风港来让他们远离公众的视野。例如,近些年来出现大量被孤立的青少年所引发的校园枪击案。这类案件既扰乱了整个国家的秩序,也公然与青少年本性纯真这一观念相对峙。越来越多的州政府已经开始向公众公开未成年人法庭以及相关记录③,同时美国最高法院已经废除了各州关于禁止合法公布少年犯姓名的相关法律④。这种把暴力的青少年看作成年人,甚至在某些案例中对这些青少年罪犯判处死刑的趋势也进一步验证了,对于未成年人的特殊司法保护正在被逐渐削弱。

当然,这种改变不仅是为了社会的利益。儿童、青少年和成人之间的界限越来越不明显,伦理问题依然存在。因为大众媒介是社会化的重要代表⑤,所以对于那些越来越有见识,但渐渐不再纯真的年轻群体,我们必须要考虑,媒介应该在年轻观众的生活中扮演什么样的角色⑥?针对儿童的媒介内容是应该只反映现实,还是应该尽力去用积极的价值观教育年轻的受众?媒体从业者在制作针对成人受众且儿童又可以接触到的节目时,该承担什么样的责任呢?大众媒介在探讨敏感和争议话题时,面对未成年观众的内容可以多直白露骨?在把儿童和青少年作为消费者时,媒体从业者应该

---

① John Locke, "Second Treatise on Civil Government," in J. Charles King, and James A. McGilvray (eds.), *Political and Social Philosophy* (New York: McGraw-Hill, 1973), p. 117.
② John Stuart Mill, "On Liberty," in Ibid., p. 186.
③ 关于这一问题的讨论,参见 Louis A. Day, "Media Access to Juvenile Courts," *Journalism Quarterly* (Winter 1984), pp. 751-756, 770。
④ *Smith v. Daily Mail Publishing Co.*, 99 S. Ct. 2667 (1979).
⑤ Charles R. Wright, *Mass Communication: A Sociological Perspective*, 3rd ed. (New York: Random House, 1986), pp. 185-201; Karl Erick Rosengren, and Sven Windahl, *Media Matter: TV Use in Childhood and Adolescence* (Norwood, NJ: Ablex, 1989), pp. 159-241.
⑥ 更多关于大众媒介对儿童影响的早期研究,参见 Ellen Wartella, and Byron Reeves, "Historical Trends in Research on Children and the Media: 1900-1960," *Journal of Communication* 35 (Spring 1985):118-133。

承担什么样的道德义务？

这些都是很难的问题。但考虑到现在宽松的环境，思考这些问题是为了制定相关战略，来避免现今依旧存在的认为儿童和青少年在媒介市场中易受影响这一过时印象。我们必须记住，未成年观众并不是完全一样的。为儿童准备的媒介内容和为青少年准备的媒介内容应该不一样。因此，年龄和成熟度是评价针对年轻一代的媒介内容的重要考虑因素。

对于青少年观众的影响

让青少年观众远离艺术所带来的有害影响是一个很过时的话题。柏拉图在他的《对话录》(Dialogues)中提倡对"不良小说"的监管，并让儿童远离它们的不良影响：

> 我们应该就这样粗心地让孩子们听到那些由随便之人创作的随便的故事吗，然后让这些我们绝大多数都不赞成的思想影响他们成长吗？
> 我们不能。
> 所以我们首先需要建立一个对小说创作者的监管制度，让那些监管的人来接受好的故事、拒绝坏的故事。①

那些持续关注美国青少年艺术文学品位的人会非常赞同柏拉图的提议。

电影

当然，对于青少年本质的关注不仅局限于他们阅读的东西。影视和唱片产业的受众也主要是年轻人。青少年是电影观众的主要组成部分，好莱坞自然不会忽略这一经济事实。尽管制片人在制作针对青少年的电影时并不会展现出过于严格的道德原则，但是电影评级体制至少已经在向家长和青少年发出警告。

评级体制来源于电影法规。这一法规在20世纪60年代被好莱坞视为一个彻底的失败。它包含了对暴力、色情、犯罪以及种族主义等内容描绘的严格规定，但是电影制造商对于这些崇高的标准完全置之不理，使得这一法规成了一个彻底的道德失败。

1968年，美国电影协会(Motion Picture Association of America, MPAA)正式规定了现在的评级体制。电影被分为"G""PG""R"和"X"等级。这一体制后来又增加了PG-13等级，以及后来用NC-17来替代X等级。② 这一评级体制也是好莱坞为观众承担道德责任的体现，但是好莱坞又常常被控告违反了自己的评级体制。2000年9月，美国联邦贸易委员会发布了一项调查成果：几乎80%的R级电影是针对17岁以下的

---

① Plato, *The Republic*, *The Dialogues of Plato*, 2 vols., ed. and trans. B. Jowett (New York: Oxford University Press, 1892), vol. 2, p. 323; 引述自 Joseph E. Bryson, and Elizabeth W. Detty, *The Legal Aspects of Censorship of Public School Library and Instructional Materials* (Charlottesville, VA: Michie, 1982), pp. 14-15.

② 大多数色情电影的制作人不会把他们的电影提交给评级委员会，而是自己直接给电影标上X级，随后投放市场。

第十一章 媒介内容与青少年:特殊的伦理问题　　249

青少年市场的。这个报告惹怒了一个州检察官,他威胁要起诉娱乐产业。① 然而,哪怕电影的评级和销售过程都没有问题,评级体制的效力最终还是取决于剧院是否执行法规,以及父母是否关注孩子的电影品位。一些剧院确实做出了诚心的努力来执行这一法规,但是整个行业还没有统一。比如,2004 年春天,《新闻周刊》报道了美国中西部的 GKT 电影院设立的一项机制:父母可以签署同意文件让他们的孩子观看 R 级电影,以此取消家长陪同观看这类电影的要求。但是,美国电影协会总裁杰克·瓦伦蒂并不支持 GKT 这一放任的规定。他批评道:"我认为这一行为破坏了评级体制的本意。"②

让人苦恼的是,科技可能会压过评级体制的功效。方便网民分享音乐的科技也可能成为儿童观看色情内容包括淫秽电影的工具。③ 当然,评级并不能标记出所有不适合未成年人的内容。请思考以下来自《美国新闻和世界报道》一篇文章中的一段内容:

> 一个有魅力的阴谋家手里握着香烟,和朋友们一口气喝完了一小桶啤酒。这些是来自 R 级电影的场景吗? 不。这些只是两部儿童经典电影《101 忠狗》(101 Dalmatians)和《古惑狗天师》(All Dogs Go to Heaven)中让人印象深刻的片段。④

从历史上看,酒精和烟草明显地出现在一些儿童流派的电影中由来已久。一项研究发现,在 1937 年至 1997 年间发行的 50 部 G 级最佳动画片中,68% 的动画片中存在至少一处描绘吸烟或饮酒的场面。正面角色和反面角色一样该受到责备。这样的结果对于早期的动画来说很平常。但是,随着社会对于青少年吸烟比例上升的担忧逐渐增加,人们期望把关人对好莱坞动画片文化实行更加严格的限制。而 1996 年至 1997 年间发行的 7 部最佳动画片中都出现了吸烟的场景。这一现象也正好成为"从迪士尼的《钟楼怪人》中爱斯梅达的烟斗到 20 世纪福克斯公司的《安纳斯塔西娅》中叼香烟的水手"这一 60 年调查的结论。⑤

我们无法不去考虑这种荧幕上的行为让年轻观众产生的模仿效应。例如,根据 2003 年 6 月的研究,观看包含吸烟场景电影次数最多的青少年学会抽烟的可能性,是那些看得最少的青少年的 3 倍。⑥ 类似地,一个发表于 2004 年《儿科学》(Pediatrics)期刊的研究报告显示:对于那些 10 岁到 14 岁的学生来说,如果他们的父母允许他们观看有吸烟场景的 R 级电影,那么,在两年的研究周期内,他们尝试吸烟的可能性就

---

① David Shuster, "South Carolina AG Threatens Suit against Entertainment Industry," Fox News, September 15, 2000, http://www.foxnews.com:80/elections/091500/sc_shuster.sml, 2000 年 9 月 19 日访问。
② Ramin Setoodeh, "13 Going on 17?" Newsweek, May 24, 2004, p. 12.
③ "Congressmen Warn about Online Porn," Associated Press dispatch, July 27, 2001, http://news.findlaw.com/ap/ht/1700/7—27-2001/20010727144549000.html, 2001 年 7 月 27 日访问。
④ Mary Lord, "Cruella Lights Up," U.S. News & World Report, March 29, 1999, p. 66.
⑤ Ibid.
⑥ Marc Kaufman, "Study: Teens Who See Smoking in Movies More Likely to Light Up," Washington Post, June 10, 2003, p. A7.

会是从没看过 R 级电影的学生的 5 倍。①

然而,公平起见,我们应该谨慎地把年轻人身体状态异常的责任都归于电影制作人和制片厂主管。研究还表明:父母、同伴、兄弟姐妹都是影响青少年饮酒和吸烟的主要因素。其他场面(比如一只猛犬)都比抽烟和饮酒的画面更可能给人留下持久的印象。② 但是,如今儿童和青少年身处一个由无法抵挡的市场压力主导的社会,所以,道德上还不成熟的青少年在价值体系上产生反常或至少受到不良影响的危险依然存在。例如,2003 年 6 月发表于《柳叶刀》(Lancet)健康专栏的一项研究表明,观看有主角吸烟电影的青少年吸烟的可能性是同伴的 3 倍。③

唱片

青少年是唱片行业最大的受众群体。尽管一些父母的音乐品位很保守,觉得摇滚乐太具有进攻性,但这些歌的歌词经常反映出青少年的挫败感和不安全感,所以很容易在敏感的青少年中引发共鸣。音乐对于青少年来说是一种重要的交流媒介。他们通常会把音乐和一些情绪联系在一起,比如兴奋、开心和爱。④ 但是当歌词和唱片封面包含淫秽画面和一些不道德行为,比如对吸毒的赞颂时,就需要在伦理上考量这些传递给青少年受众的内容。忧心的公民会抱怨那些包含性暴露内容的歌词和有关"色情摇滚"与说唱的专辑封面。美国联邦通信委员会则继续对那些播放色情内容的节目,以及那些持续播放含有不文明语言的音乐的电台实行制裁。⑤ 联邦通信委员会的这类政策特别针对那些儿童可能收听到的含有冒犯性内容的节目。⑥

这种家长作风的态度反映了社会对于未成年听众的特别关注。从伦理的角度看,在传递给青少年的社会信息甚至摇滚歌词中,下流和淫秽内容并不是必要的。在一个青年解放的时代,媒体从业人员所面临的挑战是:一方面避免让艺术形式的发展在道德层面走向清教主义,另一方面防止其滑向道德无政府主义的极端。

电视

2003 年 10 月,亨利·J.凯撒(Henry J. Kaiser)家族基金会宣布,在被调查的 1065 个家庭中,每天都会看电视的两岁以下儿童比例达 43%,并且 26% 的家庭在孩子的房间放有电视机。这些孩子平均每天要看两小时电视。⑦ 电视在孩子们拥有理性分辨是非的认知能力之前就进入了他们的生活,这使得媒介批评家十分担心它会给社会最困弱群体造成负面影响。

---

① John O'Neil, "See a Movie, Then Light Up?" *New York Times*, July 6, 2004, Section F, p. 6.
② Lord, "Cruella Lights Up."
③ "Seeing Spots," *U. S. News & World Report*, June 23, 2003, p. 10.
④ Alan Wells, and Ernest A. Hakanen, "The Emotional Use of Popular Music by Adolescents," *Journalism Quarterly* 68 (Fall 1991):445-454.
⑤ "FCC Crackdown Sparks Debate," *Morning Advocate* (Baton Rouge, LA), September 15, 1989, p. 14C.
⑥ 56 F. C. C. 2d 94, 98 (1975).
⑦ Claudia Wallis, "Does Kindergarten Need Cops?" *Time*, December 15, 2003, p. 53.

在儿童和青少年节目内容中,关于内容自由与责任的辩论一直都存在,而电视正处于这类辩论的前列,但出现这种情况非常合理。在电视到来之前,印刷文化中儿童读物里的成人角色通常会被描绘为正面的,甚至是刻板的模范形象。在这种理想主义的世界中:父母懂得最多;政治家都很诚实;老师都很受尊重,并且是无所不能的。此外,父母也是值得信赖的把关人。他们引导孩子的阅读习惯,并对他们阅读的内容保持警惕。但是电视无处不在,新闻广播和电视剧都可以使未成年观众接触到政治腐败、不健全的家庭以及模棱两可的榜样等内容。这些内容挑战了父母和儿童之间的道德信仰。这些描绘会产生"均化效应",同时会缩短童年和成年之间的距离。

曾经,童年由一系列虚构的英雄和年轻的偶像组成。他们都拥有善良的品质,他们传达的信息都非常明确。这些英雄有力地强化了正面的价值观,同时也帮助建立了孩子们的自尊。这些坚定的信念都存在于孩子们看的漫画书以及根据漫画改编的电视剧之中,比如《超人的冒险》(*The Adventure of Superman*)。但是,20 世纪 60 年代和 70 年代的社会动荡以及反主流文化运动严重破坏了我们对于英雄的信心。[1] 儿童节目也反映了这个悲惨的现实。因为在新一代动作冒险动画片中,好人和坏人变得不那么容易区分。这使得整个国家的年轻观众处于一种在伦理相对主义中漂浮不定的文化环境里。

但是,电视行业对于在这样的批评声中体现的道德关怀也并不是毫无反应。例如,在 20 世纪 90 年代中期,DIC 娱乐公司制作了一些流行的儿童节目,并公布了一个"12 点计划"来指导这个公司的作家和导演。这些标准包括故事情节的发展要增强观众的自尊心,要促进合作,以及警惕那些把反社会行为描绘成可接受的,甚至迷人的行为的做法。[2]

电视节目的决策者也会因为他们在黄金时段向未成年观众,特别是那些缺少父母指导或者道德基础不够坚固的未成年人,播放过于敏感或者打擦边球的节目内容而受到批评。在第九章,我们讨论了电视上过多的暴力行为可能对年轻观众造成的影响。但是这种担心不仅仅源自对诸如反社会行为的露骨描绘。例如,电视评论员法耶·扎克曼(Faye Zuckerman)批评了美国全国广播公司播放的一部叫作《一个破碎的家庭》(*A Family Torn Apart*)的电影。这个根据事实改编的电影讲述了一个青少年表面上遵从父母严格的行为准则,暗地里却决定杀害他们的故事。扎克曼抱怨道:"这个剧本太过简单地定义了一个人的性格。它不负责任地传递了一种讯息,那就是如果父母不允许青少年约会,他就可以杀掉自己的父母。"[3]

这是不是就意味着,好莱坞和电视节目的制片人应该和任何以现实为基础的故事情节保持一定的距离?在这样一个将艺术表达视为优秀品质的多元社会里,这种做法

---

[1] James Kaplan, "Superheroes or Zeros?" *TV Guide*, October 29, 1994, p. 33.
[2] "Cartoons with a Conscience Are in the Works," *The Advocate* (Baton Rouge, LA), December 15, 1993, p. 8A.
[3] Faye Zuckerman, "NBC Movie Sends Wrong Message to Troubled Teens," *The Advocate* (Baton Rouge, L. A.), November 20, 1993, p. 11C.

是不现实也不受支持的。但是扎克曼并不是抱怨这个节目的顺利播出,而是抱怨这个节目把罪犯描绘成了一个受害者,因此引发了父母"对于孩子最深刻的担忧"①。

电视对儿童和青少年生活的影响给娱乐节目的制造商制造了一个伦理困境。他们必须有艺术的自由才能提高节目质量,才能为广大观众创造出反映当代社会现实的节目。当然,观众中包括儿童和青少年。但毫无疑问的是,未成年人通过看电视来学习价值观、社会角色以及行为。比如,电视节目对少数族裔、性别角色以及家庭关系的描绘对儿童看待社会的态度有着重要的影响。② 相似地,数百个研究都确定地把儿童的攻击行为和电视、电影、电子游戏以及其他媒介中过多的暴力元素联系了起来。耶鲁大学家庭电视研究和咨询中心的心理学家杰罗姆·辛格(Jerome Singer)说:"这类影响可以与吸烟和癌症的关系相提并论了。"③

因此,鉴于这种电子设备对社会化进程的影响,制作者和程序员至少应该停下来考虑一下他们道德责任的性质和范围,从而为儿童和青少年发挥正面的榜样作用。同时,他们必须要对那些具有道德需求的年轻观众格外敏感。这些年轻观众相比于以前的年轻人来说没有那么天真,但是依然很脆弱且易受影响。在如今父母的监督和影响都逐渐衰退的时代,这种责任就显得尤为重要。

当然,这种责任并没有免除父母指导孩子的收看行为的责任。④ 为了协助这种工作,电视网络设立了一个它们自己的评级系统。⑤ 然而,很多父母都不是完美的把关人。一是因为,他们无法在现场监督孩子选择节目;二是因为,他们没有学会拒绝。由于父母未履行责任,因此这种压力不可避免地让电视节目制作人和经销商涉足这一"道德真空"。

广告

现如今,广告在儿童生活中的地位可谓空前提升。"广告所创造的渴望很难被忽略,但又不可能被完全满足。"⑥根据专家的数据,每年针对儿童的广告花费大约在120亿美元⑦,而且这些付出一般都得到了回报。市场专家詹姆斯·U. 麦克尼尔(James U. McNeal)表示,对12岁以下儿童每年的花费达到了令人震惊的280亿美元,对青少

---

① Faye Zuckerman, "NBC Movie Sends Wrong Message to Troubled Teens," *The Advocate* (Baton Rouge, L. A.), November 20, 1993, p.11C.
② F. Earle Barcus, *Images of Life on Children's Television* (New York: Praeger, 1983).
③ Wallis.
④ 更多对该问题的检视,参见 Aimee Dorr, Peter Kovaric, and Catherine Doubleday, "Parent-Child Coviewing of Television," *Journal of Broadcasting and Electronic Media* 33 (Winter 1989):35-51。
⑤ 一项比较1990年和1997年(这一年评级制度开始实施)节目的研究发现,1997年的冒犯性语言确实相比于1990年有所减少。具体可以参见 Barbara K. Kaye, and Barry S. Sapolsy, "Offensive Language in Prime Time Television: Before and After Content Ratings," *Journal of Broadcasting & Electronic Media* (Spring 2001):303-319。
⑥ Nancy Gibbs, "Who's in Charge Here?" *Time*, August 6, 2001, p.44.
⑦ David Crary, "Critics: Ads 'Exploitation' of Children," *The Advocate* (Baton Rouge, LA), September 11, 2001, p.7A.

年则达到1000亿美元。① 儿童还额外影响了父母平均每年300美元的支出。② 25年前,《快餐帝国》(*McDonald's and Walt Disney*)的作者埃里克·施洛瑟(Eric Schlosser)表示,只有少部分的美国公司,比如麦当劳和华特·迪士尼,把营销目标定位于儿童。但如今,儿童已经被各种各样的公司作为目标受众,从手机、油、汽车到服装和连锁餐馆。施洛瑟说:"企业寄希望于消费者会由于对一个品牌的怀旧记忆而终身购买,所以现在正在制定一个针对消费者一生的广告策略。"③

很显然,儿童在市场中掌握着很大的权力,他们被认为是广告业的一股重要力量。但是,媒介批评家很担心广告对儿童的影响。他们大部分的注意力都集中在担心儿童电视节目的商业化上。④ 广播工作人员自己对于他们在这一领域的责任并非毫不在意。在超过半个世纪的时间里,美国广播电视协会(NAB)和电视网络一起合作来限制那些儿童节目的商业化。但是在1982年,司法部门提交了一个针对美国广播电视协会的反垄断诉讼,控告它的商业法规限制了贸易。之后不久,美国广播电视协会统一放弃协商,加大了对广播电视广告的限制力度。⑤

从1970年初开始,一个叫作儿童电视行动组织(Action for Children's Television,ACT)的民间组织开始对联邦通信委员会和国会施压,希望能规范儿童节目商业化的现象。联邦通信委员会提出了指导方针,并且限制儿童节目每小时的广告时长。但是,它于1986年又取消了这些指导方针⑥,而企业的反应也非常迅速。很多电台增加了儿童节目中播放商业内容的时间,电视网络开始播放和节目时长相当的商业内容,还制作了很多关于流行玩具的卡通节目,比如《特种部队》(*G. I. Joe*)和《蓝精灵》(*Smurfs*)。⑦ 儿童电视行动组织发起了针对这种放松管制的法律挑战,并最终赢得了技术胜利。联邦法庭判处联邦通信委员会未能充分证明其政策变化的合理性。⑧ 但是国会于1991年又通过了一项立法,重新设立了对儿童节目的商业限制。法案规定,在周末,每小时节目最多只能有10.5分钟的商业元素,而工作日最多为12分钟。同时,这项法案还要求广播公司满足儿童的特殊教育的需求。

尽管有法律监管的努力,伦理方面的问题在电视和广告行业中依然存在。那些把未成年观众看作特殊观众的人认为:儿童和青少年都很脆弱,所以不应该被电视广告所利用。⑨ 他们的担心是不无道理的。研究发现,儿童通常不知道这些广告的主要目

---

① Rebecca A. Clay, "Advertising to Children: Is It Ethical?" *Monitor on Psychology* (online edition), Vol. 31, No. 8, September 2000, http://www.apa.org.monitor/sept/00/advertising.html,2004年1月12日访问。

② David Crary, "Critics: Ads 'Exploitation' of Children," *The Advocate* (Baton Rouge, LA), September 11, 2001, p. 7A.

③ Eric Schlosser, *Fast Food Nation* (New York: Houghton Mifflin, 2002), pp. 42-43.

④ 关于儿童广告在电子媒体中作用的新近研究,参见 Dale Kunkel, and Walter Gantz, "Children's Television Advertising in the Multi-channel Environment," *Journal of Communication* 42 (Summer 1992):134-152。

⑤ *United States v. National Association of Broadcasters*, 536 F. Supp. 149 (D. D. C. 1982).

⑥ "Programming Commercialization Policies," 60 R. R. 2d 526 (1986).

⑦ Don R. Pember, *Mass Media Law*, 2000 ed. (Boston: McGraw-Hill), pp. 597-599.

⑧ *Action for Children's Television v. FCC*, 821 F. 2d 741 (D. C. Cir. 1987).

⑨ 关于儿童商业广告的流行,可参见 John Condry, Patricia Bence, and Cynthia Scheibe, "Nonprogram Content of Children's Television," *Journal of Broadcasting and Electronic Media* 32 (Summer 1988):255-270。

的是销售,而且年纪很小的儿童很难区分广告和节目内容的差别。①

美国价值中的母性项目研究所(Institute of American Value's Motherhood Project)的盖伊·艾尔德(Enola Aird)说:"父母们被困在与广告商和市场销售人员日渐不公平的竞争当中。广告商已经越过了他们的界限,是时候把广告商拉回来了。"②美国商业促进局广告评论部主任伊丽莎白·拉斯科特斯(Elizabeth Lascoutx),对于广告所产生的危险影响持相对温和与谨慎的态度。她说:"如果你一开始就把对儿童的营销视为邪恶的行为,那么我不得不持反对意见。我不明白在孩子达到一定年龄前,我们应该如何保护他们免受广告的影响。"③

因为全国的健康专家在唤醒公众意识方面所做出的努力,"垃圾食品"行业已经成为广告战争的最新战场。毫无疑问,肥胖正威胁着这个国家年轻人的健康,而电视广告已经被视为导致这一健康危机的重要因素。这使得行业的领先刊物《广播与有线电视》杂志发问:"电视还能在儿童广告领域'霸屏'多久?"④根据最新的报道,儿童电视节目中超过90%的电视广告所宣传的产品是高脂肪、高糖或者高盐的。一个营养学家在研究了下午和周六播出的儿童电视广告后发现,50%的广告宣传的是高脂肪、高糖和高盐类的食物。事实上,在1992年至2002年这10年间,儿童食品市场份额从69亿美元增加到了150亿美元。⑤ 即使是最细致的父母,也必须要和不断入侵孩子认知的垃圾食品广告对抗。

但是,广告商并没有把其营销技巧限定在传递给儿童顾客的信息上。有证据表明,广告商可以使孩子影响他们的父母购买一些成人类的商品,比如手机和电脑。一篇《美国新闻与世界报道》上的文章说:"有些公司之前从来没有把儿童考虑为它们的消费者。而那些公司现在也开始打算把信息传递给幼儿园的孩子以及他们的父母或者保姆了。"⑥哈里斯互动公司青年研究处的副主席约翰·杰拉奇(John Geraci)非常同意该观点:"儿童真正的市场能力不在于他们的支出,而是他们对于整个家庭的影响力。"⑦这也解释了为什么像"捷威"(Gateway)、"福特风之星"(Ford Windstar)和合博套房酒店(Embassy Suites Hotels)这样的广告商最近会认为尼克电视台(一个主营儿童节目的电视台)是一个很好的商品推销平台。⑧

当然,广告的影响远远超过了电子媒介。特别是,烟草制品针对年轻人的营销已经成为媒体批评家和政府官员的关注点。这场战役于1998年打响,当时"骆驼"香烟

---

① Laurene Krasny Meringoff, and Gerald S. Lesser, "Children's Ability to Distinguish Television Commercials from Program Material," in Richard P. Adler, et al. (eds.), *The Effects of Television Advertising on Children* (Lexington, MA: Heath, 1980), pp. 32-35.
② Crary, "Critics."
③ Ibid.
④ Bill McConnell, "One Fat Target," *Broadcasting & Cable*, March 8, 2004, p. 1.
⑤ Amanda Spake, "Hey, Kids! We've Got Sugar and Toys," *U.S. News & World Report*, November 17, 2003, p. 62.
⑥ Marci McDonald, "Call It 'Kid-Fluence'," *U.S. News & World Report*, July 30, 2001, p. 32.
⑦ Ibid.
⑧ Ibid.

刚刚开始用"老乔"(Old Joe)这一卡通形象作为商标。从一开始,这个品牌就普遍出现在广告牌、电话亭和杂志页面。① 三组研究人员试图弄清这个广告是否针对儿童,但是骆驼香烟的生产商 R. J. 雷诺士(R. J. Reynolds)否认了这个指控。尽管没有证据表明"老乔"影响了青少年总体的吸烟率,但是这个研究发现,骆驼香烟的青年市场显著增长。除此以外,"老乔"对年纪更小的儿童也有影响。例如,91% 被调查的 6 岁儿童会把"老乔"和骆驼香烟联系在一起。② 1998 年,州检察长们发起了一次针对烟草企业的强势打击,这才迫使烟草广告不再出现在广告牌上,同时也禁止了例如"老乔"这类明显针对青少年的广告。③ 一些州也加强了打击烟草广告的力度,并且取得了明显的成效。④

过去 10 年最有争议的广告不是关于吸烟而是关于性的。1995 年,卡尔文·克雷恩(美国时尚品牌"CK")发起了一轮牛仔衫广告,广告中的年轻男女穿着内衣摆出充满性暗示的姿势。这些广告虽然为 CK 赢得了声誉,但因为广告出现在读者年龄在 12 岁左右的 YM 杂志上,并且其中一个模特是孩子,CK 被美国联邦调查局指控为刊登儿童色情画面。一些组织要求联合抵制 CK 的商品。尽管 CK 辩护称,它的"性挑衅"广告是一种明智的战略,但设计师还是很快撤掉了广告。⑤

年轻人比成年人更容易受影响,也更容易被那些只是为了在观众中增加吸引力的商品所欺骗。⑥ 因此,那些针对儿童,特别是幼儿的商业广告,利用了顾客中最不强大并且最不能够在市场中做出理性和独立决定的群体。⑦

除此之外,儿童实际上是次级消费者,因为他们没有实际的购买权。然而研究表明,事实上,大批儿童电视观众接近自己父母的方式就是要求其购买在电视广告中见到的玩具、游戏和其他商品。⑧ 一些批评家认为:"这给父母增加了不公平的负担。因为父母被要求花费很大一部分精力来反对购买新玩具、早餐麦片、糖果和软饮。"⑨但是,这种针对儿童观众的大众营销并没有局限于电视行业。例如,在广受好评的电影《侏罗纪公园》(Jurassic Park)中,有一个场景是儿童演员穿过了侏罗纪公园礼品店。

---

① "I'd Toddle a Mile for a Camel," *Newsweek*, December 23, 1991, p. 70.

② 关于少数族裔记者对于自己民族的报道是否更好的观点,可参见 Gigi Anders, "The Crucible," *American Journalism Review* (May 1999), pp. 22-31。

③ Marc Kaufman, "Tobacco Firms Probed Over Ads" (*Washington Post*, May 18, 2000), http://www.washingtonpost.com/wp-dyn/nation/A21755-2000 May 17.html,2000 年 5 月 19 日访问。

④ Marianne Lavelle, "Teen Tobacco Wars," *U. S. News & World Report*, February 7, 2000, pp. 14-16.

⑤ John Burnett, and Sandra Moriarity, *Introduction to Marketing Communication: An Integrated Approach* (Upper Saddle River, NJ: Prentice-Hall, 1998), p. 220.

⑥ 证据也显示,年轻观众无法区分电视上的内容是真实的还是虚假的。具体可以参见 Peter Nikken, and Allerd L. Peeters, "Children's Perceptions of Television Reality," *Journal of Broadcasting and Electronic Media* 32 (Fall 1988): 441-452。

⑦ 例如,一项关于儿童对电视商业广告手法理解的研究显示,他们不能理解"营养均衡早餐"的概念。具体可参见 Edward L. Palmer, and Cynthia N. McDowell, "Children's Understanding of Nutritional Information Presented in Breakfast Cereal Commercials," *Journal of Broadcasting* 25 (Summer 1981):295-301。

⑧ Edward L. Palmer, and Cynthia N. McDowell, "Children's Understanding of Nutritional Information Presented in Breakfast Cereal Commercials," *Journal of Broadcasting* 25 (Summer 1981):295-301.

⑨ *Children's Television Report and Policy Statement*, 31 R. R. 2d 1228 [格兰·罗宾森(Glen O. Robinson)专员的单独声明位于 1255 页], *affirmed*, 564 F. 2d 458 (D. C. Cir. 1977)。

店铺里的架子上摆满了标有"JP"符号的短袖、帽子、玩具和其他纪念品,而这些商品正在全国各地销售。这种营销策略引发了美国心理协会的家庭心理学部门前主席阿兰·恩廷(Alan Entin)的抱怨:"他们在尽全力销售电影和所有的副产品,这是有误导性的。我认为他们是在利用孩子、市场和父母。这些父母被迫为孩子购买这些商品,又把他们带去看电影。"①

但是一些人没有用如此刻薄的眼光看待广告在儿童生活中所扮演的角色。他们认为,儿童也是顾客,没有什么东西在本质上就想要邪恶且不道德地影响消费者的购物选择。

在一个广告无处不在,并且大众营销人员试图在早期就培养消费者行为的社会,制定一个可以调和所有观点的战略可能是一项艰巨的任务。但是我们可以把下列关于儿童观众的广告指南作为一个起点:

(1) 针对儿童的商业广告应该避免使用强迫年轻消费者购买产品的高压策略。

(2) 儿童商业广告不应该夸大广告商品的特点和好处,或者误导观众。

(3) 在针对儿童的商业广告中,关于赠品或者其他促销优惠的描述应该明显次于原始产品。

(4) 儿童类商品的商业广告不应该用暴力、辱骂或者其他形式的反社会行为作为卖点。同时,这些行为绝不应该被描绘为对社会有益或者可被社会接受。

(5) 儿童商业广告应该避免使用含义模糊的词语,例如"只有""最低"等,来推销价格或者进行排他声明。

(6) 在儿童节目中,节目内容应该和商业内容明确分开。节目中的人物不应该向青少年推销产品。

总之,媒介在儿童的生活中确实起到了重要的作用,并对他们的观点和价值观的形成有着重要影响。一些媒介内容是年轻人亚文化的反映,但是它们也包含了媒介对于亚文化道德水准的观点。因此,社会应检视传递给年轻人的媒介信息,这是有伦理必要性的。

青少年观众:假设案例研究

这一章的例子反映了针对年轻观众,包括儿童和青少年的媒介内容的多样性。在阅读和评价这些内容时,请针对这些伦理困境提出你自己的解决方案。要注意例子中所涉及观众的特性。你可能会希望回顾第三章中描述的三个化解伦理困境的哲学指南。然后,正如你在之前的章节中所做的,从责任型道德主体(义务论者)、结果主义者(目的论者)以及亚里士多德"中庸之道"的角度来考虑每一种情况,并以其中一个

---

① " 'Jurassic Park' Hype Masks Disturbing Question," *The Advocate* (Baton Rouge, LA), June 21, 1993, p. 3E.

哲学指南为基础,做出你的决定并捍卫它。

案例研究

案例11-1　麦迪逊大道最年轻的消费者①

谢瑞·杰克逊（Sherri Jackson）是麦迪逊大道上最大的广告公司哈伯特·泰森（Hobart Tyson）的主管。她一直关注广告业对文化习俗以及道德观念形成的挑战。她坚信,广告业在自由市场经济下有巨大影响力,也认为很少有正直性格的员工会为此感到不安,同时她也信任其他为哈伯特·泰森的成功做出贡献的高管。然而,随着顾客的抱怨声越来越重,美国联邦贸易委员会开始更严格地限制广告商和公司,到这时,她才开始担心,如果没有道德指引,广告业将万劫不复。

在哈伯特·泰森工作了八年后,杰克逊过得轻松了一点,但是她并不认为自己是一个负面的评论者,她现在还是想恢复到原来的状态。不过,她认为如果评判专员能更客观地去评价广告业中的争议领域,客观地回应消费者的投诉,广告业也会从中受益。杰克逊用来自几个小基金会的诚信基金和一些私募捐款创立了广告责任中心。广告业对之报以毫无保留的敌意,但是杰克逊用自己专业的沟通技能说服了一些怀疑论者,告诉他们这个中心将会作为一个公正的机构来服务民众,对抗那些广告商,而不会成为一个公民检查组织。更为明智的机构甚至认同,公众会从这样的组织中受益,也同意提供一些财政支持。

杰克逊仅仅聘请了一个助手,就开办了她的企业。随着中心开始评估那些针对广告行业的投诉,并把行业批评家和圈内人士一致赞赏的公正平衡的报告刊登出来,商业活动的数量就开始有所增加了。三年内,中心规模扩张了九倍,大多数新加入的员工都在做调研报告。杰克逊的下属积极主动又务实,他们处理的一些项目是自发形成的有关各个行业实践的研究,但是中心的关键任务却是为评判专员提供服务。对特定广告商的投诉都会被调查,尤其是涉及伦理问题的投诉。如果投诉有一定价值,涉事广告商需要提交一份针对投诉的书面回应。这时,杰克逊会指定她的两名员工在她面前模拟对立观点进行辩论,然后她会草拟一份报告去反驳或者支持原投诉。有时,中心还会收到针对某个商业领域广告行为的投诉,例如快餐行业。杰克逊要求该行业的一家或多家代表进行书面回应。然而,一份报告只有获得大多数员工的支持才能最终敲定。尽管一些广告公司不愿配合这位自封的投诉专员的工作,但广告责任中心还是发表了报告,里面包含能找到的所有证据。报告使得一些不情愿的广告商做出了明智的决定,他们也对顾客的投诉提交了自己的反驳意见。

在中心着手开展第四年的运营时,杰克逊的员工开始了一项艰难的任务,他们要

---

① 这一案例中的部分信息来自 Amanda Spake, "Hey, Kids! We've Got Sugar and Toys," *U. S. News & World Report*, November 17, 2003, p.62。

从无数对快餐行业的投诉中筛选出那些对儿童重度营销的食品广告。这项艰巨的任务不仅关注市场上食品健康方面的问题,同时也关注劝服儿童去说服他们的父母购买食品的广告营销技巧。例如,和卡通角色捆绑销售设备、利用体育明星和娱乐明星来促销产品、收集产品的标签来兑换大奖都属于此类投诉的范畴。

杰克逊对这些批评也很有共鸣,因为作为一个两岁孩子的妈妈,她根本不是那些垃圾食品广告的对手。然而,作为一名监察专员,她需要克制自己的情感,保持专业精神。她还是决定对这类题材的广告执行一贯严格的公正平衡标准,而这已经成为中心调查行动的特点。为了获得行业观点的公正样本,杰克逊从几家把产品营销给儿童的谷物、糖果和快餐公司那里获得了回应。她随后任命约翰·布朗尼尔(John Brownell)去和顾客投诉的代表商讨,布朗尼尔两年前加入中心,拥有最新的市场学学位。她同时任命安博·福斯特(Amber Foster)——最有经验的调查员去代表业界的观点,就像他们在相当周到和全面的意见书中所描述的那样。

"我们把这个严重的问题说得明白一点吧",布朗尼尔宣布。随后,他准备把针对快餐业的诉状和一些对垃圾食品行业的负面评论摆出来:"过去十年,花在儿童食品市场营销上的费用增长了两倍,孩子变成了这类广告的主要受众。一些产品包括玩具、网站、电影和电视植入广告都在劝服儿童吃某些特征鲜明的食品,而很多食品都是不健康的。食品市场营销是如此普遍——它甚至进入了学校的课程,我们几乎不可能逃脱它的影响。食品广告尤其有效,因为媒体在其中扮演了关键的角色。尤其是,电视和互联网在儿童的生活中很重要。"

"麦迪逊大道的广告商可能成了垃圾食品的标志性代表,"福斯特回应道,"但现实情况是,我们都处于快餐文化和垃圾食品文化中。我们的生活方式已经被改变了,食品工业只是在满足人们的需求。父母才是给孩子买那些食品的人,监督孩子的饮食习惯应该是父母的责任。我并不认为食品工业中存在任何道德问题。绝大多数食品广告也并没有欺骗消费者。没人会被其误导,认为这些产品是健康的。它们只是迎合了年轻人的口味,公司遵守了食品标识要求的规定,父母可以决定这些产品对自己的孩子是不是健康的。"

"欺骗并非问题,"布朗尼尔很快地回复道,"但是食品市场在利用儿童的不成熟。年幼的儿童实际上并不明白广告的目的是去操纵他们购买产品,他们的认知水平不足以抵挡老练的推销技巧。在这一方面,市场营销对儿童来说就是一个严重的伦理问题。父母有责任对此进行劝诫,但是父母很难抵抗孩子的撒娇和哭闹。事实上,近来的研究表明,人们每去三次快餐店,其中就有一次是源于儿童的哀求——也就是'恼人因素'(nag factor)。"

撒娇的因素显然没有影响到福斯特。"你倾向揭露任何针对儿童的说服性传播。在你的框架下,儿童应该被与政治信息隔绝开来,因为老天禁止他们在如此年轻的时候成为政治活动家。我们所处的社会是消费性的,我认为让年轻人融入消费社会没有错。在随时可能失业的风险之下,父母有责任帮助儿童成为有辨识力的消费者。"

"但是,针对儿童食品的营销与推销玩偶和游戏不同。"布朗尼尔说道:"这是一个健康问题。但多数在市场中卖给儿童的食品都是不健康的。看看新闻就知道,最近的研究表明,肥胖症已经成为儿童健康的头号公敌。过去的几十年,这个国家年轻人的总体健康水平下降了很多,食品工业及其积极针对儿童的广告宣传必须为此负责。"

"儿童的健康问题远比仅仅怪罪几种确定的食物更复杂,"福斯特说道,"有许多其他的因素,比如缺乏锻炼。食品工业不能因父母的疏忽和公共资源的缺少而承受责备。父母可以控制儿童的饮食习惯,如果他们不再购买他们认为不健康的食物,那么食品工业本身就会改变。让我们正视这件事。父母比孩子还要喜欢快餐店。食品工业和快餐业仅仅是在满足市场需求。儿童想要某种食品,市场也仅仅是在满足这种需求。儿童也是消费者,也有权利表达自己的喜好。如果父母不拒绝,有什么理由迫切地让道德要求市场来提高这个民族的健康水平呢?"

杰克逊像往常一样认真地聆听着。但是,随着安博·福斯特的最后一次反驳,她觉得是时候为员工的思考草拟一份报告了。她意识到,随着公众提出一系列负面问题,食品市场推销者和快餐业开始从防守转向进攻。一方面,她认为那些向儿童推销不健康产品的广告商也应该被记录在案。另一方面,麦迪逊大道主要顺应的是市场需求和趋势,事实是儿童已经被卷入了消费者文化。这些以孩子为受众的广告主应该为这个国家年轻一代消费者的旺盛需求负责吗?特地用来吸引儿童的广告推销技巧有不道德的地方(比如体育明星和娱乐明星的诱惑力)吗?就此而言,为什么责任全部应该落到父母的肩上?

【案例分析】

几十年来,儿童电视行动组织(ACT)等组织一直致力于限制针对儿童的广告。但是最近的研究表明,美国青年人的体质状况正处于危险之中。这使得这一问题再次成为焦点。特别是,肥胖问题已经被认为是儿童健康的主要威胁。把儿童作为主要消费者的快餐行业以及食品制造商是造成这一危机的罪魁祸首。在这样的环境下,为食品营销者辩护就变得更加有问题。

然而,这一问题还有另一方面。正如理查德·坎贝尔(Richard Campbell)和他的合作者在《媒介与文化》(Media & Culture)中所写的:在生活被电视广告占领的环境下,孩子和青少年通常被认为是"准消费者"。我们创造了消费文化,因此不应该对电视(以及现在的互联网)推动孩子融入这种文化感到惊讶。食品产业和快餐店的成功大部分取决于它们对儿童的吸引力。在一定程度上,食品营销人员推销了一种家长都乐意参与的不健康生活方式。因此,是否应该以伦理为基础去应对针对儿童消费者行为的控告,或这只不过是一些狂热的市民团体所反对的合法营销策略?

假设你是广告专员谢瑞·杰克逊,请考虑这些问题以及这里所列出的对于食品产业的批评。然后,利用第三章中概述的SAD道德推理模型来做出决定。你会建议你的员工采取什么样的伦理立场来回应那些针对快餐行业和向儿童营销食品的公司的投诉?

第十二章　媒体从业人员与社会正义

社会正义作为显性的道德价值

在"9·11"袭击之后,职业新闻记者协会(SPJ)发布了帮助新闻工作者避免种族、民族、宗教方面问题的指导方针。随后,SPJ印第安纳波利斯办公室在那个周末就收到了约二十封愤怒的电子邮件。这些冷淡的反驳无疑被SPJ视为关于记者责任的一次有益提醒。尽管这些投诉在数量上的确不算多,但也确实是意料之外。以下这些激烈的言论都算是回复中的典型:"伊斯兰国家需要改革……不是拍马屁""走向中东并在那里扎根""这些突然受保护的组织想要屠杀美国人并消灭我们的文化"。①

当然,这近二十封邮件不应该被视为数以千计的记者的代表。媒体专业人士本来是民主社会中促进社会宽容度和提升社会公正的催化剂,但这样的评论居然都出自他们之口,这不免令人失望。尽管大量证据表明,美国公众对其他文化和传统(包括伊斯兰教)了解不够,甚至存在偏见,但是新闻研究依然在持续揭示对某些群体的报道疏漏。事实上,SPJ多元化委员会主席萨莉·莱尔曼(Sally Lehrman)抱怨道,记者们"多次错误地把美国描述为以白人和中产阶级为主的国家"②。

从历史上看,媒介总是被指责为对社会正义事业态度冷漠的机构,因为媒介并不能代表所有的选民团体。媒介很少会报道被剥夺了经济和社会权利的人,对于少数群体的刻画也不公平。这种解释涵盖了从某些情况下彻底的偏见到迎合大多数人口味和兴趣的市场的现实。然而,正如下文和本书第十三章将指出的,对文化日益多元化的环境,媒介的敏感度已经有了显著的改善。

社会正义是主流价值观吗?追随亚里士多德"社群"(polis)概念的社群主义者认为这是主流价值观。尽管理想与现实之间总是会有一些差距,但正义也因此不可避免地成为民主企业的一种伦理义务。菲利普·帕特森(Philip Patterson)和李·威尔金斯(Lee Wilkins)在他们编写的有关媒介职业道德案例的书中巧妙地指出,社群主义思想"让对道德的讨论包含了利他主义和仁爱平等的价值观,以及讲真话和忠诚等较传统的问题"③。

我们不应该忽视"正义"这个概念的内涵的复杂性,因为它有可能模糊文化主导

---

① Sally Lehrman, "Getting Past a 'White, Middle-Class' America," *Quill*, March 2002, p. 30.
② Ibid.
③ Philip Patterson, and Lee Wilkins, *Media Ethics: Issues & Cases*, 4th ed. (Boston: McGraw-Hill, 2002), p. 13.

的态度。毕竟,它在概念解释上总会引申出无数种意思。但是,如果我们从"正义就是公平"这一相对简单的命题出发,那么以社会正义为主导的道德价值观就会更有说服力。因为,媒介在现代民主社会中扮演着重要的角色,媒体从业者会不可避免地渗透,有时甚至会刺激他们在推动社会正义方面的责任。然而,社群主义者在公共空间中并不孤单,因为他们的批评者不总是赞同他们把社会正义看作道德价值观的观点,而且关于媒介在推动社会正义方面的具体责任也存在争议。

总之,处理这个问题的方法取决于一个人如何看待媒介在这个复杂社会中的作用。媒介应该是社会竞技场中的真实参与者,还是应仅仅被看作信息的传递者?媒体从业者应该仅把自己看作社会情况的反映者,还是自视为变革的催化剂?媒介作为社会正义工具的作用取决于个人和社会整体如何回答这些问题,以及我们如何回应共产主义者的观点,他们认为社会正义是一个有秩序的文明社会的基础。

程序正义原则

审视正义的方法很多,但它们有共同的基本原则:同类案例应该被同等对待,不应该有双重标准。[①] 这个观念历来被认为是由亚里士多德提出的,有时也被称为程序正义原则(principle of formal justice),它是任何系统中正义的最低要求,但没有任何进一步的标准规定何时应将两者视为一致。[②] 程序正义原则提供了一个讨论社会正义的出发点,但必须辅以其他原则,才能作为这类事件有意义的道德推理蓝图。

比如很多人认为,不应将种族、性别或性倾向作为聘用的准则,但亚里士多德的观点并不是说不能使用它们。事实上,为补偿过去的不公正,种族已被视为合法的聘用标准之一。因此,除了亚里士多德的程序正义原则,必须提请其他理论来支撑将种族作为一个公正的聘用准则的做法。它仍然是个人或机构伸张正义、进行平等考量的标准。一旦标准建立,正式的程序正义原则就要求各方在这些标准的应用中被同等对待。这一理念也反映在媒体从业人员的薪水中,即有相似经验和职务的同事应该得到同样的报酬。

媒体从业者与社会正义:两种观点

对于要寻求建立一个全体成员待遇平等的社会公平体系,大多数人应该都不会有异议。毕竟,寻求平等是一种高尚的追求。但探讨要如何实现这个追求时,就涉及对政治、法律、哲学等领域许多问题的思考,还可能引起尖锐的文化分歧。一方认为,实

[①] Tom L. Beauchamp, *Philosophical Ethics: An Introduction to Moral Philosophy* (New York: McGraw-Hill, 1982), p. 223.
[②] 亚里士多德在《尼各马可伦理学》第五卷中讨论了这一主题。

现公平最好的办法是通过个体自由和市场力量达到机会平等。这种观点的代表是传统自由主义观。它认为，媒体从业者应当是独立自主的，不需要对社会负有道德义务。而另一方认为，人们对社会中有利己之心的个体和唯利是图的企业存有盲目的信心。单靠个体和企业很难实现公平；实际上，一些社会责任是由公众舆论压力或政府行为保障的，而这些社会责任是实现机会平等的必要条件之一。这种观点的支持者认为，媒体有道德责任去保障公平和正义。在实现社会公平的进程中，这两种截然不同的观念影响着媒体机构所扮演的角色，也反映在诸如雇佣、对少数群体文化需求的回应、对争议话题的报道等做法中。

自由主义正义观

自由主义正义观与美国媒体传统的社会角色观念相似。[①] 这套价值观衍生自弥尔顿、洛克、穆勒等著名人士的作品。它强调，思想市场是社会和政治真理的主要决定因素。[②] 在这样的理论中，个体自由将最大化脱离政府制约。美国宪法第一修正案将媒体自由写入了法典，一直以来，美国的新闻从业者也倾向支持独立媒体。这些独立媒体除了自己的良知，不需要向其他任何人负责。威廉·彼得·汉密尔顿在《华尔街日报》发表了一篇评论，很好地展现了这种观点："报纸是私人企业，不亏欠公众任何东西，公众只给予了它经营权。因此，它不会受公众利益的影响。必须强调，报纸是其所有者的财产，是所有者冒着风险出售的产品。"[③]

媒体从业者可能会接触、报道关于社会不公的问题，但他们并没有责任要求自己也投身于社会正义运动。很多因素让自由主义者拒绝政治或社会组织强制的接近，而更愿意由市场竞争决定自己的媒体曝光度。因此，自由主义者坚持一种信念，那就是只要每个人都有同等的机会发声，竞争观念便可以创造"自我修正"的效果。反对这种观点的评论家却指出，并非所有的社会成员都有同等的机会。政治、社会、经济上的考量常常会成为观点自由市场中的障碍。

很明显，自由主义者更关注自身利益。但这一观点的支持者，如经济学家米尔顿·弗里德曼（Milton Friedman）反驳道，个体和机构对自身利益的追求，最终会让社会受益。根据其观点，插手修正社会问题会削弱媒体作为客观观察者的身份感，威胁新闻和艺术的自由。

即便当媒介的报道威胁到社会公平时，自由主义者也更倾向寻求其他手段替代政府管制。一个恰当的例子就是，在审判一个犯了骇人听闻的大罪的被告时，审判过程常常被广泛的甚至轰动的社会舆论所包围。尤其是在陪审团做出抉择之前，这种新闻报道有可能会损害被告得到公正审判的权利。自由主义者强调要寻求"阻止"此种压

[①] 关于自由主义与制度新闻自由的关系的讨论，参见 John C. Merrill, *The Dialectic in Journalism: Toward a Responsible Use of Press Freedom* (Baton Rouge: Louisiana State University Press, 1989), pp. 113-114。

[②] Fred S. Siebert, Theodore Peterson, and Wilbur Schramm, *Four Theories of the Press* (Urbana: University of Illinois Press, 1956), pp. 39-71。

[③] Ibid., p. 73.

力的替代方法,例如更换审判地点、推迟审判、曝光陪审团抉择过程。这些方法的目的都是同时保护自由媒介的权利和被告得到公正审判的权利。但为平衡各方权益,时常会出现一些尴尬的行为。

有人会说,自由媒介对抗公正审判的问题更像是一个法律问题,而不是一个社会正义问题。但由于涉及媒体责任,"媒介审判"危害中的道德问题确实值得我们思考。在对刑事司法体系保持警醒的问题上,媒介是公众的代表。因此,就带有偏见、不负责任的报道来说,媒介违背了公众信任,可能还会损害无罪推定原则。在被告是否得到公正审判这一问题上,媒介利益同它们服务的社会利益同样多,这并非夸大其词。

平等主义观念与社会责任

较之于自由主义者强调个体自给自足的观点,平等主义者更关注所有社会成员的公平是否得到保障。平等主义者更愿意以公正的名义而非自由的名义牺牲个体自由。因此,这些哲学家认为,媒体从业者应该让出一部分社论的自由裁量权,保障社会中各个群体都有机会接触到国家大众传播机构。

最极端的平等主义理论很难成为正义系统的基础,因为它不管每个人应该得到多少,都一味地要求公平。但大多数平等主义理论都是可行的。在分配公平的理论中,财产、权利和机会等都按照贡献进行分配,如同工同酬体系。还有一些理论强调"补偿性公平",这种理论认为,对任何不公正待遇导致的伤害都有必要进行精神补偿。例如,制定平权法案(Affirmative Action)就是为了提供平等的就业机会,弥补过去的不公平对待。同样地,过去,少数族裔除了出演一些刻板印象角色,很少出现在电视中。而现在,少数族裔群体在黄金时段节目中的曝光率逐渐增加,这也可以看作是电视行业对过去不公正对待的补偿。

反对平权法案的人认为,补偿性正义没有必要,因为过去的错误不应当由下一代来负责。他们认为,个体应当严格遵从"贡献越多,获得越多"的原则。但这种观念就算在精英社会中也会产生问题。例如,假设总编辑雇了一位非裔美国记者,而不是另一个"新闻业务水平更强"的白人记者去报道内城的种族问题。很明显,种族在这个雇佣情境下是一个优势,但不可否认,总编辑也把种族当作一个"优点",认为它可以帮助记者更好地报道非裔美国人群体。

很明显,平等主义者对待正义的方法,给自由主义者所支持的那种不受限的个人选择提供了一个替代方案。尽管平等主义理论有多种版本,但当代最有影响力的是约翰·罗尔斯(John Rawls)在《正义论》①(*A Theory of Justice*)中所提出的观点。对罗尔斯来说,正义是"社会制度的第一美德"。② 正如第三章中提到的,罗尔斯引入了"无知之幕"(veil of ignorance)的概念。在"无知之幕"后面,所有争论中涉及的人在任何道德情境下都将是"理想的观察者"。在这种情况下,这些道德观察者将会摆脱专业知

---

① John A. Rawls, *A Theory of Justice*, rev. ed. (Cambridge, MA: The Belknap Press of Harvard University Press, 1999).
② Ibid., p. 3.

识、经济社会地位、政治影响或其他可能与另一群体相关的偏见因素所带来的影响,进行理性思考。① 因此,媒体从业者应当忽略相关者的性别、种族、职业、地位和政治立场争论,独立做出道德评判。这样做的目的是保护社会公平体系中最弱、最易受伤害的群体。

罗尔斯的观点被应用于一些新闻事件报道中:记者在报道某个人物时,不能仅仅依据某人的社会地位,而应当基于这个人的内在价值做选择。因此,在"无知之幕"下,记者和他的采访对象建立的是工作关系。并非所有的政客都会被描绘成不诚实的形象。在"无知之幕"下,报道、广告中的文化标签和刻板印象都应被抛弃,记者的报道应基于这个群体的合理需求,而非仅基于营销需求。记者在执行被分配的任务时,应当采取尊重对方的态度,而非不加分别地冷嘲热讽。这样的话,记者与社会之间的关系将会更加和谐。

主流声音:交融的哲学观

当代媒介的道德考量因素太过复杂,很难被简单归纳到单独一种社会正义的理论结构中。大多数媒介并不会遵循单一的自由主义观或平等主义观,它们的价值观通常介于二者之间。因此,更准确一点,只能说一个机构更倾向承担社会正义责任,或者不太倾向承担社会正义责任。

例如,一家报社可能会从上到下齐心协力地支持雇用更多的非裔美国人来报社工作。但同时,他们可能不太愿意投入更多精力报道城市中的黑人问题。另外,可能另一家报社把雇用非裔美国记者视为做好报道、吸引少数群体读者的一种手段。一些新闻机构可能会为少数群体专门设置一些内容版块,只要这么做可以带来收益。另一些新闻机构则把这种收益看作一种义务,认为它们有责任用它们的资源,向缺少文化教育的群体提供实质性帮助。在这种混合观念的影响下,媒介在维护社会正义中的角色通常围绕以下四点发生变化:信息获取渠道;媒体对少数民族与困弱群体的报道与呈现;工作环境的多样性;在刑事案件上的媒介公众影响力。

信息获取渠道。信息获取渠道是否像食物、住所和医疗一样,是一种基本"需求"?怀疑论者会说,这又是一项荒谬的权利,尤其对于那些没钱去接触"信息高速公路"的人来说。不论是媒体从业者还是政府部门,都没有义务去保证无权者享受到"富信息时代"带来的益处。或者换一个角度来说,哪一条道德标准规定,社会有责任保障每个公民都能获取最丰富的信息,而不考虑公民所处的地域和经济地位?当然,这个观点代表了主流的正统观点,认为信息是一种商业资源,市场才是决定谁有机会获取信息的终极因素。然而,致力于社会改革的平等主义者会反驳,他们认为社会应当补偿那些没有能力获取信息的人(比如给城市里的穷人提供有线电视或互联网的降价优惠),媒介作为社会中颇有财富和影响力的代表,更应该如此。一些公共事业

---

① 关于罗尔斯的理论以及其他著名哲学家的理论与"责任"这个概念的关系的讨论,可参见 Merrill, *The Dialectic in Journalism*, pp. 37-54。

公司常会资助贫困群体(有时是通过它们的顾客实现的),这些公司常得到人道主义者的赞扬,成为人道主义理论的典型应用案例。

信息获取渠道涉及政治、经济、社会政策等关键问题。要探讨这个问题,我们可能要从"信息是不是一种基本需求"开始。单纯从生存需求的角度来说,我们很难把信息的重要程度和食物、住所相比拟。毕竟,一般来说,在紧急情况下,即使没有知识我们也能活下来。知识(部分来自获取的信息)可能是做出合理决定的前提,也是民主进程中有效参与经济、政治活动的基础。尽管如此,信息获取渠道还是更像一种奢侈品而非日常必需品。信息是一种可以被买卖的商品(比如有偿新闻的兴起),是一种富足社会的产物。再进一步说,就算是困弱群体,也可以通过义务教育获得最基础的信息。除此之外,城市里的穷人可以通过广播和电视得到信息补偿。因此,社会不必承受道德压力,也没有义务补偿贫困群体、为他们提供有 500 个频道的有线电视或信息丰富的互联网。

如果一个社会遵循个人贡献原则,根据个人创造的多寡来判断其价值,那么从道德标准的角度探讨这个问题,无疑更有价值。但换一个角度,有人会认为,站在道德的角度看,在一个信息富足的社会,这份信息财富应当被分享,这是社会的共同利益,而不应依据个体价值分配,因为我们不知道每一个体的价值应由谁判定。如果"知识就是力量",那么获取丰富信息的渠道就可以让无权者变得更有力量,让他们成为民主进程的真正参与者,成为关键人物,而不再是边缘群体。就算媒体或社会要补偿他们在信息获取上的缺失,所付出的代价也不大,还能改善贫困群体的精神状态(不能保证一定能改善其经济状态)。在这种观点里,"必需品"应该被定义为生存所需的基本要求,而不是提升精神品质和促进生产力发展的商品。媒介伦理学家克利福德·克里斯汀(Clifford Christians)、马克·法克勒(Mark Fackler)、吉姆·洛特佐(Kim Rotzoll)和凯西·麦基(Kathy McKee)从伦理诉求的角度总结了这种观点:

> 人作为社会成员,因相同的能力被定义为人类。因此,我们都被赋予了权利去获取一切能保障我们继续像人类一样生存的资源,而这种权利不按个人成就来区分。不论何时,社会在分配这些资源时,都应做到不偏不倚。过去,自由竞争是媒体实践中的一个重要原则,但为了保证整个国家的结构健康有活力地运转,(信息的)基本需求理论比道德标准理论更合适。①

媒体报道与呈现。第一章中提到,回顾 20 世纪 40 年代的新闻界,哈钦斯委员会责备新闻媒体忽视了少数族裔的需求,认为它们作为代表辜负了"社会委托人"的期望。② 批评家认为,哈钦斯委员会的怀疑仍旧存在,除了媒体上零星的报道有所呈现(如城市暴乱),少数族裔和困弱群体依旧没有得到充分代表。它控诉媒介忽视了社

---

① Clifford G. Christians, Mark Fackler, Kim B. Rotzoll, and Kathy Brittain McKee, *Media Ethics: Cases and Moral Reasoning*, 6th ed. (White Plains, NY: Addison Wesley Longman, 2001), pp. 98-99.
② Commission on the Freedom of the Press, *A Free and Responsible Press* (Chicago: University of Chicago Press, 1947), pp. 26-27.

会中的这些群体,没有充分地反映给它们的读者或者作为评级资料。

有些研究支持了批评家的怨言。职业新闻记者协会多样化委员会主席萨莉·莱尔曼抱怨道:新闻记者一直错误地把美国描述成以白人和中产阶级为主的国家。某些群体实际上都被忽视了。莱尔曼说,记者都肩负一个"简单的责任",那就是公平、准确地报道社会中所有的群体,并做出"明智的区分"。① 现在有些报道还是带有刻板印象。美国波因特媒体研究学院做了一项调查发现,报纸中关于有色人种的报道超过半数都是体育或者娱乐人物,研究者认为,这种刻板印象将有色人种群体贬低为"新鲜和娱乐化的素材"。②

除了上面这个比较悲观的评价,在这个问题上还有一些重要的成就。例如,在20世纪60年代,电视为追求公民权利和社会正义做出了贡献。近些年,媒体从业者比以前更加积极地为打破种族和性别的刻板印象而战,越来越多地关注社会问题,如贫困人群和流浪人群。

在对少数族裔的报道中,或许最大的新闻过失是将少数族裔的新闻素材边缘化。文化多样性与素材多元化并不匹配。一篇地区新闻报道分析发现,"拉丁裔、亚裔、印第安人很少作为报道的采访对象出现",而"如果有两个以上的采访对象出现,非洲裔比其他族裔出现的频率更高"。③ 主流记者进入了素材来源的"舒适区",因为方便,他们更倾向重复利用手上的素材,或记者根据过去的记录,知道这样做能采访到需要的内容。记者应当在报道时,认真努力地获取多样的信息,而采访话题不需要仅仅限制在少数族裔问题上。例如,一些少数族裔还是某些领域的专家,如法律、医疗、经济领域。他们常常被邀请到电视新闻节目中接受采访。

不幸的是,改变未充分代表某群体的报道的进程相当缓慢,这种情况所带来的挫败感通常会导致编辑政策政治化。例如,《洛杉矶时报》的发行人马克·威尔斯(Mark Willes)告诉《华尔街时报》,他打算给他们的报纸内容制定具体的报道数量目标(配额),用来报道女性和少数族裔新闻。④ 威尔斯的提议很快就引起了《美国新闻与世界报道》的约翰·里奥(John Leo)的反对。里奥认为,偏袒某个群体代表的做法的优点被过度放大了。"某些内容中着重强调性别和(或)种族是有意义的,"里奥写道,"但是在大多数报道中没有什么意义。这种强调反而会误导读者,让读者觉得所有的报道都应该通过种族或者性别的棱镜去看。"⑤

虽然如此,过去十年里,多样化问题又在媒介评论中兴起。评论家指责媒介依然漠视社会群体的需求。例如,拉丁裔群体是美国最大的少数族裔群体。一份调查抽取了16000条发布于2000年的新闻报道,发现在电视网和美国有线电视新闻网络的晚

---

① Lehrman, "Getting Past a 'White, Middle-Class' America."
② Ibid.
③ Paula M. Poindexter, Laura Smith, and Don Heider, "Race and Ethnicity in Local Television News: Framing, Story Assignments, and Source Selections," *Journal of Broadcasting & Electronic Media* 47, no. 4(December 2003).
④ John Leo, "Quoting by Quota," *U. S. News & World Report*, June 29, 1998, p. 21.
⑤ Ibid.

间时段新闻中,关于拉丁裔的报道仅占0.5%。① 种族问题已成为社会中的热点话题,以至于新闻媒体常把种族背景放在故事框架中,而忽略了相关性这一新闻报道的基本要求。现在这个多元文化的环境已不太会忽略关于种族问题的失误。如2000年夏季奥运会时,专栏作家米歇尔·麦尔金(Michelle Malkin)责备媒体把19岁的多民族混血游泳运动员安东尼·艾文(Anthony Ervin)说成非裔美国人。麦尔金说,记者忽略了他的成就,反而不停地问他"作为美国游泳队中的第一位黑人运动员,你感觉如何"。麦尔金写道:"只有美国媒体热衷在采访中基于种族的平权运动和亘古不变的种族分类思想,用肤色问题不停地骚扰我们国家的体育英雄。"②

娱乐行业也因没有恰当展现少数族裔被公众诟病。"我们不仅没有被充分地展现在电视中,我们在电视上的形象通常也是负面的、带有成见的",美国印第安人事务协会领导人盖里·金布尔(Gary Kimble)抱怨道。③ 最近《广播与电子媒介杂志》(*Journal of Broadcasting & Electronic Media*)的一份研究发现,非裔美国人在黄金时段广电节目中的形象比高加索白人和拉丁裔美国人更加负面。从研究来看,他们被认为是"最懒且最没有地位的","他们的衣服是最放荡且最脏的"。④

关于电视中很少由非洲裔美国人担任主演这一问题,一种解释是因为黑人主演缺乏对白人观众的吸引力,而白人是最有影响力的受众群体。但是,还是出现了一些渐进性的改革。例如,在20世纪90年代,美国广告业发现了中产少数族裔的购买力,商业广告中少数族裔的形象数量急剧增加。2002年2月,《时代周刊》援引了以《我的老婆孩子》(*My Wife and the Kids*)和《伯尼·麦克秀》(*Fox's The Bernie Mac Show*)为代表的ABC的情景喜剧,它们都是以知名的黑人漫画为蓝本,颇受白人观众的关注。据此,《时代周刊》宣称:"经过多年的视频种族隔离制度,以非洲裔美国人为题材指向的情景剧开始被白人观众关注。"

但文化公司这种关注少数族裔人物并以少数族裔为受众的突如其来的浪潮,不能掩盖市场现实。经济因素和所有制形式在传统上阻止了媒体完全投身社会正义事业。收视率和发行量是媒介机构的驱动性因素,而包括广告信息在内的内容,则在传统上被中产阶级的白人观众所主导。⑤ 但这里仍存在乐观的理由。几年来,节目制作商和广告公司高管一直在增加对少数族裔,尤其是非洲裔美国人的投资。事实上,这是电视行业在发现中产阶级非裔美国人(有一些明显例外地)改变了电视的黄金时间段节目表,并在市场上赢得了一席之地之后才做出的改变。

同样地,根据《美国新闻与世界报道》⑥最近的报道,媒体对于西班牙裔和拉丁裔

---

① Lehrman, "Getting Past a 'White, Middle-Class' America."
② Michelle Malkin, "Racial Politics Permeates Media Olympics Coverage," *The Advocate* (Baton Rouge, LA), September 29, 2000, p.13B.
③ Neil Hickey, "Many Groups Underrepresented on TV, Study Declares," *TV Guide*, July 3, 1993, p.33.
④ Dana E. Mastro, and Bradley S. Greenberg, "The Portrayal of Racial Minorities on Prime Time Television," *Journal of Broadcasting & Electronic Media* (Fall 2000):690-703.
⑤ 对于主流新闻集团以外的新闻报道的深刻评论,参见 Clifford Christians, "Reporting and the Oppressed," in Deni Elliott (ed.), *Responsible Journalism* (Beverly Hills, CA: Sage, 1986), pp.109-130。
⑥ Marci McDonald, "Madison Avenue's New Latin Beat," *U.S. News & World Report*, June 4, 2001, p.42.

观众的关注也是因为这一群体年购买力的上升,同时广告商也都"热衷"这一有利可图的市场。然而,和人口数据相比,西班牙裔和拉丁裔依然没有被充分代表。根据2000年的人口调查,西班牙裔美国人占全美人口的12.5%,自1990年以来上升了58.0%。但是,西班牙裔电视角色的数量比例在2001年依然停留在可怜的2%。①

对于西班牙裔存在感缺失的解释并不难被发现。西班牙裔很少在电视中出现,电视剧依然被白人男性编剧所统治,而且他们"更倾向描写他们知道的生活——他们自己"。电视网络高管宣称会增加节目的多样性。例如,福克斯电视台的威尔森(Wilson)就表明,要增加对少数族裔的关注,"我们的目标是把西班牙裔编剧加入我们所有的节目"。同样的,CBS的高级副总裁乔西·托马斯(Josie Thomas)说:"我们正在努力解决这一问题,会有更多机会给(西班牙裔的)客串明星;角色招募依然在继续。故事并没有结束。"②

电视中缺少拉丁裔代表的原因可能是,他们自己也喜欢美国人热衷的那些电视节目。一位广告业高管认为:"很多拉丁裔美国人更喜欢白人的生活方式。"这也解释了为什么针对拉丁裔的节目如此稀缺。③

工作环境的多样性。有色人种在媒体机构的就业情况如果没有得到相应的改善,媒体报道中和能参与政治活动的有色人种代表的处境是不会有所改善的。在美国,有色人种的就业率与其人口数量并不匹配。例如,2004年鲍尔州立大学的一项调查显示,有色人种占总人口的32.8%,其中在电视台工作的占比为21.8%,而11.8%的人在广播电台工作。不幸的是,在过去的十年里,在电视台和广播电台工作的有色人种比例并没有得到明显提高。

在一些有色人种员工不那么多的电视台里,新闻主任常常抱怨说,他们很难在新闻编辑部尤其是在中小型部门找到合格的有色人种候补者。有些人承认,为了吸引更多有色人种成为候补者,他们可能会给有色人种职员更多休假时间。这种对待有色人种职员的惯例又一次激起了关于社会正义的争论。④

报纸行业中有色人种的聘用情况也很让人失望。从2000年的美国人口普查数据中,我们可以看出,在一个有色人种人口比例达到30%的国家,有色人种在新闻编辑部工作的人数占比从1999年的11.85%下降到11.64%。非裔美国人仍是占比最大的有色人种群体(5.23%),其次是西班牙裔美国人,占比为3.66%。⑤ 1978年,美国报纸编辑协会设定了一个目标,即对有色人种的聘用到2000年比例要达到17%⑥,但是鉴于新闻编辑部多样性的发展不尽如人意,协会降低了期望值。

---

① James Poniewozik, "What's Wrong with This Picture?" *Time*, May 28, 2001, p. 80.
② Ibid., p. 81.
③ Mastro, and Greenberg, "The Portrayal of Racial Minorities on Prime Time Television," p. 699.
④ Bob Papper, "Recovering Lost Ground," *Communicator* (July/August 2004):24-28.
⑤ Kelly Heyboer, "Losing Ground," *American Journalism Review* (June 2001):39.
⑥ Donald L. Guimary, "Non-Whites in Newsrooms of California Dailies," *Journalism Quarterly* 65 (Winter 1988):1009. 关于检验组织关于提高少数族裔录取率的计划,可以参见"Minorities in the Newsroom," *ASNE Bulletin*, February 1985, pp. 3-35, and May-June 1987, pp. 16-23.

对此次聘用有色人种占比的重新评估,我们可以用"多样性疲劳"来解释:聘用目标被视作社会目标,而非优秀记者和有价值商业的重要因素。另外,美国报纸编辑协会认为,新闻编辑部的多样性在发展新读者方面至关重要。它不仅能增强大众的信任度,还有助于做出让读者信任的精彩的新闻报道。① 平心而论,大部分传媒机构大亨已经制定了招募有色人种的积极措施。

有色人种一贯避免在报纸行业工作,原因不胜枚举,对于其中有些原因,媒体管理者也很难避免。比如缺少学习对象,薪资较低,被隔离感强,语言技能匮乏,以及高中时没有被好好指导等。另外,大城市的大型报社常常有这样的政策,即聘用在小报社里初试牛刀后获得丰富经验的记者。但是,有色人种记者却不愿意在农村地区寻找他们的第一份新闻记者工作。② 这样,在涉及有色人种的情况下,报纸行业传统的雇佣惯例便弄巧成拙了。

然而,《华盛顿邮报》的经济新闻副主编、全美黑人新闻工作者协会(NABJ)前会长瓦内萨·威廉姆斯(Vanessa Williams)把这种趋势归咎于种族歧视。她说:"对于黑人记者有能力完成的任务,他们绝对不会考虑转交给白人记者。对此,管理者常常持有犹疑态度,并要求拿出有说服力的证据。"③《华尔街日报》记者兼全美黑人新闻工作者协会官员的赫伯特·劳(Herbert Lowe)也同意这一点。她告诉美联社:"我们可以阻止这个趋势,不过这需要编辑部高层做些真正的努力,表明他们发自内心地欣赏黑人记者,以及人人都力推最新人口普查数据所要求的多样性。"④

然而,即使新闻编辑部改善了员工多样性的问题,既有的有色人种中仍存在一个困扰着许多新闻界高层的问题,而其原因也因有色人种而异。例如,非裔记者鲜有提升地位的机会。⑤ 然而,拉丁裔记者正在离开以英语为通用语言的媒体,投身日益增多的西班牙语新闻机构。⑥

广告产业现在也对同性恋给予了更多关注,并为这个日益集有声化、可视性和高经济效益于一身的群体制定了宣传策略。1995年,这种趋势使得著名的公共关系公司——伟达公共关系顾问有限公司专门创建了一个部门,用于宣传解决同性恋问题。⑦

公共关系领域竭尽所能去聘用女性和有色人种,并取得了一定成效。如今,大约三分之二的公共关系专业人员是女性,同时,有色人种也成功进入这一领域。例如,根据美国公共关系协会的数据,该行业的公司、非营利组织和政府部门吸纳了20%的非

---

① Felicity Barringer, "Editors Debate Realism vs. Retreat in Newsroom Diversity," *New York Times*, April 6, 1998, pp. C1, C8.
② Ibid.
③ "NABJ Suggests Changes to Increase Diversity," *Quill*, June 2001, p. 71.
④ 引自"NABJ Suggests Changes to Increase Diversity," *Quill*, June 2001, p. 71。
⑤ 更多关于这一现象的讨论,参见 Kelly Heyboer, "Losing Ground," *American Journalism Review* (June 2001):39-43。
⑥ Laura Castañeda, "Bilingual Defections," *American Journalism Review* (June 2001):44-49。
⑦ Stuart Elliott, "Hill & Knowlton Forms a Unit to Direct Public Relations Efforts toward Gay Men and Lesbians," *New York Times*, June 23, 1995, p. C5.

裔公关专业人员。①

数据显示,在媒体行业里,女性的处境比少数族裔好得多。例如,最近的一项研究表明,在电视和广播领域有三分之一的女性。② 此外,有五分之一的新闻部主任是女性。③ 这些数据虽然远低于女性人数在社会上所占的比重,但是它确实反映了女性在进入传媒领域决策层方面的进步。事实上,根据《广播与有线电视》的报道,尽管电视行业中许多高层职位仍然将女性排除在外,但她们已经准备好进军传媒业的高层管理岗位。之所以会这样乐观地评估,部分原因在于更多女性在考取工商管理硕士学位,这为她们在竞争激烈的电子传媒业中取得关键成就提供了金融从业资格。④

在出版行业里,更多女性在规模大小不一的公司里担任高级记者职务。从近期的媒体数据中,我们应该看到,媒体行业中管理层职位的女性数量一直在增长。⑤ 有证据表明,女性编辑在新闻机构中有着积极的影响。更有一项针对30家新闻网站做出的调查结果显示,女编辑居多的报社给男女记者分配任务的比例并没有差别,这种情况明显也适用于以男性编辑为主导的编辑部。另外,男性编辑主导的报纸中有更多消极的新闻。⑥ 另外一项调查显示,女性在媒体行业中的存在是新闻报道更多关注女性的重要前提。⑦

全国的新闻编辑室近期接到的关于社会正义的申诉案例,主要来自美国"同志"记者协会(National Lesbian and Gay Journalists Association,创立于1990年)。在成立三年后,这个组织在纽约举办了第一场招聘会。据记载,这场招聘会得到了《纽约时报》四万美元的赞助,更有如《华盛顿邮报》、美联社和美国广播公司这些颇负盛名的媒体参与其中。⑧

尽管那些拥护平等主义哲学的人有着崇高的意图,包括为那些失去工作的人呼吁补偿性正义计划,但是对于一些白人男性来说,"多样性"已然成为反向歧视的代名词。媒体积极招聘少数族裔的激进方式助长了这种看法,例如聘请咨询公司,开展关于敏感度的研讨会,参加有色人种招聘会和宣布特别的招聘政策。⑨ 这样的政策会导致工作氛围越来越不和谐。例如,一项由美联社编辑部开展的关于多样性的调查显示,许多有色人种记者认为白人记者不需要努力工作,而白人记者也认为有色人种记

---

① PRSA Press Release (New York), August 22, 2003, p. 1.
② Bob Papper, and Michael Gerhard, "About Face?" *Communicator* (August 1998):26-32.
③ "Women and Minorities in Radio and TV News," *Communicator* (July 1999):28.
④ Elizabeth A. Rathbun, "Woman's Work Still Excludes Top Jobs," *Broadcasting & Cable*, August 3, 1998, pp. 22-28.
⑤ Christi Harlan, "Role Models in Transition," *Quill*, July/August 1995, pp. 39-40.
⑥ Stephanie Craft, and Wayne Wanta, "Women in the Newsroom: Influences of Female Editors and Reporters on the News Agenda," *Journalism & Mass Communication Quarterly* 81, no. 1 (Spring 2004):124-138.
⑦ Cory L. Armstrong, "The Influence of Reporter Gender on Source Selection in Newspaper Stories," *Journalism & Mass Communication Quarterly* 81, no. 1 (Spring 2004):139-154.
⑧ "Newsrooms Recruit Gay Journalists," *Quill*, November/December 1993, p. 8; Cal Thomas, "Group Urges Media to Hire Homosexuals," *The Advocate* (Baton Rouge, LA), September 22, 1993, p. 4B.
⑨ Alicia C. Shepard, "High Anxiety," *American Journalism Review* (November 1993):19-24.

者不需要努力工作。①

要寻求解决道德层面问题的策略,就必须直面一些棘手和复杂的问题。如果要这样做的话,也许我们应该先找到一致性:在发展社会公平的进程中,仅仅基于一个人的肤色、性别、性取向或其他特质就去否认他的就业机会,这种观点是错误的。但是,除了就业的灰暗地带,我们必须清楚地问问自己,工作场所存在怎样的多样性才能最大限度地服务社会利益? 有一个未明确说明的设想是,工作场所的多样性会提升内容的多样性。但是,工作场所的多样性真的会自动改善新闻产品的质量吗?② 或者更加具体地说,中产阶级非洲裔美国记者是否比白人记者更关注城市内部的问题? 城市问题是否既取决于经济阶层的状况,又与种族相关? 同性恋记者会比异性恋记者更加了解和同情同性恋群体的处境吗? 只有身患残疾的记者才会同情那些每天为体面而奋斗的残障人士吗? 只有超过55岁的记者才有资格撰写有关人口老龄化问题的文章吗? 还有很多问题,就不一一列举了。

当然,这些问题也有不合理之处,那就是它们不应该阻止媒体管理者去尝试发展更能贴切地折射社会组成的就业群体。但是他们也必须考虑到一点,即无论他们实行怎样的政策,都不能致使工作环境恶化、分裂。否则,这在长期意义上会危及社会正义的进程。

媒介对刑事司法的影响。 2004年4月,法官从一篇报道中获悉,陪审员收到了对她施加压力的一通电话和一封信。然后,一场关于美国科泰公司经理涉嫌贪污1200万美元的审讯突然以未决审判收场。《华尔街日报》和《纽约时报》都刊登了这位陪审员的名字,美联社也发布了她的照片。如此举动引发了专栏作家托马斯·斯维尔(Thomas Sowell)对媒介不负责任的批评,"这不仅花掉了纳税人大量的钱财,而且会腐化整个司法系统"③。

刑事审判,尤其是针对一些备受瞩目的案件的审判会成为新闻。新闻界有责任监督案件的进展,同时提供有关司法系统如何运行的正当解释。然而,媒介有权力,可以帮助传达民意。在事实被其他利益集团,如被告、检察官、陪审员歪曲的紧要关头,在媒介报道威胁到美国宪法保障的司法正义时,伦理方面的担忧就会增加。美国宪法第六修正案保证,刑事被告拥有接受公平审判的权利,也就是说,被告有权在陪审团前接受公开审判。美国宪法第一修正案保障媒体自由,即媒体不受政府审查制度或政府许可的制约。这两项保障个人和媒介自由的无畏宣言有时会相互冲突,这或许有些讽刺,因为它们的制定基于对政府的不信任,而这种不信任是有益的。刑事司法系统以陪审团为中心,在审讯之前,陪审团对被告是否有罪是毫无偏见的。虽然他们在审讯期间确实会接触一些信息,这样的信息可能会导致偏见,但是防范措施会校准对案件

---

① Gilbert Bailon, "Gulf between Minority, White Journalists Wide," ASNE, http://www.asne.org/kiosk/editor/october/bailon.htm,1998年6月6日访问。

② 关于少数族裔记者对于自己民族的报道是否更好的观点,可以参见 Gigi Anders, "The Crucible," *American Journalism Review* (May 1999):22-31。

③ Thomas Sowell, "Changes Needed to Fix Jury System," *The Advocate* (Baton Rouge, LA), April 14, 2004, p.6B.

的介绍,并对证据和证人的证词进行评估。但在审讯之前或审讯期间,并没有预防措施来阻止媒介向公众传播这样的信息。

那些认为公正审判是宪法保障的最基本权利的人会批评媒介。尤其在受到广泛关注的案例中,媒介会进行不负责任的煽动性宣传,提供导致犯罪发生的证据,甚至会出现法庭职权以外的声明(例如法庭外持反对立场的律师的意见),导致审判在民意中进行,而不是在法庭进行。同时,新闻自由倡导者声称,只有通过媒介参与司法程序,并且拥有为选民做代理的权利的方式,选民才会对正义的实现有信心。

举个例子,1997年2月,《达拉斯新闻晨报》(*Dallas Morning News*)在其网站上刊登的一个故事中报道了蒂莫西·麦克维(Timothy McVeigh)的口供。麦克维是俄克拉荷马城爆炸案的被告,而《达拉斯新闻晨报》的这一举动引起了轰动。这标志着一家主流媒体首次在其竞争者以及自家的印刷版媒介进行报道之前,就发布了线上新闻报道。麦克维的律师质疑口供的真实性,并且批评了报纸的行为。[1]《达拉斯新闻晨报》常务副总裁兼编辑拉尔夫·兰格(Ralph Langer)回应道,口供是真实的,并且是通过合法途径得到的。也有人批评道,报纸编辑漠视其决定所带来的道德影响。在对此的回应中,兰格宣称,"至少一些批评家已经表明,《达拉斯新闻晨报》没有对审讯结果给出任何观点。我们关心审判,但是我们最终相信,那部分材料传达出的信息对全体国民来讲非常重要,所以我们有义务发布出来"[2]。

尽管美国司法系统有缺点,并且有时会失灵,但仍被视作司法范例。美国司法系统反映了美国文化对公平和平等待遇的基本承诺。严格来讲,当刑事被告的权利与媒介在报道司法程序方面的权利相冲突,尤其涉及宪法层面时,这其实是法律问题。但事实上,刑事司法体系反映了我们对社会正义更加普遍的关切。它强调公平、程序保障以及给予人们应得的奖惩。当媒介表现得不负责任,使得被告由于过多且轰动的公开报道而没有享受被公平审讯的权利时,就会牵扯到严重的道德问题。

当然,有时媒介极好地履行了其道德使命,指出了司法系统的不完美之处,如当美国白人和非洲裔美国人犯相似的罪行时,二者却要接受迥然不同的判决模式。其他时候,从众心理毁掉了媒介,对判决的新闻报道呈现出类似马戏团的氛围。这样的案例通常反映出新闻被当成了商品,但由于宪法第一修正案的保护,新闻媒介也应该有社会责任感。两者有时会发生冲突。法庭上由摄像机提供的现场直播也把一场不可抗拒的高水准"戏剧"带到了法庭。

典型例子就是对辛普森的判决。从一开始,详尽的,有时甚至轰动的报道催生了大量对辛普森能否得到公正审判的怀疑。尽管潜在的"媒介审判"是这场备受瞩目的案件的中心,但是辛普森的案子至少在三个方面是独一无二的:新闻报道的数量、有潜在偏见的宣传导致1000位陪审员被罢免以及前所未有的通过媒介获取信息的途

---

[1] "The McVeigh Dilemma," *Quill*, April 1997, p. 17.
[2] Ralph Langer, "Our Story, Process Correct," *Quill*, April 1997, p. 19.

径。① 很多新闻报道的中心都准确定位到了洛杉矶郡(Los Angeles County),因为这里将产生公正的陪审团成员。但是,威胁司法系统的不是报道的数量,而是消息的质量。

第一,许多报道要么是错的,要么是毫无根据的。第二,即使一些问题被精确报道了,还是会被媒体报道的水平所连累,最后影响了刑事诉讼中对真相的追求。举个例子,一名证人报告说自己在犯罪现场附近看到了被告。不幸的是,初步了解之后发现,记者为了独家新闻向她付了钱。由于她已经不可能成为一名可信的证人了,因此公诉人决定在陪审团听取前和初审中都不采用该证人的证词。②

对任何备受瞩目的案子,我们可能都希望相互竞争的起诉人和被告能够唤起民意的良知。这么做没什么不道德的,毕竟民意对民主进步有着积极的影响。200多年以前,托马斯·杰斐逊(Thomas Jefferson)在搜集民意、寻找材料支持《独立宣言》时,就明白了这条重要的原则。媒介有时会充当公众倡议者或疏通者,帮助那些在舆论法庭寻求倾听的人。③ 而律师毫不犹豫地为了他们客户的利益,充当自我宣传员。④ 举个例子,蒂莫西·麦克维被指控为俄克拉荷马城联邦大楼爆炸案的真凶。几周以后,麦克维的法庭指定律师公布了一卷录像带,国家电视台报道了这件事,展示了一个更轻松和"友善"的麦克维的形象。

但是,近期备受瞩目的案子有所增多,而电视报道的无处不在,已经导致一些律师为了给他们的客户树立更加有利的形象去请求媒介提供专业的帮助。被频繁引用的诉讼公共关系相关文献证实,这种公共关系与法律界的同盟合作变得越来越多。客户名单都可以组成一份罪犯版"名人录"了。苏珊娜(Susanne)教授和理查德(Richard)教授所著的《传播与法律》(Communication and the Law),注意到了对诉讼公共关系的需求:

> 根据公共关系主管所言,许多律师犯的一个大错误,是没有认识到法庭上的沉默应被推定为无罪;但在新闻界,这可能是有罪的标志。在无辜者被指控时,公众期望他们能够迅速且坚决地被判无罪。如果没有这样的宣判,那么法庭的任何无罪宣判都可能会更加受到怀疑。⑤

将公关引入刑事司法体系(其在民事诉讼中也承担了更显著的角色),这确实让相关者(律师、公共关系专业人士和媒介自身)产生了一些道德担忧。律师使用传播策略的原因千差万别,甚至案件与案件之间也不尽相同,但是"诉讼公共关系"的支持者在其辩护中至少提到了两个原因:第一,尽管起诉人将他们描绘成"在公关之上",

---

① Kathy R. Fitzpatrick, "Life after Simpson: Regulating Media Freedom in Judicial Matters," *Media Law Notes* 22 (Spring 1995): 4.
② "O. J. Simpson Coverage: Reflecting on the Media in Society," *Poynter Report*, Fall 1994, p. 3.
③ Susanne A. Roschwalb, and Richard A. Stack, "Litigation Public Relations," *Communications and the Law* 14 (December 1992): 6.
④ 关于O.J.辛普森的首席辩护律师如何操纵媒体的讨论,参见 Robert L. Shapiro, "Secrets of a Celebrity Lawyer," *Columbia Journalism Review* (September/October 1994): 25-29。
⑤ Roschwalb, and Stack, "Litigation Public Relations," p. 3.

但是他们有一个有效的媒介网络。起诉人相对于民意有一个先天的优势,因为政府负责开展并且控制刑事调查,率先评估证据,并经常举行新闻发布会宣布起诉书。在这种情况下,公众接收到的关于被告的第一手信息都是消极的。然后,被告律师被迫提醒公众,他的委托人在被证明有罪之前,都是无辜的。① 第二,律师经常利用公众来影响潜在的陪审员。有时,一个精心安排的代表委托人的公关活动至少可以缓和起诉产生的不良形象。这样的宣传不会威胁到刑事司法体系,因为陪审员被小心地隔离,然后被告知只能根据证据和审讯期间的证词来得出结论。

批评者指出,相信陪审员能把公众意见、法庭仔细排查过的证据和证词完全区分开,是荒谬的。尽管律师和法官都对此抱有很大希望,但是找出所有偏见是不可能的事。另外,反对者称,通过专业的公关人员,被设计好的传播策略会留下被告团队试图篡改真相的印象。这种情况下,公关从业者会迅速变成阻挠调查真相的同谋。

显然,关于公众人物的法律难题及其内在的娱乐价值,有时甚至主流新闻媒介都不可抗拒。但同样令人不安的是,很多节目忽视了对嫌疑人的无罪假设,并且在"舆论法庭"上做出了自己的判决。举个例子,试想,"电视法庭"经常对各种司法程序进行真实的报道和评论。但当歌星迈克尔·杰克逊因猥亵儿童被捕时,有线电视的黛安·戴蒙德(Diane Dimond)迅速得出了她的结论:"1993 年,迈克尔·杰克逊花钱逃脱了一项严重的指控。我认为,他的周围都是那些让孩子出现在他不应该出现的地方的人。"随后她断言:"我们可能正在目睹一位超级巨星的逝去。"类似的情况还有,亚特兰大地区检察官和《最后陈述》(Closing Argument)的主持人南希·格蕾丝(Nancy Grace)承认,她认为理查德·里奇(Richard Ricci)是"完美的犯罪嫌疑人"。里奇是伊丽莎白·斯玛特(Elizabeth Smart)绑架案的嫌疑人,在被警方拘留期间死于脑出血。这条评论忽视了一个事实:里奇并没有犯罪。②

把这种名人导向的情况放在一边,在这种情况下,社会等级胜过了公平。在备受瞩目的案件里,司法体系的要求要屈从于它们最强制的挑战,因为这样的案件关系到最重要的公众利益,并且其新闻报道也很普遍。在民主制度下,媒介受制于命令和责任。记者应该明白,为司法体系的行为提供有意义且全面的理解是道德的,也是必需的,同时,这与致力于正义事业并不矛盾。每当刑事被告没有受到偏见宣传的影响而获得了公平审判时,社会自身都是受益的。同时,媒介应该注意,不公平或者有偏见的报道(这可能包括起诉人、被告律师或公关咨询者所做的宣传)可能会损害刑事司法进程的完整性。因此,正义事业和媒介可信度的潜在影响都不可忽视。

社会正义与道德决策

正义是社会的核心道德原则。③ 如前所述,在最正式和抽象的层面,这与个人应

---

① Roschwalb, and Stack, "Litigation Public Relations," p. 13.
② Andrew Goldman, "And the Verdict Is… Guilty," *TV Guide*, January 17, 2004, pp. 51-54.
③ 关于公正与多种准则的关系的讨论,参见 Ronald L. Cohen (ed.), *Justice: Views from the Social Sciences* (New York: Plenum, 1986)。

得(之物)密切相关。但何为个人应得？当一人之正义可能损害他人之正义时，应如何平衡利益冲突？

对于那些像大众媒体一样关键且传播广泛的机构，这些都是相当复杂的问题。自由主义者偏重关注每一名媒体从业者，以及他们独立于外界干涉、独立做决定的能力。平等主义者则更重视社会责任，以及保证社会所有阶层享受公平的义务，即便以牺牲媒体从业者的自主权为代价。虽然这两种观念看起来在哲学层面上处在对立面，但是两者对于构建社会公平的道德框架都具有借鉴意义。我们以自我利益为核心的自由主义观念，因为这两种观念经不起牢固的道德推理。但是，它对于个人自主性的强调却一语中的，即强调了个人道德主体层面的意义。正如第二章所述，媒体从业者只对其企业的集体决策负责。比如，一家报社会因缺少潜在的广告商而决定不刊登针对少数群体的特别报道，这就是个体代表集体做出决策，这些执行者将在道德层面上对此决定负责。

尽管如此，当我们谈及大众媒体的多重文化角色时，常常提及"机构责任"一词。所以，我们可以从平等主义观念中借鉴"社会责任"的概念，进一步构建针对社会正义的道德决策程序。由于媒体是靠与其一体的社会支持而生存，因此社会理所应当会期待媒体至少对社会正义事业有所关注。当然，问题是，媒体的这一责任应延展到何种程度，对正义的追求应该如何与其他责任相平衡？对于媒体来说，它们需对订阅者、广告商、读者(可能还有股东)负责。在回应社会某一阶层的需求时，须谨慎考虑这些责任。

在考虑有关社会公平问题的困局时，以责任为出发点的理论家(义务论者)会仔细分析道德主体的动机。在这一分析方法下，媒体从业者的行动指南将是从责任感而非结果出发。

以责任为出发点的义务论者将正义视为公平，没有考虑到道德决策的结果是否会最大限度地惠及最多人。举个例子，电视节目的制片人出于责任感才制作了针对少数群体观众的节目，而不是因为该方式能带来更多的商业利润。这就是遵循了这种道德分析方法。

与之相反，那些认为结果重要的目的论者则会仔细分析追求社会正义的决策的潜在影响。公正决策对不同阶层的潜在伤害将被与积极因素相对比。在上述情况下，其目的是为某一社会群体寻求积极的结果。有人认为，社会正义之名可能会限制包括言论自由在内的个人权利。女权主义者在支持审查色情内容时援引了这一原则，他们认为色情图像是在剥削女性，并将女性物化。

亚里士多德的"中庸之道"在针对极端伦理难以接受的复杂情况时也可以作为一种指南。比如说，一个电视新闻团队被派遣去报道监狱暴乱。这种内部骚乱总会对新闻机构产生威胁，别有用心之人总会借此予以曝光，并使其成为新闻的一部分。无论是根本毫不涉及，还是不顾一切地进行全方位报道，这两种极端情况均有缺陷。报道骚乱的挑战在于，一方面要提供负责任的报道，另一方面不能为那些暴乱分子提供寻求社会支持的平台。

当然,中庸原则并不适用于所有社会正义的道德困境。有时候,公正处在一个或另一个极端,那么道德主体就必须从结果主义者或者义务论者的角度出发,去探寻现实。

在亚里士多德看来,对于其他事情来说,公正是由基于美德的平等对待所组成的良好习惯。当然,问题是对美德的评判标准是否公正,这对于最理性的媒体从业者来说也是个挑战。比如,在报道少数群体问题时,该将哪些发言人公之于众?编辑该选择那些似乎能代表最大多数选民的人、声浪最大的社区领导者,还是那些最迫不及待要宣传他们事业的人?这是一个非常实际的新闻学问题。因为,即便是在同一个社会阶层中,发言人也不一定拥有同样的议程表,不一定代表其众多追随者。就像纽约市哥伦比亚广播公司 WCBS-TV 新闻部主任保罗·萨根(Paul Sagan)所指出的那样:"在报道少数群体社区问题时,我认为我们大多数人不知道谁能代表他们发声。我们通常会倾听那些声浪最大或者举办新闻发布会的人。"①

"中庸之道"也适用于那些试图修正过去不正义行为的补偿性正义。② 比如,对平权运动的报道和少数群体要求媒体从业者公平对待的呼吁,就被看作对过去不公平行为的补偿和试图平衡社会关系的努力。真正的方式是尝试修正过去的错误,即恢复平衡意识与比例意识,从而更准确地反映社会选民团体真实的文化多样性。

媒介与社会公平:假设案例研究

在这个部分,你将面对各种各样的问题。一些会涉及传统的社会正义问题,例如媒介中的种族歧视。关于社会正义,最近的一个例子就是环境正义问题。这些例子的多样性表明"正义"概念存在于我们文化经验的每一个层次。在分析例子时,你应该思考第三章中描述的伦理模型以及前面章节中提到的能适用于正义事业的内容。

案例研究

案例 12-1 陪审团作为真人秀节目③

对于众多狂热的"粉丝"来说,法制有线频道再现庭审现场的节目非常吸引眼球。在他们的首席运营官弗耶·南斯(Faye Nance)看来,这个频道有效地解开了司法程序

---

① Joann Lee, "New York City NDs Reflect on Their Coverage of the Tawana Brawley Story," *Communicator* (August 1989), p. 29.

② 亚里士多德的"补偿性正义"有时也被称为"矫正性正义"(rectifying justice); Norman E. Bowie, *Making Ethical Decisions* (New York: McGraw-Hill, 1985), p. 268。

③ 这个案例中的一些观点在以下文章中讨论过: Nadya Labl, "Cameras? Jury's Still Out," *Time*, December 9, 2002, p. 66。2002 年 12 月,得克萨斯州的一个法官批准 PBS《前线》节目可以拍摄陪审团对一则谋杀案的讨论,但是这一判决后来被得克萨斯州刑事上诉法庭驳回了。

中错综复杂的谜团,满足了那些渴望参与民主社会最庄严和重大的司法过程的观众。这个频道最核心的节目形式就是以专家点评的方式展现刑事案件,但是南斯将这样的节目形式进行了包装,请来法学教授、陪审团成员、法官甚至普通公民来参与讨论,同时辅以法制题材的电影或电视剧案例。因为大多数州都会允许适当报道刑事案件,这为庭审节目的制作提供了多种可能性。

南斯本科就读于佛罗里达大学传播学院,并在那里获得公共关系学士学位。在大学期间,她成功积累了足够的资历,后被耶鲁大学法学院录取。她在矛盾中开始了自己的法律教育,因为她发现了法律中那些令人不安的双重标准:法律拥有至高无上的权威,但是刑事司法制度又存在缺陷。为了补救这种不平衡,南斯开始尝试用公共利益法来帮助那些被法律程序剥夺继承权的人。但是临近毕业时,她即将开始偿还助学贷款。她的理想也只能屈从于经济压力,她开始渴望被那些来耶鲁校园寻找年轻天才的律所选中。

南斯的面试日程安排得很满,其中包括一些来自纽约、波士顿、芝加哥的知名律所,但是她却被一家叫作"霍尔布鲁克和哈斯金斯"(Holbrook and Haskins)的律所吸引了。这是一家规模较小但生意兴隆的洛杉矶律所。它们代理娱乐界的知名企业,以保护其法律行为中的利益。在面试中,这家公司的面试官告诉南斯,她的公共关系知识和在耶鲁期间的优秀成绩可以帮她在公司谋得助理的职位。好莱坞的诱惑是不可阻挡的,毕业三个月后,她就熟悉了这个世界最大的娱乐中心,也结识了很多好莱坞企业的优秀人才。

南斯沉浸在研究娱乐相关法律的乐趣中,她觉得这个领域充满挑战,很吸引人。南斯的学习速度非常快,她很快就掌握了娱乐业中的生意和创意方面的知识。在这个过程中,南斯也在不断吸引着那些对她影响深远的客户。但是在服务这家律所十年之后,她开始感受到了所谓的职业倦怠早期症,所以她从这家公司辞职了。在几个客户的帮助下,她拿到了风险投资,创办了法律有线频道。这个频道的定位是成为那些没有刑事司法系统专业知识的观众的受教育工具。它们初期的竞争对手是庭审现场频道。南斯始终以法律顾问的身份保持着与律所的联系,但是她的大部分精力都投入了自己新创办的有线电视企业。她承担起了首席运营官的工作,保持着对这个领域的创新的关注。她的公司员工很少,但是都非常有才。其中就有巴内特·道顿(Barnett Dowden),一个成功的电视制作人,他现在的职位是监制和节目协调员。

有了积极的市场策略和吸引人的节目编排,法律频道渐渐找到了自己的商机,其收视率也开始上升。在运营的第三年,南斯在《时代周刊》杂志上看到一段话,被深深地吸引了。那是《我们,陪审团:陪审制度和民主的理想》(We, the Jury: The Jury System and the Ideal of Democracy)的作者杰弗瑞·艾布拉姆森(Jeffrey Abramson)所写的文章的节选:"陪审团是美国民主制度[①]最后的黑匣子。它是我们了解最少的政府机构。"受到启发,南斯觉得或许是时候揭开陪审团的神秘面纱了。她觉得,法律频道应

[①] Nadya Labl, "Cameras? Jury's Still Out," *Time*, December 9, 2002, p.66.

该在这场创新的公民教育中扮演先锋角色。南斯明白,她的创意并不是史无前例的:亚利桑那州和威斯康星州都曾拍过有关陪审团评议制度的纪录片。俄亥俄州高等法院也曾开放陪审团的拍摄许可,所以 ABC 电视台在 2004 年夏天播出了一部关于这个主题的六集连续剧。但是这些都是极个别的,南斯相信,要最大化地达到教育目的,就要持续全面地进行这种报道。这个节目尝试取名为《陪审室内》(*Inside the Jury Room*),它将从加州的法庭开始,因为这里经常审判一些耸人听闻的刑事案件。南斯觉得,如果能在这里取得成功,就会促进其他州法庭实验的展开,因为加州常常为其他州的司法系统做出表率。

不过,南斯并没有低估进入陪审房的难度。她知道,要进行这样的实验必须得到加利福尼亚州律师协会和州最高法院的许可。即使得到了许可,这种实验还需要被严格监管。南斯想到,这个提议可能会引发伦理关注,她决定在推进这个节目之前就解决这些麻烦。为了避免公众给非隔离陪审员施加压力,她提议先将陪审评议进行录像,再在审判结束后立即播放。

"你们都知道这次会议的目的",南斯这样开场,她想要获得她的同事以及两位法律顾问的支持。为了审议陪审团项目的伦理问题,南斯找来了监制巴内特·道顿,上诉法庭法官桑普森·夏普(Sampson Sharp),还有伯克利大学的法学教授莉迪亚·道金斯(Lydia Dawkins)。"向观众展现陪审评议制度可能并不是一个创新,因为之前已经进行过几次初步尝试。但是,对陪审全程的录播可能确实是前所未有的。即使我们觉得这是一个好主意,我们也必须征得律师协会和最高法院的同意,而且在我们向有关部门递交正式申请之前,我们需要就此事的伦理问题坦率地交换意见。"

道顿对于这件事表示支持:"弗耶,你明白我的感受。现在是我们揭秘陪审程序的时候了。我们的很多观众都没有经历过陪审团,而这些评议又常常在秘密地进行。陪审团是一个非常强大的机构,它能给嫌犯定罪,甚至给予死刑裁决,但这个机构却是民主体系中我们最不了解的部分。"

夏普却坚定地给出了不同意见:"作为法官,我有不同的想法。在这个事件中,公正比公众的知情权更加重要。他们在法庭宣判时就能知道结果了,这样观众就不一定需要去了解决定是如何产生的。陪审团成员经常会在陪审室说一些容易引起人们误解的话。"

"这也是我们为什么要开放这个程序。如果陪审评议中有一些不当操作,那么录像会告之公众。这种可能公开的压力会让陪审团不敢出现差错。"道金斯回答道。她以思想敏锐著称于学术界内外。

夏普法官点头肯定了道金斯教授建议的正确性,但是他不愿意考虑他认为是无理地侵犯了陪审室圣洁性的行动。"陪审评议中出现摄像机可能会让某些陪审团成员充满责任感。但是他们也会被摄像机分心,即使我们很好地隐藏了这些设备。他们可能因此不愿意自由地发言。他们知道自己会被全国直播,这可能会让他们言不由衷。其他人可能会随大流来避免自己成为破坏规矩的人。当然也会有人把这些当作出名的机会。"

道顿监制点了点头:"可能确实会这样,但是长期看,我认为这种直播会加强陪审团成员的社会责任感。除此之外,在挑选陪审团成员时,法官可能就会将那些害怕曝光的人排除在外了。"

"这并不是解决方法,"夏普法官说道,"现在有很多人被陪审团除名,我有时候都觉得会不会只剩下罪犯身边的人能来参与陪审团了。如果再有一部分人因为无法暴露在镜头前被除名,那么组织陪审团将会是一件更加耗时耗力的事情。这会给刑事司法一记重创。"

"但是,每年我们国家都会有案件目击者和陪审团成员出现在电视上,而且大部分人对于这样的曝光不以为意。我怀疑到时候会不会有很多陪审团成员因为不敢上电视而被除名。"道金斯说道。

桑普森并不同意这样的说法:"这样的比较并不成立。陪审团成员并不参与审判,即使他们中有些人面对镜头有点紧张,也只需要坐着。何况在如今充斥着媒体的环境中,这个前提要打个问号——他们并不担心表明立场或者自己看起来很愚蠢。但是在陪审室内,他们需要讨论,一些人在知道他们将被大量观众观看后可能会不愿意表达自己的观点。"

道顿针对桑普森话语中的漏洞继续说:"这就有两面性了。陪审团在被公众监督的情况下会更充满责任感。我并不是说现在大部分人没有责任感,但是有些人有时确实表现得像没有经过深思熟虑。实际上,如果观众有机会看到陪审团的评议,他们可能会被震惊。他们会严重怀疑我们的司法体系。有了电视镜头记录陪审程序,他们可能会谨慎地评议,这样有利于公众恢复对刑法体系的信心。这样的公开也有可能削弱公众对司法体系的信心,但这是我们民主进程中必担的风险。"

但是法官仍然不为所动:"这种不公开陪审的制度已经良好地运行了200多年了。这是我们司法体系的中流砥柱,我们为什么现在要改变呢?我不敢想象这会激起多大的争论。"

法官的总结陈词在南斯看来并不是那么有说服力,但是刑事司法体系的墨守成规确实深入人心。在听过这些激烈的辩论后,她承认其中存在一些歧义。任何陪审团评议中的变化都是牵一发而动全身的。她还是希望自己的提议能够推动民主的进程而不会削弱公平与正义。

【案例分析】

刑事司法系统是社会正义广义上的一种表现。它受到宪法的保护,并且被认为是和谐社会的基础。所以,那些想要对司法系统进行技术创新的人往往会受到很大的质疑,甚至要面对立法者的公然敌意,直到这些创新的公民价值和可能导致的结果被充分评估。对刑事审判进行直播虽然最初存在一些立法上的问题,但是现在已在大多数州普及。

然而,南斯想要对陪审团评议现场进行录像的想法,显然比直播宣判过程更具争议。当年,美国公共电视网的《前线》节目曾在得州得到法官允许,将摄像机放进了陪审室,但检察官对此非常愤怒(上诉法院随后推翻了这一决定)。就像这个案例中提到的,曾经出现过尝试直播陪审评议的行为。刑事诉讼的过程已经得以向公众开放,但是陪审团评议并没有。所以,南斯的提议充满道德争议,且争议远远多于直播刑事宣判。

针对这一问题,双方都能拿出很多具有说服力的理由,就像案例中双方陈述的那样。正方认为,录播陪审评议能够公开纪实这一过程,为公众提供自己判断的机会,同时也能够展现刑事司法的公正性,并且这是很好的教育观众的机会。但是反方说,这个过程可能会对评议过程起到反作用(有些反感录像的人可能会退出陪审团),这样就会制造一个僵持的陪审团,或者会影响一些陪审团成员参与的积极性。而且,有陪审团成员会担心被报复,而另一些人还想利用这个机会出名。

ABC电视台曾经拍了一部关于死刑案的陪审评议纪录片。《新闻周刊》采访了案件的参与者,记录了他们的反应。陪审团成员、辩护律师、公诉人和法官等六人都说这次拍摄没有影响他们的行为或者案件的结果。大部分人都说他们并没有注意到那个微型遥控摄像机。但是,确实有一些陪审团成员说其他人表现得不自然,因为他们知道自己要上电视(比如他们指责其中一人有轻浮的表现)。① 这样的评论虽然给人以启发,但是并不能给长期的影响下结论。

作为一名律师,南斯并非对反对者的意见漠不关心,只是她觉得这个节目对于频道会是巨大的提升。作为这个案例中的道德主体,她同意小心翼翼的重要性。而在围绕道德焦点分析这个问题时,就要把南斯放在首席运营官的位置。运用第三章中的SAD道德推理模型,决定你是否要向加州立法机关提交允许录播陪审评议过程的提议。

案例12-2 公共关系工作场所中的多样性:种族与社会正义

对多样性的呼吁贯穿了今年在波士顿召开的美国公共关系协会的年度大会,也触动了与会者小杰斐逊·梅特卡夫(Jefferson Metcalf Jr.)的内心。作为西南地区最大的公关公司——梅特卡夫和卢瑟福(Metcalf and Rutherford)的总裁兼首席执行官,梅特卡夫深刻地意识到(公关)这个行业中缺乏种族和民族的多样性。虽然妇女运动取得了重大进展,但在一些公司里,职业"天花板"的管理岗位仍然禁止吸纳少数族裔。许多公关高管仍迟迟不肯回应社会公众对国家在少数族裔录用问题上的呼吁。梅特卡夫自己也属于那些不关心公司多样性需求的高管。但是从美国公共关系协会年会回来后,他对于多样性这个目的有了新的理解。

然而,和他的同事不同,梅特卡夫通过补偿正义的角度看待他对多样性的承诺。梅特卡夫和卢瑟福公司由梅特卡夫的父亲老杰斐逊·梅特卡夫和托马斯·卢瑟福在1949年创立。第二次世界大战后,公司呈井喷式发展。随着工业和制造业企业为了追求廉价劳动力开始将它们的业务转移到南方,梅特卡夫和卢瑟福公司迅速着手帮助这些公司建造其与新城市的联系。和许多在南方腹地的公司一样,公关公司的职位被

---

① Debra Rosenberg, "Cameras Report, the Jury Decide," *Newsweek*, August 9, 2004, p. 8.

白人男性垄断,这一情况一直持续到1978年老梅特卡夫退休。此时,妇女运动进展顺利,民权运动也取得了显著的进步。小杰斐逊·梅特卡夫升任公司的掌权者,这标志着梅特卡夫和卢瑟福公司在招聘方面展现出一种更加进步和积极的做法。他在聘用女性方面的举措卓有成效,无疑是因为在大多数大学的公关专业中,学生的性别结构已经向女性偏移。在20世纪90年代早期,梅特卡夫为吸引非裔美国人到他的公司工作也做了不懈的努力,但鲜有成效。他在1995年成功招聘到一个非裔美国人,但仅过了一年,他的这个新员工就因为一个芝加哥的更高薪的职位而离开了公司。

尽管他个人承诺了补偿正义——梅特卡夫认为他的公司有义务补偿过去招聘中的不正义行为,但是他也不能忽视在招聘和雇用少数族裔,尤其是非裔美国人方面的现实考量。他的大部分客户是由白人男性管理的公司,其中许多人都在种族偏见的文化中长大,尽管这种文化比在过去实行种族隔离的南方更为谨慎,但仍阻碍了社会正义。梅特卡夫并不认为他们中的大多数是公开的种族主义者,但他在与一个非裔公关从业者相处并试图跨越这个相当微妙的种族鸿沟时,确实感到了一些不适。然而,在21世纪的曙光下,梅特卡夫相信他续签种族多样性的承诺将与他的同行和客户产生共鸣,而他也不失时机地将他被会议所启发的热情转变成了具体的计划。

在从波士顿返回后的六个月里,梅特卡夫制订了多元化的计划,并且分配给公司的职员执行。他的第一个动作就是,在梅特卡夫和卢瑟福公司为一个基础性岗位刊登了一则颇具野心的广告,并举行了一场招聘活动。他曾考虑为少数族裔预留职位,但由于可能触及法律问题而作罢。梅特卡夫坚决执行他择优招聘的持续性政策,但他也相信,申请人中会有一群合格的非裔美国人。然而让他失望的是,47个申请者中只有四个少数族裔,其中两人是非裔美国人。其中一些人因为条件太好而被排除,在公司人力资源管理主任的协助下,梅特卡夫最终敲定了两个候选人。之后,梅特卡夫召集初级合伙人布拉德·卢瑟福(Brad Rutherford)(托马斯·卢瑟福的儿子)和高级客户经理斯塔奇·庞德-朗沃斯(Staci Ponder-Longworth)开会商议。

"我们初级客户经理的职位最终有两名候选人,"当梅特卡夫将两份档案放在他的两位合伙人面前时,他说,"其中,公关专业中一人是非裔美国人,我曾希望出现一大批少数族裔的申请者,但是在当地学院和学校少数族裔的入学率并不高,学校自身就有多元化的问题。尽管如此,我们也需要开始采取措施。"

在卢瑟福和庞德-朗沃斯细读两份简历时,梅特卡夫略做停顿。"正如你们所知,"他继续说,"泰隆·福斯特(Tyrone Foster)刚拿到 G. W. 卡佛大学(一所传统的黑人学院)的学位。他以3.2的GPA从公共关系专业毕业,并且在公共关系学生会分会表现活跃。他也有一个相关的实习。他的求职信写得很好,面试也很顺利。特雷莎·拉奇(Teresa Lucky)两年前在全国名列前茅的高等学府密苏里大学获得硕士学位。毕业后,她一直在密苏里州的一个小公司上班。在面试中她说,尽管我们只提供一个初级职位,但她已经准备好进入更大的市场,而且我们的工资也比她现在的雇主给的高。她有两年的工作经验,但并不意味着能完全胜任这个岗位。"

"超过40位申请者申请了这个职位,"卢瑟福提道,"我不相信没有其他更有经验的人。拉奇并不是我们这个领域唯一从高等学府毕业的吧？"

"也有其他有经验的人，"梅特卡夫承认，"有些在公关领域工作了好几年，但是被我们筛选掉了，因为他们太过优秀了。他们的薪资要求超过了我们愿意支付的金额。其他人没有多少经验，确实还有其他从名牌大学获得学位的人，拉奇大概是他们中最优秀的了。但如你们所知，我承诺将这个公司推向多元化，因此我认为，对于这个梅特卡夫和卢瑟福公司的初级职位而言，福斯特也是可能的候选人之一。"

"但是，福斯特真的比得上拉奇吗？他确实有一些实习经历，显然他也是一名好学生。但是，他并不是从高等学府获得学位的。特蕾莎·拉奇已经获得了名牌大学的硕士学位，而且有两年的工作经验。"

"坦率地讲，我认为你在这个问题上有点过于形式主义。"庞德-朗沃斯回应道："当涉及教育上的明显差异时，两者真的有显著差异吗？福斯特有一个学士学位，拉奇有一个硕士学位。但是在重视实践的现实社会里，两者并没有什么差别。拉奇工作了两年，这可能让她有一些优势，但坦白地讲，如果我们雇用了福斯特，这一优势在几个月之后就会消失。我对于'拉奇从名牌大学获得学位，而福斯特只是从一个鲜为人知的黑人学院毕业'的论断并不赞同。密苏里大学是一个了不起的学校，但我们也没有理由质疑 G.W. 卡佛大学公共关系专业的质量。许多非裔美国人选择去传统的黑人学院就学，因为他们在一些州立大学，特别是少数族裔入学率较低的大学，仍能感到种族主义的痕迹。"

"即使你说的是真的，"卢瑟福说，"我们也更应该支持拉奇，因为她有良好的教育背景和工作经验。我们知道她能胜任这个工作，她更有资历。而且，如果我们雇用了福斯特，其实就是反向的歧视，因为种族因素控制了我们的决定。"

"我不赞同你将这种情况描述为反向歧视，"庞德-朗沃斯说，"我承认，在纯粹量化的角度上，拉奇更胜一筹。但如果我们认真考虑多样性的问题，我们应该给福斯特一个机会。我们一直择优聘用，但请记住，福斯特并不是不能胜任这份工作。而当资历间没有巨大差距时，为了确保多样性，我认为种族因素应被纳入考量。在这种情况下，就多样性而言，种族实际上是一种道德考虑。我们多样性的目标需要一定数量的补偿正义，而且我并不认为，在这种情况下对泰隆·福斯特给予支持是降低了我们的标准。"

"假设你的想法是正确的，我们雇用了福斯特，"卢瑟福答道，"我们的客户中有一些非裔美国人，那我们应该把这些客户分配给他，还是突破界限，承担他可能不被一些白人客户接受的风险呢？这可能会招致金融危机。"

"如果让这个因素阻碍我们雇用少数族裔，"庞德-朗沃斯回应道，"那么我们不妨抛弃多元化政策。我是高级客户经理，为我的客户接受少数族裔铺路是我的责任。他们的态度已经发生变化，我并不认为这是个大问题。但如果我们雇用福斯特，而且他能为客户提供高水平的服务，种族差异将不再是个问题。如果他不能胜任，我们明年就解雇他。"

"也许在这个问题上并不需要说太多。"卢瑟福试图快速地结束这个话题："我支持社会公正,支持就业机会不应该受种族因素影响,但当种族因素被纳入聘用决策的考量时,即便是为了多样性,在我看来正义的根基也会遭到破坏。"

小杰斐逊·梅特卡夫耐心地倾听了两个同事间理智的(然而有时也带有情绪的)争论。他非常感谢他们的意见,并告知他们,他将会在两日内,也就是通知两名候选人最终结果的截止日期前做出决定。

【案例分析】

  工作环境中的多样性问题不仅存在于与传播和媒体相关的行业。尽管如此,由于媒体从业者和公关专家在观点市场中的角色,以及信息在民主制度下的自由流动中所扮演的重要角色,传媒业反映出来的文化多元性还是有必要的。虽然已经有一些成功的先例,但传播行业的总体多元就业人数并不令人鼓舞。在这个分叉路口,对于多元化是不是理想目标的争论,比如何最好地实现多元化要少。

  多元化显然是社会正义广泛关注的一个组成部分。但是坦率地讲,在这种情况下,无论是伦理学家还是媒体从业者,都可能不同意社会正义所需要的观点。最低纲领主义者的立场是,正义需要基于一般善的平均主义。换句话说,在聘用中不能有任何对种族、性别、性取向或者其他人格的歧视,而应该由最符合条件者接受这份工作。这一观点的支持者认为,任何优待少数族裔的政策实际上都是与正义的原则对立的。

  他们的反对者回应,正是因为有那些工作机会被剥夺的人,才有了补偿性正义。他们认为,补偿性正义并不需要雇用那些明显不合格的人,但如果想实现工作单位的多样性,一种更有想象力的甚至冒险的招聘和录用方式是必要的。

  分析上述案例可知,在聘用少数族裔上,公司采取了多样性的既定政策,这是一个好的出发点。因此,种族成为雇佣决定中的一个考量因素,但前提是,所有的入围人选(上述示例中就有两名候选人)都至少满足了这个职位的最低要求。

  初级合伙人布拉德·卢瑟福认为,白人女子(特雷莎·拉奇)的条件,包括从顶尖学府获得硕士学位和两年的工作经验,给了她应聘这个初级岗位的决定性优势。高级客户经理斯塔奇·庞德-朗沃斯认为,对于一个初级岗位而言,特雷莎·拉奇的优势并不明显;为了那些很可能被剥夺就业机会的人(少数族裔),种族必须成为考量因素之一。一种形式主义的聘用方式,即卢瑟福的立场,与积极的多样性政策是相悖的。尽管福斯特并没有竞争对手的相关数据,但是雇主有时也应该为了多样化的利益做出让步。

  如果有人接受了庞德-朗沃斯的思考角度,那么比较两名候选人的焦点就从他们的学术和专业能力转移到体制的目标之一——在这个案例里是增加少数族裔录用数量,这也会促进其他少数族裔的申请。但如果梅特卡夫聘用了福斯特,这对拉奇也是不公平的。这是否意味着卢瑟福所说的,雇用一个比白人申请者资历更浅的少数族裔也会破坏正义的根基?

  在这个故事里,他们对非裔美国人是否更贴近公司客户需求这一问题展开了简短的讨论。选择少数族裔始终是有风险的,并且在评估局势时,梅特卡夫也必须考虑这件事对公司财务的潜在影响。但他也应该制定策略,去应对任何拒绝与非裔代表处事的顽固客户。在此期间,他必须权衡两位同事的观点,并决定是否需要再提供一个职位给特雷莎·拉奇或者她的非裔美国人竞争者泰隆·福斯特。

  假设你在小杰弗森·梅特卡夫的位置,为了做出招聘决定,请运用第三章所描述的 SAD 道德推理模型,决定你是否会邀请泰隆·福斯特加入你的公关公司,或者因为特雷莎·拉奇的资历而雇用她。

第十三章　媒介传播中的刻板印象

刻板印象与价值观的形成

美国广告业将刻板印象作为营销策略,背后有一种矛盾的心理。潜藏在这种矛盾心理之下的是一个令人心痛的事实:刻板印象是人类社会环境的一部分,是我们大多数人形成世界观的一种精神捷径。因为我们在刻板印象中寻找并发现着共同点,其能够轻易地在大众娱乐和信息内容中生根发芽就不足为奇了。

然而,我们不能因为刻板印象的不可避免性,就纵容它阻碍我们直面并解决其对社会造成的破坏性和不公正的后果。新闻学教授汤姆·布利斯林(Tom Brislin)在其发表于《檀香山广告报》(*Honolulu Advertiser*)的文章中明确阐述了刻板印象带来的不良后果,并认为社会有责任抵制刻板印象的泛滥传播:"在传达信息或娱乐大众的过程中,媒介有力地传播着社会价值观……媒介刻板印象延续了现实世界中的歧视、骚扰以及时常针对被排除在外的群体和性别的暴力。"[1]

布利斯林提出的建议得到了部分受众的关注,他们没有在这场反对刻板印象的运动中袖手旁观。例如1998年,美国全国广播公司备受好评的喜剧《宋飞传》(*Seinfeld*)在临近剧终时引爆了一场骚动:最后一集中,主角杰瑞(Jerry)、伊莲(Elaine)、乔治(George)和克莱默(Kramer)在看完纽约大都会棒球队比赛后的返程路上,被波多黎各日大游行(Puerto Rican Day Parade)导致的交通堵塞困住了。此时,克莱默扔的烟头意外地引燃了一面波多黎各国旗,愤怒的游行者因此对他穷追不舍,一个暴徒则使劲摇晃杰瑞的空车并把它扔下了楼梯井,克莱默后来说:"这在波多黎各简直是家常便饭。"[2]

这一极富争议且带有种族幽默性的片段立刻引发了相关方面的回应。波多黎各总督曼努埃尔·米拉波(Manuel Mirabal)称其为对波多黎各社群"无理的侮辱"。纽约市布朗克斯镇镇长费尔南多·费雷尔(Fernando Ferrer)谴责《宋飞传》的情节逾越了幽默与偏见之间的红线。费雷尔表示,剧中展现了人群骚乱和蓄意破坏车辆的行为,并暗示这是波多黎各每天都会发生的情景,这是一种极大的诽谤和诋毁。而全国广播公司则对批评声提出了异议。"我们并不认为这部剧是在凸显种族刻板印象",

---

[1] Tom Brislin, "Media Stereotypes & Code Words: Let's Call Media to Task for Promoting Stereotypes," *Honolulu Advertiser*, February 23, 1997, p. 2, http://www2.hawaii.edu/~tbrislin/stereo.html,1998年7月21日访问。

[2] "Hispanic Leaders Protest 'Seinfeld' Flag-Burning Show," *The Advocate* (Baton Rouge, LA), May 9, 1998, p. 5A.

其发布在官网的一份声明写道,"因为这部剧的观众知道笑点来源于这群主角如何让自己陷入窘境"①。

《宋飞传》中的种族幽默是令人厌恶的刻板印象,还是仅仅是主角面临的可笑窘境呢?抛开这场争论中的各方观点不谈,《宋飞传》事件本身就是一个严肃的提醒:尽管美国广告业和好莱坞对种族问题的敏感度在提高,但刻板印象仍然是当代媒介机构所面临的最富争议的议题。

刻板印象是指"一种适用于某个群体所有成员的固定的心理印象"②。在这个充满复杂性和模糊性的世界中,我们不断寻找着能够直面并简化日常生活困境的方法。我们大多数人对世界的认识是间接的体验,并且我们倾向将这些二手信息进行划分,与我们预先形成的对其他人群的认知进行匹配。当这种情况发生的时候,我们便是在形成刻板印象。刻板印象经常被当作一种防御机制,用以隐藏我们的缺陷,或是用以维护我们脆弱的优越感。比如,对非洲裔美国人的负面刻板印象起初源于盎格鲁人对奴役非洲人的辩护,但后来却成了英美文化中根深蒂固的刻板印象。③

本章所讨论的概念与第十二章的内容有紧密联系。刻板印象会导致受害者遭受不公正的社会待遇,并引发严重的伦理问题。刻板印象有时会衍生出社会公正领域之外的问题,因此我们将用单独的一章对此进行研究。

将刻板印象和现有的性别歧视、种族歧视联系起来已成趋势。毫无疑问,这些是最具争议的刻板印象,但不公正的标签已延伸至社会互动的各个领域。比如,肥胖人群经常被刻画为邋遢而懒惰的形象;风行一时的"愚蠢的金发女郎"笑话则是对相当一部分女性群体的智商进行的嘲讽;流浪者被统一归为乞讨者,而他们选择的非传统的生活方式和经济状况,也被归为与社会格格不入;精神病患者通常被描述成暴力而危险的,但其实他们中大多数人伤害自己的风险比伤害他人更高④;某些民族被描写得浪漫且风趣,但某些就会被扭曲成冷漠且专制。

刻板印象是一种古老的存在,但其现代概念是由杰出作家沃尔特·李普曼(Walter Lippmann)引入我们的社会意识的。在他常为人引述的著作《舆论》(*Public Opinion*)中,李普曼就针对以必要的(抑或也许不可避免的)刻板印象来管理环境和社会关系进行了如下论述:

> 想要快速详细而非简略类型化地认清所有事物,是很劳心伤神的,更别说是身处各种繁忙的事务当中了。现代生活匆忙且繁杂,更重要的是,物理上的距离将原本保有密切联系的人们分离开来,例如老板和员工、官员和选民。我们没有时间也没有机会成为亲密的熟人。相反,我们可以认识一种典

---

① "Hispanic Leaders Protest 'Seinfeld' Flag-Burning Show," *The Advocate* (Baton Rouge, LA), May 9, 1998, p. 5A.
② Charles Zastrow, and Karen Kirst-Ashman, *Understanding Human Behavior and the Social Environment* (Chicago: Nelson-Hall, 1987), p. 556.
③ Carolyn Martindale, "Newspaper Stereotypes of African Americans," in Paul Martin Lester (ed.), *Images That Injure: Pictorial Stereotypes in the Media* (Westport, CT: Praeger, 1996), p. 21.
④ Patrick Smellie, "Feeding Stereotypes," *Quill*, March/April 1999, pp. 25-27.

型特质,然后通过我们脑中所持有的刻板印象,补充对这个人的其他印象。①

换言之,刻板印象是认识世界的一种更经济的方式。因为不是每个人都能够体验他们感兴趣的大多数事情,人们依赖他人的言辞来丰富自己对于环境的认识。当然,大众传播媒介是这种替代性体验和功能的重要窗口,充当我们的眼睛和耳朵来感知我们无法直接触及的世界。② 它们是文化触媒,不可避免地影响着我们的世界观。因此,由于其不可忽视的文化影响力,媒介从业者有道德责任去明确刻板印象与现实之间的区别,并对延续至现实世界的偏见歧视的刻板化描述保持警惕。

李普曼说到的一点十分正确:"刻板印象的模式就是不中立。"因为刻板印象包含了我们对现实的个人观点,"刻板印象被赋予了强烈的个人情感",所以他指出,刻板印象是一种重要的防御机制,在此之下"我们才能在所处的位置继续保持安全感"。③ 这个观点说明,刻板印象作为一个自然过程,在保持理智方面发挥着重要作用,而武断地认为其毫无意义或价值,无疑是错误的。

尽管如此,在平等社会中,刻板印象常常是有失公允的。它的存在使得人们很难接受群体中的个体差异。④ 因此,当我们依据误导性的刻板印象来评判他人的时候,就破坏了他们的自决权,而这是我们社会的基本价值观。⑤

然而,刻板印象如此可怕的原因是,它们往往基于某种事实而存在。或者直截了当地说,有些刻板印象并非空穴来风。比如说,兰德公司(the Rand Corporation)提供给五角大楼的一份研究报告把军人的妻子描述成"妇女联谊会"的一员,其成员"通常被描述为年轻、不成熟、生活拮据且生育率居高不下的低阶层配偶形象"。艾科·盖恩斯(Echo Gaines)是一位网站设计师,也是一名军人的未婚妻,她发起了针对智库此类刻板印象的诉讼,并且在网上发起了针对该项报告的反攻。一位名叫玛格丽特·哈瑞尔(Margaret Harrell)的报告作者回应称,此类刻板印象是"基于事实的"。"该报告的确反映出这一刻板印象,"她表示,"但它在军人群体中是确实存在的。"⑥

媒介已经因为刻板印象的长期存在而成为口诛笔伐的焦点。近年来,媒介对于相关的谴责指控愈发敏感,也消除了一些冒犯性的刻板印象。然而讽刺的是,一些批评者偶尔倒把矛头指向了主张无刻板印象描写的媒介从业者。比如针对斯派克·李(Spike Lee)饱受争议的电影《为所应为》(Do the Right Thing)的批评。在一些影评人看来,影片中对贫民窟的描绘有些失实,因为并非如他们设想的那样,到处都是吸毒者和贩毒者。这种观点忽略了一个事实,那就是数以百万的非裔美国人住的地方并非充斥着毒贩和黑帮。⑦

---

① Walter Lippmann, *Public Opinion* (New York: Macmillan, 1922), pp. 88-89.
② Bruce E. Johansen, "Race, Ethnicity, and the Media," in Alan Wells (ed.), *Mass Media and Society* (Lexington, MA: Heath, 1987), p. 441.
③ Lippmann, *Public Opinion*, pp. 88-89.
④ Peter B. Orlik, *Electronic Media Criticism: Applied Perspectives* (Boston: Focal, 1994), p. 23.
⑤ Zastrow, and Kirst-Ashman, *Understanding Human Behavior*, p. 516.
⑥ Mark Thompson, "Fighting Words," *Time*, July 16, 2001, p. 36.
⑦ Patricia Raybon, "A Case of 'Severe Bias'," *Newsweek*, October 2, 1989, p. 11.

尽管如此，媒体专业人员仍然必须在道德困境中挣扎，既要应对那些反对直言不讳和不切实际描写的要求，同时也要允许某些刻板印象在媒体内容中被认作合理的和可接受的。换言之，某些媒介内容中的刻板印象是不可避免的，但可以运用相关策略，有效应对那些极具侵犯性且将对特定社会群体造成不公的刻板印象。

刻板印象在媒介内容中的角色

各种各样的媒介内容，诸如新闻、娱乐节目和广告中都充斥着刻板印象。正如沃尔特·李普曼在1922年所说，如果刻板印象对个体理解外部环境来说是不可或缺的，并且媒介又是我们间接地探究周围环境最主要的途径，那么当媒体从业者试图向广大受众进行宣传而建构他们的媒介现实时，刻板印象就是不可避免的。但是，媒体是强有力的机构，它们对符号和影像的筛选会抬高抑或贬低某些生活方式。就媒介刻板印象的危害程度而言，学者们意见不一，但对道德责任的追究不必等待这个争论结果。正如其他道德代理人一样，媒介专家要为自己的决定负责。伦理学家戴尼·艾略特提醒了这一点：

> 媒介机构具有社会功能。新闻媒体将公民进行有效自治所需要知晓的信息告知他们；营销媒体向受众出售客户的有关信息；娱乐媒体销售客户的娱乐品牌。当然，所有的媒介机构都具有经济基础来"吸引并稳定大批广告受众"，但这与道德领域的讨论无关。也就是说，经济方面的现实和"只是做好分内之事"的说法，都无法为其给人们造成的伤害辩护。①

刻板印象最主要的危害就是导致歧视和偏见。当媒介刻板印象变得十分明显进而削弱受众对社会中个体成员的价值判断能力时，伦理纠纷就产生了。美国的多元文化体系传统上被认为含有特定社会阶层的刻板印象，而媒体从业者有义务顾及这个体系的基本公平性。

然而，刻板印象不只涉及文化歧视或偏见。刻板化符号和信息在媒介内容中的盛行揭示了一个持续存在的问题：媒介应当在社会中充当怎样的角色，是担任社会工程师，试图构建一个更公平的文化体系，还是简单地映射社会价值观念，进而强化那些必然会沦落为现实的刻板印象的文化规范呢？基于广告中存在的刻板印象，这份评估对以上两种观点进行了简要的阐述：

> 批判家称，很多广告商对大部分群体进行了刻板化塑造，尤其是女性、少数族裔和老年群体。刻板印象的问题涉及"广告是塑造社会价值观还是简单反映社会价值观"的争论。如果你认为广告有能力塑造我们的价值观和

---

① Deni Elliott, "Ethical and Moral Responsibilities of the Media," in Lester, *Images That Injure*, p.6（省略了文中引用的注释）。

世界观,那你就会相信,广告商是有必要意识到自己是怎样刻画不同人群的;相反地,如果你认为广告只是社会的一面镜子,你就会认为广告商有责任确保这种刻画的准确性和代表性。每当在广告中运用人物形象,广告商都会纠结于这个问题。[1]

这些争论长期萦绕在学术界和媒介行业,也在大学生间引起了苏格拉底式的热烈讨论。但对从业者来说,媒介在伦理层面扮演着保持或消除刻板印象的角色,在平衡"商业诱惑"和"大众诉求"的过程中持续挣扎,因为大众对某些刻板印象的诉求与"准确、公平和尊重社会个体成员"的价值理念是相悖的。媒介对少数族裔、女性、老年人以及残障人士的刻板印象最为显而易见,也最饱受诟病。下文呈现的例子不是为了穷尽关于刻板印象的讨论,而只是该领域伦理关怀的代表。

种族与少数族裔

没有哪里比娱乐业中的刻板印象更为普遍的了。并且,尽管在纠正不公正且具冒犯性的刻板印象方面取得了一些进展,文化卫士仍然对关于少数族裔的虚构描绘感到大为不满,比如作家玛利亚·劳里诺(Maria Laurino)。身为一个意大利裔美国人,她绝对有资格抗议媒体对少数民族的刻板化描述。在评价美国家庭影院(Home Box Office)黄金时段的成功剧目《黑道家族》(*The Sopranos*)时,劳里诺说:"仅是提到'黑道',关于黑手党的刻板印象就会在意裔美国人的圈子里引发绝望的叹息。"她直言:"如果拥有阶级矛盾敏感度,并对同样危险且错误的刻板印象有所察觉,《黑道家族》还能够在剔除黑手党相关情节的情况下,既保持对意大利裔美国人文化的精妙洞悉,同时取得非同寻常的成功吗?"[2]与之类似,劳里诺在批评哥伦比亚广播公司的连续剧《那就是生活》(*That's Life*)时,就其讲述的一位意裔美籍酒馆服务生逃婚并入读新泽西州一所大学,从而令其家人"大跌眼镜"的故事,表达了自己的看法:"该剧将像我这样的意裔美籍人走进大学校园视为一个奇迹,这种侮辱性的观念使得这个节目显得极为过时,但这与数十年来电视节目中的主观臆断和陈腐观念臭味相投。"[3]

认为有害的刻板印象是一种媒介内容中的伦理问题,是经过深思熟虑的。例如,数代美国人印象中的传统非洲裔美国人都是滑稽的、贪图玩乐的、愚笨如漫画人物般的形象。但到了20世纪70年代末,情况有了明显改观。15年后,黄金时段以非裔美国人角色为主角的电视节目比以往任何时候都要多。调查也显示,非裔美国人家庭观看电视的人数正在创造新高[4],这是"麦迪逊大道"(指美国广告业)不容忽视的发现。非裔美国人的角色不再被黄金时段的电视观众视而不见,近期像《戴夫的世界》

---

[1] William Wells, John Burnett, and Sandra Moriarty, *Advertising Principles and Practice*, 4th ed. (Upper Saddle River, NJ: Prentice-Hall, 1998), p. 49.
[2] Maria Laurino, "From the Fonz to 'The Sopranos', Not Much Evolution," *New York Times*, December 24, 2000, Section 2, p. 31.
[3] Ibid.
[4] Joshua Hammer, "Must Blacks Be Buffoons?" *Newsweek*, October 2, 1989, pp. 70-71.

(*Dave's World*)、《杀人犯》(*Homicide*)和《纽约重案组》(*NYPD Blue*)等由非裔美籍演员担纲主演的影视作品,就是有力的证明。① 而且正如第十二章所提到的,非裔美籍人物在网络喜剧中的地位日益突出。尽管如此,直到被认为是推进根除第二次世界大战后媒介刻板印象的 20 世纪 90 年代,非裔美国人仍时常被描绘成妓女、"皮条客"、杀手和毒贩。随后,电影评论员凯利·里奇(Carrie Rickey)在 2004 年春季的一篇影评中,将电影《灵魂列车》(*Soul Train*)斥为"对灾难电影《机场!》(*Airplane*!)不修边幅的恶搞",里奇对制作方对刻板印象的运用(包括一个白人因黑人的性能力而自惭形秽的桥段)深感遗憾。②

另一个长期受到媒介刻板印象伤害的群体是美国印第安人(有时候被称为美国土著)。对"野蛮印第安人"形象的塑造并非始于好莱坞的电影工作室。早在电影问世之前的 19 世纪,关于美国印第安人的新闻报道就被扭曲了,它们对虐待印第安人持鼓励或起码是纵容的态度。批量印刷的书籍则强化了美国印第安人"人类叛徒"的形象。③ 随着大型电影公司的崛起,400 多个美国印第安部落与广大国民之间的文化和种族差异似乎在缩小。

无论如何,这样的刻板印象很难被磨灭,而且它不仅仅是好莱坞电影的历史遗留产物。通过发起对职业球队(如亚特兰大勇士队、华盛顿红人队和克利夫兰印第安人队等)使用印第安姓名、标识和象征的挑战,美国主流价值观开始倾听印第安人的声音。例如,在 1995 年的世界职业棒球大赛亚特兰大勇士队和克利夫兰印第安人队的比赛期间,美国印第安人运动组织(American Indian Movement)抗议其对吉祥物和标志物的使用,控诉其鼓励了种族歧视和刻板印象。④ 之后,1998 年 5 月,一个美国的本土联盟向某美国商标局投诉,指出华盛顿红人队理应被剥夺其"红皮"商标所享有的联邦保护权利,因为该商标违反了商标法中禁止"诽谤性""非道德"的保护条款。⑤

新闻媒体为我们所信赖,被视作美国国家结构的标准代言人,在固化刻板印象方面同样难辞其咎。例如,非裔美国人经常被叙述为穷困潦倒和缺乏教养的(一部分的确是),但现实中数量庞大并且具有影响力的黑人中产阶级却被忽略了。"手戴镣铐被送去监禁"的形象仍然更可能是黑人犯罪嫌疑人,而其白人同伙则往往同他们的律师一起入镜。⑥ 这些画面可能精确地刻画了一部分黑人群体,但是新闻媒体往往忽略了人数庞大的非裔美国中产阶级的存在。例如,多少非裔美籍律师能够接受电视采

---

① 关于黄金时段电视内容的变化趋势的讨论,参见 Leonard Pitts Jr., "The Changing Faces of Race on TV," *TV Guide*, July 6, 1996, pp. 16, 18。

② Carrie Rickey, "Stereotypes Threaten to Ground *Soul Plane*," *The Advocate* (Baton Rouge, LA), June 4, 2004, Fun Section, p. 20.

③ 关于当代美国土著的刻板印象的讨论,参见 Richard Hill, "The Non-Vanishing American Indian," *Quill*, May 1992, pp. 35-37; Cynthia-Lou Coleman, "Native Americans Must Set Their Own Media Agenda," *Quill*, October 1992, p. 8。

④ "Native Americans Protest Braves-Indian World Series" (The News and Observer Publishing Co. and the Reuter Information Service, 1995), http://www.tenniserver.com/newsroom/sport…mlb/mlb/feat/archive/102095/mlb43814.html,1998 年 7 月 21 日访问。

⑤ Shaheena Ahmad, "Redskins Logo under Fire," *U. S. News & World Report*, May 4, 1998, p. 58.

⑥ Martindale, "Newspaper Stereotypes of African Americans," p. 24.

访，表达他们对最高法院决议的观点和意见(除非是涉及民事权利的裁决)？

体育报道特别容易受到顽固刻板印象的影响。正如中佛罗里达大学狄维士体育商业管理项目(the DeVos Sport Business Management Program)主席理查德·雷普奇克(Richard Lapchick)所言，这样的结果应归咎于多数运动员和体育迷之间明显的种族差异：

> 媒介形象助长了"运动员是孩子的不良榜样"之类的评判，而这种媒介形象本身又是由刻板印象造成的。一些白人一度公开表达其涉及智力、职业道德、毒品、暴力和性暴力的种族刻板印象，现在正持续而定期地发表关于运动员的观点，而且当美国人想到运动员的时候，一般想到的就是黑人运动员……而美国的体育迷大多是白人，他们读到的关于运动员的内容，基本是由白人男性记者和作家筛滤后的报道。①

2002年，雷普奇克悲叹道，仅有2位非裔美籍体育编辑和19位非裔美籍专栏作家在为美国的主要报纸工作。美国90%的日报连一位非裔美籍体育新闻记者都没有。②

新闻媒体对种族刻板印象不敏感的表现，有效地反映了少数族裔代表在媒体管理层中的地位仍然相对较低的现实。但该问题一部分要归咎于新闻业的性质。社会问题具有报道价值，而对这些问题的报道不可避免地会关注那些更符合预设观念的对象，比如从学校辍学并加入犯罪团伙的市中心的黑人、身为非法移民的西班牙裔和拉丁裔。③ 在这种情况下，公平性和准确性的价值理念往往成为刻板思维的牺牲品。例如，一项2003年底发布的针对美国广播公司(ABC)、哥伦比亚广播公司(CBS)、美国全国广播公司(NBC)和美国有线电视新闻网(CNN)的调查表明，在有关拉丁裔的故事当中，三分之二都涉及非法移民、恐怖主义和犯罪。④

这种刻板印象报道中最具代表性的一篇，出自美国全国广播公司，它讲述了一对出生在墨西哥并在美国接受手术的连体婴儿的故事。在报道里，记者大卫·格里高利(David Gregory)想当然地认为，孩子的父母一定是非法越境的，就描述了他们"偷偷穿越美国国境"，从提华纳(Tijuana，墨西哥北部城市)来此寻求医疗帮助的故事。然而，格里高利的版本和《圣迭戈联合论坛报》(San Diego Union-Tribune)的恰好相反，后者对事实进行了报道：这个家庭受到了圣迭戈儿童医院的医疗资助，其中包括载他们跨越墨西哥和美国加州边境的救护车服务。⑤

而将阿拉伯人等同于恐怖分子的刻板印象，则可能来自1995年俄克拉荷马市联邦大楼爆炸案中对犯罪者的最初描述。就在急救队赶来处理这场美国本土历史上已

---

① Richard Lapchick, "Sports and Public Behavior," in Judith Rodin, and Stephen P. Steinberg (eds.), *Public Discourse in America* (Philadelphia: University of Pennsylvania Press, 2003), p. 74.
② Ibid.
③ 关于新闻报道中对黑人群体持续的偏见和刻板化描绘，参见 Raybon, "A Case of 'Severe Bias'," p. 11。
④ "Study Shows Skewed Coverage of Hispanics," *Quill*, March 2004, p. 25.
⑤ "Darts & Laurels," *Columbia Journalism Review*, May/June 1996, p. 23.

有最严重的恐怖袭击案时,联邦调查局(FBI)通缉了一辆载有三名男性的小卡车,其中两人为"有深色头发和胡子的中东人"。实际上,这两人是英裔美国人。蒂莫西·马克维恩(Timothy McVeigh)和特里·尼克斯(Terry Nichols)被逮捕归案,证明有罪。①而"9·11"事件中,所有劫机人员都是阿拉伯人(大多数来自沙特阿拉伯),这对打破"阿拉伯人即恐怖分子"的恶性偏见更是毫无帮助,甚至有时还使得大众对阿拉伯群体产生了令人遗憾的刻板印象。颇具讽刺意味的是,当西方世界一致把阿拉伯世界视作恐怖主义的温床和被剥削人种的栖息地时,好莱坞却塑造了一个更为浪漫的"阿拉伯之夜"形象。另外,许多阿拉伯人认为,西方人(尤其是美国人)道德败坏、物欲横流、妄自尊大。显然,其中存在一种基于互相批判的刻板印象的文化差异,并且是对彼此历史和价值观的全盘无视。不过,也有一线希望。"9·11"之后,出现了些许力量,试图搭建这两个种族之间的沟通桥梁,以消除阻碍彼此间互信的刻板印象。

广告业对种族和少数族裔的刻板印象同样难辞其咎。因为广告商需要通过简短的信息来创建标志、出售商品,所以刻板印象就不可避免。20世纪六七十年代之前,广告的主要受众是白人群体,这一商业现实让广告商倾向已有的大众观点和多数人的偏见。带有种族偏见的广告比比皆是,例如"奇基塔香蕉"(Chiquita Banana)和"杰迈玛大婶"(Aunt Jemima)。直到代表少数人种的团体开始激烈抗议,广告公司机构才做出了让步。②

然而,广告业中依旧存在刻板印象,这引发了批评家意料之中的谴责,即便它们有时的确符合目标观众的口味。以在旧金山播出的抵制强奸的公益系列广告为例。其中一则广告描绘了一个鼻青脸肿的非裔美国男性,其脸部下方还配有文字"不要姑息强奸"。另一则广告突出了拉丁裔和白人男性的种族差异。奥克兰(Oakland)女权队伍的负责人科莉·库蒂尔(Cori Couture)声援了该广告,称其向潜在的强奸受害者表明"男人强奸女人是要付出代价的"。但广告的批评者不仅考虑了它的传播效果,也考虑了其中透露出的典型刻板印象,认为这传达了关于有色人种的错误信息,并且把"杜绝强奸的责任推给了受害者"。③

针对西班牙裔和拉丁裔的刻板印象在广告业中由来已久,引发了许多批驳的声音,即便有时这些广告并非完全不符合现实。"塔可钟"(Taco Bell)连锁快餐店几年前的一则广告就是明证。④ 广告中,一只名叫丁奇(Dinky)的可爱吉娃娃漫无目的地沿街游荡,貌似是在寻找雌性同伴,实际上是想找到"塔可钟"饱餐一顿。操着一口西班牙语的丁奇立刻吸引了大票忠实"粉丝",其著名台词是"我想吃塔可钟"(I want Taco Bell,西语为Yo quiero Taco Bell)。但在拥有大量"粉丝"的同时,一些人认为丁奇是

---

① Nancy Beth Jackson, "Arab Americans: Middle East Conflicts Hit Home," in Lester, *Images That Injure*, p. 63.
② Johansen, "Race, Ethnicity, and the Media," p. 444.
③ Elizabeth Bell, "Rape Ads Criticized by Men of Color," *San Francisco Chronicle*, June 25, 2001, p. A13.
④ 关于这一案例的讨论,参见 Clifford G. Christians, Mark Fackler, Kim B. Rotzoll, and Kathy Brittain McKee, *Media Ethics: Cases and Moral Reasoning*, 6th ed. (White Plains, NY: Addison Wesley Longman, 2001), pp. 171-173.

对少数种族的严重冒犯。佛罗里达州克利尔沃特市前市长加布里埃尔·卡萨雷斯（Gabriel Cazares）就认为，这只吉娃娃是"可恶的刻板印象代表，应该从美国广告市场将其扫地出门"。一些古巴裔美国人社区的成员谴责丁奇所戴的红色徽章贝雷帽，称其很像切·格瓦拉（Ernesto "Che" Guevara）所戴的那一顶，而他是帮助菲德尔·卡斯特罗（Fidel Castro）获取古巴政权的共产主义革命家。① 然而，奥斯丁市得克萨斯大学的英语和人类学教授约瑟·利蒙（Jose Limon）则认为，丁奇更多的是一个文化冲突的代表。"丁奇娇小的体型以及和墨西哥的关联，使得美国公众确乎刻板地对墨西哥人心生鄙夷。"利蒙称："丁奇还反映出美国社会'墨西哥化'程度加深的趋势。"② 然而，尽管抗议刻板印象的呼声此起彼伏，该广告还是获得了美国市场营销协会（American Marketing Association）的好评。而1998年的一次针对西班牙裔青少年的调查显示，"塔可钟"快餐广告在孩子们最喜欢的广告中名列前茅。③

关于女性的刻板印象

传统意义上，对于女性的描写是媒介最常见的刻板印象之一。20世纪50年代，大部分美国女性都是家庭主妇，而广告大多把她们塑造成苦心研究更好地洗衣方法或不断发现取悦丈夫的新点子的形象。电视节目中对完美妻子的定义是：为丈夫和孩子将家里打扫得一尘不染，为家庭生计任劳任怨。早期的电视剧，如《老爸大过天》（Father Knows Best）、《反斗小宝贝》（Leave It to Beaver）、《奥兹和哈里特的冒险》（The Adventures of Ozzie and Harriet）等，都对典型的美国式家庭有着精彩的刻画，其中有些仍在播出。

其他作品中也包含许多针对女性的刻板印象，如电视剧《我爱露西》（I Love Lucy）塑造的傻乎乎且丑态百出的主妇形象，至今仍在不断地吸引和娱乐着观众。尽管人们很难对如此清新的家庭喜剧指手画脚，但其塑造的女性形象并没有对20世纪50年代现实中的美国女性进行精准而客观的反映。20世纪70年代到80年代，电视上的女性形象开始发生转变。在许多受到热捧的电视节目中，女性被塑造成充满自信而自食其力的形象，如《陆军野战医院》（M*A*S*H）、《玛丽·泰勒·摩尔秀》（The Mary Tyler Moore Show）、《日复一日》（One Day at a Time）、《墨菲·布朗》（Murphy Brown）、《黄金女郎》（The Golden Girls）等。不久，我们又发现了像罗斯安一样的电视明星，她集独立人妻与工薪楷模的形象于一身。

21世纪初，美国电视广播网收到了美国全国妇女组织（NOW）对其女性形象刻画的褒贬不一的评价。美国全国妇女组织针对黄金时段电视节目的第三份年度女权报

---

① Gene Kotlarchuk, "Chihuahua under Fire," *Lawrence Online*, vol. 119, no. 4, October 23, 1998, http://www.lawrenceville.org/special/thelawrence/9810_23_98/15.html，2001年8月15日访问。

② Michael Lafleur, "Taco Bell Advertisement Reflects Poorly on Mexican-Americans, Speaker Says," *Arizona Daily Wildcat*, October 20, 1998, http://www.wildcat.arizona.edu/papers/92/41/09_1_m.html，2001年8月15日访问。

③ Christians, *Media Ethics: Cases and Moral Reasoning*, p. 171, 引自"Teens Pick Their Favorite TV Spots," *Advertising Age*, August 24, 1998, p. S10。

告提出,美国全国广播公司的《白宫风云》(The West Wing)和《法律与秩序》(Law & Order)、哥伦比亚广播公司的《艾米律师》(Judging Amy)、UPN 广播网的《女朋友》(Girl Friends)将女性描绘为"聪明、机智、运筹帷幄的"形象①,而美国全国广播公司的《谁敢来挑战》(Fear Factor)、美国广播公司的《亿万未婚夫》(The Bachelor)和《宝贝一族》(The Drew Carey Show)、UPN 广播网的《美国职业摔角!》(WWE Smack-down!)则将女性描绘为"谄媚、被利用、低贱卑微的"形象。当然,美国全国妇女组织的评估或许不能代表大多数女性的观点,因为正是数量庞大的女性电视观众群体助长了电视中的女性刻板印象。

  广告行业是女性刻板印象传播的另一助推剂。这并不奇怪,因为在 20 世纪的很长一段时间里,女性都是广告的主要受众,而制作广告的则主要是男性。在电视史早期,产品广告经常把女性刻画为恭顺的家庭主妇形象。② 她们天真而感性,"需要一个理性而成熟的男性引导者"③。直到 20 世纪 80 年代,依赖他人的主妇形象才渐渐退出电视广告,取而代之的是"女强人"的形象,她们冷静而巧妙地平衡着家庭和工作之间的关系。当然,这两种形象都是不真实的。由此可见,要想制作毫无刻板印象的媒介内容是一件十分困难的事情。

  20 世纪 90 年代,传统的性别角色卷土重现。举例来说,在百露公司的一款广告中,一位身着黑色蕾丝裙的美女的汽车在路边抛锚了。一位性感的男士路过,慢慢脱下了他的衬衫,并用它挪开车子上烫手的水箱盖,然后完全无视美女撩人的表情,潇洒地离开了。这时,一段动人的女声响起,同时屏幕上出现字幕:"百露,男人的味道。"(Brut, Men Are Back.)④另外,在一则百事可乐的广告中,辛迪·克劳馥(Cindy Crawford)身着一条性感的红色亮片短裙,戴着一对耳环,进入一个百事可乐试验箱,说了句"我要为科学献身"。一个月没喝百事可乐之后,走出箱子的她变成了罗德尼·丹泽菲尔德(Rodney Dangerfield)。一位评论者猜想,百事公司是想通过这则广告传达"喝百事,受尊敬"或"喝百事,变性感"的信息。⑤

  在 21 世纪,广告必须采取巧妙的平衡策略。今天的广告从业者必须尽力从多个角度更加写实地刻画女性形象,不可以遗漏女性角色的任何一个特质。高科技产业是攻克这个难题过程中的经典案例。随着家用电脑的普及,科技公司意识到,它们必须打破传统的性别认知,因为女性控制着家庭生活支出的财政大权。例如,一些电视广告直接瞄准家庭主妇关心的简易性操作系统以及专门为儿童设计的软件——这二者被认为是女人的"钱袋杀手"。但是,一些女士抱怨这些广告忽略了"女经理"这一群

---

① Paige Albiniak, "Real Women Aren't on TV," *Broadcasting & Cable*, November 4, 2002, p. 16.
② Richard Campbell, *Media and Culture: An Introduction to Mass Communication* (New York: St. Martin's, 1998), p. 326.
③ Richard Campbell, Christopher R. Martin, and Bettina Fabos, *Media & Culture: An Introduction to Mass Communication* (Boston: Bedford/St. Martin's, 2004), p. 398.
④ "Old-Fashioned Gender Roles Are Back—In a Commercial," *TV Guide*, November 6, 1993, p. 39.
⑤ Bonnie Drewniany, "Super Bowl Commercials: The Best a Man Can Get (or Is It?)," in Lester, *Images That Injure*, p. 89.

体——她们可以熟练地使用复杂的电子表格程序和工程软件。①

毫无疑问,妇女运动及其对广告业的严苛评估,成功地使女性的社会角色变得更为多元化了。但是,美艳、性感、年轻的女性形象依旧在广告中比比皆是,用以满足大众的口味。尽管与其他的刻板印象一样,这些形象很可能是某些女性特质的一种准确映射,但却使得这种植根于肤浅价值观的文化理念得到了强化。当然,如果这种文化描述就是事实,随之而来的就是一个与之相关的伦理问题:为了提升这些浅显的价值观念,媒介应该承担怎样的道德责任? 如此一来,我们又回到了老问题:媒介是应该忠实地反映社会现实,还是应该积极地营造正面形象呢?

性取向与刻板描写

一份《电视导报》(*TV Gvide*)的头条如是说:年轻的同性恋者不再是黄金时段节目的禁忌。② 这一说法对出生于20世纪90年代的电视观众来说并不稀奇,但是这掩盖了娱乐行业中的一个传统:除非是带有刻板印象的曲解性描述,否则电视节目几乎是不涉及同性恋的。直到不久前,同性恋对于好莱坞的文化卫士来说仍是一个禁忌话题。同性恋的角色大多被定位为喜剧(或值得同情的)角色,或是华丽而夸张的角色,抑或被暴徒和恶棍凌辱的受害者形象。

兴起于20世纪60年代末期的同性恋解放运动无疑逐步瓦解了工业时代的固有传统,并让人们开始面对同性恋存在的现实。另外,越来越多涉及同性恋群体的新闻报道也是公众宽容度提升的一个原因。同性恋群体开始争取其在法律上的平等权利,比如同性恋婚姻合法化。

早在20世纪70年代,电视荧屏就已经谨慎触碰过同性恋这个话题。例如,1971年备受争议的情景喜剧《全家福》(*All in the Family*)的播出,算是一次铤而走险的尝试,它首次充满同情地描绘了一个同性恋男子的形象。第二年,美国广播公司播放了电视电影《那个夏天》(*That Certain Summer*),当中有一段两个同性恋者勾肩搭背的片段。③ 1977年,比利·克里斯托(Billy Crystal)公开介绍了风行一时的电视节目《肥皂剧》(*Soap*)中的同性恋角色朱迪·达拉斯(Jodie Dallas)。④ 但是,保守人士强烈反对同性恋解放运动,他们延续了20世纪六七十年代娱乐产业保守的艺术风格,将同性恋视为道德上的放任。

20世纪90年代是文化战争的分水岭,与之相伴的是大众媒介在性取向问题上的争议。首先要介绍的就是《罗斯安家庭生活》、《北国风云》(*Northern Exposure*)、《艾伦》(*Ellen*)和《飞跃情海》(*Melrose Place*)。这些剧作以一种严肃的方式,在网络电视

---

① Wells, *Advertising Principles and Practice*, p. 51, 引自 Kyle Pople, "High-Tech Marketers Try to Attract Women without Causing Offense," *Wall Street Journal*, March 17, 1994, p. B1。

② Frank DeCaro, "To Be Young and Gay Is No Longer a Prime-Time Taboo," *TV Guide*, May 1, 1999, pp. 45-46.

③ Larry Gross, "Don't Ask, Don't Tell: Lesbian and Gay People in the Media," in Lester, *Images That Injure*, p. 153.

④ DeCaro, "To Be Young and Gay," p. 45.

中继续刻画男女同性恋者的形象。当然,以上列举的这些电视剧都取得了成功,也因此获得了一定的市场影响力。然而,一开始,在1994年初,美国广播公司拒绝播放电视剧《罗斯安家庭生活》,因为剧中有罗斯安和女同性恋者玛瑞儿·海明威(Mariel Hemingway)亲吻的镜头。在播出方看来,两个女人亲吻的画面"会对儿童造成不良影响",并且造成许多广告赞助商的流失。这场可以预见的宣传风暴和争论使有些批评者开始质疑,正是这些争论提升了该剧的收视率。这部原计划在当年开春首播的电视剧被推迟了数月才上映,但最终,美国广播公司还是播出了《罗斯安家庭生活》。这部电视剧在当时吸引了无数的观众,而美国广播公司仅收到了为数不多的100余次来电反馈,其中大部分对电视剧给予了正面评价。①

如今,电视荧屏中大多数同性恋角色已经不再畸形,大多不是一维的描写,也不再是被嘲笑的对象。例如,《纽约重案组》中效率极高的警察行政助理约翰·欧文(John Irvin)就是公开的同性恋者。这个角色首次出现于20世纪90年代,最终成长为一位纽约警署的十分优秀、备受尊敬的警员。2003年7月,美国精彩电视台(Bravo)推出了真人秀《粉雄救兵》(*Queer Eye for the Straight Guy*)。一些评论家认为,这部真人秀具有"颠覆性",因为它聚焦同性恋和"直男"之间的文化连接,这种独特的焦点展现了该节目制作者不同寻常的智慧。这部真人秀的高收视率给电视台主管和广告商都留下了深刻的印象。②

娱乐节目中的同性恋元素仍旧会冒犯道德保守派人士,让他们感到不舒服。再加上美国的部分州计划将同性婚姻合法化,在可预见的未来,同性恋问题仍将持续是争论的焦点。但几乎可以肯定的是,如今对于男女同性恋角色的描写正变得越发全面和立体,不公平的刻板印象正逐渐减少。当然,刻板印象还是存在的,但是如果用现实主义的眼光来看,最近关于同性恋角色和文化的调查结果证明,我们在过去的十年里已经取得了很大的进步。明尼苏达大学传播学教授的一项研究表明,在诸如《威尔和格蕾丝》(*Will & Grace*)这样的电视剧中看到同性恋角色,与在现实生活中认识一个同性恋者具有相同的效果。另一项研究表明,不认识或是很少接触同性恋者的学生在看了10季美国家庭影院的《六尺之下》(*Six Feet Under*)后,其反同性恋的偏见减少了12%。③

男女同性恋者曾经也同样极少出现在美国的新闻中。相关报道的缺乏导致新闻媒介错失了正视其错误刻板印象的良机。最终,艾滋病的传播终结了新闻工作者对同性恋群体的漠视,像洛克·哈德森(Rock Hudson)和李伯拉斯(Liberace)一样高调的艾滋病患者,使这种疾病占据了报道的头版头条。但是,正如传播学教授莱瑞·格罗斯(Larry Gross)所言,这是一把双刃剑:

> 当下,纸媒和广播新闻中充斥着艾滋病的故事,这些故事往往缺乏新意

---

① Gross, "Don't Ask, Don't Tell," p. 153.
② John Weir, "Queer Guy with a Slob's Eye," *New York Times*, August 10, 2003, Section 9, p. 1.
③ Debra Rosenberg, "The 'Will & Grace' Effect," *Newsweek*, May 24, 2004, p. 39.

和重要内容。而同性恋的公众形象不可避免地与瘟疫的幽灵联系在一起。媒体对于艾滋病的报道加剧了大众对同性恋群体的敌对态度,大量证据表明,反同性恋的暴力行为正在全国范围内增加。人们与同性恋这种陌生而反常的亚文化之间的距离感也在增强。①

关于同性婚姻合法化的讨论正进行得如火如荼,有时甚至针锋相对,这使得男女同性恋的话题成为新闻机构持续关注的焦点。

毫无疑问,道德考量成为判定同性恋是否为一种"变态"行为的重要考虑因素。但是,每一个体形成世界观的思维方式,即刻板印象,同样是建构社会观点的重要因素。记者的责任就是提供足够的背景和解读,使公众的意见有据可依。新闻媒介的确已经极大地扩展了公众的眼界,用针对同性恋维权运动和合法化运动的报道抑制了关于性取向的歧视问题。从伦理学的视角出发,这里体现的价值观是真实、准确和正义的。同性恋群体是社会中最亟待发声的群体之一,而有失偏颇的刻板印象的存在逐渐削弱了新闻媒介对同性恋群体进行全面而真实的描述的使命。

老年人群体

菲多利(Frito-Lay)公司1993年的一则广告是:一位老妇人步履蹒跚,津津有味地嚼着一袋多力多滋薄脆玉米片。此时,她前方建筑工地上的一辆蒸汽式压路机突然失去了控制。千钧一发之际,喜剧演员切维·切斯(Chevy Chase)如同离弦之箭纵身一跃接住了那袋玉米片,而那位老妇人则被他撞倒在未干的水泥地上。然而几个月后,在多力多滋接下来的一则广告中,老妇人战胜了切维·切斯。一些长者认为,菲多利公司默认了前一则广告对老年受众群体的冒犯性②,"有所反省的厂家把装满免费玉米片的箱子递交给了食品银行"③。

这种不切实际的商业幽默尝试已经存在十多年了。然而,如果华尔街不在满足更多老年受众需求的基础上调整它的创意构想,受众消极的回应将不可避免地导致糟糕的后果。当年在婴儿潮时期降生的人如今都垂垂老矣,而他们是这个国家能够自由支配自己收入和金融资产者的重要代表。与传统的刻板印象不同,美国的老年人身体越来越好,对自身的社会生活地位也普遍感到满意。④

在这个年轻化的文化中,老年人成为最易受到心理虐待的群体。美国社会对老年人的消极刻板印象似乎已经根深蒂固。⑤ 因为媒介正是我们价值体系的反映,所以老年人成为陈旧描述里的受害者也就不足为奇了。他们常被描述为犹豫、健忘、幼稚和固执的。许多老年人一致认为,尽管这些形象可能符合社会上的某些个体的特征,但

---

① Debra Rosenberg, "The 'Will & Grace' Effect," *Newsweek*, May 24, 2004, p. 155.
② "Senior Citizen Gets Last Laugh in New TV Ad," *The Advocate* (Baton Rouge, LA), February 5, 1994, p. 3A.
③ Ted Curtis Smythe, "Growing Old in Commercials: A Joke Not Shared," in Lester, *Images That Injure*, p. 113, 引自 Mary Nemeth, "Amazing Greys," *Maclean's* (January 10, 1994).
④ Smythe, "Growing Old in Commercials," p. 115.
⑤ Zastrow, and Kirst-Ashman, *Understanding Human Behavior*, p. 431.

对于其他老年人来说却是有失公允的。奥美广告公司的一项调查显示,40% 的 65 岁以上的受访者认为,美国的广告业常把老年人塑造为缺乏魅力和竞争力的群体。①

正如其他偏见一样,媒介对老年人形象的歪曲正在经历缓慢的革新。灰豹集团(Gray Panthers)这样的压力团体就致力于强化针对老年人困境的社会集体意识。不少老年人的正面形象开始出现在媒介当中,越来越多的电视商业广告把他们刻画成心思缜密、精力充沛和完美地保持浪漫情怀的一类人。比如,百威公司的一则广告就刻画了一对在卧室里用十分浪漫的言语谈心的老年夫妇。

商业广告中存在的一定程度上的关于老年人的刻板印象是不可避免的,因为这些广告策划人通常是年轻人。然而,考虑到可以获得大量针对老年受众的调查分析,代沟似乎难以成为一个说得过去的理由。真正的问题不是为老年人准备广告,而是在为年轻观众精心策划的广告当中,老年人被当作了"炮灰"。在这样的情况下,广告公司必须竭力让富有创意的员工意识到错误描述老年群体的敏感性,摒弃毫无凭据的刻板印象。②

残障人士

生理和心理上有缺陷的人群是最容易被人误解和遗忘的群体。但在某种程度上,他们又处在大众的视野中,因为媒介常常把残疾人刻画成"受害者"(在募捐筹款的广播节目中)、"英雄"(被讥讽为"超级跛子英雄",因为他们克服了身体上真实存在的残疾问题)、"邪恶与怪异"(标志性的跛行、单手撑拐杖或者驼背)、"适应力差"(在声称残疾人愤世嫉俗、顾影自怜的节目中),是家人和朋友的负担,不该活在这个世界上[正如 20 世纪 80 年代的电视连续剧《爱的行动》(An Act of Love)和《究竟是谁的生活?》(Whose Life Is It, Anyway?)里讲述的那样,身有残障的人往往觉得自己活着毫无价值而请求安乐死]。③

批评家表示,一些传统的刻板印象虽然可能精准地代表了某些残障群体,但它们总体而言塑造了一个与残障人士的自我认知相背离且相对扭曲的形象。的确,有位作家在 1981 年哀叹道,生活中很少看到残障人士与非残障人士有交集:

> 对刻板印象的正面否定的缺位,以及残障人士与非残障人士愉快交流画面的缺失说明,黄金时段的电视既没有在塑造社会对于残障群体的积极态度方面产生重要影响,也未能通过提供良性互动的典范来促进双方和睦相处。④

不过几年以后,这一现象通过网络剧的传播得到了明显改善。美国全国广播公司

---

① Zastrow, and Kirst-Ashman, *Understanding Human Behavior*, p. 431.
② Smythe, "Growing Old in Commercials," p. 116.
③ Jack A. Nelson, "The Invisible Cultural Group: Images of Disability," in Lester, *Images That Injure*, pp. 120-122.
④ Ibid., p. 123, 引自 J. Donaldson, "The Visibility and Image of Handicapped People on Television," *Exceptional Children* 47, no. 6 (March 1981): 413-416。

高度赞扬《洛杉矶法律》(LA Law),其塑造的主角是一位在律师事务所工作的残障人士。1989年,美国广播公司秋季档首度上映家庭伦理剧《生活要继续》(Life Goes On),担任主演的克里斯·伯克(Chris Burke)是一名身患唐氏综合征的演员,而他在剧中扮演的也是一名患有该病的青少年。在20世纪90年代,身体缺陷在商业广告中变得更明显了。比如,一些由失聪人士代言的电视广告是完全无声的,观众只能看到主角挥手示意和屏幕上的旁白。

尽管如此,残障人士在国家主流媒体的报道中仍然没有得到凸显。媒介对于残障人士一贯的刻板印象催生了另一种与残障人士相关的媒介内容,这些新闻常取自诸如"主流"(Mainstream)和"新动力"(New Mobility)之类的叙述性标题。虽然这些报道各式各样,其目的却都是塑造残障人士积极而独立生活的形象,以回击那些消极可怜的形象以及盲目的英雄崇拜。①

精神病患者

恐怕没有哪个群体会比精神病患者更加不被大众理解、更被社会边缘化的了。既然调查显示,媒介在大众对精神病患者群体的认知形成上扮演着重要角色,那么消除社会对他们的不公对待和扭曲形象便成为媒介不可推卸的道德责任。例如,在新闻媒体中,精神病患者通常出现在犯罪、危险和社会恐慌的背景下。② 然而,正如新闻主编帕特里克·斯梅莉(Pattrick Smellie)和供职于华盛顿贝泽伦心理疾病事务中心的哈克尼斯·费洛(Harkness Fellow)所哀叹的那样:这样的价值观会大大助长公众根深蒂固的偏见态度,从而使得大部分想要平静生活、不被制度化的精神病患者步履维艰。③

尽管一些犯罪行为可以归因于精神病,但"把精神病置于暴力和犯罪情境中的无情建构,正在导致精神病患者的错误形象被放大、蔓延、合法化"④。事实上,大部分精神疾病患者并没有暴力倾向,也不危险,只是其中有很多人失业、身处社会经济底层,也时常被自己的家人和朋友疏离。精神病患者处于社会歧视中最为薄弱和不利的一环,既然大众对于这个群体的认知是由媒介塑造的,那么媒介对于长期存在的刻板印象以及未能对精神疾病患者进行平衡和公正的描述,显然负有伦理责任。⑤

正如上述描写的这几组具有代表性的群体,各种形式的刻板印象在媒体报道中十分普遍。在某些方面,它是与大众沟通的工具,但如果运用到不恰当的情境中,这些刻板印象就会导致人们的歧视和偏见。因此,专业媒体的道德责任便是,寻求能够阻止类似带有轻蔑意味刻板印象的有效策略,同时保持对艺术自由和文化多样性的追求。

---

① Douglas Lathrop, "Challenging Perceptions," *Quill*, July/August 1995, pp. 36-38.
② Pattrick Smellie, "Feeding Stereotypes," *Quill*, March/April 1999, p. 27.
③ Ibid.
④ Ibid.
⑤ Christopher Lasch, "Critical View: Archie Bunker and the Liberal Mind," *Channels of Communication* 1 (October-November 1981):34-35, 63.

直面媒介刻板印象的策略

如第三章所述,任何道德理论都不能为那些试图延续歧视和偏见模式的媒介产品正名。以责任为出发点的理论家(义务论者),例如那些运用康德绝对命令理论的人主张,种族主义和种族歧视永远不应成为全世界公认的标准产品。刻板印象助长了上述行为,也削弱了对人最基本的尊重,而人往往在关乎道德的决定中扮演着重要角色。

义务论者会仔细分析道德主体的动机,而不关注该决定所造成的具体后果。例如,电视节目制片人诺曼·李尔(Norman Lear)在20世纪70年代早期对其经典剧目《全家福》的公映抱有很高的期望。该剧的主角亚奇·邦克(Archie Bunker)是一个彻头彻尾的偏执者,他身上体现了所有美国主流文化中的偏见。李尔运用刻板印象作为对抗社会种族主义观点的一种方式,这也是针对偏执和偏见的"现实疗法"的视频版。但不幸的是,这部电视剧的效果颇具争议。有人认为所有观众都将该节目看作一种对现实的讽刺,有人则认为这部家庭喜剧其实是对偏见的强化和美化。

当然,目的论者对人们所做决定带来的可能性后果更感兴趣,而不一定对媒体从业者的动机感兴趣,即使这些动机不一定源于纯粹道德。卑鄙的刻板印象会对社会某些阶层产生冒犯和不公,且对这些群体的自我形象有害因而必须避免。但是,除了对特定群体有所损害之外,这些刻板印象还会在更大的社会层面上催生偏见和歧视。尽管如此,有些情况下,潜在的消极的刻板印象能够起到积极作用,在一定程度上能逼迫社会直面存在偏见的现实。在上述情况下,目的论者在选择放弃使用具有争议性的图像前,一定要综合衡量其正面及反面后果。比如,在纪录片中运用刻板印象来探讨种族遗传差异的问题,毫无疑问是饱受争议的。但上述节目可能会被认为对社会有所裨益。因为,公开正视问题、仔细分析证据,比纵容此类刻板印象在社会话语之外进一步腐化更好。

当刻板印象代表群体中的个别人(比如卖弄风骚的同性恋者和传统的家庭主妇),而总的来看却被视为对该群体的偏见时,"中庸之道"尤为实用。在上述情况下,媒体从业者应谨慎对待上述形象,不应将其视为该群体的典型代表。此外,媒体从业者也应重视更具多样性的"中庸之道"。换言之,媒体从业者在试图描绘某一群体的生活方式时,应力求公正,而非仅仅注意那些最有损该群体的个人。

尽管如此,我们必须承认,一个社会不可能完全从其文化背景和包含诸多刻板印象的经典文艺作品中脱离出来。比如,马克·吐温(Mark Twain)的小说《哈克贝利·费恩历险记》(*Huckleberry Finn*)就被指出某些章节带有种族主义的影子,甚至有将其列为禁书的呼声。这种激烈行为是对民主社会的冒犯,如此说来,现代艺术市场应当成为纠正美国文化史所带偏见的合适机制。

刻板印象与媒介：假设案例研究

本章的案例尽管并不十分详尽，却涵盖了包括刻板印象在内的广泛的伦理问题。当你自行浏览案例时，请切记：冒犯性刻板印象的长期存在最终会导致社会正义的缺失。因此，其与前一章的内容有着十分密切的联系。

案例13-1 性别战争与性别的刻板印象化

莉迪亚·考德威尔（Lydia Caldwell）是性别战争中的一员老将。她曾就读于美国康涅狄格州负有盛名的女子学校布莱尔菲尔德学院（Briarfield College），并且对于富有争议的女权运动思想体系怀有毫不掩饰的热忱。在以优异的成绩从布莱尔菲尔德学院毕业之后，考德威尔开始为纽约的一家大型广告公司做文字撰稿工作。就是在这里，考德威尔年轻时的理想受到了公司文化中商业社会化进程的正面挑战。她曾经努力在男性主导的世界中赢得认可并提升自己，她认为，这个以男性为主导的世界，正是性别刻板印象长时间存在于商业领域的症结所在，至少一开始她是这么想的。然而，当她开始不断在各大广告公司之间游走以寻求新的挑战并进一步发展事业时，考德威尔看问题的角度从一个理想主义者变成了一个市场现实主义者。市场灵敏度高是广告行业的一大特质。她相信，这个行业可以最大限度地准确反映出性别关系在社会中的现状。作为芝加哥"帕特森和莱因侯德"广告公司（Patterson and Rheinhold Agency）的创意总监，考德威尔认为性别关系的现状有所好转。考德威尔对她所在行业于20世纪80年代开始的文化敏感度的上升表示赞赏，这体现为以职业女性为代表的完美平衡了事业与家庭的形象，取代了固有的具有商业讽刺意义的忙碌的家庭主妇形象。这是女权运动所取得的一次巨大胜利，也是一次由市场推动的具有里程碑意义的胜利。然而，很明显，这种"超级妈妈"的广告可能会给女性更大的压力，因为她们不得不去迎合社会对她们更高的期望。在广告行业的作用下，传统的两性角色分工在某种程度上开始重新流行起来。

即使是在最活跃的时期，考德威尔也从未把女权主义同"反男权"画上等号。她坚信，广告行业会在终结性别战争的事业中扮演至关重要的角色，并且会是促进社会平等的一种重要催化剂。因此，对于创意团队为公司的最新客户兰斯洛特麦芽酒（Lancelot Malt Liquor）设计的概念，她尤为感兴趣。

该广告以一个运动员模样的男人为主人公（通俗地说，一个身材魁梧的性感男人），而场景则设置在机场的等候室里。主人公手持一罐兰斯洛特麦芽酒，而等候室的另一端则有两位迷人的女士正不停偷瞄着男主角。当镜头从各个角度展示主人公的性感身材时，字幕则展示出这两位女"粉丝"正讨论着主人公在体育项目上的高超技艺。画面以主人公看向两位美女，并举起手中的麦芽酒做祝酒的动作结束。与此同时，一个充满诱惑力的女声说道："兰斯洛特麦芽酒，冠军的选择，也是'粉丝'的选择。"

"这就是兰斯洛特的广告脚本。"考德威尔向南希·提伯斯（Nancy Tibbs）和托德·奥斯汀（Todd Austin）展示了她同事的手稿。提伯斯是考德威尔所在公司的媒体总监，而奥斯汀则是高级客户经理。因为提伯斯和奥斯汀所在的部门在众多媒体经销商的广告投放和销售中扮演了重要的角色，所以考德威尔经常向他们征求意见。

"这个广告片展示了平等主义。"考德威尔指着她面前的脚本说道："女性最终也有权利在广告中展示她们的欲望，就像男士总是有权利去表达对美女的欣赏一样。"

"我不同意这种说法。"提伯斯回答说："难道我们不是在用一个刻板印象取代另一个刻板印象吗？这不仅仅是'男人主导'或者'女性独立'的问题。许多女性特征过去被描写为与性有关，而男性则只被描写为对性感的迷恋。现在，我们把两者的角色进行了反转，这难道不是证明了这则广告向我们传达了错误的价值观吗？"

"我并不这么认为。"奥斯汀表示："这则广告所传达的信息是：现在女性可以毫不掩饰她们对男士的性吸引力。这则广告一定会很成功，因为与性相关的东西往往是卖点，原因就在于它对传统的性别角色很有吸引力。女性确实把对男性的性吸引力放在比较重要的位置上。从这一点来看，我并不认为用性来吸引他人的关注是一种错误或浅薄的价值观。"

"我不赞同。"提伯斯反驳道："这则广告中，男主角就是一个象征'性'的标识，他的性吸引力就是全部。这个片子所传达的信息是：从性的角度来说，如果你是一个身材健硕、性感的男人，那么整个世界都会匍匐在你脚下。这就是一种刻板印象。正如女性曾经总在广告中被人色眯眯地偷瞄，现在男士也被给予了同样的待遇。"

"我是一个女权主义者，但是这并不意味着我们应该在广告中忽视传统的性别角色。"考德威尔说道："事实上，女性和男性对'性'的兴趣程度是相同的。但我不得不承认，南希，这个广告片展示的场景所传达的信息或许是单方面的。尽管它在某种程度上反映了现实，但或许它的确传达了浅薄的价值观。"

"我并不认为平等是问题。"提伯斯的回应充满了道德优越感："不礼貌就是不礼貌。无论是谁色眯眯地偷瞄别人，都是不礼貌的。我批评男人不应只对一件事情感兴趣，而这则广告对调了性别角色。难道你认为这是一种解放？"

"我不觉得这则广告中的任何画面会令人反感。"奥斯汀反驳道："它只是反映了当今社会中实际存在的两性关系而已。女人像男人一样公开地表达对异性的欣赏，这本就无可厚非。广告业是市场驱动的，而市场则反映了当下的文化准则。我们所做的一切，不过是把性别关系的现状用广告的形式呈现出来而已。"

和两位管理层的同事讨论过后，考德威尔对这次为兰斯洛特麦芽酒设计的广告充满信心。她相信，这个广告文案可以很好地满足客户的要求，同时她也坚信，这则广告反映了当下社会中真实的性别关系。但是，当她反思南希·提伯斯和托德·奥斯汀的讨论内容时,她又开始觉得这位公司媒体总监的话似乎也有道理。难道这则为兰斯洛特公司制作的广告真的是在用一个刻板印象取代另一个刻板印象吗?在这个过程中,对于女性形象的塑造是否真的过于片面呢?或许不可避免的是,在一个三十秒的广告中,复杂的人际关系尺度必须适应电视媒介的制作要求以及市场现实。

【案例分析】

批评家指责广告商无视个体差异,通过给予具有共性的群体(例如女性)某种特定属性,在社会中制造了许多刻板印象。从某种意义上说,这使我们不得不回到一个经典问题:广告究竟是社会价值观的塑造者还是映射者?"塑造论"的支持者认为,广告从业者应当在描写不同人群时始终保持敏感,并努力消除刻板印象,至少应该将刻板印象最小化。

而"映射论"的支持者认为,广告如同社会的一面镜子,赞助商有责任确保他们的广告准确地描绘社会的各个组成部分。他们指出,广告是电视内容中最受市场驱动的一部分,甚至比娱乐节目受市场的影响更多。因此,广告反映了我们的文化价值观和世界观,而刻板印象无疑是世界观的一部分。当然,部分刻板印象很明显对某个群体很不公平,并且会催生伤人的偏见。

在这个案例中,这场辩论似乎集中在广告商和广告公司是否有责任彻底消除性别刻板印象,以此平息所谓的性别战争。一方面,无论对于男性还是女性,这种基于性吸引力的刻板印象都可以被视为一种肤浅的价值观。如此看来,广告行业应该尝试去消除刻板印象,直到从性吸引力的角度来描写两性关系时二者之间被描述成一种相互依存的关系。

另一方面,传统主义者坚信,部分刻板印象的存在是应当被允许的,因为它们反映了社会现实。而在本案例中,这种社会现实就是:现代女性对于公开表达对男人性感的欣赏表现得十分自信。从这种观点来看,这样的描述并不是不准确或不公平的。诚然,在过去,男性经常被描写为只对女性的性感着迷,而广告中对女性的描述也大多以性感为主。这种角色上的调换真的是在用一种刻板印象取代另一种刻板印象吗?如果是的话,这种做法是不公平的吗?这会强化某些有害的偏见吗?或者,换句话说,这则为兰斯洛特麦芽酒所制作的广告会引发一些关于性别刻板印象的重要伦理问题吗?

为了讨论这些问题,请站在莉迪亚·考德威尔的立场,运用第三章中所讨论的SAD道德推理模型,针对这一问题写一篇评论。

译者后记

"媒介伦理"在国内引发的社会关注与学术讨论，至少可以追溯到20世纪末发生的"河南张金柱醉驾致死案"。

1997年8月24日晚，原郑州市公安局二七分局局长张金柱酒后驾驶轿车，将正在过马路的苏东海、苏磊父子撞倒后逃逸，继续行驶1.5千米后被愤怒的群众驱车拦截下来，事故最终造成苏氏父子一死一伤。当时此案经《大河报》《南方周末》等平面媒体报道，引起关注。10月13日晚，中央电视台《焦点访谈》栏目播出报道《逃不掉的罪责》，在全国引发强烈反响。彼时，《焦点访谈》栏目在中国具有相当大的影响力。《逃不掉的罪责》一经播出，激起了全国观众的愤慨。1998年1月12日，张金柱以交通肇事罪和故意伤害罪被判处死刑，"不杀不足以平民愤"被写入了判决书。在被执行死刑前，张金柱感慨自己的死与媒体有很大干系，从而引发新闻界和法律界关于"舆论审判"与"媒介伦理"历时多年的争论。

时至今日，"张金柱案"已过去二十多年，但它仍是新闻学专业的经典案例。这二十多年间，随着经济社会的飞速发展、媒体融合大潮的汹涌澎湃，特别是近年间大数据和人工智能的迅速普及，各种新的媒介现象和案例层出不穷，媒介伦理也日益成为一个全球普遍关注的热点话题。究其根本，媒介伦理关注的是传播者的职业价值取向和道德规范。它不是预先设置好的条条框框，而是随着各种案例的出现，不断丰富起来的内容体系。因此，对于媒介伦理教学而言，一本好的教材一定是在对一系列典型案例梳理、分析的基础上构建起来的理念与知识系统。

本书是《媒介传播伦理：案例与争论（第五版）》(Ethics in Media Communications: Cases and Controversies, 5th edition)的中译本，原著者路易斯·阿尔文·戴(Louis Alvin Day)是媒介伦理与法规方面的专家，也有过广播电视新闻采编的实践经验。这本书包括理论和案例两大部分：第一部分阐释了与媒介传播伦理紧密相关的理论基础和原则，包括伦理与道德的内涵、伦理与社会的关系等，并且提出了伦理与道德推理的分析模型；第二部分则设置了"真实与诚实""媒体与隐私""保密与公众利益""利益冲突"等媒介传播伦理专题，结合具体的案例进行阐述和讲解。

本书翻译团队由中国传媒大学电视学院张龙教授领衔，中国传媒大学电视学院博士研究生蒋烨红以及硕士研究生汤佳烨、张家铭、于泊川、戎晨珊、徐丹、吕广斌等同学在攻读学位期间参与了本书的翻译和校对工作。

感谢北京大学出版社社会科学编辑室副主任周丽锦老师和责编董郑芳老师的积极努力。在书稿的翻译过程中，她们一直与翻译团队保持密切的沟通交流，使本书最终得以出版。

  由于媒介传播伦理相关研究涉及新闻学、伦理学、法学、传播学、社会学等多个学科领域，虽然翻译团队一直秉持着严谨的工作态度，尽量确保译文准确、专业，但由于知识和阅历有限，挂一漏万之处在所难免，诚挚地期待来自各界的批评指正。

  是以为记。

译　者

2024 年 12 月于北京